한자능력 검정시험

5급

권하는 글

우리 겨레는 아득한 옛날부터 우리말을 쓰면서 살아 왔다. 아마 처음에는 요사이 우리가 쓰고 있는 아버지, 어머니, 위, 아래, 하나, 둘, 바위, 돌, 물, 불 같은 기초어휘가 먼저 쓰였을 것이다.

그러다가 약 2천년 전부터, 당시로는 우리 겨레보다 文化水準(문화수준)이 높았던 이웃 나라의 中國(중국)사람들과 접촉하면서 그들의 글자와 글인 漢字와 漢文을 받아들이게 되고 漢字로 이루어진 어휘도 많이 빌려 쓰게 되었다. 이리하여 우리 겨레는 우리의 고유어와 함께, 父(부)·母(모), 上(상)·下(하), 一(일)·二(이), 岩(암)·石(석)과 같은 漢字語를 쓰게 되었으며, 본래 우리말의 기초어휘에 없던 추상적인 말, 예를 들면 希望(희망), 進步(진보), 勇氣(용기), 特別(특별)과 같은 어휘와, 사회제도 및 정부 기구를 나타내는 科擧(과거), 試驗(시험), 判書(판서), 捕校(포교) 등도 함께 써 오게 되었다.

이러한 현상은 오늘날에도 마찬가지여서, 새로운 文物制度(문물제도)가 생기고 學問(학문)이 발달하면, 자연스러이 漢字로 새 단어를 만들어 쓰는 일이 많다. 治安監(치안감), 元士(원사), 修能試驗(수능시험), 面接考查(면접고사), 高速電鐵(고속전철), 宇宙探索(우주탐색), 公認仲介士(공인중개사) 등 예를 이루 다 들 수가 없다.

따라서 우리는 이미 우리말 안에 녹아들어 있는 漢字語를 정확하게 이해하여, 순수한 우리의 고유어와 함께 우리말을 더욱 올바르게 사용하기 위하여 漢字를 공부하여야 한다.

韓國語文敎育硏究會에서는 우리 국민의 漢字에 대한 이해를 촉진시키고 국어 생활의 수준을 향상시키고자 여러 한자 학습 교재를 편찬해 왔다. 또 한편으로는 韓國漢字能力檢定會에서 시행하고 있는 全國漢字能力檢定試驗에도 對備(대비)할 수 있도록 級數(급수)別로 漢字를 배정하고, 漢字마다 표준이 된 訓과 音, 그리고 長短音(장단음)을 표시하였으며, 누구나 알아야 될 類義語(유의어), 反意語(반의어), 故事成語(고사성어), 漢字의 部首(부수), 널리 쓰이고 있는 略字(약자) 등도 자세히 제시해 두고 있다.

우리의 漢字學習 目的(목적)은 어디까지나 국어 안의 한자어를 제대로 알고자 하는 데 있으나, 이러한 한자학습을 통하여 우리의 文化遺産(문화유산)인 漢文(한문) 典籍(전적)을 읽어 내고, 漢語(한어)를 배우는 데도 도움이 될 수 있을 것이라고 믿는다.

2005年 6月 20日

韓國語文敎育硏究會 會長　姜 信 沆

머리말

　國語(국어) 어휘의 70% 정도를 차지하고 있는 것이 漢字語(한자어)입니다. 30여년 간의 한글 專用(전용) 교육은 국민의 國語 能力(능력)을 低下(저하)시킴으로써 상호간 意思疏通(의사소통)을 모호하게 하고, 學習(학습) 能力(능력)을 減少(감소)시켰을 뿐만 아니라, 傳統(전통)과의 단절, 한자문화권 내에서의 孤立(고립)이라는 결과를 빚어냈습니다.

　이미 30여년 전에 이런 한글 專用 교육의 盲點(맹점)을 파악하고 漢字 교육을 통한 國語 교육 正常化(정상화)를 기치로 내세워 발족한 韓國語文敎育硏究會는 잘못된 語文(어문) 정책을 바로잡기 위한 여러 활동을 꾸준히 벌여 왔습니다. 語文 정책을 바로잡기 위한 활동의 강화 차원에서 社團法人 韓國語文會를 창립하였고, 公敎育(공교육)에서 담당하지 못하고 있는 漢字 교육을 장려하기 위하여 韓國漢字能力檢定會를 설립하였습니다.

　국민의 言語 能力, 事務(사무) 能力 低下(저하)는 필연적으로 國家(국가)와 社會(사회) 양쪽에서부터 반성을 불러 일으켰습니다. 政府(정부)는 公文書(공문서)에 漢字를 倂記(병기)하자는 결정을 내렸으며, 한편으로 經濟(경제) 단체에서는 漢字 교육의 필요성을 力說(역설)하고 있습니다. 머지않아 公敎育에서도 漢字가 混用(혼용)된 교재로 정상적인 학습을 할 날이 到來(도래)할 것을 의심치 않습니다.

　한글 전용 교육을 받고 자라난 世代(세대)가 이제는 社會의 중장년층이 된 바, 漢字를 모르는 데서 오는 불편을 후손에게 대물림하지 않기 위하여 漢字 교육에 관심을 보이고 있습니다. 이는 全國漢字能力檢定試驗에 응시하는 미취학 아동과 초등학생 지원자의 수가 꾸준히 증가하는 것에서 확인할 수 있습니다.

　韓國語文敎育硏究會는 全國漢字能力檢定試驗 교재를 이미 10여년 전에 출간하였으나 그 내용이 지나치게 간단하였기에, 학습자들이 보다 쉽게 漢字를 익히고, 全國漢字能力檢定試驗에 대비할 수 있는 級數別(급수별) 自習書(자습서)의 보급이 필요하다고 판단하여, 이 학습서를 출간하게 된 것입니다. 이 책은 각 級數別 읽기와 쓰기 配定 漢字를 구별하여, 각각의 활용 단어를 넣었으며, 그 외 字源(자원), 訓音(훈음), 讀音(독음), 長短音(장단음), 筆順(필순), 四字成語(사자성어) 등을 갖춤으로써 종합적 漢字(한자) 학습을 가능케 하였습니다.

　이 학습서가 全國漢字能力檢定試驗을 준비하는 모든 분들에게 훌륭한 길잡이가 되기를 바라마지 않습니다.

　　　韓國語文敎育硏究會 編纂委員長　　　　　　南 基 卓

한자능력검정시험이란

≈≈

한자능력검정시험은 사단법인 한국어문회가 주관하고 한국한자능력검정회가 시행하는 한자 활용능력 검정시험입니다.

1992년 12월 9일 전국적으로 시행하여 현재에 이르기까지 매년 시행하고 있는 한자 자격시험으로, 2001년 5월 19일 18회 시험부터 1급~4급이 국가 공인이 되었고, 2005년 29회 시험부터는 1급~3급Ⅱ가 국가 공인(공인증서 제2005~2호) 시험으로 치러지고 있으며, 시험에 합격한 재학생은 내신반영은 물론, 2000학년도부터 3급과 2급 합격자를 대상으로 일부 대학에서는 특기자 특별전형으로 신입생을 모집함으로써 권위 있는 한자 자격시험으로 인정받고 있습니다.

현재 한자능력검정시험은 8급에서 4급까지를 교육급수로, 3급Ⅱ에서 특급까지를 공인 급수로 구분하고 있으며, 초등학교에서 1,000자, 중ㆍ고등학교에서 1,000자, 대학교에서 1,500자 정도로 전체 3,500자의 한자를 배정하였습니다.

초등학교는 학년별로, 중학교 이상은 급수별로 습득할 한자 수를 분류하였으며, 한자에 대한 훈음, 장단음, 반대자/상대자, 동의자/유의자, 동음이의어, 뜻풀이, 약자, 한자 쓰기, 완성형, 부수 등에 대한 문제를 내용으로 하고 있습니다. 한자능력검정시험은 한자 학습의 필요성을 깨우치고, 개인별 한자 습득 정도에 대한 객관적인 검정자료로 활용되어 한자 학습 의욕을 증진시키고, 사회적으로 한자 활용능력을 인정받는 우수한 인재를 양성함을 목적으로 합니다.

한자를 익히고 배우려는 뜻있는 학습자들께 한자능력검정시험이 작은 기쁨과 보탬이 되길 바랍니다.

알려두기

이 책의 특징은 한자능력검정시험에 필요한 모든 정보를 제공하여 수험자로 하여금 시험에 대비하도록 하기 위하여, 읽기배정한자와 쓰기배정한자를 분류하였고, 그 글자에 해당하는 유의어, 반의어, 약어 등을 정보란에 정리하였을 뿐만 아니라, 부록부분에 이들을 모아 전체를 한 눈으로 보고 집중적으로 공부할 수 있도록 하였다. 기출문제와, 실제 한자능력검정시험의 기출문제와 같은 유형의 실전문제를 두어 시험에 대비하도록 하였다.

이 책을 이용하는데 꼭 알아두어야 할 사항들은 다음과 같다.

1
한자의 배열은 대표음을 가나다순으로 배열하였다. 각 한자에 해당하는 급수를 제시하여 다른 급수를 학습하는데 도움을 주었다.

間 7급 II
사이 간(:)

2
글자풀이란을 두어 한자의 구성원리를 쉽게 이해하고 오래도록 기억할 수 있도록 하였으며, 이 때의 글자풀이는 수험자가 쉽게 이해할 수 있도록 자원풀이보다는 파자(글자를 풀어 설명하는)의 방법을 사용하였다.

닫혀있는 문(門) 사이에서 아침 해(日)가 비추어오는 형태에서 사이, 틈(間)의 의미이다.

3
훈과 음은 (사단법인) 한국어문회, 한국어문교육연구회, 한국한자능력검정회가 지정한 대표 훈과 음을 따랐다.

4
훈음에는 **장단음 표시**를 하여 수험자가 쉽게 장단음을 익히도록 하였다. 오직 장음으로만 발음되는 한자는 : 로, 장음과 단음이 단어에 따라 다른 것은 (:)로, 단음인 것은 표시를 하지 않았다.

間 **7급 II**
사이 간(:)
門 | 4획

닫혀있는 문(門) 사이에서 아침 해(日)가 비추어오는 형태에서 사이, 틈(間)의 의미이다.
ㅂ 問(물을 문)
　門(문 문)
　開(열 개)

읽기한자
週間(주간) : 월요일부터 일요일까지 한 주일 동안

쓰기한자
空間(공간) : 무한하게 퍼져 있는 빈 곳. 쓰지 않는 빈 칸
時間(시간) : 어느 때로부터 어느 때까지의 사이
人間(인간) : 사람, 인류. 사람이 사는 곳
中間(중간) : 두 사물의 사이. 사물이 아직 끝나지 않은 장소 또는 시간. 한 가운데

활용문
우리는 자리를 좁혀 한 사람 더 앉을 空間(공간)을 만들었다.

 필순　｜　Ｆ　Ｆ　Ｆ　Ｆ'　門　門　門　門　間　間　間

5   각 한자의 부수와 획수를 밝혔으며, 이 때의 획수는 총획에서 부수의 획수를 뺀 나머지 획으로 통일하였다.

6   배정한자 아래에는 **정보란**을 두어 그 배정한자에 해당하는 비슷한 한자(비), 유의자(동), 반대 또는 상대자(반), 약자(약)를 밝혀 시험 대비를 하는데 도움을 주도록 하였다. 5급 이상의 급수에 해당하는 한자들도 수록하여 참고가 되도록 하였다.

間 사이 간(:)

門 | 4획

닫혀있는 문(門) 사이에서 아침 해(日)가 비추어오는 형태에서 사이, 틈(間)의 의미이다.

비 間(물을 문)
   門(문 문)
   開(열 개)

7   한자능력검정시험의 **읽기** 배정한자와 **쓰기** 배정한자가 다른 점을 감안하여 이를 구별하여 수험자들이 시험 대비에 효과를 극대화 할 수 있게 했다.

> **읽기한자**
>
> 週間(주간) : 월요일부터 일요일까지 한 주일 동안
>
> **쓰기한자**
>
> 空間(공간) : 무한하게 퍼져 있는 빈 곳. 쓰지 않는 빈 칸
> 時間(시간) : 어느 때로부터 어느 때까지의 사이
> 人間(인간) : 사람, 인류. 사람이 사는 곳
> 中間(중간) : 두 사물의 사이. 사물이 아직 끝나지 않은 장소 또는 시간. 한
>   가운데

8   **필순**을 밝혀, 필순을 보면서 한자를 필순에 맞게 써 봄으로써 올바른 한자를 쓸 수 있도록 하였다.

 필순 ｜   ｢   ｢   ｢   ｢   ｢   門   門   門   門   間   間   間

9   **활용문**은 국어 교과서에서 문장을 뽑아 단어들의 쓰임을 문장에서 익히도록 하였다.

> **활용문**
>
> 우리는 자리를 좁혀 한 사람 더 앉을 空間(공간)을 만들었다.

10   9개의 한자학습이 끝나면 **확인학습란**을 두어 그 배정한자를 제대로 익혔는지를 확인하게 하여 실전에 대비할 수 있도록 하였다.

11   부록에는 각 급수에 해당하는 **사자성어, 유의자(동의자), 반대자(상대자), 동음이의어, 약자**를 모아 집중적으로 공부할 수 있도록 하였다. 각 유형별 한자마다 급수를 표시하여 실질적인 급수시험에 충분히 대비할 수 있도록 하였다. 유의자와 반대자는 단어 형성과는 관계없이 동훈자 중심으로 구성하였다.

12   **기출문제** 6회분과, 실제 한자능력검정시험의 기출문제와 같은 유형의 **실전문제**를 2회분 두어 지금까지 학습한 내용을 점검하고 실전에 대비하게 하였다. **부록II**

漢字能力檢定試驗

한자능력검정시험 응시 요강

 전국한자능력검정시험 급수별 배정한자 수 및 수준

급수	읽기	쓰기	수준 및 특성
특급	5,978	3,500	국한혼용 고전을 불편 없이 읽고, 연구할 수 있는 수준 고급
특급II	4,918	2,355	국한혼용 고전을 불편 없이 읽고, 연구할 수 있는 수준 중급
1급	3,500	2,005	국한혼용 고전을 불편 없이 읽고, 연구할 수 있는 수준 초급
2급	2,355	1,817	상용한자의 활용은 물론 인명지명용 기초한자 활용 단계
3급	1,817	1,000	고급 상용한자 활용의 중급 단계
3급II	1,500	750	고급 상용한자 활용의 초급 단계
4급	1,000	500	중급 상용한자 활용의 고급 단계
4급II	750	400	중급 상용한자 활용의 중급 단계
5급	500	300	중급 상용한자 활용의 초급 단계
5급II	400	225	중급 상용한자 활용의 초급 단계
6급	300	150	기초 상용한자 활용의 고급 단계
6급II	225	50	기초 상용한자 활용의 중급 단계
7급	150	–	기초 상용한자 활용의 초급 단계
7급II	100	–	기초 상용한자 활용의 초급 단계
8급	50	–	한자 학습 동기 부여를 위한 급수

▶▶ 초등학생은 4급, 중·고등학생은 3급, 대학생은 1급, 전공자는 특급 취득에 목표를 두고 학습하길 권해 드립니다.

전국한자능력검정시험 급수별 출제유형

구분	특급	특급II	1급	2급	3급	3급II	4급	4급II	5급	5급II	6급	6급II	7급	7급II	8급
읽기 배정 한자	5,978	4,918	3,500	2,355	1,817	1,500	1,000	750	500	400	300	225	150	100	50
쓰기 배정 한자	3,500	2,355	2,005	1,817	1,000	750	500	400	300	225	150	50	0	0	0
독음	45	45	50	45	45	45	32	35	35	35	33	32	32	22	24
훈음	27	27	32	27	27	27	22	22	23	23	22	29	30	30	24
장단음	10	10	10	5	5	5	3	0	0	0	0	0	0	0	0
반의어	10	10	10	10	10	10	3	3	3	3	3	2	2	2	0
완성형	10	10	15	10	10	10	5	5	4	4	3	2	2	2	0
부수	10	10	10	5	5	5	3	3	0	0	0	0	0	0	0
동의어	10	10	10	5	5	5	3	3	3	3	2	0	0	0	0
동음이의어	10	10	10	5	5	5	3	3	3	3	2	0	0	0	0
뜻풀이	5	5	10	5	5	5	3	3	3	3	2	2	2	2	0
필순	0	0	0	0	0	0	0	0	3	3	3	3	2	2	2
약자 · 속자	3	3	3	3	3	3	3	3	3	3	0	0	0	0	0
한자 쓰기	40	40	40	30	30	30	20	20	20	20	20	10	0	0	0
한문	20	20	0	0	0	0	0	0	0	0	0	0	0	0	0

▶▶ 상위급수 한자는 모두 하위급수 한자를 포함하고 있습니다.
▶▶ 쓰기 배정 한자는 한두 급수 아래의 읽기 배정한자이거나 그 범위 내에 있습니다.
▶▶ 출제유형표는 기본지침자료로서, 출제자의 의도에 따라 차이가 있을 수 있습니다.
▶▶ 공인급수는 교육과학기술부로부터 국가공인자격 승인을 받은 특급 · 특급II · 1급 · 2급 · 3급 · 3급II이며, 교육급수는 한국한자능력검정회에서 시행하는 민간자격인 4급 · 4급II · 5급 · 5급II · 6급 · 6급II · 7급 · 7급II · 8급입니다.
▶▶ 5급II · 7급II는 신설 급수로 2010년 11월 13일 시험부터 시행되었습니다.
▶▶ 6급II 읽기 배정한자는 2010년 11월 13일 시험부터 300자에서 225자로 조정되었습니다.

 ## 한자능력검정시험 합격기준

구분	특급	특급II	1급	2급	3급	3급II	4급	4급II	5급	5급II	6급	6급II	7급	7급II	8급
출제문항수	200 (100)	200 (100)	200 (100)	150 (100)	150 (100)	150 (100)	100 (100)	100 (100)	100 (100)	100 (100)	90 (100)	80 (100)	70 (100)	60 (100)	50 (100)
합격문항수	160 (80)	160 (80)	160 (80)	105 (70)	105 (70)	105 (70)	70 (70)	70 (70)	70 (70)	70 (70)	63 (70)	56 (70)	49 (70)	42 (70)	35 (70)

▶▶ ( )는 100점 만점으로 환산한 점수입니다.
▶▶ 특급 · 특급II · 1급은 출제 문항수의 80% 이상, 2급 ~ 8급은 70%이상 득점하면 합격입니다.

한자능력검정시험 합격자 우대사항

- 본 우대사항은 변경이 있을 수 있습니다. 최신 정보는 한국한자능력검정회 홈페이지를 참고하시기 바랍니다.
- 자격기본법 제27조에 의거 국가자격 취득자와 동등한 대우 및 혜택
- 대학 수시모집 및 특기자 전형 지원. 대입 면접시 가산점(해당 학교 및 학과)
- 고려대, 성균관대, 충남대 등 수많은 대학에서 대학의 정한 바에 따라 학점, 졸업인증에 반영
- 유수 고등학교에서 정한 바에 따라 입시에 가산점 등으로 반영
- 육군 간부 승진 고과에 반영
- 한국교육개발원 학점은행의 학점에 반영
- 기업체 입사 및 인사고과에 반영(해당기업에 한함)

1. 대학 수시모집 및 특기자 전형 지원

대학	학 과	자격
건양대학교	중국어, 일본어	한자능력검정시험 5급이상
경북과학대학	관광영어과,관광일어과, 관광중국어과	한자능력검정시험 4급이상
경북대학교	사학과, 한문학과	한자, 한문 특기자
경상대학교	한문학과	한자능력검정시험 2급 이상(한국어문회 주관)
경성대학교	한문학과	한자능력검정시험 3급 이상(한국어문회 주최)
고려대학교	어학특기자(한문학과)	한문 특기자
공주대학교	한문교육과	국가공인 한자급수자격시험(3급이상) 취득자
국민대학교	중어중문학과	한자능력시험(한국어문회 주관) 1급 이상
군산대학교	어학특기자	중국어 : 한어수평고사(HSK) 6급 ~ 11급인 자 또는 한자능력검정 1, 2급인 자, 한자능력급수 1, 2급인 자 ※한자능력검정의 경우 한국한자능력검정회, 대한민국한자급수검정회, 대한민국한문교육진흥회, 한국어문회 발행만 인정.
단국대학교 (서울)	한문특기자	한국어문회 주관 한자능력검정시험 3급 이상 취득한 자
대구대학교	문학 및 한자 우수자	한자능력검정시험 3급 이내 합격자

대학	학 과	자격
동서대학교	어학, 한자, 문학, 영상	어학, 한자, 문학, 영상에서 3위 이상 입상자
동아대학교	한문특기자	한자능력검정시험(한국한자능력검정회 주최) 3급 이상 자격증 소지자
동의대학교	어학특기자	한자능력검정시험 1급 이상 또는 HSK 6급이상인자
명지대학교	어학특기자	검정회 및 한국어문회에서 주관하는 한자능력검정시험 2급 이상자
부산대학교	모집단위별 가산점 부여	한국어문회 시행 한자능력검정시험(1급 ~ 3급) 가산점 부여
상명대학교 (서울)	한문특기자	한자능력검정시험(3급 ~ 1급) (한국한자능력검정회 시행)
선문대학교	경시대회입상 전형	(국어〈백일장, 한문, 문학〉, 수학, 과학)
성결대학교	외국어 및 문학 특기자	한자능력검정고시 3급 이상 취득자
성균관대학교	한문 특기자	전국한자능력검정시험(한국어문회) − 2급 이상
연세대학교	문과대학	한문 특기자
영남대학교	어학 특기자	한자능력검정시험(한국한자능력검정회 시행) 2급 이상 자격증 소지자
원광대학교	한문교육과	최근 3년 이내 행정기관, 언론기관, 4년제 대학 등 본교가 인정하는 공신력있는 단체에서 주최한 전국규모의 한문경시대회 개인 입상자
중앙대학교	문과대학 국어국문학과	한자능력검정시험(한국어문회 주관) 3급 이상 합격자
충남대학교	어학특기자	전국한자능력검정시험 3급 이상
한성대학교	한문특기자	전국한자능력검정시험(사단법인 한국어문학회 주최) 1급 이상 취득자
호남대학교	공인 어학능력 인증서 소지자	한문자격시험(한자급수시험)

▶▶ 대입 전형과 관련된 세부사항은 변경될 수 있으므로 해당 학교 홈페이지, 또는 입학담당부서로 문의바랍니다.

2. 대입 면접 가산 · 학점 반영 · 졸업 인증

대학	내 용	비고
건양대학교	국문학부 면접시 가산점 부여	대학입시
성균관대학교	졸업인증 3품 중 국제품의 경우 3급이상 취득시 인증	졸업인증
경산대학교	전교생을 대상으로 3급이상 취득시 인증	졸업인증
서원대학교	국문과를 대상으로 3급이상 취득시 인증	졸업인증
제주한라대학	중국어통역과를 대상으로 3급이상 취득시 인증	졸업인증
신라대학교	인문/자연/사범/예체능계열을 대상으로 4급이상 취득시 인증	졸업인증
경원전문대학	전교생 대상, 취득시 학점반영	학점반영
덕성여자대학교	전교생 대상, 취득시 학점반영	학점반영
한세대학교	전교생 대상, 취득시 학점반영(한문 교양 필수)	학점반영

▶▶ 변경될 수 있으므로 해당학교(학과)의 안내를 참조바랍니다.

3. 기업체 입사 · 승진 · 인사고과 반영

구분	내 용	비고
육군	부사관 5급 이상 / 위관장교 4급 이상 / 영관장교 3급 이상	인사고과
조선일보	기자채용 시 3급 이상 우대	입사

▶▶ 변경될 수 있으므로 해당기관의 안내를 참조바랍니다.

 ## 한자능력검정시험 시험시간

구분	특급	특급II	1급	2급	3급	3급II	4급	4급II	5급	5급II	6급	6급II	7급	7급II	8급
시험시간	100분	90분	60분						50분						

▶▶ 응시 후 시험 시간동안 퇴실 가능 시간의 제한은 없습니다.
▶▶ 시험 시작 20분 전(교육급수 – 10:40 / 공인급수 – 14:40)까지 고사실에 입실하여 주시기 바랍니다.

 ## 한자능력검정시험 검정료

구분	특급	특급II	1급	2급	3급	3급II	4급	4급II	5급	5급II	6급	6급II	7급	7급II	8급
검정료	45,000원		25,000원						20,000원						

▶▶ 창구접수 검정료는 원서 접수일부터, 마감시까지 해당 접수처 창구에서 받습니다.

한자능력검정시험 접수방법

◉ 창구접수(모든 급수, 해당 접수처)

응시 급수 선택	검정시험 급수 배정을 참고하여, 응시자에게 알맞는 급수를 선택합니다.
원서 작성 준비물 확인	반명함판사진(3×4cm) 3매/급수증 수령주소/주민번호/이름(한자) 응시료(현금)
원서 작성 · 접수	정해진 양식의 원서를 작성하여 접수창구에 응시료와 함께 제출합니다.
수험표 확인	수험표를 돌려받으신 후 수험번호, 수험일시, 응시 고사장을 확인하세요.

※인터넷 접수 가능 : 접수 방법은 바뀔 수 있으므로 한국어문회 홈페이지(www.hanja.re.kr)를 참고하시기 바랍니다.

 ## 한자능력검정시험 시상기준

급수	문항 수	합격문항	우량상			우수상		
			초등이하	중등	고등	초등이하	중등	고등
특급	200	160	–	–	–	160	160	160
특급Ⅱ	200	160	–	–	–	160	160	160
1급	200	160	–	–	–	160	160	160
2급	150	105	–	105	112	105	112	120
3급	150	105	–	105	112	105	112	120
3급Ⅱ	150	105	112	120	127	120	127	135
4급	100	70	75	80	85	80	85	90
4급Ⅱ	100	70	75	80	85	80	85	90
5급	100	70	85	85	–	90	90	–
5급Ⅱ	100	70	85	85	–	90	90	–
6급	90	63	76	–	–	81	–	–
6급Ⅱ	80	56	68	–	–	72	–	–
7급	70	49	59	–	–	63	–	–
7급Ⅱ	60	42	51	–	–	54	–	–
8급	50	35	42	–	–	45	–	–

▶▶ 시상기준표의 숫자는 "문항 수" 입니다.
▶▶ 대학생과 일반인은 시상대상에 해당되지 않습니다.

青山流水

청산유수

푸른 산에 맑은 물이라는 뜻으로, 막힘없이 썩 잘하는 말을 비유적으로 이르는 말

CONTENTS

한자의 기초

漢字能力檢定試驗

육서

한자를 만드는 여섯 가지 원리를 일컬어 육서라고 한다. 육서에는 한자를 만드는 원리를 해설하는 상형, 지사, 회의, 형성과 기존의 한자를 사용하여 문자의 원리를 해설한 전주, 가차의 방법이 있다.

▶ **상형문자**(象形文字 – 그림글자)

한자를 만드는 가장 기본적인 원리로 구체적인 사물의 모양을 본뜬 글자

▶ **지사문자**(指事文字 – 약속글자)

구체적인 모양을 나타낼 수 없는 사상이나 개념을 선이나 점으로 나타내어 글자를 만드는 원리

〈上 윗 상〉   〈刀 칼 도〉

▶ **회의문자**(會意文字 – 뜻 모음 글자)

두 개 이상의 글자가 뜻으로 결합하여 새로운 글자를 만드는 원리

* 明(밝을 명)＝日(날 일)＋月(달 월)
* 林(수풀 림)＝木(나무 목)＋木(나무 목)

▶ 형성문자(形聲文字 - 합체글자)

뜻을 나타내는 부분과 음을 나타내는 부분을 결합하여 새로운 글자를 만드는 원리

* 問(물을 문)=門(문 문)+口(입 구)
* 記(기록할 기)=言(말씀 언)+己(몸 기)

▶ 전주문자(轉注文字 - 확대글자)

이미 있는 글자의 뜻을 확대, 유추하여 새로운 뜻을 나타내는 원리

* 惡 본뜻   악할 악   예) 惡行(악행)

  새로운 뜻   미워할 오   예) 憎惡(증오)

▶ 가차문자(假借文字 - 빌린 글자)

글자의 본래 의미와는 상관없이 소리가 비슷한 글자를 빌려서 나타내는 원리

* 스페인(Spain)=西班牙(서반아)   * 유럽(Europe)=歐羅巴(구라파)

부수의 위치와 명칭

▶ 邊(변): 글자의 왼쪽에 있는 부수

* 木 나무목변 : 校(학교 교), 植(심을 식), 樹(나무 수)
* 氵(水) 물수변 : 江(강 강), 海(바다 해), 洋(큰 바다 양)

▶ 傍(방): 글자의 오른쪽에 있는 부수

* 阝(邑) 우부방(고을 읍 방) : 郡(고을 군), 部(떼 부)
* 刂(刀) 선칼도방(칼 도 방) : 利(이할 리), 別(다를/나눌 별)

▶ 머리 : 글자의 위에 있는 부수

* 宀 갓머리(집 면) : 室(집 실), 安(편안 안), 字(글자 자)
* ++(艸) 초두(艸頭) : 萬(일만 만), 草(풀 초), 藥(약 약)

▶ **발** : 글자의 아래에 있는 부수

* 心 마음 심 발　　　　　 : 感(느낄 감), 意(뜻 의), 念(생각할 념)
* 儿 어진사람인발(사람 인) : 先(먼저 선), 兄(형 형), 光(빛 광)

▶ **엄** : 글자의 위와 왼쪽을 싸고 있는 부수

* 广 엄호(집 엄)　　　 : 度(법도 도/헤아릴 탁), 序(차례 서), 廣(넓을 광)
* 尸 주검시엄(주검 시) : 局(판 국), 屋(집 옥), 展(펼 전)

▶ **책받침** : 글자의 왼쪽과 밑을 싸고 있는 부수

* 辶(辵) 갖은책받침(쉬엄쉬엄 갈 착) : 道(길 도), 過(지날 과)
* 廴　 민책받침(길게 걸을 인)　　 : 建(세울 건)

▶ **몸**(에운담) : 글자를 에워싸고 있는 부수

* 囗 에운담(큰 입 구) : 國(나라 국), 圖(그림 도), 園(동산 원)
* 門 문문몸　　　　　 : 間(사이 간), 開(열 개), 關(관계할 관)

▶ **諸部首**(제부수) : 한 글자가 그대로 부수인 것

* 車(수레 거/차), 身(몸 신), 立(설 립)

필 순

▶ **위에서 아래로**

例) 言 말씀 언 : ` 二 十 三 言 言 言

▶ **왼쪽에서 오른쪽으로**

例) 川 내 천 : 丿 川 川

▶ **가로획을 먼저**

例) 用 쓸 용 : 丿 刀 刀 月 用

▶ **가운데를 먼저**

例) 小 작을 소 : 亅 小 小

▶ **몸을 먼저**

例) 同 한 가지 동 : 丨 冂 冂 冋 同 同

▶ **글자를 꿰뚫는 획은 나중에**

例) 中 가운데 중 : 丨 冂 口 中

母 어미 모 : 乚 乄 毋 毋 母

▶ **점은 맨 나중에**(윗 부분 오른쪽 점)

例) 代 대신할 대 : 丿 亻 仁 代 代

▶ **삐침(丿)을 파임(丶)보다 먼저**

例) 父 아비 부 : 丿 八 父 父

5급 배정한자

漢字能力檢定試驗

※급수 표기 : 50(5급), 52(5급Ⅱ), 60(6급), 62(6급Ⅱ), 70(7급), 72(7급Ⅱ), 80(8급)
※획수는 해당 한자에 노출된 부수의 획수를 제외한 나머지 획수입니다.

급수	한자	부수	획수	대표훈음	급수	한자	부수	획수	대표훈음
		ㄱ			50	競	立	15	다툴 경:
52	價	亻(人)	13	값 가	50	輕	車	07	가벼울 경
50	加	力	03	더할 가	62	界	田	04	지경 계:
50	可	口	02	옳을 가:	62	計	言	02	셀 계:
72	家	宀	07	집 가	60	古	口	02	예 고:
70	歌	欠	10	노래 가	52	告	口	04	고할 고:
62	各	口	03	각각 각	50	固	口	05	굳을 고(:)
60	角	角	00	뿔 각	50	考	耂(老)	02	생각할 고(:)
72	間	門	04	사이 간(:)	60	苦	⺿(艸)	05	쓸(味覺) 고
60	感	心	09	느낄 감:	62	高	高	00	높을 고
60	**強**	弓	08	강할 강(:)	50	曲	曰	02	굽을 곡
72	江	氵(水)	03	강 강	62	公	八	02	공평할 공
50	改	攵(攴)	03	고칠 개(:)	62	共	八	04	한가지 공:
60	開	門	04	열 개	62	功	力	03	공(勳) 공
52	客	宀	06	손 객	72	工	工	00	장인 공
50	去	厶	03	갈 거:	72	空	穴	03	빌 공
50	擧	手	14	들 거:	62	果	木	04	실과 과
72	車	車	00	수레 거/차	62	科	禾	04	과목 과
50	件	亻(人)	04	물건 건	52	課	言	08	공부할/과정 과(:)
50	健	亻(人)	09	굳셀 건:	52	過	辶(辵)	09	지날 과:
50	建	廴	06	세울 건:	52	觀	見	18	볼 관
52	格	木	06	격식 격	52	關	門	11	관계할 관
52	見	見	00	볼 견:/뵈올 현:	60	光	儿	04	빛 광
52	決	氵(水)	04	결단할 결	52	廣	广	12	넓을 광:
52	結	糸	06	맺을 결	60	交	亠	04	사귈 교
60	京	亠	06	서울 경	80	敎	攵(攴)	07	가르칠 교:
52	敬	攵(攴)	09	공경 경:	80	校	木	06	학교 교:
50	景	日	08	볕 경(:)	50	橋	木	12	다리 교

급수	한자	부수	획수	대표훈음	급수	한자	부수	획수	대표훈음
80	九	乙	01	아홉 구	72	內	入	02	안 내:
52	具	八	06	갖출 구(:)	80	女	女	00	계집 녀
60	區	匚	09	구분할/지경 구	80	年	干	03	해 년
70	口	口	00	입 구(:)	52	念	心	04	생각 념:
50	救	攵(攴)	07	구원할 구:	72	農	辰	06	농사 농
62	球	王(玉)	07	공 구	52	能	月(肉)	06	능할 능
52	舊	臼	12	예 구:					
80	國	囗	08	나라 국			ㄷ		
52	局	尸	04	판 국	60	多	夕	03	많을 다
80	軍	車	02	군사 군	52	團	囗	11	둥글 단
60	郡	阝(邑)	07	고을 군:	50	壇	土	13	단 단
50	貴	貝	05	귀할 귀:	62	短	矢	07	짧을 단(:)
50	規	見	04	법 규	50	談	言	08	말씀 담
60	根	木	06	뿌리 근	72	答	竹	06	대답 답
60	近	辶(辵)	04	가까울 근:	62	堂	土	08	집 당
62	今	人	02	이제 금	52	當	田	08	마땅 당
62	急	心	05	급할 급	62	代	亻(人)	03	대신할 대:
60	級	糸	04	등급 급	80	大	大	00	큰 대(:)
50	給	糸	06	줄 급	62	對	寸	11	대할 대:
52	基	土	08	터 기	60	待	彳	06	기다릴 대:
52	己	己	00	몸 기	52	德	彳	12	큰 덕
50	技	扌(手)	04	재주 기	52	到	刂(刀)	06	이를 도:
70	旗	方	10	기 기	62	圖	囗	11	그림 도
50	期	月	08	기약할 기	50	島	山	07	섬 도
72	氣	气	06	기운 기	60	度	广	06	법도 도(:)/헤아릴 탁
50	汽	氵(水)	04	물끓는김 기	72	道	辶(辵)	09	길 도:
72	記	言	03	기록할 기	50	都	阝(邑)	09	도읍 도
50	吉	口	03	길할 길	52	獨	犭(犬)	13	홀로 독
80	金	金	00	쇠 금/성 김	62	讀	言	15	읽을 독/구절 두
					70	冬	冫	03	겨울 동(:)
		ㄴ			72	動	力	09	움직일 동:
80	南	十	07	남녘 남	70	同	口	03	한가지 동
72	男	田	02	사내 남	80	東	木	04	동녘 동

급수	한자	부수	획수	대표훈음	급수	한자	부수	획수	대표훈음
70	洞	氵(水)	06	골 동:/밝을 통:	62	理	王(玉)	07	다스릴 리:
62	童	立	07	아이 동(:)	70	里	里	00	마을 리:
60	頭	頁	07	머리 두	70	林	木	04	수풀 림
70	登	癶	07	오를 등	72	立	立	00	설 립
62	等	竹	06	무리 등:					

ㄹ

급수	한자	부수	획수	대표훈음
62	樂	木	11	즐길 락/노래 악/좋아할 요
50	落	++(艸)	09	떨어질 락
52	朗	月	07	밝을 랑:
70	來	人	06	올 래(:)
50	冷	冫	05	찰 랭:
52	良	艮	01	어질 량
50	量	里	05	헤아릴 량
52	旅	方	06	나그네 려
72	力	力	00	힘 력
52	歷	止	12	지날 력
52	練	糸	09	익힐 련:
50	令	人	03	하여금 령(:)
50	領	頁	05	거느릴 령
60	例	亻(人)	06	법식 례:
60	禮	示	13	예도 례:
52	勞	力	10	일할 로
70	老	老	00	늙을 로:
60	路	足(足)	06	길 로:
60	綠	糸	08	푸를 록
50	料	斗	06	헤아릴 료(:)
52	流	氵(水)	07	흐를 류
52	類	頁	10	무리 류(:)
80	六	八	02	여섯 륙
52	陸	阝(阜)	08	뭍 륙
62	利	刂(刀)	05	이할 리:
60	李	木	03	오얏/성 리:

ㅁ

급수	한자	부수	획수	대표훈음
50	馬	馬	00	말 마:
80	萬	++(艸)	09	일만 만:
50	末	木	01	끝 말
50	亡	亠	01	망할 망
52	望	月	07	바랄 망:
72	每	毋	03	매양 매(:)
50	買	貝	05	살 매:
50	賣	貝	08	팔 매(:)
70	面	面	00	낯 면:
72	名	口	03	이름 명
70	命	口	05	목숨 명:
62	明	日	04	밝을 명
80	母	毋	01	어미 모:
80	木	木	00	나무 목
60	目	目	00	눈 목
50	無	灬(火)	08	없을 무
70	問	口	08	물을 문:
70	文	文	00	글월 문
62	聞	耳	08	들을 문(:)
80	門	門	00	문 문
72	物	牛	04	물건 물
62	米	米	00	쌀 미
60	美	羊	03	아름다울 미(:)
80	民	氏	01	백성 민

ㅂ

급수	한자	부수	획수	대표훈음
60	朴	木	02	성 박

급수	한자	부수	획수	대표훈음	급수	한자	부수	획수	대표훈음
62	半	十	03	반 반:	52	仕	亻(人)	03	섬길 사(:)
62	反	又	02	돌이킬 반:	60	使	亻(人)	06	하여금/부릴 사:
62	班	王(玉)	06	나눌 반	52	史	口	02	사기 사:
62	發	癶	07	필 발	80	四	口	02	넉 사:
62	放	攵(攴)	04	놓을 방(:)	50	寫	宀	12	베낄 사
72	方	方	00	모 방	50	思	心	05	생각 사(:)
50	倍	亻(人)	08	곱 배(:)	50	査	木	05	조사할 사
80	白	白	00	흰 백	60	死	歹	02	죽을 사:
70	百	白	01	일백 백	62	社	示	03	모일 사
60	番	田	07	차례 번	80	山	山	00	메 산
52	法	氵(水)	05	법 법	52	産	生	06	낳을 산:
52	變	言	16	변할 변:	70	算	竹	08	셈 산:
60	別	刂(刀)	05	다를/나눌 별	80	三	一	02	석 삼
52	兵	八	05	병사 병	72	上	一	02	윗 상:
60	病	疒	05	병 병:	52	商	口	08	장사 상
60	服	月	04	옷 복	52	相	目	04	서로 상
52	福	示	09	복 복	50	賞	貝	08	상줄 상
60	本	木	01	근본 본	70	色	色	00	빛 색
52	奉	大	05	받들 봉:	80	生	生	00	날 생
70	夫	大	01	지아비 부	50	序	广	04	차례 서:
80	父	父	00	아비 부	62	書	日	06	글 서
62	部	阝(邑)	08	떼 부	80	西	襾	00	서녘 서
80	北	匕	03	북녘 북/달아날 배	70	夕	夕	00	저녁 석
62	分	刀	02	나눌 분(:)	60	席	巾	07	자리 석
72	不	一	03	아닐 불	60	石	石	00	돌 석
50	比	比	00	견줄 비:	52	仙	亻(人)	03	신선 선
50	費	貝	05	쓸 비:	80	先	儿	04	먼저 선
50	鼻	鼻	00	코 비:	50	善	口	09	착할 선:
50	氷	水	01	얼음 빙	62	線	糸	09	줄 선
					50	船	舟	05	배 선
					50	選	辶(辵)	12	가릴 선:
			ㅅ		52	鮮	魚	06	고울 선
52	士	士	00	선비 사:	52	說	言	07	말씀 설/달랠 세:
72	事	亅	07	일 사:					

급수	한자	부수	획수	대표훈음	급수	한자	부수	획수	대표훈음
62	雪	雨	03	눈 설	62	信	亻(人)	07	믿을 신:
72	姓	女	05	성 성:	62	新	斤	09	새 신
52	性	忄(心)	05	성품 성:	62	神	示	05	귀신 신
62	成	戈	03	이룰 성	52	臣	臣	00	신하 신
62	省	目	04	살필 성/덜 생	62	身	身	00	몸 신
72	世	一	04	인간 세:	60	失	大	02	잃을 실
52	歲	止	09	해 세:	80	室	宀	06	집 실
52	洗	氵(水)	06	씻을 세:	52	實	宀	11	열매 실
80	小	小	00	작을 소:	70	心	心	00	마음 심
70	少	小	01	적을 소:	80	十	十	00	열 십
70	所	戶	04	바 소:					
62	消	氵(水)	07	사라질 소				◎	
52	束	木	03	묶을 속	52	兒	儿	06	아이 아
60	速	辶(辵)	07	빠를 속	52	惡	心	08	악할 악/미워할 오
60	孫	子	07	손자 손(:)	72	安	宀	03	편안 안
72	手	手	00	손 수(:)	50	案	木	06	책상 안
70	數	攵(攴)	11	셈 수:	60	愛	心	09	사랑 애(:)
60	樹	木	12	나무 수	60	夜	夕	05	밤 야:
80	水	水	00	물 수	60	野	里	04	들 야:
52	首	首	00	머리 수	62	弱	弓	07	약할 약
52	宿	宀	08	잘 숙/별자리 수:	52	約	糸	03	맺을 약
52	順	頁	03	순할 순:	62	藥	++(艸)	15	약 약
62	術	行	05	재주 술	60	洋	氵(水)	06	큰바다 양
60	習	羽	05	익힐 습	60	陽	阝(阜)	09	볕 양
60	勝	力	10	이길 승	52	養	食	06	기를 양:
62	始	女	05	비로소 시:	50	漁	氵(水)	11	고기잡을 어
72	市	巾	02	저자 시:	70	語	言	07	말씀 어:
72	時	日	06	때 시	50	魚	魚	00	고기/물고기 어
50	示	示	00	보일 시:	50	億	亻(人)	13	억 억
60	式	弋	03	법 식	60	言	言	00	말씀 언
70	植	木	08	심을 식	62	業	木	09	업 업
52	識	言	12	알 식/기록할 지	70	然	灬(火)	08	그럴 연
72	食	食	00	밥/먹을 식	50	熱	灬(火)	11	더울 열

급수	한자	부수	획수	대표훈음	급수	한자	부수	획수	대표훈음
50	葉	++(艸)	09	잎 엽	60	由	田	00	말미암을 유
60	永	水	01	길 영:	70	育	月(肉)	04	기를 육
60	英	++(艸)	05	꽃부리 영	60	銀	金	06	은 은
80	五	二	02	다섯 오:	62	音	音	00	소리 음
72	午	十	02	낮 오:	62	飮	食	04	마실 음(:)
50	屋	尸	06	집 옥	70	邑	邑	00	고을 읍
60	溫	氵(水)	10	따뜻할 온	62	意	心	09	뜻 의:
50	完	宀	04	완전할 완	60	衣	衣	00	옷 의
80	王	王(玉)	00	임금 왕	60	醫	酉	11	의원 의
80	外	夕	02	바깥 외:	80	二	二	00	두 이:
50	曜	日	14	빛날 요:	52	以	人	03	써 이:
52	要	襾	03	요긴할 요(:)	50	耳	耳	00	귀 이:
50	浴	氵(水)	07	목욕할 욕	80	人	人	00	사람 인
62	勇	力	07	날랠 용:	50	因	口	03	인할 인
62	用	用	00	쓸 용:	80	一	一	00	한 일
52	友	又	02	벗 우:	80	日	日	00	날 일
72	右	口	02	오를/오른(쪽) 우:	52	任	亻(人)	04	맡길 임(:)
50	牛	牛	00	소 우	70	入	入	00	들 입
52	雨	雨	00	비 우:					
62	運	辶(辵)	09	옮길 운:			㉢		
52	雲	雨	04	구름 운	72	子	子	00	아들 자
50	雄	隹	04	수컷 웅	70	字	子	03	글자 자
52	元	儿	02	으뜸 원	60	者	耂(老)	05	놈 자
50	原	厂	08	언덕 원	72	自	自	00	스스로 자
60	園	囗	10	동산 원	62	作	亻(人)	05	지을 작
60	遠	辶(辵)	10	멀 원:	62	昨	日	05	어제 작
50	院	阝(阜)	07	집 원	72	場	土	09	마당 장
50	願	頁	10	원할 원:	60	章	立	06	글 장
80	月	月	00	달 월	80	長	長	00	긴 장(:)
50	位	亻(人)	05	자리 위	50	再	冂	04	두 재:
52	偉	亻(人)	09	클 위	60	在	土	03	있을 재:
70	有	月	02	있을 유:	62	才	扌(手)	00	재주 재
60	油	氵(水)	05	기름 유	52	材	木	03	재목 재

급수	한자	부수	획수	대표훈음	급수	한자	부수	획수	대표훈음
50	災	火	03	재앙 재	72	左	工	02	왼 좌:
52	財	貝	03	재물 재	50	罪	罒(网)	08	허물 죄:
50	爭	爫(爪)	04	다툴 쟁	70	主	丶	04	주인/임금 주
50	貯	貝	05	쌓을 저:	70	住	亻(人)	05	살 주:
52	的	白	03	과녁 적	52	州	川(巛)	03	고을 주
50	赤	赤	00	붉을 적	60	晝	日	07	낮 주
52	傳	亻(人)	11	전할 전	62	注	氵(水)	05	부을 주:
72	全	入	04	온전 전	52	週	辶(辵)	08	주일 주
52	典	八	06	법 전:	80	中	丨	03	가운데 중
72	前	刂(刀)	07	앞 전	70	重	里	02	무거울 중:
52	展	尸	07	펼 전:	70	地	土	03	따 지
62	戰	戈	12	싸움 전:	50	止	止	00	그칠 지
72	電	雨	05	번개 전:	52	知	矢	03	알 지
52	切	刀	02	끊을 절/온통 체	70	紙	糸	04	종이 지
52	節	竹	09	마디 절	72	直	目	03	곧을 직
52	店	广	05	가게 점:	52	質	貝	08	바탕 질
50	停	亻(人)	09	머무를 정	62	集	隹	04	모을 집
60	定	宀	05	정할 정:					
62	庭	广	07	뜰 정			ㅊ		
52	情	忄(心)	08	뜻 정	52	着	目	07	붙을 착
72	正	止	01	바를 정(:)	52	參	厶	09	참여할 참/석 삼
80	弟	弓	04	아우 제:	50	唱	口	08	부를 창:
62	第	竹	05	차례 제:	62	窓	穴	06	창 창
62	題	頁	09	제목 제	52	責	貝	04	꾸짖을 책
50	操	扌(手)	13	잡을 조(:)	70	千	十	01	일천 천
60	朝	月	08	아침 조	70	天	大	01	하늘 천
70	祖	示	05	할아비 조	70	川	川(巛)	00	내 천
52	調	言	08	고를 조	50	鐵	金	13	쇠 철
60	族	方	07	겨레 족	62	淸	氵(水)	08	맑을 청
72	足	足	00	발 족	80	靑	靑	00	푸를 청
52	卒	十	06	마칠 졸	62	體	骨	13	몸 체
52	種	禾	09	씨 종(:)	50	初	刀	05	처음 초
50	終	糸	05	마칠 종	70	草	++(艸)	06	풀 초

급수	한자	부수	획수	대표훈음	급수	한자	부수	획수	대표훈음
80	寸	寸	00	마디 촌:	52	必	心	01	반드시 필
70	村	木	03	마을 촌:	52	筆	竹	06	붓 필
50	最	日	08	가장 최:					
70	秋	禾	04	가을 추			ㅎ		
50	祝	示	05	빌 축	72	下	一	02	아래 하:
70	春	日	05	봄 춘	70	夏	夊	07	여름 하:
70	出	凵	03	날 출	50	河	氵(水)	05	물 하
52	充	儿	04	채울 충	80	學	子	13	배울 학
50	致	至	04	이를 치:	50	寒	宀	09	찰 한
50	則	刂(刀)	07	법칙 칙/곧 즉	72	漢	氵(水)	11	한수/한나라 한:
60	親	見	09	친할 친	80	韓	韋	08	한국/나라 한(:)
80	七	一	01	일곱 칠	60	合	口	03	합할 합
					52	害	宀	07	해할 해:
					72	海	氵(水)	07	바다 해:
		ㅌ			62	幸	干	05	다행 행:
50	他	亻(人)	03	다를 타	60	行	行	00	다닐 행(:)/항렬 항
50	打	扌(手)	02	칠 타:	60	向	口	03	향할 향:
50	卓	十	06	높을 탁	50	許	言	04	허락할 허
50	炭	火	05	숯 탄:	62	現	王(玉)	07	나타날 현:
60	太	大	01	클 태	80	兄	儿	03	형 형
52	宅	宀	03	집 택	62	形	彡	04	모양 형
80	土	土	00	흙 토	50	湖	氵(水)	09	호수 호
60	通	辶(辵)	07	통할 통	60	號	虍	07	이름 호(:)
60	特	牛	06	특별할 특	52	化	匕	02	될 화(:)
					62	和	口	05	화할 화
		ㅍ			80	火	火	00	불 화(:)
50	板	木	04	널 판	70	花	++(艸)	04	꽃 화
80	八	八	00	여덟 팔	72	話	言	06	말씀 화
50	敗	攵(攴)	07	패할 패:	60	畫	田	07	그림 화:/그을 획
70	便	亻(人)	07	편할 편(:)/똥오줌 변	50	患	心	07	근심 환:
72	平	干	02	평평할 평	72	活	氵(水)	06	살 활
62	表	衣	03	겉 표	60	黃	黃	00	누를 황
52	品	口	06	물건 품:	62	會	日	09	모일 회:
62	風	風	00	바람 풍					

급수	한자	부수	획수	대표훈음	급수	한자	부수	획수	대표훈음
72	孝	子	04	효도 효:	70	休	亻(人)	04	쉴 휴
52	效	攵(攴)	06	본받을 효:	52	凶	凵	02	흉할 흉
72	後	彳	06	뒤 후:	50	黑	黑	00	검을 흑
60	訓	言	03	가르칠 훈:					

(사) 한국어문회 주관 / 한국한자능력검정회 시행

漢字

본문학습

家 집 **가**

7급II

宀 | 7획

옛날 돼지는 그 집의 재산이기에 그만큼 돼지(豕)는 집(宀)에 딸린 가축이었다는 의미이다.

图 屋(집 옥) 堂(집 당)
   室(집 실) 宇(집 우)
   宙(집 주) 宅(집 택)
   院(집 원)

읽기한자

家規(가규) : 한 집안의 규칙   家基(가기) : 집터
家福(가복) : 집안의 복   家産(가산) : 한 집안의 재산
家財(가재) : 한 집안의 재산. 가구   家宅(가택) : 살림하는 집. 주택

쓰기한자

家事(가사) : 집안 일
家世(가세) : 집안의 품위와 계통
家山(가산) : 고향의 산이나 한 집안의 묘지
家長(가장) : 집안의 어른이나 호주, 가구주. 남편

활용문

아버지가 돌아가셨으니 장남인 네가 家長(가장)이다.

필순 丶丶宀宀宁宇穷家家家

歌 노래 **가**

7급

欠 | 10획

입을 크게 벌려서(欠) 유창하게 소리를 뽑아 올리는 것(哥)에서 노래하다(歌)는 의미이다.

图 謠(노래 요) 曲(굽을 곡)
   樂(노래 악) 唱(부를 창)

읽기한자

歌客(가객) : 노래를 잘 부르는 사람
歌曲(가곡) : 노래의 가락
歌唱(가창) : 노래를 부름
流行歌(유행가) : 어떤 시기에 널리 유행하는 노래
祝歌(축가) : 축하하는 뜻으로 부르는 노래

쓰기한자

歌手(가수) : 노래를 잘 불러 그것을 업으로 삼는 사람. 유행 가수
軍歌(군가) : 군대에서 부르는 노래
國歌(국가) : 나라의 노래   校歌(교가) : 학교의 노래

활용문

군인들이 우렁차게 軍歌(군가)를 부르는 모습은 언제나 씩씩해 보입니다.

필순 一丆冎哥哥哥哥哥哥歌歌歌

價 값 **가**

5급II

亻(人) | 13획

상인(人)은 가치가 있는 상품(貝)을 상자(襾)에 넣어 놓았다는 의미이다.

비 賣(팔 매)
   買(살 매)
약 価

읽기한자

價格(가격) : 금액으로 나타낸 물건의 가치
高價(고가) : 비싼 가격
代價(대가) : 물건을 산 대신의 값

활용문

이 상품들은 高價(고가)에 출고될 예정입니다.

필순 丿亻仁仁仟仟仟價價價價價價價

可 옳을 **가:**

口 | 2획

큰 입(口)을 벌려서 외쳐 입안에 있던 소리가 성대하게(丁) 나오도록 되었다는 의미이다.

- 비 何(어찌 하)　司(맡을 사)
　河(물 하)
- 동 義(옳을 의)
- 반 否(아닐 부)

🔖 읽기한자

可決(가결) : 의안을 시인하여 결정함
可能(가능) : 될 수 있거나 할 수 있음
可當(가당) : 합당함
不可(불가) : 옳지 않음

🔖 활용문

이 의안은 의원들의 반대가 심해서 쉽게 可決(가결)되기는 어려울 것 같다.

필순

加 더할 **가**

力 | 3획

손만이 아니고 입(口)도 모아서 기세(力)를 도우려(加)는 의미이다.

- 비 功(공 공)
- 동 增(더할 증)
- 반 省(살필 성/덜 생)
　減(덜 감)
　削(깎을 삭)

🔖 읽기한자

加算(가산) : 얹거나 더하여 계산함
加重(가중) : 더 무겁게 함
加速(가속) : 속도를 더함
加熱(가열) : 어떤 물질에 더운 기운을 줌

🔖 활용문

그릇은 끓는 물로 加熱(가열)하여 소독해야 합니다.

필순 ㄱ 力 加 加 加

角 뿔 **각**

角 | 0획

동물의 뿔과 뾰족한 것의 모서리를 나타낸다.

- 비 用(쓸 용)

🔖 읽기한자

牛角(우각) : 소 뿔
屋角(옥각) : 지붕의 모서리. 곧 용마루 끝을 이름

🔖 쓰기한자

角度(각도) : 각의 도수
四角(사각) : 네 모서리의 각
角木(각목) : 네모지게 켠 나무

🔖 활용문

눈밭 저쪽의 맞은 편 적 고지에 하얀 연기가 45도 角度(각도)로 비스듬히 피어오른다.

 필순 ノ ク ク 角 角 角 角

各

6급II

각각 **각**

口 | 3획

걸어서(夊) 되돌아와 말(口)하는 사람들이 따로따로 말하는 것에서 각각(各)이라는 의미이다.

- 比 客(손 객)
  名(이름 명)
- 反 合(합할 합)

 읽기 한자

各種(각종) : 여러 종류

 쓰기 한자

各各(각각) : 제각기. 따로따로   各界(각계) : 사회의 각 방면
各自(각자) : 각각의 자신

활용문

불우이웃 돕기 운동에 各界(각계)의 온정이 쏟아지고 있다.

 필순　ノ　ク　夂　夂　各　各

間

7급II

사이 **간(ː)**

門 | 4획

닫혀있는 문(門) 사이에서 아침 해(日)가 비추어오는 형태에서 사이, 틈(間)을 의미한다.

- 比 問(물을 문)
  門(문 문)
  開(열 개)

 읽기 한자

週間(주간) : 월요일부터 일요일까지 한 주일 동안

 쓰기 한자

空間(공간) : 무한하게 퍼져 있는 빈 곳. 쓰지 않는 빈 칸
時間(시간) : 어느 때로부터 어느 때까지의 사이
人間(인간) : 사람, 인류. 사람이 사는 곳
中間(중간) : 두 사물의 사이. 사물이 아직 끝나지 않은 장소 또는 시간. 한 가운데

활용문

우리는 자리를 좁혀 한 사람 더 앉을 空間(공간)을 만들었다.

 필순　｜　厂　Γ　Γ'　Γ'　門　門　門　門　間　間　間

感

6급

느낄 **감ː**

心 | 9획

잘 익은 과일을 전부(咸) 먹어 맛에 마음(心)이 흔들려 마음을 움직인다, 느낀다(感)는 의미이다.

- 比 歲(해 세)

읽기 한자

感性(감성) : 자극 또는 자극의 변화에 대하여 감각이 일어나게 하는 능력
感情(감정) : 사물에 느끼어 일어나는 심정
感知(감지) : 느끼어 앎
情感(정감) : 마음의 움직임. 또는 지각
多情多感(다정다감) : 생각과 느낌이 많음

쓰기 한자

感動(감동) : 깊이 느끼어 마음이 움직임
所感(소감) : 마음에 느낀 바   同感(동감) : 같게 느끼거나 생각함

활용문

적에게 感知(감지)된 것 같으니 일단 후퇴합시다.

 필순　ノ　厂　戸　戸　后　咸　咸　咸　咸　感　感　感

확·인·학·습 01

1. 다음 한자어(漢字語)의 독음을 쓰세요.

(1) 價格 (   )   (2) 角度 (   )
(3) 不可 (   )   (4) 感氣 (   )
(5) 空間 (   )   (6) 加重 (   )

2. 다음 한자(漢字)의 훈(訓)과 음(音)을 쓰세요.

(1) 價 (   )
(2) 加 (   )
(3) 可 (   )
(4) 角 (   )

3. 다음 훈(訓)과 음(音)에 맞는 한자(漢字)를 쓰세요.

(1) 노래 가 (   )
(2) 집 가 (   )
(3) 각각 각 (   )
(4) 사이 간 (   )

4. 다음(   )에 들어갈 한자(漢字)를 예(例)에서 찾아 그 번호를 쓰세요.

예(例)	① 角	② 家	③ 價
	④ 各	⑤ 可	⑥ 間

(1) 自手成(   )   (2) (   )自圖生
(3) (   )格下落   (4) 時(   )問題

정답

1. (1) 가격   (2) 각도   (3) 불가   (4) 감기   (5) 공간   (6) 가중
2. (1) 값 가   (2) 더할 가   (3) 옳을 가   (4) 뿔 각
3. (1) 歌   (2) 家   (3) 各   (4) 間
4. (1) ②   (2) ④   (3) ③   (4) ⑥

江

7급 II

강 강

氵(水) | 3획

물(水)이 오랜 세월 흐르면서 만든 (工) 것이 강(江)이란 의미이다.

비 工(장인 공)
통 河(물 하)
반 山(메 산)

읽기한자

江湖(강호) : 강과 호수

쓰기한자

江山(강산) : 강과 산. 이 나라의 강토. 금수~
江上(강상) : 강물의 위. 강가의 언덕 위
江水(강수) : 강물
江村(강촌) : 강가의 마을

활용문

아름다운 江山(강산)을 보호하는 것은 국민들의 의무입니다.

 필순 ` ` 氵 氵 江 江

強

6급

강할 강(:)

弓 | 8획

활(弓)의 실은 누에꼬치(虫)에서 뽑아 송진을 발라 강한 힘을 지녀 강하게 하다(強)는 의미이다.

통 健(굳셀 건)
반 弱(약할 약)

읽기한자

強賣(강매) : 강제로 팖   強調(강조) : 강력히 주장함
強要(강요) : 강제로 요구함

쓰기한자

強國(강국) : 강한 나라   強度(강도) : 강렬한 정도. 굳기
強弱(강약) : 강함과 약함

활용문

감독은 선수들에게 強度(강도) 높은 훈련을 시켰다.

필순 ⌐ ⊐ 弓 弓' 弓⁻ 弨 弨 弨 強 強 強

開

6급

열 개

門 | 4획

빗장을 양손으로 들어올려 벗기고 (开) 출입문(門)을 여는 것에서 열다(開)는 의미이다.

비 閉(닫을 폐)
  問(물을 문)
  聞(들을 문)
반 閉(닫을 폐)

읽기한자

開示(개시) : 열어보임. 설명하여 보임
開始(개시) : 처음으로 시작함
展開(전개) : 눈앞에 벌어짐. 늘여 폄
開化(개화) : 사람의 지혜가 열리고 사상과 풍속이 진보함

쓰기한자

開國(개국) : 새로 나라를 세움   開發(개발) : 개척하여 발전시킴
開花(개화) : 꽃이 핌
開放(개방) : 출입이나 교통이 자유롭게 이루어지도록 허가함
開學(개학) : 방학이 끝나고 새 학기가 시작됨

활용문

이 박물관은 휴일에만 일반 시민에게 開放(개방)된다.

필순 ｜ ⌐ ⌐ 冂 冎 冎 門 門 門 門 閂 開 開

5급

고칠 **개**(:)

攴(攵) | 3획

나쁜 행위를 한 사람(己)을 채찍(攵)으로 두들겨 고쳐서 좋게 한다, 바꾸다(改)는 의미이다.

비 攻(칠 공)
　收(거둘 수)
동 更(고칠 경/다시 갱)

읽기한자

改良(개량) : 나쁜 점을 고쳐 좋게 함
改正(개정) : 고쳐 바르게 함
朝變夕改(조변석개) : 아침저녁으로 뜯어 고침

활용문

벼의 종자를 다품종 종자로 改良(개량)할 계획을 세우고 있습니다.

필순 ` ㄱ ㄹ ㄹ ㄹ 改 改

5급 II

손 **객**

宀 | 6획

집안(宀)에 각각(各) 찾아온 사람이 머물며 담소한다는 것에서 불려온 사람(客)을 의미한다.

비 容(얼굴 용)　各(각각 각)
동 旅(나그네 려)　賓(손 빈)
반 主(주인 주)

읽기한자

客氣(객기) : 객쩍게 부리는 혈기
客死(객사) : 객지에서 죽음
客談(객담) : 쓸데없고 실없는 말
客席(객석) : 손님의 자리
客觀(객관) : 자기 의식에서 벗어나 제삼자의 입장에서 사물을 보는 일

활용문

연극을 이루는 요소로는 흔히 배우·무대·觀客(관객)·극본 네 가지를 든다.

필순 ` ` 宀 宀 宀 客 客 客 客

7급 II

수레 **거/차**

車 | 0획

수레의 모양을 본떴다.

읽기한자

車馬(거마) : 수레와 말　　　汽車(기차) : 열차
車馬費(거마비) : 타고 다니는 데 드는 비용
停車場(정거장) : 열차를 정지시켜 여객·화물을 취급하는 곳
急停車(급정거) : 차 등을 급히 세움
馬車(마차) : 말이 끄는 수레
牛車(우차) : 소가 끄는 수레

쓰기한자

車間(차간) : 차와 차 사이　　車道(차도) : 차가 다니게 마련한 길
車便(차편) : 차가 사람이나 물건을 싣고 오고 가는 편
水車(수차) : 물레방아　　自動車(자동차) : 저 혼자 힘으로 가는 차

활용문

그 집은 車便(차편)으로 불과 10분 거리이다.

필순 ` ` 一 一 一 百 百 車 車

가

擧 들 거:

手 | 14획

5급

상아는 크고 귀중하여 여럿(與)이
서 들어올리고(手) 나르는 것에서
들어올리다(擧)는 의미이다.

- 비 與(더불 여)
  興(일 흥)
- 동 動(움직일 동)
- 약 舉, 擧

擧動(거동) : 일에 나서서 움직이는 태도. 몸가짐
擧名(거명) : 이름을 들어 말함
擧事(거사) : 큰 일을 일으킴
擧行(거행) : 명령대로 시행함

활용문

전라도 長水(장수)에서 科擧(과거)를 보기 위해 서울로 올라가는 길이었다.

 필순 ´ ㅌ ㅌ ㅌ ㅌ 丱 丱 丱 匍 匍 匍 與 與 與 舉 擧

去 갈 거:

厶 | 3획

5급

안(厶)에 있는 것을 꺼내기 위해 뚜
껑(土)을 제거하는 것에서 가다, 떠
나다(去)는 의미이다.

- 비 法(법 법)
- 동 往(갈 왕)
- 반 來(올 래)

읽기한자

過去(과거) : 지나간 때
去來(거래) : 상인과 고객 사이에 금전을 대차하거나 물품을 매매하는 일

활용문

장사꾼들은 물건 去來(거래)가 없어 불경기라고 아우성친다.

필순 一 十 土 去 去

建 세울 건:

廴 | 6획

5급

옛날 붓(聿)을 세워서(廴) 방위, 지
세를 확인하고 장소를 정했듯이 세
운다(建)는 의미이다.

- 비 健(굳셀 건)
- 동 設(베풀 설) 立(설 립)

읽기한자

建國(건국) : 새로 나라를 세움
建軍(건군) : 군대를 창건함
建物(건물) : 땅 위에 세워 이룬 집 따위의 물건
再建(재건) : 무너진 것을 다시 건설함

활용문

회사의 再建(재건)을 위하여 모든 사원이 노력했다.

 필순 ㄱ ㄱ ㅋ ㅋ ㅋ ㅋ 聿 聿 建 建

1. 다음 한자어(漢字語)의 독음을 쓰세요.

(1) 江村 (   )　　(2) 開發 (   )
(3) 強要 (   )　　(4) 擧動 (   )
(5) 建物 (   )　　(6) 改定 (   )

2. 다음 한자(漢字)의 훈(訓)과 음(音)을 쓰세요.

(1) 去　 (   )
(2) 擧　 (   )
(3) 改　 (   )
(4) 客　 (   )

3. 다음 훈(訓)과 음(音)에 맞는 한자(漢字)를 쓰세요.

(1) 강 강　　　 (   )
(2) 열 개　　　 (   )
(3) 강할 강　　 (   )
(4) 수레 차/거　(   )

4. 다음(   )에 들어갈 한자(漢字)를 예(例)에서 찾아 그 번호를 쓰세요.

예(例)	① 開	② 改	③ 去
	④ 強	⑤ 客	⑥ 擧

(1) (   )國功臣　　(2) 主(   )一體
(3) (   )大國家　　(4) (   )來成立

件

5급

물건 **건**

亻(人) | 4획

노예(亻)나 소(牛)와 같이 매여서 자유롭지 못한데서 움직이지 않는 것, 물건(件)을 의미한다.

통 物(물건 물)
　 品(물건 품)

reading

📖 읽기한자

件數(건수) : 사물, 사건의 수
物件(물건) : 일정한 형체를 갖춘 모든 물질적 대상. 상품
事件(사건) : 일거리. 뜻밖에 일어난 일
要件(요건) : 중요한 용건

💬 활용문

맨 처음 들어간 선사실에는 구석기 시대와 신석기 시대에 사용하던 物件(물건)들이 전시되어 있었다.

 필순 ノ 亻 亻 仁 仁 件

健

5급

굳셀 **건:**

亻(人) | 9획

사람(人)이 글자를 슬슬(聿) 쓰듯이 (聿) 병치레를 하지 않고 건강하다 (健)는 의미이다.

비 建(세울 건)
통 康(편안 강)
반 弱(약할 약)

📖 읽기한자

健勝(건승) : 건강함
健實(건실) : 건전하고 착실함
健兒(건아) : 건장한 남아
健全(건전) : 건실하고 완전함

💬 활용문

우리 청소년에게는 健全(건전)한 놀이 문화가 형성되어 있습니다.

 필순 ノ 亻 亻 亻 仁 仨 倌 倌 律 律 健 健

格

5급Ⅱ

격식 **격**

木 | 6획

뻗은 나뭇가지(木)가 각각(各) 격식 (格)대로 되어 있다는 의미이다.

비 落(떨어질 락)
통 式(법 식)

📖 읽기한자

格上(격상) : 자격·등급·지위 등의 격을 올림
格式(격식) : 격에 맞는 법식
格言(격언) : 교훈이 될 만한 짧은 말

💬 활용문

옷차림도 단정히 하고 格式(격식)에 맞는 바른 말을 쓰며 누구에게나 親切(친절)히 對(대)하여야 하겠습니다.

 필순 一 十 十 才 杙 杦 杦 柊 格 格

見

5급 II

볼　견:
뵈올　현:

見 | 0획

가

읽기한자

見聞(견문) : 보고 들음
見本(견본) : 본보기 상품
見習(견습) : 남의 하는 일을 보고 익힘
見學(견학) : 구체적 지식을 얻기 위하여 실제로 보고 배움

큰 눈(目)으로 무릎꿇고(儿) 본다 (見)는 의미이다.

비 具(갖출 구)
　　貝(조개 패)
동 觀(볼 관)
　　視(볼 시)

활용문

우선 각 부서별로 어제 있었던 모임에서 나온 意見(의견)을 중심으로 하여 이 달의 생활계획을 발표해 주시기 바랍니다.

필순 丨 冂 冂 冃 目 貝 見

決

5급 II

결단할　결

氵(水) | 4획

읽기한자

決明子(결명자) : 결명차의 씨
決死(결사) : 죽음을 각오하고 결심함
決算(결산) : 계산을 마감함
決選(결선) : 결선 투표로 당선자를 결정함

물(氵)을 터놓아(夬) 제방을 끊는다 는 것에서 끊다, 결단하다(決)는 의 미이다.

비 快(쾌할 쾌)
　　缺(이지러질 결)
동 斷(끊을 단)

활용문

넌 決(결)코 오래 버티지는 못할 테니.

필순 丶 丶 氵 汀 江 沖 決

結

5급 II

맺을　결

糸 | 6획

읽기한자

結果(결과) : 열매를 맺음. 어떤 원인으로 생긴 결말의 상태
結局(결국) : 일이 귀결되는 마당
結氷(결빙) : 물이 얼어 얼음이 됨
結束(결속) : 덩이가 되게 묶음

물건 주머니의 입구(口)를 끈(糸)으 로 묶어(土) 자루 속에 가둔다, 맺 는다(結)는 의미이다.

비 納(들일 납)　　終(마칠 종)
동 約(맺을 약)　　契(맺을 계)
반 解(풀 해)　　離(떠날 리)

활용문

논설 혹은 社說(사설)이라고 해서 옳고 그름을 가려 주고 그 結果(결과)를 주장하는 글도 있다.

필순 幺 幺 幺 爭 争 糸 糸 紀 紂 結 結 結

京

6급

서울 **경**

亠 | 6획

어전의 주위에는 많은 사람이 살고 있던 것에서 어전을 중심으로 한 마을, 도읍을 의미한다.

동 都(도읍 도)
반 鄕(시골 향)
　村(마을 촌)

📖 **읽기한자**

京觀(경관) : 고구려 전사자 합동무덤

✏️ **쓰기한자**

上京(상경) : 시골에서 서울로 올라옴
入京(입경) : 서울로 들어옴
在京(재경) : 서울에 있음

💬 **활용문**

가출 청소년들의 무작정 上京(상경)이 문제시 되고 있다.

 필순 ` 一 ㄥ 亠 亡 古 古 京 京

敬

5급 II

공경 **경:**

攵(攴) | 9획

사람들을 채찍(攵)으로 다스려 양처럼 착하게(苟) 인사를 하도록 하여 공경하다(敬)는 의미이다.

비 警(깨우칠 경)
　驚(놀랄 경)

📖 **읽기한자**

敬老(경로) : 노인을 공경함
敬禮(경례) : 경의를 표하기 위해 인사하는 일
敬愛(경애) : 공경하고 사랑함

💬 **활용문**

지하철에서 敬老席(경로석)은 노인들에게 양보해야 한다.

 필순 ` 艹 艹 艹 艹 芍 芍 苟 苟 苟 苟 敬 敬

景

5급

볕 **경(:)**

日 | 8획

높은 곳(京)에서 밖을 보면 햇볕(日)을 받아 선명하게 모습이 잘 보인다하여 경치(景)를 의미한다.

비 崇(높을 숭)
동 陽(볕 양)
　光(빛 광)

📖 **읽기한자**

景觀(경관) : 경치
景氣(경기) : 기업을 중심으로 한, 여러 가지 경제 사상의 상태
景致(경치) : 산수 등 자연계의 아름다운 현상. 경관
光景(광경) : 눈으로 본 인상적인 경치나 충격적인 사건의 모양
雪景(설경) : 눈 내리는 경치

💬 **활용문**

옛날 하늘나라에 살던 仙女(선녀)들이 놀러 내려 왔다가 울릉도 景致(경치)가 너무 아름다워 구경하는데 넋이 빠져 하늘나라로 돌아가는 시간을 놓쳐 버렸다고 한다.

 필순 ` 丿 冂 冃 日 昦 昱 早 昱 景 景 景

가

1. 다음 한자어(漢字語)의 독음을 쓰세요.

(1) 結果 (   )   (2) 決死 (   )

(3) 物件 (   )   (4) 格言 (   )

(5) 景氣 (   )   (6) 健全 (   )

2. 다음 한자(漢字)의 훈(訓)과 음(音)을 쓰세요.

(1) 景 (   )

(2) 敬 (   )

(3) 見 (   )

(4) 健 (   )

3. 다음 훈(訓)과 음(音)에 맞는 한자(漢字)를 쓰세요.

(1) 느낄 감 (   )

(2) 서울 경 (   )

(3) 뿔 각 (   )

(4) 열 개 (   )

4. 다음(   )에 들어갈 한자(漢字)를 예(例)에서 찾아 그 번호를 쓰세요.

예(例)	① 敬	② 景	③ 結
	④ 決	⑤ 健	⑥ 見

(1) (   )物生心   (2) (   )死反對

(3) 風(   )畫家   (4) (   )老孝親

정답

1. (1) 결과   (2) 결사   (3) 물건   (4) 격언   (5) 경기   (6) 건전
2. (1) 볕 경   (2) 공경 경   (3) 볼 견/뵈올 현   (4) 굳셀 건
3. (1) 感   (2) 京   (3) 角   (4) 開
4. (1) ⑥   (2) ④   (3) ②   (4) ①

輕

5급

가벼울 경

車 | 7획

좁은 길을 가는(巠) 데는 작고 가벼운 수레(車)가 좋다는 것에서 가볍다(輕)는 의미이다.

- 비 經(지날 경)
- 반 重(무거울 중)
- 약 輕

읽기한자

輕量(경량) : 가벼운 무게
輕油(경유) : 중유보다 가볍고 등유보다 무거운 석유 유분
輕洋食(경양식) : 간단한 서양식 일품 요리

활용문

얼마전 엄마와 함께 輕洋食(경양식) 집에서 식사를 했습니다.

 필순 ー ㄷ �冂 ㅁ 白 亘 車 車 軒 輕 輕 輕 輕 輕

競

5급

다툴 경:

立 | 15획

두 사람(儿儿)이 마주 서서(竝) 강한 언성으로 말(口)다툼하여 다툰다(競)는 의미이다.

- 동 爭(다툴 쟁)
  鬪(싸울 투)
  戰(싸움 전)
- 반 和(화할 화)

읽기한자

競技(경기) : 서로 재주를 비교하여 낫고 못함을 경쟁함
競馬(경마) : 일정한 거리를 두 사람 이상이 각각 말을 타고 경주하는 일
競買(경매) : 물건을 파는 사람이 많을 때, 가장 싸게 팔겠다고 하는 사람에게 물건을 사들이는 일

활용문

運動競技(운동경기)나 여러 가지 行事(행사)를 생생하게 중계해 주기도 합니다.

 필순 ㅗ 丷 ㆍ ㅗ 立 产 音 音 竞 竞 竞 竞 竞 竞 競 競 競 競

界

6급Ⅱ

지경 계:

田 | 4획

논밭(田)을 구획해서(介) 경계를 만든다는 것에서 경계(界)를 의미한다.

- 동 境(지경 경)
  區(지경 구)
  域(지경 역)

읽기한자

財界(재계) : 실업가 및 금융업자의 사회

쓰기한자

各界(각계) : 사회의 각 방면
世界(세계) : 온 세상
外界(외계) : 바깥 세계
別世界(별세계) : 속된 세상과는 아주 다른 세상

활용문

불우이웃 돕기 운동에 各界(각계)의 온정이 쏟아지고 있다.

 필순 ㅣ 冂 曰 田 田 里 界 界 界

6급 II

言 | 2획

셀 계:

열(十)을 한 단계로 크게 소리쳐 (言) 가며 헤아린다, 셈한다(計)는 의미이다.

비 討(칠 토)
訓(가르칠 훈)
동 算(셈 산)
數(셈 수)

읽기한자

計量(계량) : 양의 크기를 잼   凶計(흉계) : 음흉한 꾀

쓰기한자

計算(계산) : 셈을 헤아림
計數(계수) : 수효를 계산함
生計(생계) : 살아 나아갈 방도
集計(집계) : 모아서 합계함
會計(회계) : 한데 몰아서 셈함
合計(합계) : 많은 수나 양을 합하여 셈함

활용문

비공식 集計(집계)로는 사상자의 수가 약 백 명쯤 된다고 한다.

필순 ` 一 二 글 言 言 言 計

高

6급 II

高 | 0획

높을 고

망루는 적이 공격해 오는 것을 잘 알 수 있도록 높게 세운 건물로 높다(高)는 의미이다.

동 崇(높을 숭)
卓(높을 탁)
반 低(낮을 저)
下(아래 하)

읽기한자

高見(고견) : 탁월한 의견. 남의 의견의 존칭
高貴(고귀) : 지위가 높고 귀함
高價品(고가품) : 비싼 가격의 물건
高性能(고성능) : 아주 좋은 성능
高原(고원) : 높은 지대에 펼쳐진 넓은 벌판

쓰기한자

高級(고급) : 높은 계급이나 등급   高度(고도) : 높은 정도
高手(고수) : 바둑이나 장기 등에서 수가 높은 사람

활용문

高度(고도)가 점차 낮아지고 있음을 감지했다.

필순 ` 一 ㅗ 古 古 宁 高 高 高 高

苦

6급

++(艸) | 5획

쓸 고

막 눈이 나온 풀은 안 쓰지만 오래 된(古) 풀(++)은 쓰다는 것에서 쓰다, 괴롭다(苦)는 의미이다.

비 若(같을 약)
반 樂(즐길 락)
甘(달 감)

읽기한자

苦客(고객) : 귀찮은 손님   苦船(고선) : 뱃멀미   苦寒(고한) : 지독한 추위
苦熱(고열) : 견디기 힘들 정도로 매우 심한 더위

쓰기한자

苦生(고생) : 어렵고 괴로운 생활
苦心(고심) : 몹시 마음을 태움
苦言(고언) : 듣기는 싫으나 유익한 말
苦戰(고전) : 몹시 힘들고 괴롭게 싸움
苦學(고학) : 학비를 제 손으로 벌어서 배우는 일
苦行(고행) : 육신을 괴롭히고 고뇌를 견뎌내는 종교적 수행

활용문

석가모니는 보리수 나무 밑에서 苦行(고행)을 시작하였다.

필순 一 十 ++ ㅛ 쓰 芋 芊 苦 苦

古

6급

예 고:

口 | 2획

어버이에서 손자로 10대(十)에 걸쳐 구전(口)된 옛날 일이라는 것에서 옛날(古)을 의미한다.

비 右(오른 우)   石(돌 석)
　　舌(혀 설)   占(점칠 점)
동 舊(예 구)   故(연고 고)
반 新(새 신)   今(이제 금)

📖 읽기 한자

古典(고전) : 옛날의 의식이나 법식
古參(고참) : 오래 전부터 한 직장이나 직책에 머물러 있는 일
萬古不變(만고불변) : 오랜 세월을 두고 변하지 아니함
自古以來(자고이래) : 예로부터 내려오면서

✏️ 쓰기 한자

古今(고금) : 옛적과 지금　　　　古代(고대) : 옛 시대
古木(고목) : 오래 묵은 나무　　古文(고문) : 옛 글
古物(고물) : 오래 된 물건　　　古書(고서) : 옛날의 책

활용문

이것은 古代(고대)에 만들어진 석상이다.

 필순　一 十 古 古 古

告

5급 II

고할 고:

口 | 4획

신령님에게 소(牛)를 공양하면서 소원을 비는(口) 것에서 고하다, 알리다(告)는 의미이다.

비 浩(넓을 호)   牛(소 우)
　　舌(혀 설)
동 報(알릴 보)   白(흰 백)
　　示(보일 시)

📖 읽기 한자

告白(고백) : 숨김없이 사실대로 말함
告別(고별) : 작별을 고함
告發(고발) : 피해자가 아닌 사람이 범죄 사실을 신고하여 기소하기를 요구하는 일
廣告(광고) : 세상에 널리 알림. 또는 그런 일

활용문

신문은 廣告(광고)도 싣는다.

 필순　丿 广 屮 牛 牛 告 告

考

5급

생각할 고(:)

耂(老) | 2획

나이를 먹으면(老) 경험을 토대로 생각을 키우는(丂) 것이 가능하여 생각하다(考)는 의미이다.

비 老(늙을 로)   孝(효도 효)
동 思(생각 사)   想(생각 상)
　　念(생각 념)   慮(생각할 려)

📖 읽기 한자

考案(고안) : 어떤 안을 생각하여 냄
思考(사고) : 생각하고 궁리함
考古學(고고학) : 고대의 유물이나 인류 생활 전체를 대상으로 과학적인 연구를 하는 학문

활용문

그런 근시안적인 思考(사고)는 국가의 장기적 발전에 전혀 도움이 안 됩니다.

 필순　一 十 土 耂 耂 考

확·인·학·습 04

1. 다음 한자어(漢字語)의 독음을 쓰세요.

   (1) 輕油 (   )   (2) 告白 (   )
   (3) 競技 (   )   (4) 思考 (   )
   (5) 高手 (   )   (6) 世界 (   )

2. 다음 한자(漢字)의 훈(訓)과 음(音)을 쓰세요.

   (1) 競 (   )
   (2) 告 (   )
   (3) 考 (   )
   (4) 計 (   )

3. 다음 훈(訓)과 음(音)에 맞는 한자(漢字)를 쓰세요.

   (1) 높을 고 (   )
   (2) 지경 계 (   )
   (3) 예 고   (   )
   (4) 쓸 고   (   )

4. 다음(   )에 들어갈 한자(漢字)를 예(例)에서 찾아 그 번호를 쓰세요.

예(例)	① 古	② 競	③ 界
	④ 計	⑤ 苦	⑥ 考

   (1) 東西(   )今   (2) 同(   )同樂
   (3) 世(   )平和   (4) 百年大(   )

정답

1. (1) 경유   (2) 고백   (3) 경기   (4) 사고   (5) 고수   (6) 세계
2. (1) 다툴 경   (2) 고할 고   (3) 생각할 고   (4) 셀 계
3. (1) 高   (2) 界   (3) 古   (4) 苦
4. (1) ①   (2) ⑤   (3) ③   (4) ④

固

5급

굳을 고(ː)

口 | 5획

옛날(古)의 사물을 지키기 위해 바깥쪽을 둘러싼다(口)는 것에서 굳다(固)는 의미이다.

비 囚(가둘 수)　困(인할 인)
　 困(곤할 곤)
동 堅(굳을 견)
　 確(굳을 확)

 읽기 한자

固有(고유) : 본디부터 있음
固着(고착) : 굳게 붙음
固定(고정) : 일정한 곳에 있어 움직이지 않음
固體(고체) : 일정한 모양과 부피가 있으며 쉽게 변형되지 않는 물질의 상태

활용문

분단의 固着(고착)을 막고 통일을 앞당기려는 노력이 필요하다.

필순 丨 冂 冂 冃 冃 固 固 固

曲

5급

굽을 곡

日 | 2획

갈고랑이처럼 굽어져 있는 것을 본뜬 것으로 굽다, 당연한 것이 아니다라는 의미이다.

비 由(말미암을 유)
　 田(밭 전)
동 屈(굽힐 굴)　歌(노래 가)
반 直(곧을 직)

읽기 한자

曲目(곡목) : 연주할 곡명을 적어 놓은 목록
歌曲(가곡) : 노래
曲馬團(곡마단) : 곡마와 그 기술 및 여러 가지 요술을 부리는 흥행 단체. 서커스

활용문

연습한 것 중에서 세 曲(곡)을 불렀는데, 여기저기서 우렁찬 박수 소리가 쏟아졌다.

필순 丨 冂 冂 由 曲 曲

工

7급 II

장인 공

工 | 0획

어려운 작업을 할 때에 사용하는 잣대(工)에서 물건을 만든다(工)는 의미가 되었다.

비 土(흙 토)
　 士(선비 사)
동 作(지을 작)
　 造(지을 조)

읽기 한자

工具(공구) : 공작에 쓰이는 기구　工團(공단) : 공업 단지
着工(착공) : 공사를 시작함　　　完工(완공) : 공사가 끝남
工兵(공병) : 군에서 기술적인 공사 임무에 종사하는 병사
加工(가공) : 원료나 다른 제품에 손을 더 대어 새로운 제품을 만드는 일
輕工業(경공업) : 부피에 비하여 무게가 가벼운 물자를 생산하는 공업

쓰기 한자

工大(공대) : 공과 대학. 공학에 관한 전문적인 학문을 연구하는 단과 대학
工夫(공부) : 학문을 배우고 익힘. ~벌레
工事(공사) : 토목이나 건축 등의 역사. 일
工事場(공사장) : 공사를 하는 곳. 현장

활용문

그 아파트는 지금 한창 工事(공사)가 진행되고 있다.

필순 一 丅 工

空

7급Ⅱ

빌 공

穴 | 3획

머리(工) 위에 덮어씌운 천정(穴)은 하늘과 같다고 하는 것에서 텅빈(空) 것을 의미한다.

비 室(집 실)　　完(완전할 완)
동 虛(빌 허)
반 在(있을 재)　　陸(뭍 륙)
　　有(있을 유)

읽기한자

領空(영공) : 영토와 영해 위의 하늘
空屋(공옥) : 빈집

쓰기한자

空間(공간) : 빈자리. 빈틈
空軍(공군) : 상공에서 지키는 군대
空氣(공기) : 지구를 둘러싸고 있는 무색, 투명, 무취의 기체. 대기
空名(공명) : 실제에 맞지 아니하는 명성. 빈 이름, 허명
空白(공백) : 종이나 책에서 글씨나 그림이 없는 곳

활용문

서울은 空氣(공기)오염이 심각합니다.

필순 `` ` 宀 宀 空 空 空 空

公

6급Ⅱ

공평할 공

八 | 2획

사사로운(厶) 일을 떨쳐버리니(八) 공평하다(公)는 의미이다.

반 私(사사 사)

읽기한자

公課金(공과금) : 관청에서 매긴 세금　　公害(공해) : 공공에 미치는 해
公約(공약) : 정부나 입후보자들이 어떤 일에 대하여 국민들에게 실행할 것을 약속함. 또는 그런 약속

쓰기한자

公共(공공) : 공중(公衆). 일반 사회
公式(공식) : 공적인 방식
公表(공표) : 세상에 널리 발표함
公金(공금) : 공공단체의 소유로 있는 돈
公社(공사) : 국가가 설립한 특수법인
公文書(공문서) : 공무에 관한 서류

활용문

두 나라는 公式(공식) 외교관계를 수립했다.

필순 ノ 八 公 公

功

6급Ⅱ

공 공

力 | 3획

힘(力)을 다하고 궁리(工)를 다해 이루어진 결과에 대한 공(功)이 있다는 의미이다.

비 攻(칠 공)
　　巧(공교할 교)
　　切(끊을 절)
반 過(지날 과)

읽기한자

功德(공덕) : 공로와 인덕　　　　功過(공과) : 공로와 과실
功勞(공로) : 일에 애쓴 공적

쓰기한자

成功(성공) : 뜻을 이룸
戰功(전공) : 싸움에서의 공로

활용문

그는 전쟁에서 혁혁한 戰功(전공)을 세웠다.

필순 ー T 工 巧 功

共

6급II

한가지 **공:**

八 | 4획

많은 사람(甘)들이 힘을 합쳐서(廾) 일하는 것에서 더불어, 같이(共)라는 의미이다.

- [동] 同(한가지 동)
- [반] 異(다를 이)

 읽기한자

公共財産(공공재산) : 공공 단체가 소유한 재산

쓰기한자

共感(공감) : 남의 의견에 대하여 같이 느낌
共同(공동) : 여럿이 같이 함
共生(공생) : 공동의 운명 아래 같이 삶
共用(공용) : 공동으로 사용함
共有(공유) : 공동으로 소유함
公共(공공) : 사회의 여러 사람과 공동 이익을 위하여 힘을 같이함

활용문

公共(공공) 도서관에서 잡담을 해서는 안 됩니다.

 필순 一 十 卅 뀨 共 共

科

6급II

과목 **과**

禾 | 4획

됫박(斗)으로 곡물(禾)을 달아 검사해서 종류를 나누는 것에서 구별, 과목(科)을 의미한다.

- [비] 料(헤아릴 료)
- [동] 目(눈 목)

읽기한자

科擧(과거) : 옛날에 문무관을 등용하던 시험
百科事典(백과사전) : 모든 분야의 지식을 한데 모아 부문별로 배열하여 만든 사전
兵科(병과) : 군무의 종류를 분류한 종별

쓰기한자

科目(과목) : 학문의 구분
科學(과학) : 넓은 뜻으로 철학을 제외한 모든 학문
內科(내과) : 내장의 기관에 생긴 병을 외과적 수술을 아니 하고 고치는 의술의 한 부분
教科書(교과서) : 학교의 교과용으로 편찬된 도서

활용문

이 환자는 內科(내과)에서 진료를 받아야 할 것 같습니다.

 필순 丿 二 千 千 禾 禾 禾 科 科

果

6급II

실과 **과:**

木 | 4획

나무(木)에 달린 과일(田)의 모양을 본떴다.

- [비] 東(동녘 동)
- [동] 實(열매 실)
- [반] 因(인할 인)

읽기한자

結果(결과) : 열매를 맺음. 어떤 원인으로 생긴 결말의 상태
無花果(무화과) : 무화과나무의 열매
因果(인과) : 원인과 결과
效果(효과) : 보람이 있는 결과

쓰기한자

果然(과연) : 진실로 그러함
成果(성과) : 이루어진 결과
果樹園(과수원) : 과실 나무를 재배하는 농원

활용문

작품을 보니 소문에 듣던 대로 이 사람은 果然(과연) 훌륭한 예술가였습니다.

 필순 丨 冂 曰 日 旦 早 果 果

1. 다음 한자어(漢字語)의 독음을 쓰세요.

(1) 歌曲 (   )　　(2) 固有 (   )

(3) 成功 (   )　　(4) 科目 (   )

(5) 共感 (   )　　(6) 果然 (   )

2. 다음 한자(漢字)의 훈(訓)과 음(音)을 쓰세요.

(1) 固　(   )

(2) 曲　(   )

(3) 科　(   )

(4) 公　(   )

3. 다음 훈(訓)과 음(音)에 맞는 한자(漢字)를 쓰세요.

(1) 공 공　　(   )

(2) 실과 과　(   )

(3) 빌 공　　(   )

(4) 장인 공 (   )

4. 다음(   )에 들어갈 한자(漢字)를 예(例)에서 찾아 그 번호를 쓰세요.

예(例)	① 公	② 曲	③ 空
	④ 固	⑤ 功	⑥ 科

(1) (   )明正大　　　(2) 地球(   )學

(3) (   )有文字　　　(4) 不問(   )直

정답

1. (1) 가곡　　(2) 고유　　(3) 성공　　(4) 과목　　(5) 공감　　(6) 과연
2. (1) 굳을 고　(2) 굽을 곡　(3) 과목 과　(4) 공평할 공
3. (1) 功　　(2) 果　　(3) 空　　(4) 工
4. (1) ①　　(2) ⑥　　(3) ④　　(4) ②

5급 II

공부할/
과정 **과(:)**

言 | 8획

공부한 결과(果)를 물어(言) 본다
하여 시험하다, 공부하다(課)는 의
미이다.

비 諾(허락할 낙)

읽기한자

課業(과업) : 배당된 일
課外(과외) : 일과 밖에 하는 과업
課題(과제) : 부과된 문제

활용문

每週(매주) 國語時間(국어시간)에 선생님께서 漢字課題(한자과제)를 내 주
셨다.

 필순 ` ㄱ ㅌ 言 言 言 言 訂 訂 評 評 課 課 課

5급 II

지날 **과:**

辶(辵) | 9획

생성 · 소멸하다가 생성되는 소용
돌이(咼)처럼 차례로 다니는(辶) 것
에서 지나치다(過)는 의미이다.

비 禍(재앙 화)
동 失(잃을 실) 去(갈 거)
　 誤(그르칠 오)
반 功(공 공)

읽기한자

過去(과거) : 이미 지나간 때
過多(과다) : 지나치게 많음
過當(과당) : 균형이 잡히지 아니함

활용문

헬렌은 不過(불과) 30分(분) 동안에 30개 以上(이상)의 새로운 말을 배우
게 되었다.

필순 丨 冂 冂 冎 冎 咼 咼 咼 咼 渦 渦 過 過

5급 II

관계할 **관**

門 | 11획

문(門)을 통해 얽히고 얽힌(絲) 관
계(關)를 맺는다는 의미이다.

비 開(열 개)
　 閉(닫을 폐)
약 関

읽기한자

關門(관문) : 국경이나 요새의 성문
通關(통관) : 세관을 통과하는 일

활용문

부산은 한반도의 關門(관문)이다.

 필순 丨 冂 冂 冂 冃 門 門 門 門 門 閂 閂 閂 閖 關 關 關 關 關 關

觀

5급 II

볼　관

見 | 18획

민첩하게(藋) 큰 눈으로 본다(見)는 의미에서 유념하여 잘 본다, 둘러 본다(觀)는 의미이다.

- 비 權(권세 권)　勸(권할 권)
　歡(기뻐할 환)
- 동 見(볼 견)　看(볼 간)
　視(볼 시)　監(볼 감)
- 약 覌, 观, 観

읽기한자

觀客(관객) : 구경하는 사람
觀光(관광) : 다른 지방이나 나라의 경치·명소를 구경함
觀念(관념) : 생각이나 견해
觀望(관망) : 형세를 바라봄

활용문

연극을 이루는 요소로는 흔히 배우·무대·觀客(관객)·극본 네 가지를 든다.

필순 ㅣ ㅏ ㅏ ㅑ ㅕ ㅕ ㅕ ㅕ ㅕ ㅕ 萝 萝 萝 蓳 華 蕐 蕐 蕐 觀 觀 觀 觀 觀 觀

光

6급

빛　광

儿 | 4획

불빛(火)이 멀리까지 출렁이며(儿) 전해지는 것에서 빛, 광채(光)를 의미한다.

- 동 色(빛 색)　明(밝을 명)

읽기한자

光景(광경) : 형편과 모양. 경치
觀光(관광) : 다른 지방이나 나라의 경치·명소를 구경함

쓰기한자

光度(광도) : 발광체에서 발사하는 빛의 세기
光線(광선) : 빛이 내쏘는 빛줄기
光速(광속) : 빛의 속도
發光(발광) : 광채를 냄
夜光(야광) : 밤에 빛나는 빛
電光石火(전광석화) : 극히 짧은 시간

활용문

직사光線(광선)은 피해주세요.

필순 ㅣ ㅑ ㅑ 业 光 光

廣

5급 II

넓을　광

广 | 12획

껴안은 팔 속에서 틈새가 생기듯이 집안(广)이 휑하니(黃) 비어있어 넓다(廣)는 의미이다.

- 비 黃(누를 황)
　鑛(쇳돌 광)
- 약 広

읽기한자

廣告(광고) : 세상에 널리 알림
廣大(광대) : 넓고 큼
廣野(광야) : 넓은 들

활용문

신문은 廣告(광고)도 싣는다.

필순 ㆍ 二 广 广 广 广 产 庐 庐 唐 庸 庸 廣 廣

校

학교 교:

木 | 6획

8급

나무(木)를 엇갈리게(交) 해서 만든 도구를 의미하는 것으로 공부하는 학교(校)를 의미한다.

비 交(사귈 교)

읽기한자

校則(교칙) : 학교의 규칙
貴校(귀교) : 주로 편지 글에서, 상대편의 학교를 높여 이르는 말
他校(타교) : 자기 학교가 아닌 남의 학교

쓰기한자

校木(교목) : 학교의 상징으로 삼는 나무
校門(교문) : 학교의 문
校外(교외) : 학교의 밖 ↔ 校內
校長(교장) : 학교장의 준말
學校(학교) : 학생들이 모여 공부하는 곳

활용문

초등학생들의 校外(교외)활동 지도는 매우 중요합니다.

 필순 一 十 才 木 木 术 朽 校 校 校

教

가르칠 교:

攵(攴) | 7획

8급

어른(老)과 아이(子)가 뒤섞여서, 어른이 채찍(攵)으로 어린이를 엄격하게 가르친다(敎)는 의미이다.

비 效(본받을 효)
동 訓(가르칠 훈)
반 學(배울 학)
　 習(익힐 습)

읽기한자

教具(교구) : 효과적인 학습을 위해 사용하는 도구
教壇(교단) : 교실에서 선생이 강의하는 곳
教養(교양) : 가르쳐 기름
舊教(구교) : 카톨릭
說教(설교) : 종교의 교의를 설명함

쓰기한자

教大(교대) : 교육대학의 준말. 초등학교 교사 양성을 목적으로 하는 대학
教生(교생) : 교육 실습생의 준말. 교육 실습을 하는 학생
教室(교실) : 학교에서 학생을 가르치는 방
教人(교인) : 종교를 믿는 사람

활용문

教生(교생)은 교육실습생의 준말입니다.

필순 ノ メ ュ ァ ォ 考 孝 孝 孝 孝 教 教

交

사귈 교

亠 | 4획

6급

양손, 양발을 벌리고 서있는 사람이 다리를 교차시킨 형태에서 교차하다(交)는 의미이다.

비 校(학교 교)

읽기한자

交流(교류) : 서로 주고 받음
交友(교우) : 친구와 사귐

쓰기한자

交感(교감) : 서로 접촉하여 느낌
交代(교대) : 서로 번갈아 들어 대신함
交信(교신) : 통신을 주고받음
交通(교통) : 오가는 일
親交(친교) : 친밀한 사귐

활용문

서울은 交通(교통)의 중심지입니다.

 필순 ` 亠 亠 六 亣 交

가

1. 다음 한자어(漢字語)의 독음을 쓰세요.

(1) 廣野 (   )   (2) 夜光 (   )

(3) 課業 (   )   (4) 觀客 (   )

(5) 親交 (   )   (6) 關門 (   )

2. 다음 한자(漢字)의 훈(訓)과 음(音)을 쓰세요.

(1) 課   (   )

(2) 觀   (   )

(3) 過   (   )

(4) 廣   (   )

3. 다음 훈(訓)과 음(音)에 맞는 한자(漢字)를 쓰세요.

(1) 가르칠 교 (   )

(2) 학교 교   (   )

(3) 빛 광   (   )

(4) 사귈 교   (   )

4. 다음(   )에 들어갈 한자(漢字)를 예(例)에서 찾아 그 번호를 쓰세요.

| 예(例) | ① 光 | ② 過 | ③ 校 |
| | ④ 觀 | ⑤ 課 | ⑥ 廣 |

(1) (   )告文案   (2) 電(   )石火

(3) (   )失相規   (4) 高等學(   )

정답

1. (1) 광야   (2) 야광   (3) 과업   (4) 관객   (5) 친교   (6) 관문

2. (1) 과정 과   (2) 볼 관   (3) 지날 과   (4) 넓을 광

3. (1) 教   (2) 校   (3) 光   (4) 交

4. (1) ⑥   (2) ①   (3) ②   (4) ③

5급

橋 다리 교

木 | 12획

높은 곳(高)에 걸려 굽어 있는 나무(木)라는 것에서 하천에 걸려 있는 다리(橋)를 의미한다.

ㅂ 矯(바로잡을 교)
　僑(더부살이 교)

읽기한자

陸橋(육교) : 교통이 번잡한 도로, 철교 위에 가로질러 놓은 다리
人道橋(인도교) : 사람이 다니도록 놓은 다리

활용문

통나무를 평평하게 걸쳐 놓은 平橋(평교)나 칡덩굴 등을 이용하여 空中(공중)에 매달아 놓은 현수교가 제일 먼저 생겼고, 점차 사람의 지혜가 발달하면서 더욱 튼튼한 다리를 생각하게 되어 큰 돌을 쌓아서 만드는 아치교가 생겼을 것이다.

필순 一 十 才 才 栌 栌 栌 桥 桥 桥 橋 橋 橋 橋 橋 橋

8급

九 아홉 구

乙 | 1획

1에서 9까지의 숫자 중에서 맨 마지막 숫자로 수가 많은 것을 의미한다.

ㅂ 力(힘 력)

읽기한자

九品(구품) : 극락왕생의 아홉 등급

쓰기한자

九年(구년) : 아홉 해
九十(구십) : 90의 수
九萬(구만) : 90,000의 수. 수의 단위
九月(구월) : 한 해의 아홉째 달. 초가을 달
九寸(구촌) : 촌수로 9촌 간. 삼종 숙질 사이의 촌수
九九(구구)단 : 곱셈을 하는 기본 공식

활용문

초등학교 이전에 九九(구구)단을 외는 아이들도 많이 있습니다.

필순 ノ 九

7급

口 입 구(:)

口 | 0획

입의 모양을 본떴다.

읽기한자

有口無言(유구무언) : 입은 있으나 할 말이 없다는 뜻으로 변명할 말이 없음을 이르는 말
耳目口鼻(이목구비) : 귀·눈·입·코
口傳(구전) : 입으로 전함

쓰기한자

口文(구문) : 흥정을 붙여주고 그 보수로 받는 돈 = 구전(口錢)
口語(구어) : 보통 대화에 쓰는 말 ↔ 문어(文語)
食口(식구) : 가족들　　　　入口(입구) : 어떤 곳으로 들어가는 문턱
口頭(구두) : 직접 입으로 하는 말　出口(출구) : 어떤 곳으로 나가는 문턱

활용문

이번에는 口文(구문)을 후하게 쳐줄 생각입니다.

필순 丨 冂 口

球

6급 II

공 구

王(玉) | 7획

털(求)을 둥글게 해서 만든 구슬(玉)로 구슬, 둥근형의 물건, 공(球)을 의미한다.

비 求(구할 구)
　　救(구원할 구)

📖 읽기한자

球技(구기) : 공을 사용하는 운동 경기
球團(구단) : 직업 야구 · 축구 등을 사업으로 하는 단체

✏️ 쓰기한자

球速(구속) : 투수가 던지는 공의 속도
球場(구장) : 구기를 하는 운동장. 야구장
地球(지구) : 우리 인류가 살고 있는 천체
直球(직구) : 투수가 타자에게 던지는, 커브를 넣지 않은 똑바른 공

활용문

요즘 우리 球場(구장)에는 경기당 2만 명 가까운 관중이 몰려듭니다.

필순 一 二 干 王 王 了 玗 玏 对 球 球 球

區

6급

구분할/
지경 구

匸 | 9획

일정한 구역(匸) 안에 있는 건물, 인구(品)를 본떠서 구역(區)을 의미한다.

동 別(나눌 별)
　　分(나눌 분)
반 合(합할 합)
약 区

📖 읽기한자

選擧區(선거구) : 의원을 선출하는 단위 구역

✏️ 쓰기한자

區間(구간) : 일정한 지점의 사이
區內(구내) : 한 구역의 안
區別(구별) : 종류에 따라 갈라놓음
區分(구분) : 구별하여 나눔

활용문

요즘 옷은 남녀의 區別(구별)이 없는 경우가 많다.

필순 一 厂 厂 厅 戸 戸 區 區 區 區 區

救

5급

구원할 구:

攵(攴) | 7획

도움을 구하는(求) 사람에게 손을 써서(攵) 구원한다(救)는 의미이다.

비 球(공 구)
　　求(구할 구)
동 助(도울 조)

📖 읽기한자

救國(구국) : 위태한 나라를 구하여 냄
救命(구명) : 목숨을 건져줌
救出(구출) : 구하여 냄
自救(자구) : 스스로 구원함
救急藥(구급약) : 응급 치료에 필요한 약품

활용문

自救(자구)노력이 결실을 맺어 부도 직전의 기업이 정상화 되었다.

필순 一 十 寸 寸 求 求 求 求 求 救 救

본문학습 55

舊

5급Ⅱ

예 구ː

臼 | 12획

풀(艹)이나 검불을 새(隹)가 물어다가 절구(臼) 모양의 둥지를 만드는데 오래(舊) 걸린다는 의미이다.

- 동 古(예 고)   故(연고 고)
- 반 新(새 신)
- 약 旧

 읽기한자

舊教(구교) : 카톨릭
舊面(구면) : 알게 된 지 오래된 얼굴
舊式(구식) : 옛 양식이나 방식

활용문

그런데 아직 깨어나지 않은 親舊(친구)가 있어요.

필순 一 十 艹 艹 芢 芢 苲 苲 苲 萑 崔 崔 崔 舊 舊 舊

具

5급Ⅱ

갖출 구(ː)

八 | 6획

조개(貝)는 보물이나 금전을 나타내며 이것을 양손(廾)에 든 것에서 갖춤(具)을 의미한다.

- 비 且(또 차)
     其(그 기)
- 동 備(갖출 비)

 읽기한자

具體(구체) : 전체를 갖춤
具色(구색) : 여러 가지 물건을 골고루 갖춤
具體化(구체화) : 구체적으로 되게 함

활용문

안중근은 동지 우덕순을 만나 具體的(구체적)인 計劃(계획)을 세웠다.

필순 丨 冂 冂 目 目 且 具 具

國

8급

나라 국

囗 | 8획

영토(口), 국방(戈), 국민(口), 주권(一)으로서 나라(國)를 의미한다.

- 비 圖(그림 도)   圓(둥글 원)
     園(동산 원)   域(지경 역)
- 약 国

 읽기한자

建國(건국) : 새로 나라를 세움
救國(구국) : 위태로운 나라를 구함

쓰기한자

國軍(국군) : 국가의 군대. 우리나라의 군대로 육군·해군·공군으로 조직됨
國母(국모) : 임금의 아내, 왕후 ↔ 국부(國父)
國民(국민) : 같은 국적을 가진 사람
國外(국외) : 한 나라의 영토 밖
國土(국토) : 나라의 땅. 나라의 힘이 미치는 영토의 전부

활용문

명성황후는 國母(국모)의 대표적 인물이다.

필순 丨 冂 冂 同 同 同 同 國 國 國

1. 다음 한자어(漢字語)의 독음을 쓰세요.

(1) 地球 (   )   (2) 救命 (   )
(3) 舊式 (   )   (4) 具體 (   )
(5) 區間 (   )   (6) 陸橋 (   )

2. 다음 한자(漢字)의 훈(訓)과 음(音)을 쓰세요.

(1) 橋 (   )
(2) 舊 (   )
(3) 具 (   )
(4) 救 (   )

3. 다음 훈(訓)과 음(音)에 맞는 한자(漢字)를 쓰세요.

(1) 입 구   (   )
(2) 나라 국 (   )
(3) 아홉 구 (   )
(4) 공 구   (   )

4. 다음(   )에 들어갈 한자(漢字)를 예(例)에서 찾아 그 번호를 쓰세요.

| 예(例) | ① 口 | ② 具 | ③ 舊 |
| | ④ 救 | ⑤ 橋 | ⑥ 九 |

(1) (   )死一生   (2) (   )命活動
(3) 一(   )二言   (4) 木材家(   )

정답

1. (1) 지구   (2) 구명   (3) 구식   (4) 구체   (5) 구간   (6) 육교
2. (1) 다리 교 (2) 예 구   (3) 갖출 구 (4) 구원할 구
3. (1) 口   (2) 國   (3) 九   (4) 球
4. (1) ⑥   (2) ④   (3) ①   (4) ②

局 판 국 | 5급 II
尸 | 4획

자(尺)로 재듯이 정확한 말(口)로 법도에 따라 일을 하는 관청의 일부(局)라는 의미이다.

ⓑ 居(살 거)
　屋(집 옥)

읽기한자

局面(국면) : 승패를 다투는 판의 형세
局番(국번) : 전화 교환국의 국명에 해당하는 번호
當局(당국) : 어떤 일을 담당하는 곳
時局(시국) : 당면한 국내 및 국제적 정세
局地戰(국지전) : 제한된 구역 안에서만 일어나 세계 전쟁으로 퍼지지 않
　　　　　　　 는 전쟁

활용문

局地戰(국지전)이 전면전으로 확산되었다.

필순 ﹃ ﹄ 尸 尸 局 局 局

軍 군사 군 | 8급
車 | 2획

전차(車)를 빙 둘러싸고(冖) 있는 형태에서 군대, 전쟁(軍)을 의미한다.

ⓑ 運(옮길 운)
ⓓ 卒(마칠 졸)　旅(나그네 려)
　兵(병사 병)

읽기한자

軍橋(군교) : 군에서, 군사적 필요에 의하여 임시로 놓은 다리
軍馬(군마) : 군대에서 쓰는 말
軍費(군비) : 군사상의 목적에 사용되는 모든 경비
陸軍(육군) : 땅 위에서의 공격과 방어 임무를 맡은 군대

쓰기한자

軍國(군국) : 군대와 나라　　　　　軍民(군민) : 군인과 국민
軍人(군인) : 육·해·공군의 장교, 하사관, 병사의 총칭
軍中(군중) : 군대의 안. 전쟁 중
靑軍(청군) : 푸른 깃발을 사용하는 쪽
白軍(백군) : 흰 깃발을 사용하는 쪽

활용문

軍民(군민)이 함께 재해구조에 나섰다.

필순 ﹅ ﹄ ﹄ 戸 戸 冒 冒 軍 軍

郡 고을 군 | 6급
阝(邑) | 7획

원래는 군주(君)의 영지(阝)였지만, 지금은 행정구역(郡)의 이름이 되었다.

ⓑ 群(무리 군)
　君(임금 군)
ⓓ 邑(고을 읍)
　洞(골 동)　州(고을 주)

읽기한자

州郡(주군) : 주와 군을 아울러 이르는 말

쓰기한자

郡界(군계) : 군과 군 사이의 경계
郡內(군내) : 고을 안
郡民(군민) : 그 군에 사는 백성

활용문

기념일을 경축하기 위한 郡民(군민)체육대회가 열리고 있다.

필순 ﹃ ﹄ ﹄ 尹 君 君 君 郡 郡 郡

58 한자능력검정시험 5급

貴

5급

귀할 귀:

貝 | 5획

금전과 재산(貝)을 양 손(臾)에 휴대하고 있는 것에서 귀중하다, 존귀하다(貴)는 의미이다.

- 비 責(꾸짖을 책) 貧(가난할 빈)
  遺(남을 유)
- 동 重(무거울 중)
- 반 賤(천할 천)

貴族(귀족) : 가문이나 신분이 높은 사람들
貴重(귀중) : 소중히 여김
高貴(고귀) : 지위가 높고 귀함
品貴(품귀) : 물건이 귀함

활용문

참 조용하고 아늑해 보였으나 물이 貴(귀)한 것이 흠이라고 한다.

 필순 丶 冂 口 中 虫 串 뽀 青 씁 貴 貴

規

5급

법 규

見 | 4획

한 사람 몫을 해내는 어른(夫)은 사물을 보는 시각(見)이 옳아 본보기, 규범(規)이 된다는 의미이다.

- 비 現(나타날 현)
- 동 式(법 식)   典(법 전)
  律(법칙 률)   例(법식 례)
  法(법 법)   度(법도 도)
  則(법칙 칙)   格(격식 격)

📖 읽기한자

規格(규격) : 일정한 표준
規約(규약) : 협의에 의해 정한 규칙
規定(규정) : 규칙을 정함
規則(규칙) : 지키고 따라야 할 법칙

활용문

規則(규칙)적인 생활은 건강에 이롭습니다.

필순 一 二 ≠ 夫 尖 刋 扣 和 担 却 規

根

6급

뿌리 근

木 | 6획

위쪽으로 뻗는 나뭇가지(木)와는 반대로 땅 밑으로 뻗어가는(艮) 것에서 뿌리(根)를 의미한다.

- 비 板(널 판)
  銀(은 은)
- 동 本(근본 본)

📖 읽기한자

事實無根(사실무근) : 실제적으로 근거가 없는 일
根性(근성) : 사람의 타고난 성질

✏️ 쓰기한자

根本(근본) : 사물이 생겨나는 본 바탕

활용문

그 사람은 根本(근본)이 나쁜 사람 같지는 않다.

 필순 一 十 才 木 朼 朽 朽 根 根 根

近 6급

가까울 근:

辶(辵) | 4획

나무 자르는 도끼(斤)소리는 멀리
(辶)에선 들리지 않아 가깝다(近)는
의미이다.

비 折(꺾을 절)
반 遠(멀 원)

읽기 한자

最近(최근) : 얼마 아니 되는 지나간 날

쓰기 한자

近代(근대) : 중세와 현대 사이의 시대
近方(근방) : 근처
近海(근해) : 육지에 가까운 바다
遠近(원근) : 멀고 가까움

활용문

最近(최근)에 교통사고가 많이 줄어들고 있습니다.

 필순 ´ ⺁ ⺁ 斤 斤 近 近 近

金 8급

쇠 금
성 김

金 | 0획

산에 보석이 있는 모양에서 금, 금
전(金)을 의미한다.

비 今(이제 금)
針(바늘 침)
동 鐵(쇠 철)

읽기 한자

基金(기금) : 어떤 목적을 위하여 모아서 준비해 놓은 자금
料金(요금) : 대가로 지불하는 금전   金品(금품) : 돈과 물품
賞金(상금) : 상으로 주는 돈   貯金(저금) : 돈을 모아 둠

쓰기 한자

金言(금언): 삶에 본보기가 될 만한 귀중한 내용을 담고 있는 짤막한 어구
現金(현금): 정부나 중앙은행에서 발행하는 지폐나 주화를 유가증권과 구
　　　　　별하여 이르는 말
入出金(입출금) : 들어오는 돈과 나가는 돈을 아울러 이르는 말

활용문

피로 쓰라고 한 니체의 말은 글 쓰는 자가 명심해야 할 金言(금언)이다.

 필순 ´ ⺉ ⼈ ⼆ 仐 伞 余 金

今 6급 II

이제 금

人 | 2획

사람(人)이 예부터 지금까지 계속
해서 모여 있다(亼)는 것에서 지금
(今)을 의미한다.

비 令(하여금 령)
반 古(예 고)
舊(예 구)

읽기 한자

今友(금우) : 새로 사귄 벗
今週(금주) : 이번 주

쓰기 한자

古今(고금) : 옛적과 지금
方今(방금) : 바로 이제. 금방
昨今(작금) : 어제와 오늘

활용문

나는 그 소식을 方今(방금)에야 들었다.

 필순 ´ ⼈ 亽 今

1. 다음 한자어(漢字語)의 독음을 쓰세요.

   (1) 貴族 (   )   (2) 規格 (   )
   (3) 局面 (   )   (4) 郡邑 (   )
   (5) 根本 (   )   (6) 近海 (   )

2. 다음 한자(漢字)의 훈(訓)과 음(音)을 쓰세요.

   (1) 貴   (   )
   (2) 規   (   )
   (3) 局   (   )
   (4) 今   (   )

3. 다음 훈(訓)과 음(音)에 맞는 한자(漢字)를 쓰세요.

   (1) 군사 군   (   )
   (2) 뿌리 근   (   )
   (3) 가까울 근 (   )
   (4) 고을 군   (   )

4. 다음(   )에 들어갈 한자(漢字)를 예(例)에서 찾아 그 번호를 쓰세요.

예(例)	① 規	② 局	③ 今
	④ 貴	⑤ 根	⑥ 郡

   (1) (   )時初聞   (2) (   )族學校
   (3) 過失相(   )   (4) (   )本原因

정답

1. (1) 귀족   (2) 규격   (3) 국면   (4) 군읍   (5) 근본   (6) 근해
2. (1) 귀할 귀 (2) 법 규   (3) 판 국   (4) 이제 금
3. (1) 軍   (2) 根   (3) 近   (4) 郡
4. (1) ③   (2) ④   (3) ①   (4) ⑤

急

6급 II

급할 **급**

心 | 5획

앞 사람(人)을 붙잡는(ヨ) 듯한 기분(心)으로 성급해하는 모습에서 서두르다(急)는 의미이다.

동 速(빠를 속)

읽기한자

急救(급구) : 급히 구원함
急流(급류) : 급히 흐르는 물
急落(급락) : 물가나 시세가 갑자기 떨어짐
急冷(급랭) : 물·기름 등을 급히 식히는 일
急變(급변) : 급작스레 변함
急性(급성) : 갑자기 일어난 성질의 병

쓰기한자

急事(급사) : 급한 일   急電(급전) : 급한 전보   急行(급행) : 빨리 감

활용문

개방정책으로 경제구조에 急變(급변)이 일어났다.

 필순 ノ ノ ゥ ゥ 刍 兌 急 急 急

級

6급

등급 **급**

糸 | 4획

실(糸)의 품질이 어디까지 미치느냐(及)하는 데서 등급(級)을 의미한다.

비 約(맺을 약)
   給(줄 급)
동 等(무리/등급 등)

읽기한자

級友(급우) : 같은 반에서 배우는 벗
首級(수급) : 전쟁에서 베어 얻은 적군의 머리

쓰기한자

級數(급수) : 기술의 우열에 의한 등급
級訓(급훈) : 학급에서 필요하다고 인정한 교훈
高級(고급) : 높은 계급이나 등급
學級(학급) : 같은 때·같은 교실에서 학습하는 학생의 집단
等級(등급) : 신분·품질 등의 높고 낮음의 차례를 구별한 등수

활용문

우리 반의 級訓(급훈)은 정직이다.

 필순 ㄴ ㄴ ㅂ ㅗ ㅛ 糸 糸 糹 紉 級 級

給

5급

줄 **급**

糸 | 6획

실(糸)을 모아(合) 맞추면 굵게 늘어나는 것에서 부족한 것을 내다, 부여하다(給)는 의미이다.

비 約(맺을 약)   級(등급 급)
   終(마칠 종)
동 授(줄 수)   與(줄 여)
   贈(줄 증)
반 受(받을 수)

읽기한자

給水(급수) : 물을 공급함
給食(급식) : 음식을 줌
給油(급유) : 기관에 가솔린 등을 보급하는 일
發給(발급) : 발행하여 줌

활용문

우리 학교에서는 給食(급식)을 실시하고 있다.

 필순 ㄴ ㄴ ㅂ ㅗ ㅛ 糸 糸 糹 紒 紷 給 給 給

氣

7급Ⅱ

기운 **기**

气 | 6획

내뿜은 숨(气)처럼 막 지은 밥(米)에서 솟아오르는 증기(氣)를 의미한다.

- 비 汽(물끓는김 기)
- 약 気

읽기한자

氣量(기량) : 기상과 도량
氣質(기질) : 기력과 체질
氣流(기류) : 대기 중에 일어나는 공기의 흐름
客氣(객기) : 객쩍게 부리는 혈기
景氣(경기) : 여러 가지 경제 사상의 상태
元氣(원기) : 본디 타고난 기운
氣品(기품) : 기질과 품성

쓰기한자

氣道(기도) : 인간의 신체에서 폐에 들어가는 공기의 통로
氣力(기력) : 정신과 육체의 힘   空氣(공기) : 지구를 둘러싼 기체
日氣(일기) : 날씨의 맑고 흐림 등의 기상 상태
氣色(기색) : 얼굴에 나타나는 감정의 변화

활용문

연기로 氣道(기도)가 막혀서 숨을 쉴 수가 없다.

필순 ′ ′ ⺧ ⺧ 气 气 气 氕 氧 氣 氣

記

7급Ⅱ

기록할 **기**

言 | 3획

무릎 꿇고 사람(己)이 말(言)한 것을 받아 적고 있는 모습에서 기록하다(記)는 의미이다.

- 비 計(셀 계)
  話(말씀 화)
- 동 錄(기록할 록) 識(기록할 지)

읽기한자

記念(기념) : 오래도록 전하여 잊지 아니함
記傳(기전) : 역사 및 전기
筆記(필기) : 글씨를 씀

쓰기한자

手記(수기) : 체험을 손수 적음
記號(기호) : 어떤 뜻을 나타내기 위한 문자나 부호
速記(속기) : 빨리 적음   記入(기입) : 적어 넣음

활용문

그는 체험 手記(수기)를 써나가기 시작했다.

필순 ′ ⺀ ⺀ ⻗ 言 言 言 記 記 記

旗

7급

기 **기**

方 | 10획

지휘관이 있는 곳에 깃발을 세워서 이정표로 한 것으로 깃발을 의미한다.

읽기한자

船旗(선기) : 배에 다는 기
赤旗(적기) : 붉은 기

쓰기한자

旗手(기수) : 기를 가지고 신호를 일삼는 사람
白旗(백기) : 흰 기. 항복의 표시로 쓰는 흰 기
靑旗(청기) : 푸른 기
反旗(반기) : 반대의 뜻을 나타내는 행동이나 표시
校旗(교기) : 학교를 상징하는 깃발

활용문

각 학교별로 대표자가 校旗(교기)를 들고 입장하였다.

필순 ′ ⺀ 亍 方 方 方 扩 扩 旂 旂 旌 旗 旗 旗

己

5급 II

몸 **기**

己 | 0획

상대에게 허리를 낮추고 있는 형태에서 자기, 우리 자신을 의미한다.

- 비 已(이미 이)　巳(뱀 사)
- 동 身(몸 신)　自(스스로 자)
　　體(몸 체)
- 반 心(마음 심)

읽기한자

知己(지기) : 서로 마음이 통하는 벗
自己(자기) : 그 사람 자신
利己(이기) : 자기자신의 이익만을 꾀함

활용문

사임당은 남편에게 自己(자기)의 意見(의견)을 조용히 말했다.

필순 ㄱ ㄱ 己

基

5급 II

터 **기**

土 | 8획

흙벽 등을 쌓을 때에 점토(土)와 쌓아올린 토대(其)를 말하는 것으로 토대, 터(基)를 의미한다.

- 비 墓(무덤 묘)
　　其(그 기)

읽기한자

基金(기금) : 어떤 목적을 위하여 모아서 준비해 놓은 자금
基地(기지) : 군대의 보급, 수송, 통신 등의 기점이 되는 곳
基本(기본) : 사물이나 현상, 이론, 시설 따위의 기초와 근본

활용문

헬렌은 열심히 공부하여 한 시간 동안 무려 여섯 개나 되는 基本發音(기본발음)을 외웠고 열한번의 練習(연습)을 통해 발음법을 익히게 되었다.

필순 一 十 十 艹 艹 甘 其 其 其 基 基

汽

5급

물끓는김 **기**

氵(水) | 4획

물(氵)이 밑쪽에서 입김(气)처럼 뿌옇게 피어오르듯이 나오는 것에서 수증기(汽)를 의미한다.

- 비 氣(기운 기)

읽기한자

汽船(기선) : 증기력으로 운행하는 배
汽車(기차) : 증기 기관을 원동력으로 하여 궤도 위를 운행하는 차량

활용문

그 때는 汽車(기차)도 없고 自動車(자동차)도 없었다.

필순 ㆍ ㆍ 冫 氵 汐 汽 汽

가

1. 다음 한자어(漢字語)의 독음을 쓰세요.

(1) 急速 (   )   (2) 自己 (   )
(3) 基地 (   )   (4) 給食 (   )
(5) 汽車 (   )   (6) 高級 (   )

2. 다음 한자(漢字)의 훈(訓)과 음(音)을 쓰세요.

(1) 己   (   )
(2) 急   (   )
(3) 汽   (   )
(4) 基   (   )

3. 다음 훈(訓)과 음(音)에 맞는 한자(漢字)를 쓰세요.

(1) 기운 기   (   )
(2) 기록할 기 (   )
(3) 기 기   (   )
(4) 등급 급   (   )

4. 다음(   )에 들어갈 한자(漢字)를 예(例)에서 찾아 그 번호를 쓰세요.

| 예(例) | ① 給 | ② 己 | ③ 急 |
| | ④ 氣 | ⑤ 汽 | ⑥ 基 |

(1) 自(   )自足   (2) 夜間(   )車
(3) 自(   )中心   (4) (   )本問題

정답

1. (1) 급속   (2) 자기   (3) 기지   (4) 급식   (5) 기차   (6) 고급
2. (1) 몸 기   (2) 급할 급   (3) 물 끓는 김 기   (4) 터 기
3. (1) 氣   (2) 記   (3) 旗   (4) 級
4. (1) ①   (2) ⑤   (3) ②   (4) ⑥

技 재주 기
扌(手) | 4획

대나무(支)를 여러 형태로 구부려서 죽세품을 손(扌)으로 만들어 기예, 솜씨(技)를 의미한다.

- 비 打(칠 타)
- 동 才(재주 재)
  藝(재주 예)
  術(재주 술)

읽기 한자

技能(기능) : 기술상의 재능
技術(기술) : 잘 다루는 방법 또는 능력
競技(경기) : 무술이나 운동 경기로 승부를 겨루는 일
特技(특기) : 특별한 기능

활용문

앞으로는 다리를 만드는 技術(기술)이나 재료가 점점 더 발달하게 될 것이다.

필순 一 十 才 扌 扗 拮 技 技

期 기약할 기
月 | 8획

5급

사각형이 안정되었듯이, 달(月) 그림자는 규칙이 정확하다(其)는 것에서 시기(期)를 의미한다.

- 비 其(그 기)
- 동 約(맺을 약)

읽기 한자

期間(기간) : 일정한 시기의 사이
期待(기대) : 어느 때로 기약하여 성취를 바람
期約(기약) : 때를 정하여 약속함
短期(단기) : 짧은 기간

활용문

추석 무렵엔 곡식이 익는 時期(시기)입니다.

필순 一 十 卄 甘 甘 甘 其 其 期 期 期 期

吉 길할 길
口 | 3획

5급

선비(士)의 입(口)에서는 길한(吉) 말이 나온다는 의미이다.

- 반 凶(흉할 흉)

읽기 한자

吉日(길일) : 좋은 날
吉凶(길흉) : 좋은 일과 언짢은 일
不吉(불길) : 길하지 않음
立春大吉(입춘대길) : 입춘을 맞이하여 길운을 기원하는 글

활용문

예로부터 파랑새는 吉鳥(길조)라고 하는데, 아마 대감께 좋은 일이 생기려나 봅니다.

필순 一 十 士 吉 吉 吉

南 남녘 **남** `8급`

十 | 7획

다행하고(幸) 좋은 방향(冂)이 남쪽(南)이라는 의미이다.

반 北(북녘 북)

湖南(호남) : 전라남북도를 아울러 이르는 말

南門(남문) : 남쪽에 있는 문
南方(남방) : 남쪽이나 남녘, 남쪽 지방 ↔ 북방(北方)
南北(남북) : 남쪽과 북쪽
南山(남산) : 남쪽에 있는 산
南韓(남한) : 남북으로 갈라진 한국의 남쪽의 땅
三南(삼남) : 충청남북도, 경상남북도, 전라남북도를 말한다.

활용문

南韓(남한)과 북한은 평화적인 통일이 필요합니다.

필순 一 十 十 冂 内 内 南 南 南 南

男 사내 **남** `7급Ⅱ`

田 | 2획

밭농사는 힘든 것으로 남자 일이기에 밭(田)과 힘(力)을 합쳐 사나이(男)라는 의미이다.

반 女(계집 녀)

善男善女(선남선녀) : 착한 남자와 여자
男性(남성) : 남자, 사내　　　　　　　男兒(남아) : 사내아이
男唱(남창) : 여자가 남자의 목소리로 부르는 노래

男女(남녀) : 남자와 여자
長男(장남) : 맏아들
男子(남자) : 남성인 사람, 사나이 ↔ 여자(女子)
男先生(남선생) : 남자로서 선생이 된 사람. 남교사
男女老少(남녀노소) : 남자와 여자 늙은이와 젊은이, 곧 모든 사람

활용문

보통 長男(장남)이 대를 이어 가업을 물려받는다.

필순 丨 冂 日 田 田 男 男

內 안 **내:** `7급Ⅱ`

入 | 2획

밖에서 건물 안(內)으로 들어오는 것에서 들어가다, 안, 속(內)을 의미한다.

반 外(바깥 외)

內規(내규) : 한 기관 안에서만 시행되는 규칙
內陸(내륙) : 바다에서 멀리 떨어져 있는 육지
內患(내환) : 국내의 환란

內空(내공) : 속이 비어 있음　　　　　內國(내국) : 자기 나라, 제 나라 안
內面(내면) : 물건의 안쪽. 인간의 정신 심리에 관한 면
內事(내사) : 내부에 관한 일. 비밀로 덮어두는 일
內室(내실) : 아낙네가 거처하는 방 ↔ 외실(外室)
內心(내심) : 속마음　　　　　內水面(내수면) : 하천, 호수, 운하 등의 수면

활용문

우리 집 內事(내사)이니 굳이 알려고 하지 말거나.

필순 丨 冂 内 内

女 8급

계집 **녀**

女 | 0획

손을 앞으로 끼고 무릎 꿇고 있는 부드러운 모습에서 여자, 처녀(女)를 의미한다.

비 安(편안 안)
반 男(사내 남)

읽기한자

養女(양녀) : 수양딸
仙女(선녀) : 신선 세상에 사는 여자
女性(여성) : 여자, 계집
女兒(여아) : 계집아이

쓰기한자

少女(소녀) : 아직 완전히 성숙하지 않은 어린 여자아이
女同生(여동생) : 여자 동생
男女有別(남녀유별) : 남자와 여자 사이에는 분별이 있어야 한다는 말

활용문

바로 이 아이가 養女(양녀)로 입양된 아이입니다.

필순 く 女 女

年 8급

해 **년**

干 | 3획

벼가 결실해서 사람에게 수확되기까지의 기간을 뜻하는 것으로 한 해, 세월을 의미한다.

비 午(낮 오)   牛(소 우)
동 歲(해 세)

읽기한자

年給(연급) : 1년간의 급료
年初(연초) : 새해의 첫머리
凶年(흉년) : 농작물이 잘 되지 아니한 해
停年(정년) : 관청이나 학교, 회사 따위에 근무하는 공무원이나 직원이 직장에서 물러나도록 정하여져 있는 나이

쓰기한자

年高(연고) : 나이가 많음   年老(연로) : 나이가 많아서 늙음
年始(연시) : 새해의 처음

활용문

저 두 남매는 年年生(연년생)입니다.

필순 ノ ト ト ヒ ヒ 年

念 5급 II

생각 **념:**

心 | 4획

지금(今) 마음(心)에 있다는 것에서 쭉 계속해서 생각하고 있다(念)는 의미이다.

비 怒(성낼 노)
동 考(생각할 고)   思(생각 사)
   想(생각 상)   慮(생각할 려)

읽기한자

念頭(염두) : 생각의 시초
念願(염원) : 마음으로 생각하고 바람
觀念(관념) : 생각. 견해
記念(기념) : 어떤 일을 오래도록 잊지 아니함

활용문

그러나 고문을 當(당)할 때마다 '대한 독립 만세'를 외칠 만큼 그는 당당하게 信念(신념)을 펼쳤다.

필순 ノ 人 へ 今 今 今 念 念 念

1. 다음 한자어(漢字語)의 독음을 쓰세요.

(1) 技術 (   )   (2) 念頭 (   )
(3) 內事 (   )   (4) 期待 (   )
(5) 不吉 (   )   (6) 長男 (   )

2. 다음 한자(漢字)의 훈(訓)과 음(音)을 쓰세요.

(1) 念   (   )
(2) 吉   (   )
(3) 技   (   )
(4) 期   (   )

3. 다음 훈(訓)과 음(音)에 맞는 한자(漢字)를 쓰세요.

(1) 남녘 남 (   )
(2) 해 년   (   )
(3) 계집 녀 (   )
(4) 사내 남 (   )

4. 다음(   )에 들어갈 한자(漢字)를 예(例)에서 찾아 그 번호를 쓰세요.

| 예(例) | ① 技 | ② 念 | ③ 吉 |
| | ④ 期 | ⑤ 內 | ⑥ 南 |

(1) 記(   )行事   (2) 球(   )種目
(3) 發表(   )間   (4) 家(   )工業

정답

1. (1) 기술   (2) 염두   (3) 내사   (4) 기대   (5) 불길   (6) 장남
2. (1) 생각 념   (2) 길할 길   (3) 재주 기   (4) 기약할 기
3. (1) 南   (2) 年   (3) 女   (4) 男
4. (1) ②   (2) ①   (3) ④   (4) ⑤

農

7급 II

농사 **농**

辰 | 6획

아침 일찍(辰)부터 논에 나가 도구(曲)를 갖고 일하는 것에서 농사를 짓다(農)는 의미이다.

農具(농구) : 농사에 쓰는 기구
農談(농담) : 농사에 관한 이야기
農牛(농우) : 농사에 쓰는 소

農家(농가) : 농민의 집. 농업으로 생계를 유지하는 집
農林(농림) : 농업과 임업
農民(농민) : 농사를 짓는 백성. 농사를 생업으로 하는 사람
農夫(농부) : 농사로 업을 삼은 사람
農事(농사) : 농업에 관련된 일

農夫(농부)가 논에서 열심히 일하고 있다.

 필순 ⺈ 冂 曰 曲 曲 曲 曲 農 農 農 農 農 農

能

5급 II

능할 **능**

月(肉) | 6획

곰(熊)의 모양으로 곰은 재주가 여러 가지라는 데서 능하다(能)는 의미이다.

비 態(모양 태)

能力(능력) : 일을 감당해 내는 힘
能動(능동) : 스스로 내켜서 움직이거나 작용함
才能(재능) : 어떤 개인의 일정한 소질
效能(효능) : 효험의 능력

能力(능력)껏 가져오기로 했으면 좋겠습니다.

 필순 ⺈ ㄴ ㅅ 育 育 育 育 能 能 能

多

6급

많을 **다**

夕 | 3획

저녁(夕)때를 두 개 중첩(多)시켜 오늘의 저녁 때와 어제의 저녁 때, 많다(多)는 의미이다.

비 夕(저녁 석)
반 少(적을 소)

多量(다량) : 많은 분량
過多(과다) : 지나치게 많음

多讀(다독) : 많이 읽음
多幸(다행) : 운수가 좋음. 일이 좋게 됨
同時多發(동시다발) : 같은 시간이나 시기에 여럿이 일어남

오래된 고기에서 세균이 多量(다량)으로 검출되었다.

 필순 ⺈ ㄱ 夕 多 多 多

6급 II

짧을 단(:)

矢 | 7획

화살(矢)은 활보다 짧고, 콩(豆)은
감자나 오이보다 짧다(短)는 의미
이다.

[반] 長(긴 장)

읽기한자

短見(단견) : 천박한 소견
短筆(단필) : 서투른 글씨

쓰기한자

短命(단명) : 명이 짧음
短文(단문) : 글 아는 것이 넉넉하지 못함. 짧은 글
短信(단신) : 간략하게 쓴 편지, 짤막하게 전하는 뉴스
短身(단신) : 키가 작음
短時日(단시일) : 짧은 시일

활용문

오늘의 스포츠 短信(단신)을 전해드리겠습니다.

필순 ノ ノ ト 午 矢 矢 矢 知 知 短 短 短

5급 II

둥글 단

囗 | 11획

오로지(專) 같은 목적으로 둥글게
(囗) 모이다(團)라는 의미이다.

[비] 傳(전할 전)
  園(동산 원)
[동] 圓(둥글 원)
[약] 団

읽기한자

團結(단결) : 많은 사람이 한데 뭉침
團束(단속) : 경계를 단단히 하여 다잡음
團合(단합) : 많은 사람이 한데 뭉침
入團(입단) : 어떤 단체에 가입함
團體(단체) : 목적을 같이하는 사람들의 모임

활용문

그 밖에 신문의 광고는 국민이 알아야 할 정부나 團體(단체)의 소식을 전
하는 등 갖가지 정보를 알려 준다.

필순 丨 冂 冂 冂 冃 冋 同 同 團 團 團 團 團 團

5급

단 단

土 | 13획

여럿이 제사지낼 수 있도록 흙(土)
으로 높고 크게(亶) 쌓아 만든 제단
(壇)을 의미한다.

[비] 檀(박달나무 단)

읽기한자

壇上(단상) : 교단이나 강단 등의 단위
登壇(등단) : 연단 또는 교단에 오름
文壇(문단) : 문인들의 사회
花壇(화단) : 꽃을 심기 위해 마련한 단처럼 된 꽃밭

활용문

이 작가는 젊은 나이에 신춘문예를 통해 문단(文壇)에 登壇(등단)했다.

필순 一 十 土 土 圹 圹 圻 坍 坍 壇 壇 壇 壇 壇 壇 壇

談

말씀 담

言 | 8획

5급

불(炎)이 훤히 타오르듯이 입에서 말(言)이 계속 나오는 것, 즉 얘기하다(談)는 의미이다.

비 誠(정성 성)

동 話(말씀 화)　言(말씀 언)
　　說(말씀 설)　語(말씀 어)

읽기 한자

談話(담화) : 이야기
對談(대담) : 마주 대하여 말함
德談(덕담) : 잘되기를 비는 말
相談(상담) : 대책 따위를 세우기 위하여 상의함
惡談(악담) : 남의 일을 나쁘게 말하는 것

활용문

설날은 어른들에게 세배를 드리고 德談(덕담)을 나누는 날이다.

 필순　丶 一 亠 亖 言 言 言 言 談 談 談 談 談 談 談

答

대답 답

竹 | 6획

7급 II

대쪽(竹)에 써 온 편지 내용에 합(合)당하게 답(答)을 써 보낸다는 의미이다.

동 兪(대답할 유)

반 問(물을 문)
　　諮(물을 자)

읽기 한자

答案(답안) : 시험 문제의 해답. 해답을 쓴 종이
奉答(봉답) : 웃어른에게 공손히 대답함
筆答(필답) : 글로써 대답함

쓰기 한자

答紙(답지) : 답을 쓰는 종이. 답안지
名答(명답) : 격에 들어맞게 썩 잘한 답
問答(문답) : 물음과 대답
東問西答(동문서답) : 묻는 말에 엉뚱한 대답
自問自答(자문자답) : 자신이 묻고 자신이 대답함

활용문

이 문제에는 正答(정답)이 따로 없다.

 필순　丿 𠂉 𠂉 𠂉 𠂉 𠂉 竹 竹 笏 笭 答 答

堂

집 당

土 | 8획

6급 II

토대(土) 위에 세운 높은(尙) 건물에서 어전, 큰 건물(堂)을 의미한다.

비 當(마땅 당)

동 家(집 가)　宙(집 주)
　　戶(집 호)　宇(집 우)
　　室(집 실)　宅(집 택)
　　院(집 원)　屋(집 옥)

읽기 한자

法堂(법당) : 불상을 안치하고 설법도 하는 절의 정당(正堂)

쓰기 한자

堂堂(당당) : 번듯하게. 당당히
明堂(명당) : 아주 좋은 묏자리
食堂(식당) : 식사를 하도록 설비되어 있는 집
書堂(서당) : 글방

활용문

書堂(서당)개 삼년에 풍월을 한다.

 필순　丶 丶 丷 丷 丷 丷 尚 尚 堂 堂 堂

1. 다음 한자어(漢字語)의 독음을 쓰세요.

   (1) 能力 (   )   (2) 食堂 (   )
   (3) 對談 (   )   (4) 團結 (   )
   (5) 登壇 (   )   (6) 多讀 (   )

2. 다음 한자(漢字)의 훈(訓)과 음(音)을 쓰세요.

   (1) 團 (   )
   (2) 談 (   )
   (3) 能 (   )
   (4) 壇 (   )

3. 다음 훈(訓)과 음(音)에 맞는 한자(漢字)를 쓰세요.

   (1) 대답 답 (   )
   (2) 집 당 (   )
   (3) 농사 농 (   )
   (4) 많을 다 (   )

4. 다음(   )에 들어갈 한자(漢字)를 예(例)에서 찾아 그 번호를 쓰세요.

예(例)	① 壇	② 團	③ 堂
	④ 能	⑤ 談	⑥ 答

   (1) 大同(   )結   (2) 多才多(   )
   (3) 南北會(   )   (4) 書(   )教育

정답

1. (1) 능력   (2) 식당   (3) 대담   (4) 단결   (5) 등단   (6) 다독
2. (1) 둥글 단   (2) 말씀 담   (3) 능할 능   (4) 단 단
3. (1) 答   (2) 堂   (3) 農   (4) 多
4. (1) ②   (2) ④   (3) ⑤   (4) ③

當

5급II

마땅 **당**

田 | 8획

논(田)을 교환할 때 두 개의 넓이가 딱 맞도록(尙) 한 것에서 맞다(當) 는 의미이다.

비 堂(집 당)
반 落(떨어질 락)
약 当

읽기한자

當局(당국) : 어떤 일을 담당하는 곳
當代(당대) : 사람의 한평생 살이. 이 시대. 지금의 시대
當到(당도) : 어떠한 곳이나 일에 닿아서 이름
當面(당면) : 일이 바로 눈앞에 당함
當然(당연) : 이치로 보아 마땅히 그러할 것임

활용문

남편은 當時(당시)의 정승인 이기라는 사람을 자주 찾아 다녔는데

 필순 ⎹ ⎸ ⺀ ⺌ ⺌ ⺍ 尚 尚 尚 尙 當 當 當

大

8급

큰 **대(:)**

大 | 0획

사람이 크게 손과 다리를 벌리고 있는 모습에서 크다(大)는 의미이다.

비 犬(개 견)   太(클 태)
동 偉(클 위)   太(클 태)
　 巨(클 거)
반 小(작을 소)
　 微(작을 미)

읽기한자

大望(대망) : 큰 희망. 큰 야망
大賞(대상) : 크게 상을 줌
大敗(대패) : 일의 큰 실패. 싸움에 크게 짐
偉大(위대) : 업적이 크게 뛰어나고 훌륭함

쓰기한자

大道(대도) : 큰길　　　　　　　大事(대사) : 큰 일
大海(대해) : 넓고 큰 바다　　　大地(대지) : 대자연의 넓고 큰 땅
大國(대국) : 국력이 강하거나 국토가 넓은 나라
大成(대성) : 크게 이루어지거나 크게 이룸 또는 그런 성과

활용문

충효는 인륜의 大道(대도)이다.

 필순 一 ナ 大

代

6급II

대신할 **대:**

亻(人) | 3획

국경에 세워두었던 말뚝 대신(弋) 에 사람(亻)을 당번병으로 세워둔 것에서 대신하다(代)는 의미이다.

비 伐(칠 벌)

읽기한자

代價(대가) : 물건을 산 대신의 값
歷代(역대) : 지내 내려온 여러 대
當代(당대) : 이 시대. 지금의 세상

쓰기한자

代用(대용) : 대신으로 씀
代行(대행) : 대신하여 행함
交代(교대) : 서로 번갈아 대신함

활용문

歷代(역대) 대통령을 다 기억하고 있습니까?

 필순 ノ 亻 亻 代 代

對

6급 II

대할 **대:**

寸 | 11획

작업하는 일(業)과 손(寸)이 서로 마주 대한다(對)는 의미이다.

[비] 業(업 업)
[약] 対

읽기한자

對決(대결) : 두 사람이 서로 맞서서 우열을 결정함
對談(대담) : 서로 마주 보고 말함

쓰기한자

對等(대등) : 양쪽이 서로 비슷함　　對立(대립) : 마주 대하여 섬
對面(대면) : 서로 얼굴을 마주 보고 대함

활용문

그들은 뜻밖의 對面(대면)에 할 말을 잃었다.

필순 丨 丬 丬 业 业 业 业 丵 丵 丵 堇 對 對

待

6급

기다릴 **대:**

彳 | 6획

중요한 일로 관청(寺)에 갔어도(彳) 사람이 많아서 자신의 순번을 기다린다(待)는 의미이다.

[비] 時(때 시)
　　持(가질 지)
　　特(특별할 특)

읽기한자

待期(대기) : 약속한 시기를 기다림
待望(대망) : 바라고 기다림
期待(기대) : 어느 때로 기약하여 성취를 바람

쓰기한자

下待(하대) : 낮게 대우함
待合室(대합실) : 정거장, 병원 같은 곳에서 손님이 기다리도록 마련해 놓은 곳

활용문

期待(기대)가 크면 실망도 크다.

필순 丿 彡 彳 彳 彳 彳 待 待 待

德

5급 II

큰 **덕**

彳 | 12획

올바른 마음을 가진(悳) 사람은 어디에 가서(彳)도 신임을 받고, 공경을 받는다는 기분에서 사람으로서 올바른 행위(德)를 한다는 의미이다.

[약] 徳

읽기한자

德談(덕담) : 잘되기를 비는 말
德望(덕망) : 많은 사람이 그의 덕을 마음으로 사모하여 따르는 일
德目(덕목) : 忠(충), 孝(효), 仁(인), 義(의) 등 덕을 분류하는 명목
道德(도덕) : 사람으로서 마땅히 지켜야할 도리

활용문

이제는 한자를 배워 온 德分(덕분)에 新聞(신문)과 텔레비전이나 길을 가다가 남의 집 大門(대문) 앞에 달린 문패에서도 배운 한자를 發見(발견)하면 눈이 번쩍 뜨인다.

필순 丿 彡 彳 彳 彳 彳 彳 徍 徝 德 德 德 德 德

道

7급Ⅱ

길 도:

辶(辵) | 9획

사람(首)이 왔다갔다(辶)하고 있는 곳은 자연히 길(道)이 된다는 의미이다.

동 路(길 로)
途(길 도)

읽기한자

道具(도구) : 일에 쓰이는 여러 가지 연장
道德(도덕) : 인간으로서 마땅히 지켜야 할 도리 및 그에 준한 행위
鐵道(철도) : 철제의 궤도를 시설하여 사람과 물건을 운반하는 육상 운수 기관

쓰기한자

道家(도가) : 중국에서 발달했던 학문의 하나로 자연으로 돌아가라고 주장한 하나의 학파
道立(도립) : 도에서 설립 운영하는 일   車道(차도) : 자동차가 다니는 길
道民(도민) : 그 도의 안에서 사는 사람   道中(도중) : 길 가운데. 여행길
人道(인도) : 사람이 다니는 길

활용문

이 건물은 道立(도립) 도서관입니다.

 필순 ` ` ` ` ` 丷 广 产 芦 首 首 首 道 道 道

圖

6급Ⅱ

그림 도

囗 | 11획

논밭에 있는 장소를 도면에 표시한 것에서 그리다(圖), 생각하다는 의미이다.

비 圓(둥글 원)
園(동산 원)
團(둥글 단)

동 畫(그림 화)

약 図

읽기한자

圖說(도설) : 그림을 넣어 설명함   圖示(도시) : 그림으로 그려 보임
圖案(도안) : 모양, 색채 등을 배합하여 장식 등에 이용하기 위해 그림으로 나타내는 일

쓰기한자

圖面(도면) : 토목, 건축, 기계 또는 토지, 임야 같은 것을 기하학적으로 제도기를 써서 그린 그림
圖表(도표) : 그림과 표   圖形(도형) : 그림의 형상
意圖(의도) : 장차 하려고 하는 계획. 생각

활용문

그것을 묻는 진짜 意圖(의도)가 궁금하다.

 필순 丨 冂 冂 冂 冈 冈 冈 冈 冨 圖 圖 圖 圖

度

6급

법도 도(:)
헤아릴 탁

广 | 6획

집(广)의 크기를 손가락(廿)을 벌려 재는 것(又)에서 재다, 자, 눈금(度)을 의미한다.

비 席(자리 석)

읽기한자

度量(도량) : 너그러운 마음과 깊은 생각
法度(법도) : 법률과 제도. 생활상의 예법과 제도
度地(탁지) : 토지를 측량함

쓰기한자

角度(각도) : 한 점에서 갈리어 나간 두 선이 벌어진 크기
用度(용도) : 쓸쓸이. 쓰이는 데
溫度(온도) : 덥고 찬 정도. 온도계가 나타내는 정도

활용문

그 스님은 度量(도량)이 넓으신 분이다.

 필순 ` 宀 广 广 产 序 序 序 度 度

1. 다음 한자어(漢字語)의 독음을 쓰세요.

(1) 當代 (   )   (2) 德目 (   )
(3) 圖表 (   )   (4) 對決 (   )
(5) 角度 (   )   (6) 期待 (   )

2. 다음 한자(漢字)의 훈(訓)과 음(音)을 쓰세요.

(1) 德 (   )
(2) 當 (   )
(3) 度 (   )
(4) 對 (   )

3. 다음 훈(訓)과 음(音)에 맞는 한자(漢字)를 쓰세요.

(1) 큰 대   (   )
(2) 길 도   (   )
(3) 대신할 대 (   )
(4) 그림 도   (   )

4. 다음(   )에 들어갈 한자(漢字)를 예(例)에서 찾아 그 번호를 쓰세요.

예(例)	① 當	② 德	③ 待
	④ 度	⑤ 對	⑥ 大

(1) 意見(   )立   (2) 道(   )敎育
(3) (   )選所感   (4) 公明正(   )

정답

1. (1) 당대   (2) 덕목   (3) 도표   (4) 대결   (5) 각도   (6) 기대
2. (1) 큰 덕   (2) 마땅 당   (3) 법도 도   (4) 대할 대
3. (1) 大   (2) 道   (3) 代   (4) 圖
4. (1) ⑤   (2) ②   (3) ①   (4) ⑥

到

5급 II

이를 도:

刂(刀) | 6획

무사가 칼(刀)을 가지고 소집 장소에 이른다(至)는 데서 도착하다(到)는 의미이다.

동 達(통달할 달)
　着(붙을 착)
　至(이를 지)　致(이를 치)

읽기한자

到來(도래) : 이르러서 옴. 닥쳐 옴
到着(도착) : 목적한 곳에 다다름
當到(당도) : 어떠한 곳이나 일에 닿아서 이름

활용문

9시 30분, 열차가 到着(도착)하자 환영이 대단하였다.

 필순 一 丆 工 互 互 至 至 到 到

島

5급

섬　도

山 | 7획

바다에 떠있는 산(山)에서 철새(鳥)가 쉬거나 살기도 한다고 하는 것에서 섬(島)을 의미한다.

비 鳥(새 조)
　烏(까마귀 오)

읽기한자

落島(낙도) : 외따로 떨어져 있는 섬
半島(반도) : 세 면이 바다에 싸이고, 한 면은 육지에 연한 땅
三多島(삼다도) : 여자가 많고, 돌이 많고, 바람이 많은 섬이라는 뜻에서 '제주도'를 일컫는 말

활용문

한 시간쯤 후에 竹島(죽도)에 到着(도착)하였다.

 필순 ` ′ ′ ′ 户 户 自 自 鳥 鳥 島 島 島

都

5급

도읍　도

阝(邑) | 9획

사람들(者)이 많이 모여서 사는 고을(阝)이니 도읍, 도회지(都)를 의미한다.

비 者(놈 자)
동 京(서울 경)　市(저자 시)
　邑(고을 읍)
반 農(농사 농)

읽기한자

都農(도농) : 도시와 농촌
古都(고도) : 옛 도읍
首都(수도) : 한 나라의 중앙정부가 있는 도시
都賣商(도매상) : 물건을 한데 합쳐서 파는 장사

활용문

다리는 道路(도로)와 함께 都市(도시)의 發展(발전)을 상징하는 것이기도 하다.

 필순 一 十 土 圡 耂 耂 者 者 者 者 者阝 都

讀

6급Ⅱ

읽을 독
구절 두

言 | 15획

물건을 팔(賣) 때에 가락에 맞추어 손님을 불러(言) 소리내어 읽다(讀)는 의미이다.

비 續(이을 속)
　賣(팔 매)
약 読

📖 읽기한자

讀祝(독축) : 제사 때 제문을 읽음 　朗讀(낭독) : 글을 소리 내어 읽음
牛耳讀經(우이독경) : 아무리 가르치고 일러주어도 알아듣지 못함을 비유함

✏️ 쓰기한자

讀者(독자) : 책, 신문 따위의 출판물을 읽는 사람
速讀(속독) : 책 따위를 보통보다 빨리 읽음
正讀(정독) : 글의 참뜻을 바르게 파악함
訓讀(훈독) : 한자의 뜻을 새기어 읽음
讀後感(독후감) : 책을 읽고 난 뒤의 소감

활용문

가을은 讀書(독서)의 계절이다.

필순 丶 亠 亠 言 言 言 言 訃 訃 訃 訃 讀 讀 讀 讀 讀 讀 讀 讀 讀

獨

5급Ⅱ

홀로 독

犭(犬) | 13획

개(犭)는 곤충(虫)처럼 몸을 둥글게(勹)하고, 가만있는 것(罒)을 즐기기에 홀로(獨)라는 의미이다.

동 孤(외로울 고) 　單(홑 단)
반 衆(무리 중) 　群(무리 군)
　徒(무리 도) 　等(무리 등)
　類(무리 류)
약 独

📖 읽기한자

獨善(독선) : 자기 혼자만이 옳다고 믿고 객관성을 생각지 않고 행동하는 일
獨食(독식) : 혼자서 먹음. 이익을 혼자 차지함
獨身(독신) : 형제, 자매가 없는 사람. 배우자가 없는 사람
獨特(독특) : 특별나게 다름

활용문

그리고 獨立軍(독립군)의 대장이 되어 民族(민족)의 길잡이가 되기에 이르렀다.

필순 丿 犭 犭 犭 犭 犭 犭 犭 犭 獨 獨 獨 獨 獨 獨

東

8급

동녘 동

木 | 4획

나뭇가지(木) 사이에서 태양(日)이 나오는 형태로 해가 뜨는 방향, 즉 동녘(東)을 의미한다.

비 束(묶을 속)
반 西(서녘 서)

📖 읽기한자

馬耳東風(마이동풍) : 남의 비평이나 의견을 조금도 귀담아 듣지 아니하고 곧 흘려 버림을 일컫는 말

✏️ 쓰기한자

東國(동국) : 옛날 중국에 대한 우리나라의 호칭
東南(동남) : 동쪽과 남쪽. 동쪽과 남쪽의 중간이 되는 방위
東人(동인) : 동쪽 나라 사람
東山(동산) : 동쪽에 있는 산
東學(동학) : 천주교에 반대하여 최제우가 창도한 종교, 천도교
東西(동서) : 동쪽과 서쪽
東大門(동대문) : 동쪽에 있는 큰 문

활용문

東學(동학)은 제3대 교주 손병희 때 천도교로 바뀌었다.

필순 一 亠 亠 亩 自 車 東 東

다

본문학습 **79**

動
움직일 **동:**
力 | 9획

아무리 무거운(重) 것이라도 힘(力)을 가하면 움직인다는 것에서 움직인다(動)는 의미이다.

반 停(머무를 정)
　 靜(고요할 정)
　 止(그칠 지)
　 寂(고요할 적)

읽기한자
動因(동인) : 어떤 사물을 발동하여 일으키는 원인
可動(가동) : 움직이게 할 수 있음
擧動(거동) : 일에 나서서 움직이는 태도. 행동거지
能動(능동) : 밖으로부터의 작용에 의하지 아니하고 스스로 내켜서 함

쓰기한자
動力(동력) : 어떤 사물을 움직여 나가는 힘
不動(부동) : 움직이지 않음　　　　活動(활동) : 활발하게 움직임
動植物(동식물) : 동물과 식물
自動車(자동차) : 스스로 움직이는 차

활용문
不動(부동)자세로 서 있어!

필순 丿 二 千 斤 斤 斤 盲 重 重 動 動

洞
골　　**동:**
밝을　**통:**
氵(水) | 6획

같은(同) 우물이나 시냇물(氵)을 사용하는 동네(洞)란 의미이다.

비 同(한가지 동)
동 谷(골 곡)
　 里(마을 리)
　 明(밝을 명)

읽기한자
仙洞(선동) : 신선이 산다는 마을
洞見(통견) : 환하게 내다봄

쓰기한자
洞里(동리) : 지방 행적 구역인 동(洞)과 리(里). 마을
洞民(동민) : 한 동네에 사는 사람
洞天(동천) : 산천으로 둘러싸인 경치가 좋은 곳
洞口(동구) : 동네 입구
洞門(동문) : 마을 입구에 있는 문

활용문
洞口(동구) 밖 과수원 길 아카시아 꽃이 활짝 폈네.

필순 丶 丶 氵 氵 扪 沥 洞 洞 洞 洞

同
한가지 **동**
口 | 3획

동굴 크기가 처음부터 끝까지 어디나 같다는 것에서 같다(同)라는 의미이다.

비 洞(골 동)
동 共(한가지 공)　 一(한 일)
반 異(다를 이)

읽기한자
同類(동류) : 같은 종류나 무리
同情(동정) : 남의 불행을 가엾게 여기어서 따뜻한 마음을 씀
同調(동조) : 같은 가락. 남의 주장에 자기의 의견을 일치시킴
同種(동종) : 같은 종류　　　　同質(동질) : 질이 같음

쓰기한자
同名(동명) : 이름이 같음　　　　同色(동색) : 같은 빛깔
同生(동생) : 자기보다 나이가 어린 형제. 아우나 손아랫누이
同數(동수) : 같은 수효　　　　同時(동시) : 같은 시간 같은 때
同一(동일) : 똑같음. 차별이 없이 서로 같음

활용문
알고 보니 그 사람은 나와 同名(동명)이었다.

필순 丨 冂 冂 同 同 同

확·인·학·습 13

1. 다음 한자어(漢字語)의 독음을 쓰세요.

(1) 半島 (   )　　(2) 首都 (   )
(3) 當到 (   )　　(4) 讀者 (   )
(5) 獨身 (   )　　(6) 洞里 (   )

2. 다음 한자(漢字)의 훈(訓)과 음(音)을 쓰세요.

(1) 到 (   )
(2) 都 (   )
(3) 獨 (   )
(4) 島 (   )

3. 다음 훈(訓)과 음(音)에 맞는 한자(漢字)를 쓰세요.

(1) 동녘 동 (   )
(2) 움직일 동 (   )
(3) 한가지 동 (   )
(4) 골 동 (   )

4. 다음 (   )에 들어갈 한자(漢字)를 예(例)에서 찾아 그 번호를 쓰세요.

예(例)	① 都	② 到	③ 獨
	④ 動	⑤ 島	⑥ 讀

(1) (   )市國家　　(2) 無男(   )女
(3) 草食(   )物　　(4) 無人(   )

정답

1. (1) 반도　　(2) 수도　　(3) 당도　　(4) 독자　　(5) 독신　　(6) 동리
2. (1) 이를 도　(2) 도읍 도　(3) 홀로 독　(4) 섬 도
3. (1) 東　　(2) 動　　(3) 同　　(4) 洞
4. (1) ①　　(2) ③　　(3) ④　　(4) ⑤

冬
7급
겨울 동(:)
冫 | 3획

샘물 입구(夊)가 얼어(冫) 물이 나오지 않게 된 추운 계절을 의미하여 겨울(冬)을 의미한다.

[반] 夏(여름 하)

읽기한자
冬期(동기) : 겨울동안의 시기
冬節期(동절기) : 겨울철
冬寒(동한) : 겨울의 추위

쓰기한자
冬月(동월) : 겨울 밤의 달　　　　　　冬日(동일) : 겨울 날
冬天(동천) : 겨울 하늘　　　　　　　　冬靑(동청) : 사철나무
冬夏(동하) : 겨울과 여름　　　　　　　秋冬(추동) : 가을과 겨울
立冬(입동) : 24절기의 하나. 겨울이 시작되는 절기이다

활용문
立冬(입동)이 지나니 날씨가 제법 쌀쌀해졌습니다.

 필순 ノ ク 夂 冬 冬

童
6급 II
아이 동(:)
立 | 7획

마을(里)에 들어가면 서서(立) 노는 것은 아이(童)라는 의미이다.

[비] 里(마을 리)
[동] 兒(아이 아)

읽기한자
兒童(아동) : 심신이 완전한 청년기에 달하지 아니한 사람

쓰기한자
童心(동심) : 어린이의 마음
童話(동화) : 어린이를 상대로 지은 이야기
使童(사동) : 관청, 회사, 단체 같은 곳에서 잔심부름하는 소년
神童(신동) : 재주와 슬기가 남달리 썩 뛰어난 아이

활용문
어른들은 兒童(아동)을 보호해야 한다.

필순 丶 一 亠 立 立 ゛ 音 音 音 音 童 童

頭
6급
머리 두
頁 | 7획

사람 머리(頁)의 위치가 이 용기(豆)처럼 몸 위쪽에 있는 것에서 머리(頭)를 의미한다.

[비] 顏(얼굴 안)
　　 額(이마 액)
[동] 首(머리 수)
　　 頁(머리 혈)
[반] 尾(꼬리 미)

읽기한자
頭領(두령) : 여러 사람을 거느리는 우두머리가 되는 사람
序頭(서두) : 어떤 차례의 첫머리

쓰기한자
頭角(두각) : 뛰어난 학식이나 재능을 비유적으로 이르는 말
頭目(두목) : 여러 사람 중 그 우두머리가 되는 사람
口頭(구두) : 마주 대하여 입으로 전하는 말

활용문
序頭(서두)가 너무 긴 것 같습니다.

 필순 一 丆 戸 戸 戸 戸 豆 豆 豆 豆 頭 頭 頭 頭 頭 頭 頭

登

7급

오를 **등**

癶 | 7획

양발을 벌리고(癶) 디딤대(豆)에 오르는 것에서 오르다(登)는 의미이다.

- 비 燈(등 등)
- 반 降(내릴 강)
  落(떨어질 락)

📖 읽기 한자

登壇(등단) : 연단 또는 교단에 오름
登仕(등사) : 벼슬에 오름

✏️ 쓰기 한자

登校(등교) : 학교에 감 　　　　　　登山(등산) : 산에 오름
登天(등천) : 하늘에 오름 　　　　　登年(등년) : 여러 해가 걸림
登場(등장) : 무대 같은 데에 나옴. 무슨 일이, 어떤 사람이 나타남
登記(등기) : 일정한 사항을 등기부에 기재하여 권리를 명확하게 하는 제도

활용문

편지를 登記(등기)로 부쳤다.

 필순 　フ ヲ ヺ ヺ 癶 癶 癶 癶 登 登 登

等

6급 II

무리 **등**

竹 | 6획

관청(寺)에서 글자를 쓰는 죽간(竹)의 길이를 맞추어 같은 크기(等)를 갖춘 것을 의미한다.

- 비 待(기다릴 대) 　 特(특별할 특)
- 동 群(무리 군) 　　 徒(무리 도)
  隊(무리 대) 　　 類(무리 류)
  衆(무리 중) 　　 級(등급 급)
- 반 孤(외로울 고) 　 獨(홀로 독)

📖 읽기 한자

比等(비등) : 비교하여 보건대 서로 어슷비슷함
等比(등비) : 두개의 비(比)가 서로 같음. 또는 그 비
等位(등위) : 지위. 귀천, 상하의 구별, 같은 위치

✏️ 쓰기 한자

等級(등급) : 위, 아래를 구별한 등수
同等(동등) : 등급이나 정도가 같음
對等(대등) : 양쪽 사이에 낫고 못함 또는 높고 낮음이 없음
等高線(등고선) : 지도에서 표준 해면으로부터 같은 높이에 있는 지점을
　　　　　　　　 연결하여 놓은 선

활용문

외국인 노동자를 자국민과 同等(동등)하게 대우해야 합니다.

 필순 　 ′ ′ ⺮ ⺮ ⺮ ⺮ 竺 竺 笁 笁 等 等

樂

6급 II

즐길 **락**
노래 **악**
좋아할 **요**

木 | 11획

나무(木) 틀에 실(絲)이나 북(白)을 달아 악기를 만들어 풍악을 좋아한다(樂)는 의미이다.

- 비 藥(약 약)
- 동 喜(기쁠 희) 　 歡(기쁠 환)
  悅(기쁠 열)
- 반 悲(슬플 비) 　 哀(슬플 애)
  苦(쓸 고) 　 약 楽

📖 읽기 한자

樂觀(낙관) : 사물의 발달과 발전을 밝고 희망적으로 바라봄
樂調(악조) : 음악의 곡조 　　　　　　樂歲(낙세) : 풍년이 든 해

✏️ 쓰기 한자

樂勝(낙승) : 힘 안들이고 수월하게 이김
樂園(낙원) : 편안하게 살 수 있는 즐거운 곳
苦樂(고락) : 괴로움과 즐거움 　　　　　　行樂(행락) : 잘 놀고 즐겁게 지냄
農樂(농악) : 농부들 사이에 행하여지는 우리나라 특유의 음악
同苦同樂(동고동락) : 괴로움과 즐거움을 함께 함
樂山樂水(요산요수) : 산수의 자연을 즐기고 좋아함

활용문

그 경기는 우리 편의 樂勝(낙승)으로 끝났다.

 필순 　 ′ ′ ′ ′ 白 白 白 伯 紳 紳 紳 絲 樂 樂 樂 樂

다

落

5급

떨어질 **락**

艹(艸) | 9획

落島(낙도) : 외따로 떨어져 있는 섬
落望(낙망) : 희망이 없어짐
落書(낙서) : 장난으로 아무데나 함부로 글자나 그림을 그림
落選(낙선) : 선거에서 떨어짐

물(氵)이 풍덩풍덩 끝없이 떨어지듯이(各), 잎새(艹)가 지는 것에서 떨어지다(落)는 의미이다.

비 路(길 로)
　 洛(물이름 락)
동 墮(떨어질 타)

활용문

화장실 벽에 있는 落書(낙서)를 지금 당장 지워라.

 필순 一 十 十 艹 艹 泣 芝 莎 茨 茨 落 落

朗

5급Ⅱ

밝을 **랑:**

月 | 7획

朗讀(낭독) : 소리를 내어 읽음
朗朗(낭랑) : 빛이 매우 밝은 모양. 소리가 매우 흥겹고 명랑한 모양
明朗(명랑) : 유쾌하고 활발함

태양이 빛을 내며 움직이듯이(良), 달(月)이 빛나 밝다, 명랑하다(朗)는 의미이다.

비 良(어질 량)　郞(사내 랑)
동 明(밝을 명)　昭(밝을 소)
　 哲(밝을 철)　洞(밝을 통)
반 暗(어두울 암)

 활용문

동네 어른들께는 물론 우리 동무들끼리도 서로 情(정)답게 웃으며 人事(인사)를 나누면 생활은 더욱 밝고 明朗(명랑)해질 것입니다.

 필순 丶 ユ ョ ョ 自 良 良 朗 朗 朗

來

7급

올 **래(:)**

人 | 6획

來歷(내력) : 겪어 온 자취　　來週(내주) : 다음 주
到來(도래) : 이르러서 옴. 닥쳐 옴　　傳來(전래) : 전하여 내려 옴

來年(내년) : 올해의 다음 해
來韓(내한) : 외국인이 한국에 옴
來生(내생) : 죽은 후에 다시 살아남. 또는 그 생애
來世(내세) : 죽은 후에 다시 태어나 산다는 미래의 세상
來月(내월) : 요번 달의 바로 다음 달
來日(내일) : 오늘의 바로 다음 날

옛날 보리를 하늘이 내려주신 것이라 하여 보리(麥) 형태를 써서 오다(來)는 의미를 나타낸다.

반 往(갈 왕)
　 去(갈 거)
약 来

활용문

마이클 잭슨의 來韓(내한)공연이 떠오릅니다.

 필순 一 ア 厃 朿 柬 來 來 來

확·인·학·습 14

1. 다음 한자어(漢字語)의 독음을 쓰세요.

(1) 落書 (　　　)　　(2) 頭角 (　　　)

(3) 童話 (　　　)　　(4) 明朗 (　　　)

(5) 等級 (　　　)　　(6) 登校 (　　　)

2. 다음 한자(漢字)의 훈(訓)과 음(音)을 쓰세요.

(1) 落 (　　　)

(2) 朗 (　　　)

(3) 等 (　　　)

(4) 樂 (　　　)

3. 다음 훈(訓)과 음(音)에 맞는 한자(漢字)를 쓰세요.

(1) 올 래 (　　　)

(2) 겨울 동 (　　　)

(3) 머리 두 (　　　)

(4) 오를 등 (　　　)

4. 다음(　)에 들어갈 한자(漢字)를 예(例)에서 찾아 그 번호를 쓰세요.

| 예(例) | ① 朗 | ② 頭 | ③ 樂 |
| | ④ 落 | ⑤ 等 | ⑥ 登 |

(1) (　)木空山　　(2) 同苦同(　)

(3) 童話(　)讀　　(4) 高(　)教育

정답

1. (1) 낙서　(2) 두각　(3) 동화　(4) 명랑　(5) 등급　(6) 등교
2. (1) 떨어질 락　(2) 밝을 랑　(3) 무리 등　(4) 즐길 락/노래 악
3. (1) 來　(2) 冬　(3) 頭　(4) 登
4. (1) ④　(2) ③　(3) ①　(4) ⑤

冷 찰 **랭:**

5급

冫 | 5획

군주가 부하에게 명령(令)할 때와 같이, 냉소적이며 차가운(冫) 것에서 차갑다(冷)는 의미이다.

- 비 令(하여금 령) 今(이제 금)
- 동 寒(찰 한)
- 반 溫(따뜻할 온) 暖(따뜻할 난) 熱(더울 열)

읽기한자

冷氣(냉기) : 찬 기운 . 찬 공기
冷待(냉대) : 푸대접
冷冷(냉랭) : 매우 차가움. 푸대접하는 태도가 심함
冷水(냉수) : 데우지 아니한 맹물

활용문

그 아이는 계모로부터의 冷待(냉대)를 꿋꿋이 견뎌냈다.

필순 ﹀ 丶 丷 汄 冮 冷 冷

良 어질 **량**

5급Ⅱ

艮 | 1획

원래는 됫박으로 잰다는 것이었는데 잰 분량이 정확했다고 한 것에서 좋다(良)는 의미이다.

- 비 食(밥 식)
- 동 賢(어질 현) 仁(어질 인)

읽기한자

良家(양가) : 선량한 백성의 집
良民(양민) : 선량한 백성
良書(양서) : 좋은 책. 유익한 책

활용문

良書(양서)를 많이 읽어야 합니다.

 필순 丶 ㄱ ㅋ ㅋ 良 良 良

量 헤아릴 **량**

5급

里 | 5획

쌀이나 조 등을 무게를 재어 무거운 것은 부피가 큰 것에서 부피 재다(量)는 의미이다.

- 비 重(무거울 중)
- 동 商(장사/헤아릴 상) 料(헤아릴 료)

읽기한자

量産(양산) : 한 공장에 같은 품질, 같은 형태의 상품을 기계력에 의해 많은 분량으로 만들어 냄
力量(역량) : 어떤 일을 해낼 수 있는 힘
熱量(열량) : 물질의 온도를 높이는 데 소요되는 열의 양

활용문

이밖에도 朝鮮時代(조선시대)에 만든 서울의 水標橋(수표교)는 다리의 구실을 했을 뿐만 아니라 水量(수량)을 측정하는 科學的(과학적)인 기능까지 지니고 있다.

 필순 丶 口 口 甲 旦 昌 昌 昌 量 量 量

旅

5급II

나그네 려

方 | 6획

깃발(方) 아래 모여서 대열을 지어 전진하는 군대의 모습에서 여행하다(旅)는 의미이다.

비 族(겨레 족)
　 旋(돌 선)
동 客(손 객)
반 主(주인 주)

旅客(여객) : 여행하는 손님
旅費(여비) : 여행하는 데 드는 비용
旅行(여행) : 볼일이나 유람의 목적으로 다른 고장이나 외국에 가는 일

활용문

또 시냇물도 깊은 잠에서 깨어나 즐거운 旅行(여행)을 하도록 하세요.

필순 ` ㄴ ㅎ 方 方 方 扩 斿 斿 旅

力

7급II

힘 력

力 | 0획

팔에 힘을 넣었을 때에 생기는 알통에 빗대어 힘, 효능(力)을 의미한다.

비 方(모 방)
　 刀(칼 도)

읽기한자
力量(역량) : 어떤 일을 해 낼 수 있는 힘
力說(역설) : 자기 뜻을 힘써 말함
財力(재력) : 재물의 힘. 비용 부담의 능력

쓰기한자
主力(주력) : 주장되는 힘
力道(역도) : 체육에서 역기를 들어올리는 운동
力場(역장) : 힘의 작용이 미치는 범위
學力(학력) : 학문의 역량. 학문의 쌓은 정도
電力(전력) : 전기의 힘
力不足(역부족) : 힘이나 기량 등이 모자람

활용문

이 사업에 全力(전력)을 다 할 예정입니다.

필순 ㄱ 力

歷

5급II

지날 력

止 | 12획

벼(禾)를 순서 있게 늘어놓듯이 차례로 걸어 지나가는(止) 것에서 지나다(歷)는 의미이다.

비 曆(책력 력)
동 過(지날 과)

읽기한자
歷代(역대) : 지내 내려 온 여러 대
歷史(역사) : 인류 사회의 과거에 있어서의 변천과 흥망의 과정. 또는 기록
歷任(역임) : 거듭하여 여러 벼슬을 차례로 지냄

활용문

우리 民族(민족)의 울분을 풀어준 歷史的(역사적)인 통쾌한 순간이었다.

필순 一 厂 厂 厂 厈 厈 歷 歷 歷 厤 厤 厤 歷 歷 歷 歷

練

익힐 **련:**

糸 | 9획

읽기한자

練習(연습) : 학문, 기예 등을 연마하는 일. 일정한 일을 반복하여 새로운 습관을 만듦
訓練(훈련) : 일정한 목표 또는 기준에 도달하기 위하여 실천시키는 실제적 활동

5급Ⅱ

나무를 쪼개 장작(柬)을 만들 듯이, 실(糸)을 나눠 불에 걸어 광채를 내어 단련한다(練)는 의미이다.

[동] 習(익힐 습)
[약] 練

활용문

학생들이 글씨쓰기 練習(연습)에 집중하고 있습니다.

 필순 ㄥ ㄠ ㄠ 幺 ㄠ 糸 糽 紅 紳 練 練 練 練 練 練

領

거느릴 **령**

頁 | 5획

5급

읽기한자

領空(영공) : 영토나 영해 위의 하늘
領土(영토) : 점령하고 소유하고 있는 토지
領海(영해) : 그 나라의 연해의 통치권을 행사할 수 있는 범위

사람(頁)들을 무릎 꿇려 중요한 것을 명령하는(令) 것에서 지배하다(領)는 의미이다.

[비] 頂(정수리 정)
   頌(기릴 송)
[동] 統(거느릴 통)
   率(거느릴 솔)

활용문

북한의 선박 한 척이 우리 쪽 領海(영해)를 침범했습니다.

 필순 ㄥ ㄠ 今 令 今 令 領 領 領 領 領 領 領

令

하여금 **령(:)**

人 | 3획

5급

읽기한자

命令(명령) : 윗사람이 아랫 사람에게 내리는 분부
法令(법령) : 법률과 명령의 통칭
發令(발령) : 법령이나 사령(辭令)을 발포하거나 공포함
號令(호령) : 부하나 동물 위를 지휘하여 명령함. 또는 그 명령

사람을 모아서(亼) 무언가 명령(刀)하여 따르게 하는 것에서 명령하다(令)는 의미이다.

[비] 今(이제 금)
   冷(찰 랭)
[동] 使(하여금 사)
   命(목숨 명)

활용문

나는 잠시 넓은 만주 벌판을 號令(호령)하던 그 분을 머리에 그려 보았다.

 필순 ㄥ 人 ㅅ 今 令

라

1. 다음 한자어(漢字語)의 독음을 쓰세요.

   (1) 冷氣 (　　　)　　　 (2) 力量 (　　　)

   (3) 歷代 (　　　)　　　 (4) 旅客 (　　　)

   (5) 練習 (　　　)　　　 (6) 良書 (　　　)

2. 다음 한자(漢字)의 훈(訓)과 음(音)을 쓰세요.

   (1) 令　(　　　)

   (2) 量　(　　　)

   (3) 領　(　　　)

   (4) 歷　(　　　)

3. 다음 훈(訓)과 음(音)에 맞는 한자(漢字)를 쓰세요.

   (1) 힘 력　(　　　)

   (2) 아이 동 (　　　)

   (3) 무리 등 (　　　)

   (4) 즐길 락 (　　　)

4. 다음(　)에 들어갈 한자(漢字)를 예(例)에서 찾아 그 번호를 쓰세요.

예(例)	① 令	② 量	③ 力
	④ 領	⑤ 良	⑥ 歷

   (1) (　)藥苦口　　　 (2) 大(　)生産

   (3) 陸軍大(　)　　　 (4) 水(　)發電

정답

1. (1) 냉기　(2) 역량　(3) 역대　(4) 여객　(5) 연습　(6) 양서
2. (1) 하여금 령　(2) 헤아릴 량　(3) 거느릴 령　(4) 지날 력
3. (1) 力　(2) 童　(3) 等　(4) 樂
4. (1) ⑤　(2) ②　(3) ④　(4) ③

例 법식 례ː

亻(人) | 6획

6급

사람(人)이 물건을 늘어놓는다(列)고 하는 것에서 늘어져 있는 것(例)과 같은 의미이다.

비 列(벌릴 렬)
　烈(매울 렬)
동 式(법 식)　典(법 전)
　法(법 법)　規(법 규)

例規(예규) : 관례로 되어 있는 규칙
例示(예시) : 예를 들어 보임
實例(실례) : 실제의 예
比例(비례) : 예를 들어 비교함

例題(예제) : 연습을 위해 보기로서 내는 문제
事例(사례) : 일의 실례
用例(용례) : 쓰고 있는 예

활용문

事例(사례)를 들어 설명해주세요.

 필순 ノ 亻 亻 亻 仴 例 例 例

禮 예도 례ː

示 | 13획

6급

제단에(示) 제물을 풍성하게(豊) 차려놓고 제사 지내는 것이 예(禮)의 근본이라는 의미이다.

비 豊(풍년 풍)
약 礼

相見禮(상견례) : 공식적으로 서로 만나 보는 예(禮)
禮節(예절) : 예의의 절차
無禮(무례) : 예의가 없는 일　　禮法(예법) : 예의를 차리는 법
典禮(전례) : 왕실이나 나라에서 경사나 상사가 났을 때 행하는 의식

目禮(목례) : 눈짓으로 하는 인사　　禮度(예도) : 예의와 법도
禮服(예복) : 의식 때에 입는 옷　　失禮(실례) : 언행이 예의에서 벗어남
禮物(예물) : 사례의 뜻을 표하거나 예의를 나타내기 위하여 보내는 금전
　　　　　이나 물품
家禮(가례) : 한 집안의 예법. 주로 관혼상제에 관한 예의

활용문

禮物(예물)시계를 잃어버린 것 같습니다.

필순 ̄ ̄ ̅ ̅ ̅ ̅ ̅ 礻 礻 礻 礻 礻 礻 禮 禮 禮 禮

老 늙을 로ː

老 | 0획

7급

늙은이의 모양에서 늙다, 쇠퇴하다(老)는 의미이다.

반 少(적을 소)　童(아이 동)
　幼(어릴 유)　稚(어릴 치)

老患(노환) : 노인들이 늙어 걸리는 병의 존칭
敬老(경로) : 노인을 공경함
養老院(양로원) : 몸을 의탁할 데 없는 노인을 수용하여 돌보아 주는 시설

老年(노년) : 늙은 나이 늙은 사람
老母(노모) : 늙은 어머니
老木(노목) : 늙은 나무　　老父母(노부모) : 늙은 어버이
老色(노색) : 늙은이가 입기에 알맞은 옷의 빛깔. 회색 따위
老先生(노선생) : 나이가 많고 교육에 오래 종사한 스승

활용문

어느새 우리도 老年(노년)에 접어드는군요.

필순 ̄ 十 土 耂 耂 老

路

6급

길　로:

⻊(足) | 6획

갈림길까지 와서(足) 어디로 갈 것
인가 누구나(各)가 서성이니 길(路)
을 의미한다.

비 略(간략할 략)
동 道(길 도)
　　途(길 도)

旅路(여로) : 여행하는 노정　　　　路馬(노마) : 노차를 끄는 말
當路(당로) : 정권을 잡음　　　　　陸路(육로) : 육상으로 난 길

路面(노면) : 길바닥　　　　　　　路上(노상) : 길바닥. 길 위
通路(통로) : 통행하는 길　　　　　農路(농로) : 농사에 이용되는 도로
道路(도로) : 사람이나 차들이 편히 다닐 수 있도록 만든 길
線路(선로) : 열차나 전철의 바퀴가 굴러가는 길
活路(활로) : 힘들고 어려운 일을 헤치고 살아갈 수 있는 길

活用文

지하철 路線(노선)을 잘 보고 오세요.

필순　｜　ㅁ　ㅁ　ㅁ　ㅁ　ㅁ　ㅁ　ㅁ　ㅁ　跻　跻　路　路

勞

5급 II

일할　로

力 | 10획

농사일의 처음은 불(火)을 피워 신
에게 감사드리고 매일(一) 진력(力)
해서 일한다(勞)는 의미이다.

반 使(하여금 사)
약 労

過勞(과로) : 지나치게 일하여 고달픔
勞力(노력) : 힘을 들이어 일을 함
勞使(노사) : 노동자와 사용자
功勞(공로) : 일에 애쓴 공적

活用文

아버지는 막벌이하는 勞動者(노동자)로 衣服(의복)도 남루하고 도시락도
싸 오지 못하는 가난한 집 아이가 있었다고 한다.

필순　ˋ　ˊ　ˇ　ˇ　ˇ　炒　炒　炒　炒　勞　勞

綠

6급

푸를　록

糸 | 8획

작은 칼(彔)로 표피를 벗긴 대나무
같은 색으로 염색한 실(糸)에서 녹
색(綠)을 의미한다.

비 錄(기록할 록)
동 靑(푸를 청)

綠葉(녹엽) : 푸른 잎
綠雲(녹운) : 푸른 구름
綠化(녹화) : 산이나 들에 나무를 심고 잘 길러서 푸르게 함

綠地(녹지) : 초목이 무성한 땅
綠草(녹초) : 푸른 풀
新綠(신록) : 늦은 봄이나 초여름의 초목에 돋은 새 잎의 푸른 빛
草綠同色(초록동색) : 같은 종류끼리 어울린다는 뜻

活用文

바야흐로 新綠(신록)의 계절이 왔습니다.

필순　ˊ　ˇ　ㄠ　ㄠ　糸　糸　糸　糸　糸　紆　紓　緑　綠　綠

料

5급

헤아릴 료(ː)

斗 | 6획

곡물(米)의 부피를 재는 되(斗)에 빗대어 재다, 재료(料)를 의미한다.

비 科(과목 과)
　 精(정할 정)
동 量(헤아릴 량)
　 商(장사/헤아릴 상)

읽기한자

料金(요금) : 다른 사람 또는 물건으로부터 받은 이익의 대상으로 지불하는 금전
料量(요량) : 일에 대하여 잘 생각하여 헤아림
無料(무료) : 요금이 필요 없음
思料(사료) : 생각하여 헤아림

활용문

천연의 材料(재료)인 나무를 이용한 다리들은 쉽게 썩어 버린다.

필순 ` ´ ゛ ニ 半 米 米 米 米 料 料

類

5급Ⅱ

무리 류(ː)

頁 | 10획

쌀알(米)이나 사람(頁)도 같은 종류의 것은 모두(大) 얼굴이 닮아 동류(類)라는 의미이다.

비 題(제목 제)　 額(이마 액)
동 群(무리 군)　 衆(무리 중)
　 徒(무리 도)　 等(무리 등)
반 孤(외로울 고)　 獨(홀로 독)

읽기한자

類例(유례) : 같거나 비슷한 예
類別(유별) : 종류에 따라 나누어 구별함
部類(부류) : 종류에 따라 나눈 갈래
類萬不同(유만부동) : 많은 것이 모두 서로 같지 아니함
種類(종류) : 사물의 부문을 나누는 갈래

활용문

이런 種類(종류)의 시조는 대개 아름다운 자연을 보았을 때, 혹은 따뜻한 人情(인정)을 느꼈을 때의 흥을 노래하고 있습니다.

필순 ` ´ ゛ 二 半 米 米 米 米 类 类 类 类 新 新 類 類 類 類

流

5급Ⅱ

흐를 류

氵(水) | 7획

아이가 머리를 하천(川)밑으로 향하여 물(氵)에 떠내려가는 것(去)에서 흘러가다(流)의 의미이다.

읽기한자

流動(유동) : 액체 같은 것이 흘러 움직임
流水(유수) : 흐르는 물
流民(유민) : 어려운 세상 또는 극심한 굶주림에 견디지 못하고 고향을 떠나 타향을 떠도는 백성

활용문

이같이 흥을 노래하는 것을 옛사람들은 '風流(풍류)'라고도 하고 '음풍농월'이라고도 했습니다.

필순 ` ´ ゙ ゙ ゙ 浐 浐 浐 流 流

확·인·학·습 16

1. 다음 한자어(漢字語)의 독음을 쓰세요.

(1) 功勞 (   )　　　(2) 新綠 (   )

(3) 料金 (   )　　　(4) 類別 (   )

(5) 禮服 (   )　　　(6) 流動 (   )

2. 다음 한자(漢字)의 훈(訓)과 음(音)을 쓰세요.

(1) 料　(   )

(2) 勞　(   )

(3) 流　(   )

(4) 類　(   )

3. 다음 훈(訓)과 음(音)에 맞는 한자(漢字)를 쓰세요.

(1) 법식 례 (   )

(2) 늙을 로 (   )

(3) 길 로 (   )

(4) 예도 례 (   )

4. 다음(   )에 들어갈 한자(漢字)를 예(例)에서 찾아 그 번호를 쓰세요.

예(例)	① 類	② 勞	③ 流
	④ 料	⑤ 老	⑥ 綠

(1) 落花(   )水　　　(2) 食醫飮(   )

(3) (   )使和合　　　(4) 草(   )同色

정답

1. (1) 공로　　(2) 신록　　(3) 요금　　(4) 유별　　(5) 예복　　(6) 유동
2. (1) 헤아릴 료　(2) 일할 로　(3) 흐를 류　(4) 무리 류
3. (1) 例　　(2) 老　　(3) 路　　(4) 禮
4. (1) ③　　(2) ④　　(3) ②　　(4) ⑥

六

여섯 륙

八 | 2획

무궁화 꽃잎 5개와 꽃술 1개를 이어서 여섯(六)을 나타낸다.

비 穴(구멍 혈)

읽기한자

六法(육법) : 여섯 가지의 기본되는 법률
死六臣(사육신) : 조선 세조 때 단종의 복위를 꾀하다 죽은 여섯 충신

쓰기한자

六事(육사) : 사람이 지켜야 할 여섯 가지 일
六寸(육촌) : 여섯 치, 사촌(四寸)의 자녀끼리의 촌수
六學年(육학년) : 초등학교에서 가장 높은 학년

활용문

가까워야 六寸(육촌), 七寸(칠촌)이겠지.

필순 丶 一 ナ 六 六

陸

뭍 륙

阝(阜) | 8획

5급Ⅱ

솟아오른 언덕(阝)이 이어지는 넓은 토지(초)의 모습에서 뭍, 육지(陸)를 의미한다.

동 地(따 지)
반 海(바다 해)

읽기한자

陸路(육로) : 육상의 길
陸地(육지) : 물에 덮이지 않은 땅
陸上競技(육상경기) : 지상에서 행해지는 운동 경기의 총칭

활용문

비행기가 着陸(착륙)하였다.

필순 乛 阝 阝 阝⁻ 阝⁺ 陕 陕 陕 陸 陸 陸

里

마을 리:

里 | 0획

7급

밭(田)과 흙(土)이 보이는 경치에서 시골, 촌(里)을 의미한다.

비 理(다스릴 리)
동 村(마을 촌)

읽기한자

里許(이허) : 10리 쯤

쓰기한자

洞里(동리) : 마을
下里(하리) : 아랫동네
里門(이문) : 동네 어귀에 세운 문
里中(이중) : 동리, 마을의 안
十里(십리) : 약 4km
里長(이장) : 행정 구역인 동리의 사무를 맡아보는 사람

활용문

아버지는 里長(이장)으로 활동하고 있습니다.

필순 丨 冂 冂 曰 旦 甲 里

理
6급 II
다스릴 **리:**
王(玉) | 7획

임금(王)의 명령을 받아 마을(里)을 다스린다(理)는 의미이다.
- 비 里(마을 리)
- 동 治(다스릴 치)

라

📖읽기한자
順理(순리) : 순조로운 이치
料理(요리) : 입에 맞도록 식품의 맛을 돋구어 조리함
原理(원리) : 사물이 근거하여 성립하는 근본 법칙
理性(이성) : 사물의 이치를 생각하는 능력

✏️쓰기한자
道理(도리) : 사람이 마땅히 행하여야 할 바른 길

활용문
順理(순리)에 맞게 일을 처리해라.

필순 一 二 三 ｜ 王 王 玎 玾 玾 理 理 理

利
6급 II
이할 **리:**
刂(刀) | 5획

칼(刂)날이 벼(禾)잎 끝과 같이 날카롭게 잘 베어지는 것에서 날카롭다(利)는 의미이다.
- 비 和(화할 화)
  科(과목 과)
- 반 害(해할 해)

📖읽기한자
利兵(이병) : 날카로운 무기
利福(이복) : 이익과 행복
利害(이해) : 이익과 손해

✏️쓰기한자
利子(이자) : 채무자가 화폐 이용의 대가로서 채권자에게 지급하는 금전
利用(이용) : 이롭게 씀
有利(유리) : 이로움

활용문
태양열 에너지를 利用(이용)하는 방법에 대해 알려 주세요.

 필순 一 二 千 千 禾 禾 利 利

李
6급
오얏/성 **리:**
木 | 3획

나무(木)의 열매(子)란 뜻인데 특히 오얏나무(李)의 열매를 가리킨다.
- 비 季(계절 계)
  秀(빼어날 수)

📖읽기한자
牛李(우리) : 갈매나무

✏️쓰기한자
行李(행리) : 여행할 때 쓰는 모든 도구
李朝(이조) : 이씨 조선을 줄여 이르는 말
李花(이화) : 자두나무의 꽃
李太白(이태백) : 중국 당나라의 시인

활용문
산 속에서 도적을 만나 의관과 行李(행리)를 모두 빼앗겼다.

 필순 一 十 才 才 木 李 李

林 수풀 림

7급

木 | 4획

나무(木)가 많이 심어져 있는 모습에서 수풀(林)을 의미한다.

비 森(수풀 삼)
　木(나무 목)
동 森(수풀 삼)

읽기 한자

原始林(원시림) : 자연 그대로의 상태로 무성한 삼림

쓰기 한자

育林(육림) : 나무를 기름
林木(임목) : 수풀의 나무
農林(농림) : 농사를 짓는 일과 나무를 기르는 일
林立(임립) : 수풀처럼 죽 늘어섬
山林(산림) : 산에 우거진 숲
林山(임산) : 수림(樹林)이 잘 자랄 수 있는 산

활용문

山林(산림)이 훼손되는 것을 꼭 막아야 합니다.

필순 一 十 オ 才 木 朴 材 林

立 설 립

7급 II

立 | 0획

사람이 서 있는 모양을 본떴다.

비 竝(나란히 병)

읽기 한자

立法(입법) : 법을 제정함　　　　立案(입안) : 안을 세움
建立(건립) : 이룩하여 세움
獨立(독립) : 남의 힘을 입지 아니하고 홀로 섬. 남의 속박이나 지배를 받지 않음

쓰기 한자

立國(입국) : 나라를 세움. 건국　　　自立(자립) : 스스로 섬
立場(입장) : 당하고 있는 처지　　　國立(국립) : 나라에서 세운
道立(도립) : 도에서 세운
立冬(입동) : 24절기의 하나로 겨울이 시작됨을 이름

활용문

國立(국립)도서관에서 책을 빌려야겠습니다.

필순 、 一 二 立 立

馬 말 마:

5급

馬 | 0획

말의 옆 모양을 본떴다.

비 篤(도타울 독)

읽기 한자

馬車(마차) : 말이 끄는 수레
車馬費(거마비) : 탈 것을 타고 다니는 데 드는 비용. 또 그 명목으로 주는 돈. 교통비
馬耳東風(마이동풍) : 남의 비평이나 의견을 조금도 귀담아 듣지 않고 곧 흘려버림을 일컫는 말
馬夫(마부) : 말을 부려 마차나 수레를 모는 사람

활용문

말을 부려 마차나 수레를 모는 사람을 馬夫(마부)라고 한다.

필순 丨 丨 厂 厂 厍 馬 馬 馬 馬 馬

확·인·학·습 17

1. 다음 한자어(漢字語)의 독음을 쓰세요.

   (1) 陸地 (　　　)　　　(2) 利用 (　　　)
   (3) 行李 (　　　)　　　(4) 道理 (　　　)
   (5) 立春 (　　　)　　　(6) 馬車 (　　　)

2. 다음 한자(漢字)의 훈(訓)과 음(音)을 쓰세요.

   (1) 李　(　　　)
   (2) 陸　(　　　)
   (3) 利　(　　　)
   (4) 馬　(　　　)

3. 다음 훈(訓)과 음(音)에 맞는 한자(漢字)를 쓰세요.

   (1) 여섯 륙　(　　　)
   (2) 마을 리　(　　　)
   (3) 다스릴 리 (　　　)
   (4) 수풀 림　(　　　)

4. 다음(　)에 들어갈 한자(漢字)를 예(例)에서 찾아 그 번호를 쓰세요.

예(例)	① 馬	② 李	③ 陸
	④ 林	⑤ 立	⑥ 利

   (1) (　)耳東風　　　(2) 不(　)文字
   (3) 山(　)草木　　　(4) 內(　)地方

정답

1. (1) 육지　　(2) 이용　　(3) 행리　　(4) 도리　　(5) 입춘　　(6) 마차
2. (1) 오얏/성 리 (2) 뭍 륙　(3) 이할 리　(4) 말 마
3. (1) 六　　(2) 里　　(3) 理　　(4) 林
4. (1) ①　　(2) ⑤　　(3) ④　　(4) ③

萬

일만 **만:**

8급

++(艸) | 9획

벌의 모양을 본뜬 글자로 그 수가 많다는 데서 만(萬)의 뜻을 의미한다.

비 莫(없을 막)

약 万

읽기한자
萬能(만능) : 모든 일에 다 능통함
落心千萬(낙심천만) : 바라던 일을 이루지 못하여 마음이 극도로 상함
類萬不同(유만부동) : 많은 것이 모두 서로 같지 아니함. 분수에 맞지 않음

쓰기한자
萬軍(만군) : 많은 군사
萬民(만민) : 모든 백성
萬年(만년) : 아주 많은 햇수, 오랜 세월. 한 평생
萬山中(만산중) : 첩첩이 둘러 쌓인 깊은 산 속
萬水(만수) : 여러 갈래로 흐르는 많은 내
萬國旗(만국기) : 여러 나라 국기

활용문
법 앞에서는 萬民(만민)이 평등하다.

 필순 一 十 十 艹 ⺾ 苎 苩 苩 莒 萬 萬 萬

末

끝 **말**

5급

木 | 1획

나뭇가지(木)의 끝을 표시한 모형으로 나무의 세로봉보다 길게(一)써서 끝(末)을 의미한다.

비 未(아닐 미)

동 端(끝 단)　　終(마칠 종)

반 始(비로소 시)　初(처음 초)
　本(근본 본)

읽기한자
末期(말기) : 어떤 시기의 끝 무렵
末年(말년) : 일생의 마지막 무렵
末世(말세) : 정치, 도덕 따위가 아주 쇠퇴하여 끝판이 다 된 세상

활용문
선죽교는 高麗末(고려말)의 忠信(충신) 정몽주가 새로 朝鮮(조선)을 세우려는 이성계 일파에게 피살되어, 그때 흘린 피가 돌에 스며들어 지금까지 흔적이 남아 있다는 다리인데, 돌로 만든 다리로는 世界 最初(세계 최초)라는 평가를 받고 있다.

 필순 一 二 丰 ‡ 末

望

바랄 **망:**

5급 II

月 | 7획

달(月)을 쳐다보고 서서(壬) 객지에 나간(亡) 사람이 돌아오길 바란다(望)는 의미이다.

동 希(바랄 희)　　願(원할 원)

읽기한자
望月(망월) : 보름달. 달을 바라봄
大望(대망) : 큰 희망이나 야망
可望性(가망성) : 가능성이 있는 상태나 정도

활용문
특별한 실수만 하지 않는다면 이번에는 성공할 可望性(가망성)이 많다.

 필순 ` 亠 亡 ㄦ 切 坍 钥 铒 望 望 望

亡 망할 망

5급

亠 | 1획

죽은 사람을 매장하기 위해 사람 눈에 띄지 않도록 한 것에서 없다, 없어지다(亡)는 의미이다.

비 忘(잊을 망)
동 逃(도망할 도)　死(죽을 사)
반 興(일 흥)　盛(성할 성)

읽기한자

亡國(망국) : 망하여 없어진 나라. 나라를 망침
亡命(망명) : 정치적인 이유로 자기 나라에 살지 못하고 남의 나라로 몸을 피함
亡人(망인) : 죽은 사람
亡者(망자) : 죽은 사람

활용문

꼭 亡命(망명)길에 올라야만 합니까?

필순 丶　亠　亡

每 매양 매(:)

7급 II

母 | 3획

사람(人)은 어머니(母)를 매양(每) 좋아한다는 의미이다.

비 母(어미 모)
　梅(매화 매)

읽기한자

每期(매기) : 일정한 시기 또는 기한마다
每週(매주) : 각 주 또는 주간마다

쓰기한자

每年(매년) : 해마다
每事(매사) : 일마다. 모든 일
每月(매월) : 달마다
每日(매일) : 날마다
每人(매인) : 사람마다

활용문

그는 每事(매사)에 빈틈이 없습니다.

필순 ノ　ト　仁　乍　每　每　每

賣 팔 매(:)

5급

貝 | 8획

사들인(買) 물건이 나간다(士)는 데서 팔다(賣)는 의미이다.

동 販(팔 판)
반 買(살 매)
　購(살 구)
약 売

읽기한자

賣買(매매) : 물건을 팔고 사는 일
賣物(매물) : 팔 물건
強賣(강매) : 남에게 물건을 강제로 떠맡겨 팖
賣店(매점) : 일정한 공간에서 물건을 파는 작은 상점

활용문

학교 賣店(매점)에서 간단히 식사를 하지.

필순 一　十　士　吉　吉　声　壺　賣　賣　賣　賣　賣　賣　賣

마

買

살 매:

貝 | 5획

5급

물고기를 어망(罒)으로 잡아온 뒤에 물품(貝)을 모아 돈을 지불하고 물건을 손에 넣는다(買)는 의미이다.

동 購(살 구)
반 賣(팔 매)
　販(팔 판)

買氣(매기) : 물건이 팔리는 기세. 살 사람들의 인기
買上(매상) : 관공서 같은 데서 민간으로부터 물건을 사들임
買入(매입) : 사들임
賣買(매매) : 물건을 팔고 사는 일

활용문

人身賣買(인신매매)는 극형으로 다스려야 합니다.

필순 ` 丨 冂 罒 罒 罒 冒 胃 胃 胃 買 買

面

낯 면:

面 | 0획

7급

얼굴 주위에 여기부터 여기까지 얼굴이다라고 표시한 것에서 낯짝, 얼굴(面)을 의미한다.

동 顔(낯 안)
　容(얼굴 용)

읽기한자

面談(면담) : 서로 만나서 이야기함　　面識(면식) : 얼굴을 서로 앎
面責(면책) : 대면한 자리에서 책망함　當面(당면) : 일이 바로 눈앞에 당함
舊面(구면) : 안 지 오래 되는 얼굴. 전부터 잘 알고 있는 처지
局面(국면) : 어떤 일이 있는 경우의 그 장면. 일이 되어 가는 모양
相面(상면) : 서로 대면함. 처음으로 대면하여 인사를 나누고 서로 알게 됨

쓰기한자

面內(면내) : 한 면의 구획 안　　　面上(면상) : 얼굴의 위. 얼굴 바닥
面里(면리) : 지방 행정 구역인 면과 리　面色(면색) : 얼굴빛. 안색
面長(면장) : 면 행정 기관의 우두머리　面前(면전) : 눈 앞. 보는 앞

활용문

남쪽 方面(방면)으로 여행했습니다.

필순 一 厂 厂 万 而 而 面 面 面

名

이름 명

口 | 3획

7급 II

어두워(夕)지면 얼굴이 보이지 않으므로 큰소리(口)로 이름을 서로 불러 이름(名)을 의미한다.

비 各(각각 각)

읽기한자

名曲(명곡) : 뛰어나게 잘 된 악곡. 유명한 악곡
名望(명망) : 명성과 인망　　　　　　改名(개명) : 이름을 고침
名士(명사) : 이름난 선비. 세상에 널리 알려진 사람
名唱(명창) : 뛰어나게 잘 부르는 노래. 노래를 뛰어나게 잘 부르는 사람
名筆(명필) : 글씨를 썩 잘 쓰는 사람

쓰기한자

名家(명가) : 명망이 높은 사람　　　　名門(명문) : 문벌이 좋은 집안
名物(명물) : 그 지방 특유의 이름난 물건　名所(명소) : 유명한 장소
名言(명언) : 이치에 맞게 썩 잘한 말　　地名(지명) : 땅이름
有名(유명) : 많은 사람들에게 이름이 알려짐

활용문

그 말이야 말로 名言(명언)이군요.

필순 ′ 夕 夕 夕 名 名

확·인·학·습 18

1. 다음 한자어(漢字語)의 독음을 쓰세요.

(1) 末年 (　　　)　　　(2) 每事 (　　　)

(3) 名所 (　　　)　　　(4) 觀望 (　　　)

(5) 亡命 (　　　)　　　(6) 賣買 (　　　)

2. 다음 한자(漢字)의 훈(訓)과 음(音)을 쓰세요.

(1) 賣 (　　　)

(2) 末 (　　　)

(3) 亡 (　　　)

(4) 買 (　　　)

3. 다음 훈(訓)과 음(音)에 맞는 한자(漢字)를 쓰세요.

(1) 낯 면 (　　　)

(2) 일만 만 (　　　)

(3) 매양 매 (　　　)

(4) 이름 명 (　　　)

4. 다음(　)에 들어갈 한자(漢字)를 예(例)에서 찾아 그 번호를 쓰세요.

| 예(例) | ① 亡 | ② 買 | ③ 望 |
| | ④ 名 | ⑤ 賣 | ⑥ 末 |

(1) 敗家(　)身　　　(2) 都(　)商會

(3) 世界終(　)　　　(4) 有(　)無實

정답

1. (1) 말년　　(2) 매사　　(3) 명소　　(4) 관망　　(5) 망명　　(6) 매매
2. (1) 팔 매　　(2) 끝 말　　(3) 망할 망　　(4) 살 매
3. (1) 面　　(2) 萬　　(3) 每　　(4) 名
4. (1) ①　　(2) ⑤　　(3) ⑥　　(4) ④

命 목숨 **명:**

口 | 5획

7급

모여든(亼) 사람들에게 명령(叩)하고 있는 형태에서 명령하다(命)는 의미이다.

비 令(하여금 령)
동 壽(목숨 수)
　令(하여금 령)

읽기한자

命令(명령) : 윗사람이 아랫사람에게 내리는 분부
亡命(망명) : 정치적인 이유로 자기 나라에 살지 못하고 남의 나라로 몸을 피함
宿命(숙명) : 날 때부터 정해진 운명. 선천적으로 타고난 운명
任命(임명) : 관직에 명함. 직무를 맡김

쓰기한자

命名(명명) : 이름을 지어 붙임　　生命(생명) : 삶
命日(명일) : 사람이 죽은 날, 기일　人命(인명) : 사람의 목숨
命中(명중) : 겨냥한 곳에 바로 맞음　大命(대명) : 임금의 명령
天命(천명) : 하늘이 내린 운명

활용문

人命(인명)은 在天(재천)이요.

 필순 ノ 人 ㅅ 今 今 合 合 命 命

明 밝을 **명**

日 | 4획

6급II

창문(日)으로 비쳐드는 달빛(月)에서 밝다(明)는 의미이다.

동 朗(밝을 랑)　　喆(밝을 철)
　昭(밝을 소)　　白(흰 백)
반 暗(어두울 암)　冥(어두울 명)

읽기한자

明朗(명랑) : 밝고 쾌활함
鮮明(선명) : 산뜻하고 밝음. 뚜렷하여 다른 것과 혼동되지 않음
明示(명시) : 분명하게 가리킴

쓰기한자

明白(명백) : 아주 분명함
表明(표명) : 드러내 보여서 명백히 함
明日(명일) : 내일

활용문

그녀는 매우 明朗(명랑)한 성격을 지녔습니다.

필순 丨 冂 月 日 日 明 明 明 明

母 어미 **모:**

毋 | 1획

8급

여인이 성장하여 성인이 되면 젖무덤이 붙는 형태가 되어 엄마, 어머니(母)를 의미한다.

비 每(매양 매)
반 父(아비 부)　　子(아들 자)

읽기한자

母情(모정) : 어머니의 정

쓰기한자

母女(모녀) : 어머니와 딸
母校(모교) : 내가 다닌 학교
母弟(모제) : 한 어머니한테서 난 아우
生母(생모) : 나를 낳아 주신 어머니
學父母(학부모) : 학생들의 부모
母國(모국) : 자기가 태어난 나라

활용문

이 곳이 그의 母國(모국)입니다.

 필순 ㄴ 乚 ⺗ 母 母

8급

木 나무 목

木 | 0획

나무의 모양을 본떴다.

비 林(수풀 림)
　禾(벼 화)
동 樹(나무 수)

읽기한자

木馬(목마) : 어린아이들의 놀이 도구로 만든 말
木材(목재) : 나무로 된 재료
原木(원목) : 가공하거나 톱질하지 않은 나무
材木(재목) : 건축 · 기구 등을 만드는 데 재료로 쓰는 나무

쓰기한자

木手(목수) : 나무를 다듬어 집이나 물건을 만드는 사람
木花(목화) : 솜을 만드는 식물
土木(토목) : 나무나 흙 등을 사용하여 하는 공사
木生火(목생화) : 민속에서 나무에서 불이 생김을 이름
植木日(식목일) : 나라가 정한 나무를 심는 날

활용문

4월 5일은 植木日(식목일)입니다.

필순 一 十 才 木

6급

目 눈 목

目 | 0획

눈의 모양을 본떴다.

비 日(날 일)
　曰 (가로 왈)
동 眼(눈 안)

읽기한자

目的(목적) : 하고자 하거나 또는 도달하려는 목표
曲目(곡목) : 연주할 곡명을 적어 놓은 목록. 악곡의 이름
德目(덕목) : 忠(충) · 孝(효) · 仁(인) · 義(의) 등 덕을 분류하는 명목
多目的(다목적) : 여러 목적이 있음. 여러 가지 목적을 겸함
耳目(이목) : 귀와 눈. 봄과 들음. 남들의 주의
種目(종목) : 종류의 항목.　罪目(죄목) : 저지른 죄의 명목. 범죄의 종류

쓰기한자

目前(목전) : 눈앞. 당장

활용문

당신이 좋아하는 노래의 曲目(곡목)을 작성해주세요.

필순 丨 冂 冂 月 目

5급

無 없을 무

灬(火) | 8획

집이 화재로 타버려 모든 것이 없어졌다는 것에서 없다(無)는 의미이다.

비 舞(춤출 무)
반 有(있을 유)　在(있을 재)

읽기한자

無公害(무공해) : 공해가 없음
無關心(무관심) : 관심이 없음
無氣力(무기력) : 기운이 없음. 힘이 없음
無記名(무기명) : 이름을 적지 아니함

활용문

그는 無事(무사)히 국경을 넘어 고려로 돌아왔다.

필순 丿 亠 亡 仁 仁 無 無 無 無 無 無 無

門 문 문

8급

門 | 0획

두 개의 개폐문의 형태에서 집의 출입구, 문(門)이라는 의미이다.

비 間(물을 문)
聞(들을 문)

읽기 한자

門客(문객) : 식객. 글방의 선생　　門望(문망) : 가문의 명망

쓰기 한자

門人(문인) : 제자　　　　　　　門中(문중) : 동성동본의 가까운 집안
校門(교문) : 학교의 문　　　　　大門(대문) : 큰 출입문
南大門(남대문) : 남쪽에 있는 큰 문
水門(수문) : 댐이나 저수지의 물을 조절하는 문
東大門(동대문) : 동쪽에 있는 큰 문

활용문

大門(대문) 앞에 개 한 마리가 있습니다.

필순 ㅣ ㄏ ㄏ ㄏ ㄏ 門 門 門

文 글월 문

7급

文 | 0획

몸에 문신을 한 것에서 문양이라든가 쓴 것(文)을 의미한다.

동 章(글 장)　　　書(글 서)
반 言(말씀 언)

읽기 한자

文具(문구) : 종이, 붓, 먹, 벼루, 펜, 잉크, 연필 등 문방의 모든 기구
文壇(문단) : 문인들의 사회　　　　文案(문안) : 문서나 문장의 초안
文筆(문필) : 글과 글씨. 시가, 문장을 짓는 일
文化財(문화재) : 문화 가치가 있는 사물
原文(원문) : 번역, 개찬, 가필, 개작 한 것에 대한 본디의 문장
祝文(축문) : 제사 때 신명께 읽어 고하는 글

쓰기 한자

文名(문명) : 글로 해서 잘 알려진 이름
文物(문물) : 문화의 산물. 모든 문화에 관한 것
文字(문자) : 말의 음과 뜻을 표시하는 시각적 기호. 글자
文學(문학) : 정서나 사상을 상상의 힘을 빌려서 말이나 글로써 나타낸 예술 작품

활용문

그는 소위 '文學(문학)소년'이라고 불릴 정도로 책 읽기를 좋아했다.

필순 ` 一 亠 文

問 물을 문

7급

口 | 8획

문(門)앞에서 안의 사람에게 큰소리(口)로 물어보는 것에서 묻다, 방문하다(問)는 의미이다.

비 聞(들을 문)
　 間(사이 간)
반 答(대답 답)

읽기 한자

不問曲直(불문곡직) : 옳고 그른 것을 묻지 않음
質問(질문) : 의문, 이유를 캐물음

쓰기 한자

問答(문답) : 물음과 대답
問字(문자) : 남에게 글자를 배움
學問(학문) : 배우고 익힘. 체계가 선 지식. 학식
問名(문명) : 이름을 물음
東問西答(동문서답) : 질문과는 전혀 다른 엉뚱한 대답

활용문

이번 회의는 問答(문답)형식으로 진행될 것입니다.

필순 ㅣ ㄏ ㄏ ㄏ ㄏ 門 門 門 門 問 問

1. 다음 한자어(漢字語)의 독음을 쓰세요.

(1) 無名 (   )   (2) 表明 (   )

(3) 目前 (   )   (4) 天命 (   )

(5) 文物 (   )   (6) 問答 (   )

2. 다음 한자(漢字)의 훈(訓)과 음(音)을 쓰세요.

(1) 目　 (   )

(2) 無　 (   )

(3) 明　 (   )

(4) 問　 (   )

3. 다음 훈(訓)과 음(音)에 맞는 한자(漢字)를 쓰세요.

(1) 나무 목 (   )

(2) 문 문　 (   )

(3) 어미 모 (   )

(4) 글월 문 (   )

4. 다음(   )에 들어갈 한자(漢字)를 예(例)에서 찾아 그 번호를 쓰세요.

예(例)	① 無	② 命	③ 明
	④ 目	⑤ 問	⑥ 文

(1) (   )男獨女   (2) 東(   )西答

(3) 公(   )正大   (4) 耳(   )口鼻

정답

1. (1) 무명　　 (2) 표명　　 (3) 목전　　 (4) 천명　　 (5) 문물　　 (6) 문답
2. (1) 눈 목　　 (2) 없을 무　 (3) 밝을 명　 (4) 물을 문
3. (1) 木　　 (2) 門　　 (3) 母　　 (4) 文
4. (1) ①　　 (2) ⑤　　 (3) ③　　 (4) ④

聞

6급 II

들을 **문**(:)

耳 | 8획

문(門) 안쪽에서 귀(耳)를 기울여서 되묻는 것에서 듣다(聞)는 의미이다.

[비] 間(물을 문)　閑(한가할 한)
　　間(사이 간)　開(열 개)
　　閉(닫을 폐)

읽기한자

見聞(견문) : 보고 들음. 보고 들어서 얻은 지식
今始初聞(금시초문) : 이제야 비로소 처음으로 들음

쓰기한자

新聞(신문) : 새로운 소식
後聞(후문) : 뒷소문
風聞(풍문) : 바람결에 들리는 소문. 실상 없이 떠도는 말

활용문

방학숙제로 家族新聞(가족신문)을 만들어야 한다.

 필순 ｜ ｜ ｢ ｢ ｢ ｢ 門 門 門 門 門 閏 閏 閏 聞 聞

物

7급 II

물건 **물**

牛 | 4획

무리(勿)가 되어 움직이는 소(牛)떼는 가장 큰 재산이었다는 것에서 물건(物)이라는 의미이다.

[동] 件(물건 건)
　　品(물건 품)
[반] 心(마음 심)

읽기한자

物件(물건) : 자연적으로나 인공적으로 생겨나 존재하는 모든 유형체
物情(물정) : 세상 사람의 인심이나 심정
物質(물질) : 물체를 이루는 실질　　凶物(흉물) : 성질이 음흉한 사람
物品(물품) : 쓸 만 하고 값있는 물건
見物生心(견물생심) : 실물을 보고서 욕심이 생김　賣物(매물) : 팔 물건

쓰기한자

物心(물심) : 물질과 마음　　　　　　動物(동물) : 움직이는 생물
萬物(만물) : 온 세상에 있는 모든 물건　人物(인물) : 사람
名物(명물) : 그 지방 특유의 이름난 물건
文物(문물) : 문화의 산물. 모든 문화에 관한 것
植物(식물) : 한 자리에 바로 서서 자라는 생물

활용문

인간은 動植物(동식물)과는 다릅니다.

 필순 ｜ ｜ ｜ ｜ 牛 牛 物 物 物

米

6급 II

쌀 **미**

米 | 0획

숙이고 있는 벼 알의 형태에서 쌀(米)을 나타낸다.

[비] 未(아닐 미)
　　末(끝 말)
　　光(빛 광)

읽기한자

米價(미가) : 쌀값
米商(미상) : 쌀 장수
米船(미선) : 쌀을 실은 배

쓰기한자

米飮(미음) : 쌀이나 좁쌀을 물을 많이 붓고 푹 끓이어 체에 받친 음식
米作(미작) : 벼를 심고 가꾸고 거두는 일
白米(백미) : 희게 쓿은 멥쌀

활용문

산후조리 시에는 米飮(미음)으로 식사하는 경우가 많다.

필순 ｀ ｀ ｀ ｀ 半 米 米

美

6급

아름다울 미(ː)

羊 | 3획

당당하게 서있는 사람(大)처럼 살이 찐 양(羊)의 모습에서 아름답다(美)라는 의미이다.

비 米(쌀 미)
　 羊(양 양)
동 麗(고울 려)
반 醜(추할 추)

 필순 `ヽ ゛ ゛ ゛ ゛ ゛ 丵 盖 美 美

美談(미담) : 아름다운 행실의 이야기
美德(미덕) : 아름답고 갸륵한 덕행

美感(미감) : 아름다움에 대한 느낌. 미에 대한 감각
美文(미문) : 아름다운 글귀를 써서 꾸민 문장

활용문

그 여자는 아주 美人(미인)입니다.

民

8급

백성 민

氏 | 1획

여인(女)이 시초(氏)가 되어 많은 사람이 태어나는 것에서 백성, 사람(民)을 의미한다.

반 君(임금 군)　王(임금 왕)
　 主(임금 주)

필순 ⊃ ⊐ ⼾ ⼾ 民

民情(민정) : 국민의 사정과 형편. 민심
良民(양민) : 선량한 백성
漁民(어민) : 어업에 종사하는 사람. 어부
原住民(원주민) : 본디부터 살고 있던 사람들

民軍(민군) : 백성들의 의협과 용기로 모인 군사
民生(민생) : 국민의 생활. 일반 국민　　萬民(만민) : 수많은 사람
民家(민가) : 일반 백성이 사는 집　　國民(국민) : 그 나라의 백성
大韓民國(대한민국) : 우리나라의 공식 명칭

활용문

民家(민가)에 들러 도움을 청해야겠습니다.

朴

6급

성 박

木 | 2획

나무(木)의 껍질(卜)이 자연 그대로 꾸밈이 없다는 데서 순박하다(朴)는 의미이다.

비 材(재목 재)

 필순 ⼀ 十 才 木 朴 朴

質朴(질박) : 꾸민 데가 없이 수수함
朴實(박실) : 순박하고 진실함

朴野(박야) : 질박하고 촌스러움
朴直(박직) : 순박하고 정직함

활용문

우리나라에는 朴氏(박씨)가 참 많습니다.

마

6급Ⅱ

反

돌이킬/
돌아올 **반ː**

又 | 2획

손(又)에 밀려 굽어진 판자(厂)는
손을 떼면 원래 되돌아오기에 돌아
오다(反)는 의미이다.

囲 友(벗 우)

읽기 한자

反則(반칙) : 법칙이나 규정에 어그러짐
相反(상반) : 서로 반대됨

쓰기 한자

反感(반감) : 불쾌하게 생각하여 반항하는 감정
反旗(반기) : 반대의 뜻을 나타내는 행동이나 표시
反對(반대) : 남의 의견이나 언론을 찬성하지 아니하고 뒤집어 거스름
反動(반동) : 한 동작에 대하여 반대로 일어나는 동작
反問(반문) : 물음에 대답하지 아니하고 되받아서 물음

활용문

너는 매번 나에게 反感(반감)을 갖는 이유가 뭐니?

 필순 一 厂 厉 反

6급Ⅱ

半

반 **반ː**

十 | 3획

소는 농가의 재산으로 소(牛)를 2등
분(八)한 한쪽을 의미하여 반쪽분(半)
이라는 의미이다.

囲 羊(양 양)
　美(아름다울 미)

읽기 한자

半島(반도) : 세 면이 바다에 싸이고 한 면은 육지에 연한 땅
過半數(과반수) : 반이 넘는 수

쓰기 한자

半球(반구) : 구의 절반
半旗(반기) : 조의를 표하기 위하여 깃대 끝에서 좀 내려 다는 국기
半白(반백) : 흑백이 서로 반씩 섞인 머리털

활용문

半白(반백)의 아버지를 보면서 마음이 아팠습니다.

필순 ′ ′′ ′′′ ″′ 半

6급Ⅱ

班

나눌 **반**

王(玉) | 6획

구슬(玉)을 구별하여 전체를 몇 개
인가로 나누어(刂) 각각의 조직을
반, 그릇(班)을 의미한다.

동 分(나눌 분)　　別(나눌 별)
반 合(합할 합)

읽기 한자

班馬(반마) : 대열에서 떨어진 말
班示(반시) : 나누어 보임
班位(반위) : 같은 지위에 있음

쓰기 한자

班長(반장) : 반의 통솔자
合班(합반) : 두 학급이상이 합침

활용문

경우에 따라 合班(합반)수업이 필요하기도 합니다.

 필순 一 = 丰 王 玕 玗 玒 珡 班 班

108 한자능력검정시험 5급

1. 다음 한자어(漢字語)의 독음을 쓰세요.

(1) 見聞 (   )   (2) 美德 (   )
(3) 米飲 (   )   (4) 半旗 (   )
(5) 反動 (   )   (6) 班長 (   )

2. 다음 한자(漢字)의 훈(訓)과 음(音)을 쓰세요.

(1) 反 (   )
(2) 美 (   )
(3) 聞 (   )
(4) 班 (   )

3. 다음 훈(訓)과 음(音)에 맞는 한자(漢字)를 쓰세요.

(1) 물건 물 (   )
(2) 쌀 미 (   )
(3) 백성 민 (   )
(4) 성 박 (   )

4. 다음( )에 들어갈 한자(漢字)를 예(例)에서 찾아 그 번호를 쓰세요.

| 예(例) | ① 反 | ② 半 | ③ 聞 |
| | ④ 美 | ⑤ 民 | ⑥ 班 |

(1) ( )一知十   (2) 八方( )人
(3) 自己( )省   (4) 大韓( )國

정답

1. (1) 견문   (2) 미덕   (3) 미음   (4) 반기   (5) 반동   (6) 반장
2. (1) 돌아올/돌이킬 반   (2) 아름다울 미   (3) 들을 문   (4) 나눌 반
3. (1) 物   (2) 米   (3) 民   (4) 朴
4. (1) ③   (2) ④   (3) ①   (4) ⑤

發 필 **발**

6급Ⅱ

癶 | 7획

활(弓)이나 손에 든 창(殳)을 두 손(癶)으로 쏜다(發)는 의미이다.

비 廢(폐할 폐)
동 展(펼 전)
반 着(붙을 착)
약 発

읽기한자

發見(발견) : 남이 미처 보지 못한 사물을 먼저 찾아냄
發賣(발매) : 상품을 내어서 팖
發給(발급) : 발행하여 줌

쓰기한자

發動(발동) : 움직이기 시작함
發明(발명) : 아직까지 없던 어떠한 물건이나 방법을 새로 만들어 냄

활용문

벌써 發賣(발매)가 시작 됐습니까?

 필순 フ ヌ ヌ゛ ヌ゛ 癶 癶 癶 発 發 發 發 發

方 모 **방**

7급Ⅱ

方 | 0획

두 척의 배를 나란히 붙인 모양을 본뜬 것으로 모나다(方)는 의미이다.

비 放(놓을 방)

읽기한자

方法(방법) : 어떤 목적을 달성하기 위하여 취하는 수단
方案(방안) : 방법에 관한 고안
方位(방위) : 한 기준의 방향에 대하여 어떠한 방향으로 향하는가를 표시하는 말

쓰기한자

方道(방도) : 일에 대한 방법과 도리
方面(방면) : 전문적으로 뜻을 두거나 생각하는 분야
方物(방물) : 감사나 수령이 임금에게 바치던 그 고장의 산물
前方(전방) : 적군과 마주 대하고 있는 지방 ↔ 後方
後方(후방) : 적군이 있는 곳과 멀리 떨어진 지방 ↔ 前方

활용문

前方(전방)에서 복무하는 군인들은 추위하고도 싸워야 한다.

 필순 ` 一 亠 方

放 놓을 **방(:)**

6급Ⅱ

攵(攴) | 4획

손(方)에 채찍(攵)을 들어 죄인을 때리고 섬으로 유배하는 것에서 떼내다(放)는 의미이다.

비 故(연고 고)   政(정사 정)
   效(본받을 효)
동 釋(풀 석)   解(풀 해)
반 防(막을 방)   操(잡을 조)

읽기한자

放流(방류) : 가두어 놓은 물을 터놓아 흘려 보냄
放任(방임) : 통 상관하지 않고 되는대로 맡겨 둠

쓰기한자

放生(방생) : 사람에게 잡힌 생물을 놓아서 살려 줌
放心(방심) : 마음을 다잡지 아니하고 풀어놓아 버림
放電(방전) : 축전지에 저장된 전기를 방출하는 현상

활용문

여러분들도 放心(방심)하지 말고 행동해야 합니다.

 필순 ` 一 亠 方 方 方 放 放

倍

5급

곱 배(:)

亻(人) | 8획

사람(人)이 물건(口)을 세워서(立) 계속 쌓아 수효가 몇 갑절(倍)이나 많아진다는 의미이다.

비 培(북돋울 배)
　部(떼 부)

[읽기한자]

倍加(배가) : 갑절로 늘림
倍數(배수) : 갑절이 되는 수
公倍數(공배수) : 두 개 이상의 정수에 공통한 배수
勇氣百倍(용기백배) : 씩씩하고 굳센 기운을 백 갑절이 되게 함

[활용문]

전투력 倍加(배가)를 위한다면 휴식도 중요합니다.

필순 ノ 亻 亻 亻 仁 仁 侊 倍 倍

白

8급

흰 백

白 | 0획

햇빛(日)이 비치면 번쩍번쩍 빛나서(ノ) 밝게 보이는 것에서 희다(白)는 의미이다.

비 百(일백 백)
　自(스스로 자)
반 黑(검을 흑)

[읽기한자]

白雲(백운) : 흰 구름
獨白(독백) : 혼자서 중얼거림

[쓰기한자]

白軍(백군) : 운동회에서 양편으로 가를 때 한 편의 칭호. 이 밖에 청군이 나 홍군 등이 있음
白木(백목) : 천을 만드는 재료의 하나인 무명
白水(백수) : 깨끗하고 맑은 물. 깨끗한 마음을 일컬음
白日(백일) : 맑게 갠 날. 대낮

[활용문]

靑軍(청군)과 白軍(백군)으로 나뉘어서 차전놀이가 진행 중입니다.

필순 ノ 丿 白 白 白

百

7급

일백 백

白 | 1획

하나(一)에서 일백까지 세면 크게 외쳐(白) 일단락 지은 데서 그 의미가 된 글자이다.

비 白(흰 백)

[읽기한자]

百科事典(백과사전) : 학술, 기예, 가정, 사회 등 모든 분야에 걸친 사항을 한데 모아 부문별 또는 자모순으로 배열하여 항목마다 풀이한 사전
百年河淸(백년하청) : 아무리 오래 되어도 사물이 이루어지기 어려움을 일컫는 말

[쓰기한자]

百年(백년) : 일백이나 되는 해. 한 평생의 세월
百萬(백만) : 만의 백곱절. 퍽 많은 수
百物(백물) : 온갖 물건　　　百事(백사) : 온갖 일. 만사
百方(백방) : 온갖 방법. 여러 방면　　百年草(백년초) : 선인장
百姓(백성) : 국민의 예스러운 말. 국민

[활용문]

百方(백방)으로 뛰어다니니 너무 힘듭니다.

필순 一 一 丁 丆 百 百 百

바

番

6급

차례 **번**

田 | 7획

손(爫)으로 벼(禾)를 논(田)에 차례 차례(番) 심는다는 의미이다.

[비] 留(머무를 류)
[동] 第(차례 제)
　序(차례 서)

局番(국번) : 전화의 교환국의 국명에 대용되는 번호
當番(당번) : 번드는 차례에 당함
週番(주번) : 한 주일마다 바꿔서 하는 근무

番外(번외) : 차례나 순서와는 별도
番地(번지) : 시, 읍, 면, 동 따위 지역 내의 토지의 소구획 마다에 매긴 번호
番號(번호) : 차례를 나타내는 호수. 순번의 번호를 외치는 일

활용문

番號(번호)대로 줄을 서세요.

 필순 ノ ノ 厂 匸 卫 平 平 釆 釆 番 番 番 番

法

5급Ⅱ

법 **법**

氵(水) | 5획

물(氵)이 높은 곳에서 낮은 곳으로 흐르는(去) 것에서 규칙, 법(法)을 의미한다.

[비] 注(부을 주)　洋(큰바다 양)
[동] 規(법 규)　律(법칙 률)
　範(법 범)　式(법 식)
　度(법 도)

法規(법규) : 법률의 규정
法堂(법당) : 불교에서 불상을 안치하고 설법도 하는 절의 정당
法度(법도) : 법률과 제도
法令(법령) : 법률과 명령의 통칭

활용문

찬성하시면 어떤 方法(방법)으로 할 것인지에 관하여 발표해 주십시오.

필순 ￐ 丶 丶 氵 汀 汁 法 法 法

變

5급Ⅱ

변할 **변**

言 | 16획

실(絲)처럼 약한 아이를 말(言)로 가르쳐서(攵) 옳은 방향으로 변하게(變) 한다는 의미이다.

[비] 戀(그릴 련)　燮(불꽃 섭)
　蠻(오랑캐 만)
[동] 改(고칠 개)
[약] 変

變德(변덕) : 이랬다 저랬다 잘 변하는 성질
變速(변속) : 속도를 바꿈
變數(변수) : 어떤 관계에 있어서 어떤 범위 안의 임의의 수 값으로 변할 수 있는 수
變身(변신) : 몸의 모양을 바꿈

활용문

아마도 變(변)치 않을손 바위뿐인가 하노라.

 필순 ` ㅗ ㅗ ㅗ 言 言 訁 訁 緯 緯 緯 緯 緯 緯 緯 緯 緯 變 變 變

1. 다음 한자어(漢字語)의 독음을 쓰세요.

   (1) 發見 (   )   (2) 番號 (   )
   (3) 法度 (   )   (4) 倍數 (   )
   (5) 變速 (   )   (6) 放電 (   )

2. 다음 한자(漢字)의 훈(訓)과 음(音)을 쓰세요.

   (1) 倍   (   )
   (2) 法   (   )
   (3) 變   (   )
   (4) 番   (   )

3. 다음 훈(訓)과 음(音)에 맞는 한자(漢字)를 쓰세요.

   (1) 놓을 방 (   )
   (2) 흰 백   (   )
   (3) 일백 백 (   )
   (4) 필 발   (   )

4. 다음(   )에 들어갈 한자(漢字)를 예(例)에서 찾아 그 번호를 쓰세요.

예(例)	① 方	② 變	③ 法
	④ 番	⑤ 倍	⑥ 白

   (1) 萬古不(   )   (2) 住民(   )號
   (3) 勇氣百(   )   (4) 八(   )美人

정답

1. (1) 발견   (2) 번호   (3) 법도   (4) 배수   (5) 변속   (6) 방전
2. (1) 곱 배   (2) 법 법   (3) 변할 변   (4) 차례 번
3. (1) 放   (2) 白   (3) 百   (4) 發
4. (1) ②   (2) ④   (3) ⑤   (4) ①

別 다를/
나눌 **별**

6급

刂(刀) | 5획

잡아온 동물의 뼈와 고기를 칼(刂)
로 끊어 나누는(另) 것에서 나누다
(別)는 의미이다.

- 비 功(공 공)
- 동 分(나눌 분)　班(나눌 반)
　他(다를 타)
- 반 同(한가지 동)　合(합할 합)

 읽기한자

別種(별종) : 다른 종류
告別(고별) : 작별을 고함

쓰기한자

別記(별기) : 따로 적음
別堂(별당) : 따로 떨어져 있는집
別名(별명) : 본명 이외에 지어 부르는 이름
別食(별식) : 늘 먹는 것이 아닌 특별한 음식

활용문

지금은 귀천의 分別(분별)이 없습니다.

필순 丨 冂 冂 另 另 別 別

病 병 **병ː**

6급

疒 | 5획

아궁이의 불(丙)처럼 열이 나는 병
(疒)이란 데서 병들다(病)란 의미
이다.

- 동 疾(병 질)
　患(근심 환)

 읽기한자

病因(병인) : 병의 원인
病害(병해) : 병으로 말미암은 농작물의 피해
病患(병환) : 어른의 병의 경칭
相思病(상사병) : 연정에 사로잡혀 생기는 병
黑死病(흑사병) : 페스트균에 의한 급성 전염병

쓰기한자

病苦(병고) : 병으로 인한 고통
病理(병리) : 병의 원인, 경과, 결과 및 그 변화 따위에 관한 이론
病死(병사) : 병으로 죽음　　　病席(병석) : 병자가 눕는 자리
病室(병실) : 환자가 드는 방

활용문

病院(병원)에서는 휴대폰을 꺼두세요.

필순 丶 一 广 广 广 疒 疒 疒 病 病 病

兵 병사 **병**

5급Ⅱ

八 | 5획

전쟁무기인 도끼(斤)를 양손(廾)에
들고, 사람을 치는 것에서 군대,
전쟁(兵)을 의미한다.

- 동 軍(군사 군)
　卒(마칠 졸)
　士(선비 사)

 읽기한자

工兵(공병) : 군에서 축성, 도하, 교통, 갱도, 건설, 파괴 등 기술적 공사
　　　　　　 임무에 종사하는 병과
新兵(신병) : 새로 입영한 병정
勇兵(용병) : 용감한 군사

활용문

무사나 兵士(병사)들이 칼과 활을 들고 시조를 노래하였는가 하면, 선비들
이 책을 읽다 말고 시조를 읊조리기도 하였습니다.

필순 丿 丆 斤 斤 丘 乒 兵 兵

服 | 옷 복 | **6급**
月 | 4획

몸(月)의 신분(卩)에 알맞도록 손(又)으로 골라서 입은 옷(服)을 의미한다.

비 報(알릴 보)
동 衣(옷 의)

읽기한자

說服(설복) : 알아듣도록 말해 수긍하게 함
着服(착복) : 옷을 입음. 남의 금품을 부당하게 자기 것으로 함

쓰기한자

服色(복색) : 신분, 직업 등에 맞춰 차려 입은 옷의 꾸밈새
服藥(복약) : 약을 먹음　　　　　服用(복용) : 약을 먹음
感服(감복) : 마음에 깊이 느껴 충심으로 복종함
冬服(동복) : 겨울철에 입는 옷

활용문

겨울이 지났으니 冬服(동복)을 넣어야 되겠다.

필순 丿 刀 月 月 刖 刖 服 服

福 | 복 복 | **5급Ⅱ**
示 | 9획

물건이 쌓여있는(畐) 창고처럼 신(示)의 혜택이 풍부한 것에서 행복, 복(福)을 의미한다.

비 副(버금 부)　富(부자 부)
반 災(재앙 재)　禍(재앙 화)

읽기한자

福音(복음) : 기쁜 소식. 그리스도에 의한 인간을 구제하기 위한 길 또는
　　　　　　 그리스도의 가르침
多福(다복) : 복이 많음
萬福(만복) : 온갖 복록
食福(식복) : 먹을 복

활용문

이 바가지 福(복)바가지

필순 一 二 丁 亍 禾 禾 禾 禾 禑 福 福 福

本 | 근본 본 | **6급**
木 | 1획

나무 뿌리에 표시를 해서 굵은 뿌리를 표시한 것에서 근본(本)을 의미한다.

비 木(나무 목)
　 未(아닐 미)
동 根(뿌리 근)
반 末(끝 말)

읽기한자

本局(본국) : 분국이나 지국에 대하여 주장이 되는 국
本能(본능) : 경험이나 교육이 아닌 외부의 변화에 따라서 나타나는 행동
　　　　　　 경향의 특성
本性(본성) : 본디부터 가진 성질　　　本位(본위) : 기본으로 삼는 표준
本店(본점) : 영업의 본거지가 되는 점포
本質(본질) : 본바탕. 본래부터 갖고있는 사물의 독자적인 성질

쓰기한자

本家(본가) : 본집. 친정
本校(본교) : 분교에 대하여 근간이 되는 학교. 타교에 대한 자기 학교
本國(본국) : 자기의 국적이 있는 나라

활용문

本校(본교)와 分校(분교)에 크게 연연하지 마십시오.

필순 一 十 才 木 本

바

奉

5급II

받들 **봉**

大 | 5획

세(三) 사람(人)이 손(扌)으로 받든다(奉)는 의미이다.

비 春(봄 춘)
동 仕(섬길 사)

읽기한자

奉仕(봉사) : 남을 위하여 자기를 돌보지 않고 노력함. 국가나 사회를 위하여 헌신적으로 일함
奉養(봉양) : 부모나 조부모를 받들어 모심
奉唱(봉창) : 엄숙한 마음으로 노래를 부름

활용문

다음 어린이회 시간에는 體育部(체육부), 奉仕部(봉사부), 사육 재배부에서 좋은 계획을 내어 주시기 바랍니다.

 필순 一 二 三 丰 夫 寿 奏 奏 奉

父

8급

아비 **부**

父 | 0획

도끼를 갖고 짐승을 잡으러가는 어른의 모습에서, 그 집의 주인이므로 아버지를 의미한다.

반 母(어미 모)
　子(아들 자)

읽기한자

父傳子傳(부전자전) : 대대로 아버지가 아들에게 전함

 쓰기한자

父女(부녀) : 아버지와 딸
父母(부모) : 아버지와 어머니. 어버이
父母國(부모국) : 조국
父兄(부형) : 아버지와 형
國父(국부) : 임금을 일컫는 말
學父兄(학부형) : 학생들의 부모 형제
學父母(학부모) : 학생들의 부모

활용문

父母(부모)님에게 효도하는 것은 인간의 도리입니다.

 필순 ′ ハ グ 父

夫

7급

지아비 **부**

大 | 1획

갓을 쓴 사내의 모양으로 지아비, 사내(夫)를 의미한다.

반 婦(며느리 부)

읽기한자

亡夫(망부) : 죽은 남편
士大夫(사대부) : 문무 양반의 일반적인 총칭
令夫人(영부인) : 남의 부인에 대한 경칭

쓰기한자

夫人(부인) : 남의 아내를 일컫는 존칭어
夫子(부자) : 인격이 아주 높아 모든 사람의 거울이 될 만한 사람에 대한 경칭
人夫(인부) : 품삵을 받고 쓰이는 사람. 공역에 부리는 사람
先夫(선부) : 죽은 남편
農夫(농부) : 농사를 짓는 사람

활용문

형님은 입시工夫(공부)에 여념이 없습니다.

 필순 一 二 丰 夫

1. 다음 한자어(漢字語)의 독음을 쓰세요.

(1) 奉養 (   )   (2) 新兵 (   )

(3) 萬福 (   )   (4) 衣服 (   )

(5) 病席 (   )   (6) 別堂 (   )

2. 다음 한자(漢字)의 훈(訓)과 음(音)을 쓰세요.

(1) 奉 (   )

(2) 福 (   )

(3) 兵 (   )

(4) 別 (   )

3. 다음 훈(訓)과 음(音)에 맞는 한자(漢字)를 쓰세요.

(1) 근본 본   (   )

(2) 아비 부   (   )

(3) 지아비 부 (   )

(4) 옷 복   (   )

4. 다음(   )에 들어갈 한자(漢字)를 예(例)에서 찾아 그 번호를 쓰세요.

예(例)	① 福	② 奉	③ 兵
	④ 別	⑤ 病	⑥ 父

(1) 男女有(   )   (2) (   )仕活動

(3) 生老(   )死   (4) (   )子有親

정답

1. (1) 봉양   (2) 신병   (3) 만복   (4) 의복   (5) 병석   (6) 별당
2. (1) 받들 봉   (2) 복 복   (3) 병사 병   (4) 다를/나눌 별
3. (1) 本   (2) 父   (3) 夫   (4) 服
4. (1) ④   (2) ②   (3) ⑤   (4) ⑥

部 [6급II]

떼 **부**

阝(邑) | 8획

나라(阝)를 작게 구획(咅)한 마을에서 나누다, 부분(部)을 의미한다.

- 동 隊(무리 대) 類(무리 류)
- 반 獨(홀로 독) 孤(외로울 고)
  單(홑 단)

部落(부락) : 도회지 이외에 여러 민가들이 모여 이룩한 자연 단체
部類(부류) : 종류에 따라 나눈 갈래
部品(부품) : 부분품, 부속품

部門(부문) : 갈라놓은 부류
部分(부분) : 전체를 몇 개로 나눈 것의 하나

활용문

닭과 오리는 같은 部類(부류)에 속한다.

 필순 ` ㄱ �亠 �*立 立 咅 咅 咅' 咅阝部

北 [8급]

북녘 **북**
달아날 **배**

匕 | 3획

두 사람이 서로 등을 지고 있는 모양을 본떴다.

- 비 兆(억조 조)
- 반 南(남녘 남)

關北(관북) : 마천령 북쪽의 지방
以北(이북) : 어떤 지점을 한계로 한 그 북쪽

北國(북국) : 북쪽의 나라   北軍(북군) : 북쪽 군대
北門(북문) : 북쪽으로 낸 문   東北(동북) : 동쪽과 북쪽
北韓(북한) : 남북으로 갈린 우리나라의 북쪽
東西南北(동서남북) : 사방. 동서와 남북, 동쪽과 서쪽과 남쪽과 북쪽

활용문

南北(남북)으로 갈린 우리 현실이 너무 안타깝군요.

 필순 丨 丨 ㅓ ㅓ北

分 [6급II]

나눌 **분(:)**

刀 | 2획

한 자루의 막대봉을 칼(刀)로서 두 개로 나누는(八) 것에서 나누다(分)는 의미이다.

- 비 今(이제 금)
- 동 區(나눌 구) 配(나눌 배)
  別(나눌 별)
- 반 合(합할 합)

分量(분량) : 부피, 수효, 무게 등의 많고 적음과 크고 작은 정도
分類(분류) : 종류별로 분리함

分家(분가) : 가족의 한 부분이 딴 집에 나가 딴살림을 차림
分校(분교) : 본교 소재지 이외의 지역에 따로 부설한 학교
分明(분명) : 흐리지 않고 똑똑함

활용문

그는 分家(분가)해서 살기를 원하고 있습니다.

 필순 丿 八 今 分

不

7급II

아닐 **불**

一 | 3획

〈~하지 않다. ~이 아니다〉라고 말하는 것처럼 말을 부정하는 의미이다.

- 동 未(아닐 미)
  否(아닐 부)
- 반 正(바를 정)

읽기한자

不當(부당) : 이치에 맞지 않음 不德(부덕) : 덕이 없음
不實(부실) : 몸이 튼튼하지 못함. 일에 성실하지 못함
不景氣(불경기) : 경기가 좋지 못함. 공황기에 있어서의 산업계의 부진 상태
不吉(불길) : 좋지 않음 不買(불매) : 사지 않음
不賣(불매) : 팔지 않음
不問曲直(불문곡직) : 옳고 그른 것을 묻지 않음

쓰기한자

不道(부도) : 도리에 어그러짐 不安(불안) : 마음이 편안하지 못함
不問(불문) : 묻지 않고 그대로 내버려둠
不足(부족) : 넉넉하지 못함. 모자람 不正(부정) : 바르지 않음. 옳지 못함
人事不省(인사불성) : 정신을 잃고 의식을 모름

활용문

별일은 없는지 너무 不安(불안)합니다.

필순 一 丆 不 不

比

5급

견줄 **비:**

比 | 0획

북(北)과 달리 같은 쪽을 향해서 두 사람이 늘어선 형태에서 비교하다(比)는 의미이다.

- 비 北(북녘 북)
- 동 較(견줄 교)

읽기한자

比等(비등) : 비교해 보건대 서로 비슷비슷함
比重(비중) : 물질의 질량과 그와 같은 부피의 표준물질의 질량과의 비
對比(대비) : 서로 맞대어 비교함

활용문

오늘 신문은 이번 사건을 比重(비중)있게 다루었습니다.

필순 一 ├ ├ 比

鼻

5급

코 **비:**

鼻 | 0획

공기를 빨아들여 몸속에 저장하는 곳이라는 기분에서 코(鼻)를 의미한다.

읽기한자

耳目口鼻(이목구비) : 귀, 눈, 입, 코
鼻音(비음) : 코가 막힌 듯이 내는 소리

활용문

사실 그의 耳目口鼻(이목구비) 가운데 가장 높이 사줄만한 데가 바로 그 눈이었다.

필순 ⺊ ⺊ 宀 宀 宀 白 白 白 畠 畠 畠 畠 畠 鼻 鼻

費 쓸 비: **5급**

貝 | 5획

돈(貝)을 모으려고 생각해도 뜨거운 물처럼 자꾸자꾸 튕겨나가(弗)는 것에서 소비하다(費)는 의미이다.

통 用(쓸 용)

費用(비용) : 물건을 사거나 어떤 일을 하는 데에 드는 돈
食費(식비) : 밥값
車馬費(거마비) : 탈것을 타고 다니는 데 드는 비용
學費(학비) : 공부하며 학문을 닦는 데에 드는 비용

활용문

그런데 그의 집은 가난해서 學費(학비)를 댈 수 없었다.

 필순 ㄱ ㄱ ㄹ 弓 弗 弗 弗 弗 弗 費 費 費

氷 얼음 빙 **5급**

水 | 1획

물(水)이 얼어(冫) 단단해지는 것으로 얼음, 얼다(氷)는 의미이다.

비 永(길 영)
   水(물 수)
반 炭(숯 탄)

읽기한자

氷球(빙구) : 아이스 하키
氷水(빙수) : 덩어리로 된 얼음을 깎아서 눈과 같이 만들고 거기에 당밀즙과 물을 넣은 청량음료
氷板(빙판) : 얼음이 깔린 길바닥
氷河(빙하) : 얼어붙은 큰 강

활용문

밤에 내린 눈으로 도로가 結氷(결빙)되어 미끄럽습니다.

 필순 ㅣ ㅓ ㅓ 氺 氷

四 넉 사: **8급**

口 | 2획

막대기 넷을 세로로 놓고 모양을 보기 좋게 변형하였다.

비 匹(짝 필)
   西(서녘 서)

읽기한자

三寒四溫(삼한사온) : 겨울철에 사흘 가량 춥고, 나흘 가량 따뜻한 날씨가 계속하는 주기적인 기후 현상

쓰기한자

四大門(사대문) : 서울에 있던 동(東)·서(西)·남(南)·북(北)의 네 대문
四民(사민) : 온 백성
四山(사산) : 사면에 둘러서 있는 산들
四生(사생) : 동물의 태생·난생·습생·화생의 네 가지 생식 상태
四寸(사촌) : 삼촌의 아들·딸
四五月(사오월) : 사월과 오월
四十年生(사십년생) : 사십 년 동안 자란 생물

활용문

四寸(사촌) 형은 이번에 사법시험을 통과했습니다.

 필순 ㅣ ㄇ ㄇ 四 四

확·인·학·습 23

1. 다음 한자어(漢字語)의 독음을 쓰세요.

(1) 費用 (   )　　　(2) 部類 (   )

(3) 氷水 (   )　　　(4) 比等 (   )

(5) 鼻音 (   )　　　(6) 分明 (   )

2. 다음 한자(漢字)의 훈(訓)과 음(音)을 쓰세요.

(1) 費 (   )

(2) 氷 (   )

(3) 鼻 (   )

(4) 比 (   )

3. 다음 훈(訓)과 음(音)에 맞는 한자(漢字)를 쓰세요.

(1) 북녘 북 (   )

(2) 넉 사 (   )

(3) 아닐 불 (   )

(4) 나눌 분 (   )

4. 다음( )에 들어갈 한자(漢字)를 예(例)에서 찾아 그 번호를 쓰세요.

예(例)	① 氷	② 費	③ 不
	④ 部	⑤ 鼻	⑥ 比

(1) 耳目口( )　　　(2) ( )山一角

(3) ( )分集合　　　(4) 萬古( )變

정답

1. (1) 비용　(2) 부류　(3) 빙수　(4) 비등　(5) 비음　(6) 분명
2. (1) 쓸 비　(2) 얼음 빙　(3) 코 비　(4) 견줄 비
3. (1) 北　(2) 四　(3) 不　(4) 分
4. (1) ⑤　(2) ①　(3) ④　(4) ③

事

일 **사:**

丿 | 7획

7급II

역술사는 여러 가지를 점치는 것이 직업이라고 하는 것에서 일, 직업 (事)을 의미한다.

비 車(수레 거/차)
동 業(업/일 업)

事件(사건) : 뜻밖에 일어난 일　　事情(사정) : 일이 놓여 있는 형편
舉事(거사) : 큰 일을 일으킴　　凶事(흉사) : 불길한 일
當事者(당사자) : 그 일에 직접 관계가 있는 사람
情事(정사) : 남녀 사이의 사랑에 관한 일

쓰기한자

事記(사기) : 사건을 중심으로 쓴 기록
事力(사력) : 일의 형세와 재력　　事物(사물) : 일과 물건
事前(사전) : 일이 있기 전. 일을 시작하기 전
農事(농사) : 벼, 보리, 콩 등을 키움　食事(식사) : 밥을 먹음
人事(인사) : 남에게 공경하는 뜻으로 하는 예의

활용문

事前(사전)에 그 일이 있을 것이라고 말을 했어야죠.

 필순 一 ㄒ ㅋ 亐 亐 写 写 事

社

모일 **사**

示 | 3획

6급II

물건을 낳아주는 흙(土)을 공경해 제사(示)하는 것에서 토지신, 동료, 사회(社)를 의미한다.

비 祈(빌 기)
　祀(제사 사)
동 會(모일 회)
　集(모을 집)

읽기한자

社告(사고) : 회사, 신문사 등에서 알리는 글
社規(사규) : 회사의 규칙
社屋(사옥) : 회사로 사용하는 집

쓰기한자

社交(사교) : 여러 사람이 모여 서로 교제함
社會(사회) : 같은 무리끼리 모여 이루는 집단

활용문

社說(사설)을 자주 읽어보면 시사상식에 도움이 된다.

 필순 一 ㅜ ㅜ 礻 示 示 剂 社

使

하여금/
부릴 **사:**

亻(人) | 6획

6급

상관인 웃어른(人)이 아전(吏)으로 하여금(使) 어떤 일을 하도록 부린 다(使)는 의미이다.

비 史(사기 사)
　吏(관리 리)
동 令(하여금 령)
반 勞(일할 로)

읽기한자

使臣(사신) : 임금이나 국가의 명령으로 외국에 심부름 가는 신하
勞使(노사) : 노동자와 사용자

쓰기한자

使命(사명) : 사자로서 받은 명령
使用(사용) : 물건을 씀

활용문

勞使(노사)분규가 점점 더 심각해지고 있습니다.

 필순 丿 亻 亻 亻 仁 仨 使 使

死

6급

죽을 **사:**

歹 | 2획

사람이 죽으면(歹) 살이 떨어지고 뼈(匕)가 되는 것에서 죽다, 죽이다(死)는 의미이다.

图 殺(죽일 살)
凹 生(날 생)
　 活(살 활)

死亡(사망) : 죽음
決死(결사) : 죽음을 각오하고 결심함

쓰기한자

死別(사별) : 여의어 이별함
死色(사색) : 죽은 사람과 같은 안색

활용문

그 남자는 아내와의 死別(사별)이 믿겨지지 않는 듯한 표정이었다.

필순 一 プ ラ ゔ ゔ ゔ 死

仕

5급 II

섬길 **사(:)**

亻(人) | 3획

사람(人)이 공부를 하여 선비(士)가 되어야 벼슬(仕)을 하고 임금을 섬긴다(仕)는 의미이다.

囲 士(선비 사)
　 任(맡길 임)
图 奉(받들 봉)

읽기한자

奉仕(봉사) : 자신의 이해를 돌보지 않고 몸과 마음을 다하여 일함
給仕(급사) : 사환. 잔심부름을 시키기 위해 관청이나 사사집에서 고용하여 부리는 사람

활용문

이번 참사에서도 자원 奉仕(봉사)자의 도움이 결정적이었다.

필순 丿 亻 仁 什 仕

士

5급 II

선비 **사:**

士 | 0획

"하나(一)를 들으면 열(十)을 안다"는 것이 가능한 지혜있는 사람, 선비(士)를 의미한다.

囲 土(흙 토)
　 仕(섬길 사)
凹 民(백성 민)

읽기한자

士氣(사기) : 사람이 단결하여 무슨 일을 할 때의 기세
技士(기사) : 기술계 기술 자격 등급의 하나
士大夫(사대부) : 문무(文武) 양반의 일반적인 총칭
士農工商(사농공상) : 선비, 농부, 공장, 상인 등 모든 계급의 백성

활용문

무사나 兵士(병사)들이 칼과 활을 들고 시조를 노래하였는가 하면, 선비들이 책을 읽다 말고 시조를 읊조리기도 하였습니다.

필순 一 十 士

史

5급 II

사기(史記) 사:

口 | 2획

종이에 글자를 쓰는 것에서 어느 쪽으로도 기울지 않고(中) 기록하다(史)는 의미이다.

비 使(하여금 사)

史家(사가) : 역사에 정통한 사람
史觀(사관) : 역사적 현상을 파악하고 해석하는 입장
史記(사기) : 역사를 기록한 책
史料(사료) : 역사 연구에 필요한 재료

활용문

우리 民族(민족)의 울분을 풀어준 歷史的(역사적)인 통쾌한 순간이었다.

 필순 ㇐ ㅁ ㅁ 史 史

思

5급

생각 사(:)

心 | 5획

뇌하수의 머리(田)와 마음(心)은 생각하는 역할을 하는 곳이기에 생각하다(思)는 의미이다.

비 恩(은혜 은)
동 想(생각 상) 念(생각 념)
  考(생각할 고) 慮(생각할 려)

思春期(사춘기) : 이성에 관심을 갖게 되고 춘정을 느낄 만한 나이
相思病(상사병) : 연정에 사로잡히어 생기는 병
思考方式(사고방식) : 어떠한 문제를 생각하여 해석, 구명하는 방식. 또는 그 태도
思美人曲(사미인곡) : 정철이 지은 조선시대 가사의 제목

활용문

그는 눈을 감고 깊은 思念(사념)에 잠겼습니다.

 필순 ㇐ ㅁ 日 田 田 思 思 思 思

寫

5급

베낄 사

宀 | 12획

까치(舄)는 집(宀)에 들어와 곤란하므로, 집안 사람이 물건을 옮긴다(寫)는 의미이다.

약 写, 寫, 寫

寫本(사본) : 옮기어 베낌
筆寫體(필사체) : 로마자를 펜으로 쓸 때의 자체
寫生大會(사생대회) : 실물이나 실경을 있는 그대로 그리는 대회

활용문

철수는 계약서 寫本(사본)을 제시하였다.

 필순 ㇔ ㅆ 宀 宀 宀 宀 宀 宖 宖 宮 宮 寫 寫 寫 寫 寫

1. 다음 한자어(漢字語)의 독음을 쓰세요.

(1) 奉仕 (   )   (2) 史料 (   )

(3) 寫本 (   )   (4) 死別 (   )

(5) 思念 (   )   (6) 士氣 (   )

2. 다음 한자(漢字)의 훈(訓)과 음(音)을 쓰세요.

(1) 思   (   )
(2) 寫   (   )
(3) 仕   (   )
(4) 士   (   )

3. 다음 훈(訓)과 음(音)에 맞는 한자(漢字)를 쓰세요.

(1) 모일 사   (   )
(2) 하여금 사 (   )
(3) 일 사   (   )
(4) 죽을 사   (   )

4. 다음(   )에 들어갈 한자(漢字)를 예(例)에서 찾아 그 번호를 쓰세요.

| 예(例) | ① 社 | ② 仕 | ③ 死 |
| | ④ 思 | ⑤ 寫 | ⑥ 士 |

(1) (   )農工商   (2) 奉(   )活動

(3) (   )考方式   (4) (   )會活動

정답

1. (1) 봉사   (2) 사료   (3) 사본   (4) 사별   (5) 사념   (6) 사기
2. (1) 생각 사   (2) 베낄 사   (3) 섬길 사   (4) 선비 사
3. (1) 社   (2) 使   (3) 事   (4) 死
4. (1) ⑥   (2) ②   (3) ④   (4) ①

査

5급

조사할 **사**

木 | 5획

자른 나무(木)를 이리저리 쪼개서 어느(且) 나무가 재료로서 좋은가를 조사한다(査)는 의미이다.

동 探(찾을 탐)

査正(사정) : 조사하여 그릇된 것을 바로잡음
內査(내사) : 비밀히 조사함
實査(실사) : 실제를 조사하거나 검사함

활용문

비를 맞아 가며 한 달 두 달 연구하고 調査(조사)하여 結局(결국) 그것이 역사의 귀한 기록임을 밝혀 냈을 때 김정희는 기뻐 소리쳤다.

필순 一 十 才 木 木 杏 杏 査 査

山

8급

메 **산**

山 | 0획

멀리서 본 산의 모양을 본떴다.

반 川(내 천) 河(물 하)
　 海(바다 해)

읽기한자

山景(산경) : 산의 경치
山雲(산운) : 산에 끼어 있는 구름
山河(산하) : 산과 강

쓰기한자

山軍(산군) : 나라의 산림을 지키는 사람
山水(산수) : 산에 흐르는 물
南山(남산) : 남쪽에 있는 산. 서울 중심에 있는 산
靑山(청산) : 나무가 무성하여 푸른 산
火山(화산) : 용암이 분출하여 된 산의 형태
先山(선산) : 조상의 무덤이 있는 곳

활용문

아버지는 일요일 마다 登山(등산)을 하십니다.

필순 l 山 山

算

7급

셈 **산:**

竹 | 8획

조개(貝)를 양손(廾)에 갖고 조개 장난을 하듯이 대나무(竹) 막대로 수를 센다(算)는 의미이다.

동 計(셀 계)
　 數(셈 수)

읽기한자

決算(결산) : 일정한 기간내의 수입과 지출을 마감한 계산

쓰기한자

算數(산수) : 산술 및 일반 기초적 수학
算入(산입) : 셈에 넣음
算出(산출) : 계산하여 냄
心算(심산) : 속셈
算學(산학) : 셈에 관한 학문

활용문

나는 돈벌이나 할 心算(심산)으로 그 일을 택한 것은 아닙니다.

필순 ′ ′ ″ ″ ″ ″ 竹 竹 笞 笞 笪 笪 算 算 算

5급Ⅱ

낳을 **산:**

生 | 6획

벼랑(厂)에서 물이 솟거(立)나 풀이
나거(生)나 여러 광물이 채집되는
것에서 생긴다(産)는 의미이다.

동 生(날 생)

읽기한자

産苦(산고) : 아이를 낳는 괴로움
産物(산물) : 그 지방에서 생산되는 물건. 시대나 환경을 배경으로 하여 나
　　　　　　타난 것
産地(산지) : 물건이 생산된 곳
産油國(산유국) : 원유를 생산하는 나라
財産(재산) : 재화나 자산을 통틀어 이르는 말

활용문

놀부는 아버지가 물려준 많은 財産(재산)을 독차지하고, 동생인 흥부를 빈
손으로 내쫓았습니다.

필순 ` 一 亠 产 立 产 产 产 产 産 産

三

8급

석 **삼**

一 | 2획

막대기 셋(三)을 가로로 놓은 모양
을 본떴다.

동 參(석 삼)

읽기한자

三位一體(삼위일체) : 성부인 하느님과 성자인 예수와 그리고 성령을 동일
　　　　　　　　　한 신격으로 여기는 교의
三寒四溫(삼한사온) : 겨울철에 사흘 가량 춥고 나흘 가량 따뜻한 날씨가
　　　　　　　　계속하는 기후 현상

쓰기한자

三國(삼국) : 우리나라의 신라·백제·고구려
三軍(삼군) : 육군·해군·공군의 총칭으로 전체의 군대를 일컬음
三男(삼남) : 셋째 아들 혹은 세 아들
三南(삼남) : 충청도·전라도·경상도의 총칭
三門(삼문) : 대궐 등의 정문과 동과 서로 나 있는 문

활용문

고구려, 백제, 신라의 三國(삼국)이 있었다.

 필순 一 二 三

上

7급Ⅱ

윗 **상:**

一 | 2획

중앙에 선을 한(一) 줄 쓰고 그 위
에 표시한 점(卜)의 모양에서 위
(上)를 의미한다.

비 土(흙 토)
반 下(아래 하)

읽기한자

上告(상고) : 항소심 판결에 불복해 판결의 적부 심사를 보다 상급 법원에
　　　　　　청구하는 일
上陸(상륙) : 배에서 육지로 오름
上元(상원) : 음력 정월 보름날의 별칭. 대보름날
壇上(단상) : 교단이나 강단 등의 단 위
賣上(매상) : 물건을 판 수량이나 대금의 총계
切上(절상) : 화폐의 대외 가치를 높임

쓰기한자

上空(상공) : 높은 하늘　　　上國(상국) : 작은 나라로부터 조공을 받는 큰 나라
上記(상기) : 위에 적음 또는 그 글귀　　　上答(상답) : 윗사람에게 대답함
上氣(상기) : 흥분이나 수치감으로 얼굴이 붉어짐

활용문

그녀는 上氣(상기)된 얼굴로 다가왔다.

 필순 丨 卜 上

相

5급 II

서로 **상**

目 | 4획

나무(木)의 무성한 모습을 보는(目) 것에서 모습, 상태, 형태(相)를 의미한다.

[비] 想(생각 상)

相見禮(상견례) : 공식적으로 서로 만나 보는 예. 마주 서서 절을 하는 일
相談(상담) : 대책 따위를 세우기 위해 상의함
相當(상당) : 대단한 정도에 가까움
相對(상대) : 서로 마주 봄
相關(상관) : 서로 관련을 가짐. 또는 그런 관련

활용문

그렇지만 그것은 나하고 相關(상관)없는 일이 아니오?

 필순 一 十 才 木 村 机 机 相 相 相

商

5급 II

장사 **상**

口 | 8획

사들(六)인 가격을 비밀로 하고, 높은(冏) 가격으로 매매하는 것에서 장사(商)를 의미한다.

[비] 適(맞을 적)
[동] 量(헤아릴 량)

商社(상사) : 상행위를 함을 목적으로 하고 회사법의 규정에 의해 설립된 사단 법인
商船(상선) : 상업상의 목적에 쓰이는 선박
商去來(상거래) : 상업상의 거래
商店(상점) : 일정한 시설을 갖추고 물건을 파는 곳

활용문

사람들은 市場(시장)이나 商店(상점)에 직접 가지 않아도 신문을 통하여 새로운 商品(상품) 정보를 얻을 수 있다.

필순 ` 一 二 ᅳ 产 产 产 商 商 商

賞

5급

상줄 **상**

貝 | 8획

수훈을 세운 사람에게 높이 오르는 (尙) 연기처럼 상(貝)을 가득 주는 것에서 칭찬하다, 상준다(賞)는 의미이다.

[비] 償(갚을 상)
[반] 罰(벌할 벌)

賞金(상금) : 상으로 주는 돈
賞品(상품) : 상으로 주는 물품
大賞(대상) : 여러 가지 상 가운데 가장 큰 상

활용문

마리와 피에르의 빛나는 업적은 곧 인정을 받아 이듬해 그들은 나란히 노벨 物理學賞(물리학상)을 받았다.

 필순 ` ᅢ ᅲ � ᅺ ᅤ ᅥ ᅥ ᅳ ᅳ 芦 常 常 常 賞 賞

확·인·학·습 25

1. 다음 한자어(漢字語)의 독음을 쓰세요.

   (1) 相對 (   )   (2) 賞金 (   )
   (3) 內查 (   )   (4) 商社 (   )
   (5) 算數 (   )   (6) 産地 (   )

2. 다음 한자(漢字)의 훈(訓)과 음(音)을 쓰세요.

   (1) 商   (   )
   (2) 賞   (   )
   (3) 查   (   )
   (4) 産   (   )

3. 다음 훈(訓)과 음(音)에 맞는 한자(漢字)를 쓰세요.

   (1) 메 산   (   )
   (2) 석 삼   (   )
   (3) 윗 상   (   )
   (4) 셈 산   (   )

4. 다음(   )에 들어갈 한자(漢字)를 예(例)에서 찾아 그 번호를 쓰세요.

예(例)	① 賞	② 相	③ 商
	④ 産	⑤ 查	⑥ 三

   (1) 大量生(   )   (2) 敎學(   )長
   (3) 人口調(   )   (4) (   )位一體

정답

1. (1) 상대   (2) 상금   (3) 내사   (4) 상사   (5) 산수   (6) 산지
2. (1) 장사 상   (2) 상줄 상   (3) 조사할 사   (4) 낳을 산
3. (1) 山   (2) 三   (3) 上   (4) 算
4. (1) ④   (2) ②   (3) ⑤   (4) ⑥

色 빛 **색**

7급

色 | 0획

눈표적은 안색이나 의복의 색깔이라는 것에서 색(色)을 의미한다.

- 비 邑(고을 읍)
- 동 光(빛 광)

📖 읽기 한자

色相(색상) : 색조. 빛깔의 조화. 색채의 강약, 농담 등의 정도
色情(색정) : 남녀간의 정욕　　　　　　色調(색조) : 빛깔의 조화
具色(구색) : 여러 가지 물건을 고루 갖춤　　無色(무색) : 아무 빛깔도 없음
原色(원색) : 분해할 수 없는 모든 색의 기본이 되는 색
敗色(패색) : 패배할 것 같은 경향

✍️ 쓰기 한자

色紙(색지) : 물감을 들인 종이, 색종이
國色(국색) : 나라 안에서 제일 아름다운 여자
氣色(기색) : 감정의 작용으로 나타나는 기분과 얼굴빛
名色(명색) : 어떤 부류에 쓸어 넣어 부르는 말　　色感(색감) : 색에 대한 감각

활용문

名色(명색)이 사장인데 그럴 리는 없을 거야.

 필순　ノ　ク　ク　ク　色　色

生 날 **생**

8급

生 | 0획

흙 속에서 눈이 나오는 모습에서 싹이 트다, 태어나다(生)는 의미이다.

- 동 出(날 출)
  産(낳을 산)
- 반 死(죽을 사)

📖 읽기 한자

見物生心(견물생심) : 실물을 보고서 욕심이 생김
再生(재생) : 거의 죽게 되었다가 다시 살아남
生必品(생필품) : 일상 생활에 없어서는 안 될 물건
生鮮(생선) : 말리거나 절이지 않은 물고기

✍️ 쓰기 한자

生女(생녀) : 딸을 낳음
生母(생모) : 자기를 낳은 어머니(친어머니)
生父(생부) : 자기를 낳은 아버지(친아버지)
生水(생수) : 샘구멍에서 나오는 물
生父母(생부모) : 자기를 낳은 아버지와 어머니

 활용문

그는 자기 어머니가 生母(생모)가 아닌 것을 알고 있다.

 필순　ノ　ト　ヒ　牛　生

西 서녘 **서**

8급

西 | 0획

해가 서쪽에서 기울 무렵 새가 집으로 들어가는 것에서 서쪽(西)을 의미한다.

- 비 酉(닭 유)
  四(넉 사)
- 반 東(동녘 동)

📖 읽기 한자

關西(관서) : 평안도

✍️ 쓰기 한자

西國(서국) : 서양 나라
西門(서문) : 서쪽의 대문
西山(서산) : 서쪽에 있는 산
西小門(서소문) : 서울에 있던 소의문의 통칭
西大門(서대문) : 서쪽에 있는 큰 문

 활용문

東西(동서)간의 화합은 아주 중요합니다.

 필순　一　ナ　ア　ñ　西　西

書　글　서

6급Ⅱ

曰 | 6획

붓(聿)으로 종이(曰)에 글자를 쓰고 있는 형태에서 쓰다, 서적(書)을 의미한다.

비 晝(낮 주)
　畵(그림 화)
동 章(글 장)

書類(서류) : 어떤 내용을 적은 문서
書院(서원) : 선비들이 모여 학문을 강론하던 곳
書店(서점) : 책을 파는 가게
決算書(결산서) : 영업의 개황과 재정 상태를 기록한 문서
落書(낙서) : 장난으로 아무데나 함부로 글자를 씀
良書(양서) : 좋은 책　　　　　史書(사서) : 역사에 관한 책
願書(원서) : 허가를 얻기 위하여 내는 서류
調書(조서) : 조사한 사실을 기록한 문서

書記(서기) : 기록을 맡아 보는 사람　　書堂(서당) : 글방
書面(서면) : 글씨를 쓴 지면　　書式(서식) : 증서·원서 등을 쓰는 일정한 법식

활용문

지금부터라도 書信(서신)교환을 자주 합시다.

 필순　ㄱ ㄱ ㅋ ㅋ 聿 書 書 書 書 書

序　차례　서:

5급

广 | 4획

집이나 관청(广)에서 하는 사업은 미리(予) 정해 놓은 차례(序)가 있다는 의미이다.

비 字(글자 자)
동 第(차례 제)
　番(차례 번)

序曲(서곡) : 가극·성극에서 개막 전에 연주하는 기악곡
序頭(서두) : 어떤 차례의 첫머리
序文(서문) : 머리말
序說(서설) : 서론

활용문

프로그램에 따라 맨 처음 順序(순서)로 1학년 동생들의 '꼬마 신랑' 무용이 있었다.

 필순　` ㅡ 广 庐 庐 序 序

夕　저녁　석

7급

夕 | 0획

해가 저물고 달이 뜨기 시작할 무렵의 모습에서 저녁(夕) 무렵을 의미한다.

반 朝(아침 조)
　旦(아침 단)

夕景(석경) : 저녁 경치

夕月(석월) : 저녁에 뜨는 달
夕日(석일) : 저녁 때의 해. 석양
夕後(석후) : 저녁밥을 먹고 난 뒤
一夕(일석) : 하루 저녁, 어느 저녁
夕上食(석상식) : 저녁 상식(上食)

활용문

七夕(칠석)은 음력으로 칠월 초이렛날 밤을 말한다.

 필순　ノ ク 夕

사

石 | 돌 석
6급
石 | 0획

벼랑(厂) 밑에 흩어져 있는 돌(口)의 모양으로 돌(石)을 나타냈다.
- 비 古(예 고)
  右(오른 우)

읽기한자
石材(석재) : 다른 제작 재료로 쓰는 돌
望夫石(망부석) : 남편을 기다리다가 죽어서 되었다는 돌
雲石(운석) : 중국 운남 지방에서 나는 옥석
化石(화석) : 동물의 유해 및 유적이 수성암 등의 암석 속에 남아 있는 것

쓰기한자
石工(석공) : 돌을 다루어 물건을 만드는 사람
木石(목석) : 나무와 돌
石油(석유) : 천연으로 지하에서 산출되는 가연성 광물성 기름
石山(석산) : 돌산

활용문
落石(낙석)을 조심하라는 표지판을 만들어야 합니다.

필순 一 丁 丆 石 石

席 | 자리 석
6급
巾 | 7획

풀로 짠 깔개에 면포(巾)를 씌운 방석을 집안(广)에 두고 자리, 앉는 곳(席)을 의미한다.
- 비 度(법도 도)
- 동 座(자리 좌)
  位(자리 위)

읽기한자
客席(객석) : 손님의 자리
首席(수석) : 맨 윗자리
案席(안석) : 앉을 때에 몸을 기대는 방석
着席(착석) : 자리에 앉음

쓰기한자
空席(공석) : 빈 좌석
同席(동석) : 자리를 같이함
病席(병석) : 병자가 눕는 자리
上席(상석) : 윗자리

활용문
病席(병석)에 누워계신 선생님께 병문안을 가야합니다.

필순 丶 一 广 广 户 庐 庐 庐 席 席

先 | 먼저 선
8급
儿 | 4획

풀 눈이 쭉쭉 뻗치는 것(生)과 사람이 걸어서(儿) 앞으로 나가기에 먼저(先)라는 의미이다.
- 반 後(뒤 후)

읽기한자
先決(선결) : 다른 문제보다 앞서 해결함
先考(선고) : 돌아간 아버지   先約(선약) : 먼저 약속함
先任者(선임자) : 먼저 그 임무를 맡은 사람
先入見(선입견) : 고정적인 관념 및 견해
先唱(선창) : 맨 먼저 주장함   先天性(선천성) : 본래부터 타고 난 성질

쓰기한자
先金(선금) : 먼저 치르는 값   先山(선산) : 조상의 무덤이 있는 곳
先生(선생) : 스승. 교원에 대한 일컬음   先王(선왕) : 전대의 군왕
先父兄(선부형) : 돌아가신 아버지나 형

활용문
先山(선산)에 성묘를 갔습니다.

필순 ノ 丿 牛 生 先 先

확·인·학·습 26

1. 다음 한자어(漢字語)의 독음을 쓰세요.

(1) 序文 (　　) 　　(2) 客席 　　　(　　)

(3) 石油 (　　) 　　(4) 書堂 　　　(　　)

(5) 名色 (　　) 　　(6) 朝夕 　　　(　　)

2. 다음 한자(漢字)의 훈(訓)과 음(音)을 쓰세요.

(1) 序 (　　　)

(2) 夕 (　　　)

(3) 席 (　　　)

(4) 書 (　　　)

3. 다음 훈(訓)과 음(音)에 맞는 한자(漢字)를 쓰세요.

(1) 날 생 (　　　)

(2) 서녘 서 (　　　)

(3) 돌 석 (　　　)

(4) 먼저 선 (　　　)

4. 다음(　)에 들어갈 한자(漢字)를 예(例)에서 찾아 그 번호를 쓰세요.

예(例)	① 序	② 書	③ 石
	④ 夕	⑤ 席	⑥ 西

(1) 白面(　)生 　　(2) 一朝一(　)

(3) 野壇法(　) 　　(4) 東問(　)答

정답

1. (1) 서문　(2) 객석　(3) 석유　(4) 서당　(5) 명색　(6) 조석
2. (1) 차례 서　(2) 저녁 석　(3) 자리 석　(4) 글 서
3. (1) 生　(2) 西　(3) 石　(4) 先
4. (1) ②　(2) ④　(3) ⑤　(4) ⑥

線 6급II

줄 **선**

糸 | 9획

샘물(泉)이 솟아올라 실(糸)처럼 가늘고 길게 이어져 가늘고 긴 선(線)을 의미한다.

비 終(마칠 종)

읽기한자
無線(무선) : 전선을 가설하지 않는 일
曲線(곡선) : 부드럽게 구부러진 선

쓰기한자
線路(선로) : 열차나 전차의 바퀴가 굴러가는 레일의 길
線上(선상) : 어떤 일정한 상태에 있음
直線(직선) : 곧은 줄

활용문
이제는 거의 모든 가정에서 無線(무선)전화기를 사용합니다.

필순 `  ⺈  幺  幺  糸  糸  糸'  糸'  約  紿  紶  綷  線  線  線`

仙 5급II

신선 **선**

亻(人) | 3획

사람(人)이 산(山)에서 도를 닦으면 신선(仙)이 된다는 의미이다.

비 化(될 화)
동 神(귀신 신)

읽기한자
仙女(선녀) : 선경에 사는 여자 신선
仙人(선인) : 신선
神仙(신선) : 도를 닦아서 인간세계를 떠나 자연과 벗하며 산다는 상상의 사람
水仙花(수선화) : 수선화과의 여러해살이풀

활용문
하얀 仙女服(선녀복) 차림을 한 봄바람과 노랑나비 · 흰나비가 몸을 떨며 나온다.

필순 `丿  亻  仏  仙  仙`

鮮 5급II

고울 **선**

魚 | 6획

양(羊)고기처럼 맛있는 물고기(魚)는 생선인데, 맛있는 생선은 싱싱하다(鮮)는 의미이다.

비 漁(고기잡을 어)
동 麗(고울 려)
　 美(아름다울 미)

읽기한자
鮮明(선명) : 산뜻하고 밝음
鮮度(선도) : 신선한 정도
生鮮(생선) : 말리거나 절이지 아니한 물고기
朝鮮(조선) : 이성계가 고려 뒤에 세운 나라

활용문
때는 朝鮮時代(조선시대) 연산군 10년 상달 스무아흐렛 날이었다.

필순 `丿  ⺈  ⺀  ⺈  台  台  角  角  魚  魚  魚  魚  魚'  鮮'  鮮  鮮  鮮`

善

5급

착할 선:

口 | 9획

양(羊)처럼 얌전하고, 아름답다는 말(口)에서 유래하여 좋다(善)라는 의미이다.

- 비 美(아름다울 미)
- 동 良(어질 량)
- 반 惡(악할 악)

읽기한자

善男善女(선남선녀) : 착한 남자와 착한 여자
善良(선량) : 착하고 어짊
善心(선심) : 착한 마음
善惡(선악) : 착함과 악함

활용문

善良(선량)한 사람들을 상대로 그런 행위를 해서는 안 된다.

필순 ` ` ` ` ` 丷 丷 푸 羊 羊 羊 善 善 善 善

船

5급

배 선

舟 | 5획

구비를 따라 흐르는 계곡물(㕣)을 헤쳐 가는 배(舟)의 모습에서 배(船)를 의미한다.

- 동 舟(배 주)
- 약 舩

읽기한자

船上(선상) : 배의 위
船首(선수) : 배의 머리 부분. 이물
船長(선장) : 선원의 우두머리
船主(선주) : 배의 임자

활용문

배에서는 船長(선장)의 지시에 따라야만 합니다.

필순 ` 丿 亻 冂 甪 甪 舟 舟 舩 舩 船 船

選

5급

가릴 선:

辶(辵) | 12획

상대를 공경(巽)하여 선물을 보낼 때 가지고 가기(辶)에 좋은 물건만을 고르다(選)는 의미이다.

- 비 遺(남길 유)
- 동 拔(뽑을 발) 擇(가릴 택)
  別(나눌 별)

읽기한자

選擧(선거) : 여러 사람 가운데서 뽑아 추천함
選曲(선곡) : 많은 곡 가운데서 몇 곡을 고름
選別(선별) : 가려서 따로 나눔
選手(선수) : 어떤 운동 경기·기술 등에 뛰어나 많은 사람 속에서 대표로 뽑힘

활용문

저도 대통령 選擧(선거)에서 소중한 한 표를 행사했습니다.

필순 丿 ㄱ ㄹ 巳 巳` 巴` 吧 吧 毗 毕 毕 毕 巽 巽 選 選 選

사

雪
6급 II
눈 설
雨 | 3획

비(雨)처럼 하늘에서 내려와서, 손바닥(ㅋ)에 올릴 수 있는 눈(雪)을 가리키는 말이다.

비 雲(구름 운)

雪原(설원) : 눈이 덮인 벌판
雪害(설해) : 눈이 많이 내려서 입는 피해
雪景(설경) : 눈 내리는 경치

大雪(대설) : 많은 눈
白雪(백설) : 흰 눈

활용문

설악산의 雪景(설경)이 너무 아름답습니다

 필순 ㅡ ㄷ ㄫ 乛 雨 雫 乭 雫 雫 雪 雪 雪

說
5급 II
말씀 설
言 | 7획

사람들이 이해하고 기뻐(兌)하도록 말한다(言)는 데서 말씀, 설명하다(說)는 의미이다.

비 設(베풀 설)
　　稅(세금 세)　　脫(벗을 탈)
동 談(말씀 담)
　　言(말씀 언)　　話(말씀 화)

說敎(설교) : 종교의 교의를 설명함
說明(설명) : 풀어서 밝힘
說法(설법) : 불교의 교의를 들려 줌
說服(설복) : 알아듣도록 말하여 수긍하게 함
說話(설화) : 이야기

 활용문

그는 아무런 說明(설명)도 없이 갑자기 집으로 갔다.

 필순 ㆍ ㆍ ㄴ ㄴ 言 言 言 言 訓 訂 說 說 說 說

姓
7급 II
성 성:
女 | 5획

여자(女)가 아기를 낳으면(生) 그 아기에게 성(姓)이 붙는다는 의미이다.

비 性(성품 성)

他姓(타성) : 다른 성

姓名(성명) : 성과 이름
姓字(성자) : 성을 표시하는 글자
國姓(국성) : 성과 본이 임금과 같은 성
大姓(대성) : 겨레붙이가 번성한 성. 지체가 좋은 성
姓名學(성명학) : 사람의 운명의 좋고 나쁨을 헤아리는 학문

활용문

同姓同本(동성동본)이라고 해서 결혼을 금지하는 것은 문제가 있다.

 필순 乚 乚 女 女 妒 妒 姓 姓

1. 다음 한자어(漢字語)의 독음을 쓰세요.

(1) 選擧 (   )   (2) 說敎 (   )
(3) 仙女 (   )   (4) 鮮明 (   )
(5) 善良 (   )   (6) 船長 (   )

2. 다음 한자(漢字)의 훈(訓)과 음(音)을 쓰세요.

(1) 說 (   )
(2) 船 (   )
(3) 選 (   )
(4) 鮮 (   )

3. 다음 훈(訓)과 음(音)에 맞는 한자(漢字)를 쓰세요.

(1) 눈 설 (   )
(2) 줄 선 (   )
(3) 성 성 (   )
(4) 자리 석 (   )

4. 다음(   )에 들어갈 한자(漢字)를 예(例)에서 찾아 그 번호를 쓰세요.

예(例)	① 船	② 鮮	③ 說
	④ 選	⑤ 姓	⑥ 仙

(1) 地方(   )擧   (2) 同(   )同本
(3) 朝(   )王朝   (4) 現代小(   )

정답

1. (1) 선거   (2) 설교   (3) 선녀   (4) 선명   (5) 선량   (6) 선장
2. (1) 말씀 설   (2) 배 선   (3) 가릴 선   (4) 고울 선
3. (1) 雪   (2) 線   (3) 姓   (4) 席
4. (1) ④   (2) ⑤   (3) ②   (4) ③

6급II

이룰 성

戈 | 3획

도끼(戊)로 몇 번이고 나무를 깎아 (丁)서 물건을 만드는 것에서 충분히 완성되다(成)는 의미이다.

- 비 城(재 성)
- 동 就(나아갈 취)
  達(통달할 달)
- 반 敗(패할 패)

📖 읽기한자

結成(결성) : 단체의 조직을 형성함
養成(양성) : 길러 냄

✏️ 쓰기한자

成功(성공) : 목적을 이룸
成果(성과) : 이루어진 결과
成長(성장) : 자라서 점점 커짐
成立(성립) : 사물이 이루어짐
成分(성분) : 물체를 이루는 바탕이 되는 원질
育成(육성) : 길러서 키움

📝 활용문

이번 일의 成果(성과)를 말하기는 아직 이르다고 생각합니다.

📝 **필순** 丿 厂 F 万 成 成 成

6급II

살필 성
덜 생

目 | 4획

눈(目)을 가늘게(少) 뜨고 잘 본다는 것에서 주의해서 잘 본다, 잘 생각한다(省)는 의미이다.

- 비 看(볼 간)   劣(못할 렬)
- 동 察(살필 찰)   略(줄일 략)
- 반 加(더할 가)

📖 읽기한자

省改(성개) : 반성하여 잘못을 고침
節省(절생) : 절약함

✏️ 쓰기한자

反省(반성) : 자기의 과거의 행위에 대하여 스스로 그 선악·가부를 고찰함
自省(자성) : 스스로 반성함
人事不省(인사불성) : 정신을 잃고 의식을 모름
三省(삼성) : 매일 세 번 자신을 반성함

📝 활용문

反省文(반성문)을 내일까지 제출해라.

📝 **필순** 丿 小 小 少 少 省 省 省 省

5급II

성품 성:

忄(心) | 5획

자연스럽게 흙 위에 자라나는(生) 식물같은 마음(心)이라는 것에서 천성(性)을 의미한다.

- 비 姓(성 성)
- 동 心(마음 심)

📖 읽기한자

性格(성격) : 사물에 구비된 고유의 성질
性能(성능) : 기계의 성질과 능력
性教育(성교육) : 청소년에게 성에 관한 올바른 지식을 주려는 교육
性質(성질) : 사람이 지닌 마음의 본바탕
人性(인성) : 사람의 성품

📝 활용문

너는 性質(성질)도 급하구나.

📝 **필순** 丶 丶 忄 忄 忄 忄 性 性

世

7급 II

인간 세:

一 | 4획

옛날 30년을 '일세'라 하여, 년 수가 긴 것을 나타내고, 〈세월의 단락〉의 의미로 사용했다.

비 也(이끼 야)
동 界(지경 계)
　 代(대신 대)

읽기한자

救世軍(구세군) : 군대식 조직 밑에서 민중 전도와 사회 사업을 하는 기독교의 한 파
舊世代(구세대) : 옛 세대
救世主(구세주) : 인류를 구제하는 사람

쓰기한자

世家(세가) : 여러 대를 두고 나라의 중요한 자리에 있는 집안
世道(세도) : 세상을 올바르게 다스리는 도리. 세상의 도의
世母(세모) : 세부 혹은 백부의 아내
世上(세상) : 사람이 살고 있는 온 누리. 사람이 살아가는 동안
世上萬事(세상만사) : 세상에서 일어나는 온갖 일

활용문

全世界(전세계) 사람들이 월드컵에 열광하고 있습니다.

필순 一 十 丗 丗 世

歲

5급 II

해 세:

止 | 9획

도끼(戌), 농기구를 들고 걸으(步)면서 농사를 지으며 해와 세월(歲)을 보낸다는 의미이다.

비 威(위엄 위)
동 年(해 년)
약 岁 岁

읽기한자

歲時(세시) : 일년 중의 때때
歲月(세월) : 흘러가는 시간
過歲(과세) : 설을 쇰
萬歲(만세) : 영원히 삶

활용문

봄바람 萬歲!(만세)

필순 ＇ ｀ ＾ 止 歩 歩 歩 歩 歩 歳 歳 歳

洗

5급 II

씻을 세:

氵(水) | 6획

냇가(氵)에 맨발이 되어 다리(先)의 더러움을 씻어 내려 씻다, 깨끗이 하다(洗)는 의미이다.

비 先(먼저 선)
　 流(흐를 류)
동 濯(씻을 탁)

읽기한자

洗手(세수) : 낯을 씻음
洗車(세차) : 차체에 묻은 먼지나 흙을 씻음
水洗式(수세식) : 변소에 급수 장치를 하여 오물을 물로 씻어 흘러 내려 보내는 방식의 변소

활용문

그 날 아침, 헬렌은 洗手(세수)를 하다가 문득 물을 가리키며 설리반 선생의 손을 두드렸다.

필순 ＼ ＼ ＼ 氵 氵 汼 洗 洗 洗 洗

小 8급

작을 소:

小 | 0획

칼(刂)로 나누면(八) 크기가 작아진다(小)는 의미이다.

- 비 少(적을 소)
- 동 微(작을 미)
- 반 大(큰 대)　　偉(클 위)
　　巨(클 거)　　泰(클 태)

읽기 한자

小賣(소매) : 물건을 도매상에서 사들여 직접 소비자에게 팖
小說(소설) : 상상력과 사실의 통일적 표현으로써 인생과 미를 산문체로 나타낸 예술
小兒(소아) : 어린아이　　　　　小品(소품) : 작은 제작품
過小(과소) : 너무 작음

쓰기 한자

小國(소국) : 작은 나라
小女(소녀) : 키나 몸이 작은 여자 아이
小木(소목) : 나무로 가구 따위를 짜는 일을 업으로 삼는 사람
小門(소문) : 작은 문

활용문

小雪(소설)은 24절기의 하나로 입동과 대설 사이에 있습니다.

 필순 亅 刂 小

少 7급

적을 소:

小 | 1획

작은 것(小)을 나누면(丿) 더욱 작아진다는 것에서 적다(少)는 의미이다.

- 비 小(작을 소)
- 동 寡(적을 과)
- 반 多(많을 다)

읽기 한자

少量(소량) : 적은 분량
過少(과소) : 너무 적음

쓰기 한자

少女(소녀) : 나이가 어린 계집아이
少年(소년) : 나이가 어린 사내아이
多少(다소) : 많음과 적음
靑少年(청소년) : 청년과 소년

활용문

少量의 술은 몸에 약이 될 수 있습니다.

 필순 亅 刂 小 少

所 7급

바 소:

戶 | 4획

나무를 자르는(斤) 곳(戶)이 소리가 나는 곳을 말하는 것에서 장소(所)를 의미한다.

읽기 한자

所見(소견) : 사물을 보고 살펴 인식하는 생각
所望(소망) : 바람직함　　　　所願(소원) : 원함
所任(소임) : 맡은 바 직책　　　要所(요소) : 중요한 장소
宿所(숙소) : 머물러 묵는 곳

쓰기 한자

所生(소생) : 자기가 낳은 자녀　　　所食(소식) : 먹는 분량
所有(소유) : 가진 물건, 또 가짐. 소유권을 가지는 물건
所有物(소유물) : 소유하는 물건
所有主(소유주) : 소유권을 가진 사람

활용문

그는 所信(소신)대로 일을 하는 편이다.

 필순 丶 ㇇ ㇌ 戶 戶 所 所 所

1. 다음 한자어(漢字語)의 독음을 쓰세요.

   (1) 性格 (   )   (2) 成果 (   )
   (3) 反省 (   )   (4) 洗車 (   )
   (5) 萬歲 (   )   (6) 場所 (   )

2. 다음 한자(漢字)의 훈(訓)과 음(音)을 쓰세요.

   (1) 省 (   )
   (2) 歲 (   )
   (3) 性 (   )
   (4) 洗 (   )

3. 다음 훈(訓)과 음(音)에 맞는 한자(漢字)를 쓰세요.

   (1) 작을 소 (   )
   (2) 인간 세 (   )
   (3) 적을 소 (   )
   (4) 이룰 성 (   )

4. 다음(   )에 들어갈 한자(漢字)를 예(例)에서 찾아 그 번호를 쓰세요.

예(例)	① 洗	② 性	③ 歲
	④ 省	⑤ 少	⑥ 成

   (1) 合目的(   )   (2) 自己反(   )
   (3) 門前(   )市   (4) 男女老(   )

정답

1. (1) 성격   (2) 성과   (3) 반성   (4) 세차   (5) 만세   (6) 장소
2. (1) 살필 성 / 덜 생   (2) 해 세   (3) 성품 성   (4) 씻을 세
3. (1) 小   (2) 世   (3) 少   (4) 成
4. (1) ②   (2) ④   (3) ⑥   (4) ⑤

消

사라질 소

氵(水) | 7획

물(氵)이 점점 줄어가는 것(肖)에서 사라지다, 없어지다(消)라는 의미이다.

반 顯(나타날 현)

6급 II

📖 읽기 한자

消化(소화) : 섭취한 영양 물질을 이용될 수 있는 단순한 형태로 변화시키는 물리적·화학적 작용 또는 그 과정

✏️ 쓰기 한자

消日(소일) : 하는 일 없이 세월을 보냄
消火(소화) : 불을 끔
消音(소음) : 소리를 없애거나 작게 하여 밖으로 새나가지 않도록 함

📝 활용문

요즘은 무슨 일로 消日(소일)을 하세요?

 필순 ｀ ｀ 氵 汀 汀 泸 泸 消 消 消

速

빠를 속

辶(辵) | 7획

땔감을 단단히 꿰매(束)듯이, 마음을 꼭 매고 걸어가(辶)는 것에서 빠르다(速)는 의미이다.

비 束(묶을 속)
동 急(급할 급)

6급

📖 읽기 한자

速決(속결) : 속히 처결함
變速(변속) : 속도를 바꿈
速寫(속사) : 글씨를 빨리 씀
過速(과속) : 일정한 표준에서 벗어난 더 빠른 속도

✏️ 쓰기 한자

速記(속기) : 빨리 적음
速度(속도) : 빠른 정도
速讀(속독) : 빨리 읽음
速力(속력) : 속도의 크기

📝 활용문

變速(변속)을 너무 급하게 하지 마라.

 필순 一 一 一 一 束 束 束 束 涑 速 速

束

묶을 속

木 | 3획

나뭇가지(木) 등을 모아 끈으로 말아서 묶은(口) 모양의 다발로 묶다(束)는 의미이다.

비 速(빠를 속)
　 東(동녘 동)
동 結(맺을 결)
반 解(풀 해)
　 釋(풀 석)

5급 II

📖 읽기 한자

結束(결속) : 덩이가 되게 묶음
團束(단속) : 주의를 기울여 다잡거나 보살핌
約束(약속) : 장래에 할 일에 관해 상대방과 서로 언약하여 정함

📝 활용문

1909년 안중근은 동지 10여 명과 함께 獨立運動(독립운동)에 生命(생명)을 바칠 것을 約束(약속)하고 이등박문을 살해하기로 決意(결의)하였다.

 필순 一 一 一 一 束 束 束

6급

孫 손자 손(:)

子 | 7획

인간(子)은 수없이 연결된 실다발처럼 다음에서 다음으로 이어진다(系)는 의미이다.

回 係(맬 계)
반 祖(할아비 조)

읽기한자

順孫(순손) : 조부모를 잘 받들어 모시는 손자
兒孫(아손) : 자기의 아들과 손자를 통틀어 이르는 말. 곧 자손을 이르는 말

쓰기한자

孫子(손자) : 아들의 아들
世孫(세손) : 시조로부터 몇 대째의 자손임을 나타내는 말
外孫(외손) : 딸이 낳은 자식
子孫(자손) : 아들과 손자
子子孫孫(자자손손) : 자손의 여러 대

활용문

한 할머니가 孫子(손자)로 보이는 아이를 업고 있었다.

필순 ㄱ 了 孑 孑 孑 孑 孫 孫 孫 孫

8급

水 물 수

水 | 0획

냇물의 움직임을 나타낸 모양이다.

回 氷(얼음 빙)
반 火(불 화)
　 陸(뭍 륙)

읽기한자

水洗式(수세식) : 변소에 급수 장치를 하여 물로 씻어 흘러 내려 보내는 방식의 변소
水位(수위) : 수면의 높이　　　　　　水質(수질) : 물의 성질
水害(수해) : 홍수로 인한 해　　　　給水(급수) : 물을 공급함
落水(낙수) : 떨어지는 물　　　　　冷水(냉수) : 찬물
湖水(호수) : 사면이 육지로 싸이고 물이 괸 곳

쓰기한자

水國(수국) : 바다의 세계　　　　　　水軍(수군) : 해군
水門(수문) : 저수지나 수로에 설치하여 수량을 조절하는 문. 물문
水生(수생) : 물 속에서 생활하는 것　　水中(수중) : 물 가운데. 물 속

활용문

홍수를 막기 위해 水門(수문)을 열어둘 필요가 있다.

필순 ㅣ ㅓ 水 水

7급 II

手 손 수(:)

手 | 0획

다섯 개의 손가락과 손바닥과 팔의 형태에서 손(手)을 의미한다.

반 足(발 족)

읽기한자

手法(수법) : 수단과 방법　　　　　手相(수상) : 손금
手數料(수수료) : 어떤 일을 돌보아 준 보수
擧手(거수) : 손을 위로 들어 올림
選手(선수) : 어떤 운동 경기 · 기술 등에 뛰어나 많은 사람 속에서 대표로 뽑힌 사람　　　　　　洗手(세수) : 낯을 씻음

쓰기한자

手車(수거) : 손수레. 인력거　　　　手工(수공) : 손으로 만든 공예
手記(수기) : 손수 적은 기록　　　　手旗(수기) : 손에 쥐는 작은 기. 손기
手不足(수부족) : 사람 손이 부족함
手術(수술) : 피부나 기타의 조직을 째거나 자르거나 하여 병을 다스리는 일

활용문

이 글은 그 분이 적은 手記(수기)입니다.

필순 ㅣ ㅗ 三 手

數

7급

셈 수:

攵(攴) | 11획

드문 드문 흩어져 있는(婁) 물건을 막대기를 들고 돌아다니며 치면서 (攵) 하나 둘 셈하는 데서, '셈, 세다(數)'는 의미이다.

비 樓(다락 루)
동 算(셈 산)　　計(셀 계)
약 数

읽기한자
數量(수량) : 수효와 분량
過半數(과반수) : 반이 넘는 수
倍數(배수) : 갑절이 되는 수
變數(변수) : 변할 수 있는 수

쓰기한자
數年(수년) : 두서너 해
數萬(수만) : 여러 만. 썩 많은 수효
數十(수십) : 이삼십 또는 삼사십 되는 수효
數語(수어) : 두어 마디 말
數百萬(수백만) : 여러 백만

활용문
數萬(수만) 명의 군사가 일제히 포를 쏘아댔다.

필순 丶 冂 曰 曰 曰 吕 吕 甹 婁 婁 婁 婁 數 數

樹

6급

나무 수

木 | 12획

북(鼓)을 치듯이 나무(木)가 바람에 흔들리면서 나무, 수목, 세우다(樹) 등의 의미이다.

동 木(나무 목)
　 林(수풀 림)

읽기한자
有實樹(유실수) : 유용한 열매를 맺는 나무

쓰기한자
樹林(수림) : 나무가 우거진 숲
樹立(수립) : 사업이나 공(功)을 이룩하여 세움
樹木(수목) : 살아있는 나무
植樹(식수) : 나무를 심음

활용문
樹木(수목)이 우거진 숲을 헤쳐 나가야 한다.

필순 一 十 才 木 木 杧 杧 柞 梉 梪 梪 梪 柎 槆 槆 樹 樹

首

5급Ⅱ

머리 수

首 | 0획

얼굴과 머리털의 모양을 본떠서 목이나 머리(首)를 의미한다.

동 頭(머리 두)

읽기한자
首都(수도) : 나라나 한 지방의 정치적 중심지
首相(수상) : 내각의 우두머리
首席(수석) : 맨 윗자리
首位(수위) : 첫째가는 지위

활용문
윤선도의 이 노래는 有名(유명)한 '五友歌(오우가)' 중의 한 首(수)입니다.

필순 丶 丷 丷 艹 产 产 首 首 首

확·인·학·습 29

1. 다음 한자어(漢字語)의 독음을 쓰세요.

(1) 結束 (　　　)   (2) 數學 (　　　)

(3) 祖孫 (　　　)   (4) 首都 (　　　)

(5) 速力 (　　　)   (6) 植樹 (　　　)

2. 다음 한자(漢字)의 훈(訓)과 음(音)을 쓰세요.

(1) 束 (　　　)

(2) 樹 (　　　)

(3) 首 (　　　)

(4) 速 (　　　)

3. 다음 훈(訓)과 음(音)에 맞는 한자(漢字)를 쓰세요.

(1) 사라질 소 (　　　　)

(2) 물 수   (　　　　)

(3) 손 수   (　　　　)

(4) 셈 수   (　　　　)

4. 다음 (　) 에 들어갈 한자(漢字)를 예(例)에서 찾아 그 번호를 쓰세요.

예(例)	① 首	② 速	③ 孫
	④ 束	⑤ 手	⑥ 樹

(1) 高(　)道路   (2) 約(　)時間

(3) 自(　)成家   (4) 子(　)代代

정답

1. (1) 결속   (2) 수학   (3) 조손   (4) 수도   (5) 속력   (6) 식수

2. (1) 묶을 속   (2) 나무 수   (3) 머리 수   (4) 빠를 속

3. (1) 消   (2) 水   (3) 手   (4) 數

4. (1) ②   (2) ④   (3) ⑤   (4) ③

宿 잘 숙
5급II
宀 | 8획

집(宀)에 많은(百) 수의 사람(人)이 와서 묵고 나가는 모습에서 숙소(宿)를 의미한다.
- 비 縮(줄일 축)
- 동 寢(잘 침)
  眠(잠잘 면)

읽기한자
宿命(숙명) : 선천적으로 타고난 운명
宿所(숙소) : 머물러 묵는 곳
宿食(숙식) : 자고 먹음
宿願(숙원) : 오랜 소원

활용문
2番(번) 宿題(숙제)는 좀 時間(시간)이 걸렸다.

 필순 ` ´ ´ 宀 宀 宀 宀 宿 宿 宿

順 순할 순
5급II
頁 | 3획

냇물(川)이 흘러가는 방향으로 순순히 머리(頁)를 돌리는 것에서 따르다(順)는 의미이다.
- 반 逆(거스를 역)

읽기한자
順理(순리) : 도리에 순종함
順番(순번) : 차례로 오는 번
順産(순산) : 아이를 아무 탈 없이 순하게 낳음
順序(순서) : 정해 놓은 차례

활용문
안중근은 곧 체포되어 旅順(여순)의 감옥에 갇히게 되었다.

필순 ノ] 川 川 川 川 順 順 順 順 順

術 재주 술
6급II
行 | 5획

차조(朮) 줄기처럼 쭉 뻗어있는 길(行)에서, 길의 의미이다. 여기에서, '꾀, 재주' 의 뜻이 나왔다.
- 비 述(펼 술)
- 동 技(재주 기)
  藝(재주 예)
  才(재주 재)

읽기한자
術法(술법) : 음양과 복술에 관한 이치
技術(기술) : 잘 다루는 방법 또는 능력

쓰기한자
術數(술수) : 음양과 복서(卜筮) 등에 관한 이치
道術(도술) : 도가나 도사의 조화를 부리는 술법

활용문
그런 뛰어난 技術(기술)을 가진 분은 흔치 않다.

필순 ´ ゙ 彳 彳 彳 彳 彳 術 術 術 術

習

6급

익힐 **습**

羽 | 5획

날개(羽)를 퍼덕이면 옆구리의 흰(白)털이 보인다는 데서 익히다, 배우다(習)는 의미이다.

[동] 練(익힐 련)

읽기한자

見習(견습) : 남의 하는 일을 보고 익힘
習性(습성) : 습관이 되어버린 성질

쓰기한자

學習(학습) : 배워서 익힘
風習(풍습) : 풍속과 습관을 아울러 이르는 말

활용문

그런 習性(습성)은 빨리 고치는 것이 좋다.

 필순 ⺆ ⺆ ⺆ 羽 羽 羽 羽 習 習 習

勝

6급

이길 **승**

力 | 10획

배(舟)에 스며드는 물을 퍼내는 힘(券)의 모습에 위험상태를 이겨내어 견디다(勝)는 의미이다.

[반] 敗(질 패)
　　負(질 부)

읽기한자

勝敗(승패) : 이김과 짐
健勝(건승) : 건강함
決勝(결승) : 최후의 승패를 결정함
必勝(필승) : 꼭 이김

쓰기한자

勝利(승리) : 겨루어 이김
勝算(승산) : 꼭 이길 가망성
勝者(승자) : 겨루어 이긴 사람
勝戰(승전) : 싸움에 이김

활용문

우리에게도 이번 경기는 勝算(승산)이 있다.

필순 ⺈ ⺈ 月 月 月 肝 肸 肸 腄 腅 勝 勝

市

7급Ⅱ

저자 **시:**

巾 | 2획

천(巾)을 사러 가는(⼇) 곳이니 저자, 시장(市)이라는 의미이다.

읽기한자

市價(시가) : 시장 가격
都市(도시) : 도회지

쓰기한자

市國(시국) : 국가가 하나의 도시만으로 형성된 것
市內(시내) : 시의 구역 안
市道(시도) : 시내의 도로로서 시장이 노선을 인정하고 관리, 유지하는 도로
市立(시립) : 시에서 설립하여 관리 유지함

활용문

市內(시내)버스를 타도 그 곳에 갈 수 있습니까?

 필순 ⼂ ⼇ ⼇ 方 市

示

5급

보일 **시:**

示 | 0획

제단에 올려서 기도하는 것과 신령의 마음이 표시된 것에서 보여주다 (示)는 의미이다.

동 視(볼 시) 見(볼 견)
　　看(볼 간) 監(볼 감)
　　觀(볼 관)

읽기 한자

告示(고시) : 관청에서 일반 국민에게 알릴 것을 글로 써서 게시함
公示(공시) : 일반에게 널리 알림
敎示(교시) : 가르쳐 보임
明示(명시) : 분명하게 가리킴

활용문

박물관의 본관에는 스물세 개나 되는 展示室(전시실)에 7,500여 점의 歷史(역사) 자료가 時代別(시대별)로 나뉘어 전시되어 있다고 한다.

필순 　一　二　亍　示　示

時

7급Ⅱ

때 **시**

日 | 6획

태양(日)이 일한다(寺)는 것은 시간이 경과한다는 것으로 시간의 길이(時)를 의미한다.

동 期(기약할 기)

읽기 한자

時價(시가) : 어느 일정한 시기에 있어서의 특정물의 시가(市價)
時局(시국) : 당면한 국내 및 국제적 정세
時節(시절) : 때　　　　　當時(당시) : 일이 생긴 그 때

쓰기 한자

時間(시간) : 세월의 흐름
時空(시공) : 시간과 공간
時文(시문) : 그 시대에 쓰이는 글
時方(시방) : 지금. 금시

활용문

이 시계는 時間(시간)이 잘 맞습니까?

 필순 　丨　冂　冃　日　日＇　日＋　旷　旷　時　時

始

6급Ⅱ

비로소 **시:**

女 | 5획

인간은 여인(女)으로부터 태어나 길러(台)지게 되니 시초(始)를 의미한다.

동 初(처음 초)
반 末(끝 말)
　　終(마칠 종)

읽기 한자

始末書(시말서) : 일을 잘못한 사람이 그 일의 전말을 자세히 적은 문서
始終(시종) : 처음과 끝
年末年始(연말년시) : 해의 끝과 한 해의 처음

쓰기 한자

始動(시동) : 처음으로 움직임
始作(시작) : 처음으로 함
始發(시발) : 맨 처음의 출발이나 발차

활용문

차가 고장이 났는지 始動(시동)이 자꾸 꺼집니다.

 필순 　く　女　女　妒　妒　始　始　始

1. 다음 한자어(漢字語)의 독음을 쓰세요.

(1) 宿命 (　　　)　　　(2) 勝利 (　　　)

(3) 始作 (　　　)　　　(4) 告示 (　　　)

(5) 順序 (　　　)　　　(6) 學習 (　　　)

2. 다음 한자(漢字)의 훈(訓)과 음(音)을 쓰세요.

(1) 示 (　　　)

(2) 順 (　　　)

(3) 勝 (　　　)

(4) 宿 (　　　)

3. 다음 훈(訓)과 음(音)에 맞는 한자(漢字)를 쓰세요.

(1) 때 시　(　　　)

(2) 저자 시　(　　　)

(3) 재주 술　(　　　)

(4) 비로소 시 (　　　)

4. 다음(　)에 들어갈 한자(漢字)를 예(例)에서 찾아 그 번호를 쓰세요.

예(例)	① 勝	② 示	③ 時
	④ 順	⑤ 習	⑥ 宿

(1) (　)敗結果　　　(2) 學(　)活動

(3) 行事(　)序　　　(4) (　)間問題

정답

1. (1) 숙명　　(2) 승리　　(3) 시작　　(4) 고시　　(5) 순서　　(6) 학습

2. (1) 보일 시　(2) 순할 순　(3) 이길 승　(4) 잘 숙

3. (1) 時　　(2) 市　　(3) 術　　(4) 始

4. (1) ①　　(2) ⑤　　(3) ④　　(4) ③

食 밥/먹을 식
7급 II

食 | 0획

밥(皀)을 그릇에 모아(人) 담은 모양에서 밥, 먹다(食)는 의미이다.

비 良(어질 량)

食客(식객) : 하는 일 없이 남의 집에 얹혀 얻어먹고 지내는 사람
食料品(식료품) : 음식 재료가 되는 물품　　　　食福(식복) : 먹을 복
食性(식성) : 음식에 대하여 좋아하고 싫어하는 성미
食品(식품) : 사람이 일상 섭취하는 음식물
輕洋食(경양식) : 간단한 서양식 일품요리
過食(과식) : 지나치게 많이 먹음
給食(급식) : 음식을 줌　　　　　　　　宿食(숙식) : 자고 먹음

쓰기한자
食口(식구) : 한 집안에서 같이 살며 끼니를 함께 하는 사람
會食(회식) : 여럿이 모여 함께 음식을 먹는 일

활용문
過食(과식)을 하는 것은 건강에 좋지 않습니다.

필순 　ノ　人　人　今　今　今　食　食　食

植 심을 식
7급

木 | 8획

10인의 눈 앞에선 순수해지듯이 나무(木)를 똑바로(直) 세워서 키우는 것에서 심다(植)는 의미이다.

비 直(곧을 직)
반 拔(뽑을 발)

읽기한자
植種(식종) : 심음

쓰기한자
植物(식물) : 생물계에서 동물과 둘로 크게 구분되는 일군의 생물의 총칭
植木日(식목일) : 나무를 아껴 가꾸고 많이 심기를 권장할 목적으로 제정된 날. 4월 5일
植民地(식민지) : 본국 밖에 있어서 본국의 특수 통치를 받는 지역

활용문
4월 5일은 植木日(식목일)입니다.

필순 　一　十　オ　木　杧　杧　枦　枯　柿　植　植　植

式 법 식
6급

弋 | 3획

도구(弋)를 사용해서 작업(工)을 하는 것에서 작업의 정해진 방식, 방법(式)을 의미한다.

동 規(법 규)
　律(법칙 률)
　法(법 법)
　則(법칙 칙)

읽기한자
式順(식순) : 의식 진행의 순서　　　式典(식전) : 의식
格式(격식) : 격에 맞는 법식　　　舊式(구식) : 옛 양식이나 방식
記念式(기념식) : 어떤 일을 기념하기 위하여 행하는 식
法式(법식) : 법도와 양식

쓰기한자
式場(식장) : 식을 올리는 장소
定式(정식) : 일정한 방식
開所式(개소식) : 사무소·출장소 등의 기관을 설치하여 사무를 시작하며 치르는 식

활용문
신랑, 신부가 式場(식장)을 빠져 나왔다.

필순 　一　二　三　式　式

識

5급II

알 식
기록할 지

言 | 12획

소리(音)를 내어 말하(言)는 것을
확실히 새기(戈)고 깨닫게 하는 것
에서 표시(識)를 의미한다.

비 職(직분 직)
　織(짤 직)
동 知(알 지)

📖 읽기한자

識見(식견) : 학식과 견문
識別(식별) : 알아서 구별함
識字(식자) : 글자를 아는 일
無意識(무의식) : 의식이 없음
記識(기지) : 기록함

활용문

學識(학식)도 깊고 事理(사리)도 밝아서 男便(남편)에게도 항상 자기 분에
넘치는 일은 하지 말고 옳은 길만 걷도록 권고했다.

필순 ` ゛ ゠ ゠ 言 言 言 言 言 訂 訓 訃 諮 諮 諮 識 識 識

信

6급II

믿을 신:

亻(人) | 7획

사람(人) 말(言)에는 거짓말이 없어
야 하며 이를 신령에게 맹세한다고
해서 믿다(信)는 의미이다.

비 計(셀 계)
동 仰(우러를 앙/믿을 앙)

📖 읽기한자

信念(신념) : 굳게 믿는 마음
信奉(신봉) : 믿고 받듦
信任(신임) : 믿고 일을 맡기는 일
過信(과신) : 지나치게 믿음
不信任(불신임) : 신임하지 않음

✏️ 쓰기한자

信用(신용) : 믿고 씀
自信(자신) : 자기의 능력이나 가치를 확신함

활용문

은행거래에서는 信用(신용)이 아주 중요합니다.

필순 ノ 亻 亻 亻 亻 信 信 信

身

6급II

몸 신

身 | 0획

아기를 갖게 되면 몸을 소중히 보
살피는 것에서 몸, 알맹이(身)를 의
미한다.

동 體(몸 체)
반 心(마음 심)

📖 읽기한자

變身(변신) : 몸의 모양을 바꿈
獨身(독신) : 배우자가 없는 사람

✏️ 쓰기한자

身病(신병) : 몸의 병
身分(신분) : 개인의 사회적 지위
身上(신상) : 개인에 관한 일
身長(신장) : 사람의 키
身體(신체) : 사람의 몸

활용문

이번 일을 身分(신분)상승의 기회로 삼는 것은 좋지 않다.

필순 ` ゛ ゙ 自 自 身 身

新

새 신

6급Ⅱ

斤 | 9획

도끼(斤)로 막 자른(立) 생나무(木)의 모양에서 새롭다, 처음(新)을 의미한다.

비 親(친할 친)
반 舊(예 구)
　古(예 고)

읽기한자

新曲(신곡) : 새로 지은 노래의 곡
新規(신규) : 새로운 규정 또는 규모
新兵(신병) : 새로 입영한 병정
新鮮(신선) : 새롭고 깨끗함
新種(신종) : 새로운 종류

쓰기한자

新綠(신록) : 늦봄이나 초여름의 초목이 띤 푸른 빛
新聞(신문) : 새로운 소식

활용문

음반점 벽면에 新曲(신곡) 인기순위표가 걸려있었다.

 필순 `　ㄱ　ㄹ　ㅕ　효　프　辛　亲　亲　亲　新　新　新

神

귀신 신

6급Ⅱ

示 | 5획

번개처럼 일어(申)나는 힘을 두려워해 신령님을 제사(示)하는 것에서 신(神)을 의미한다.

비 祖(할아비 조)
동 鬼(귀신 귀)

읽기한자

神格(신격) : 신으로서의 자격
神技(신기) : 매우 뛰어난 기술이나 재주
神仙(신선) : 선도를 닦아 도에 통한 사람
神位(신위) : 신령이 의지할 자리

쓰기한자

神童(신동) : 재주와 슬기가 남달리 썩 뛰어난 아이
神明(신명) : 하늘과 땅의 신령

활용문

그 약을 먹었더니 神通(신통)하게도 말끔히 치유됐다.

 필순 `　一　二　亍　亓　示　示　和　和　神　神

臣

신하 신

5급Ⅱ

臣 | 0획

눈을 들어 위를 보는 모양으로 주인 앞에 부복하고 있는 사람, 부하(臣)를 의미한다.

비 巨(클 거)
반 君(임금 군)　王(임금 왕)
　帝(임금 제)　皇(임금 황)
　主(임금 주)　民(백성 민)

읽기한자

臣下(신하) : 임금을 섬기어 벼슬하는 사람
家臣(가신) : 정승의 집안일을 맡아보던 사람
功臣(공신) : 국가에 공로가 있는 신하
使臣(사신) : 임금이나 국가의 명령으로 외국에 심부름 가는 신하

활용문

君臣(군신) 사이에 도리는 의리에 있습니다.

 필순 `　一　丁　五　五　手　臣

1. 다음 한자어(漢字語)의 독음을 쓰세요.

(1) 識別 (   )   (2) 身體 (   )

(3) 信奉 (   )   (4) 功臣 (   )

(5) 式順 (   )   (6) 神童 (   )

2. 다음 한자(漢字)의 훈(訓)과 음(音)을 쓰세요.

(1) 臣   (   )

(2) 識   (   )

(3) 信   (   )

(4) 式   (   )

3. 다음 훈(訓)과 음(音)에 맞는 한자(漢字)를 쓰세요.

(1) 먹을 식 (   )

(2) 심을 식 (   )

(3) 새 신   (   )

(4) 몸 신   (   )

4. 다음(   )에 들어갈 한자(漢字)를 예(例)에서 찾아 그 번호를 쓰세요.

예(例)	① 式	② 信	③ 識
	④ 臣	⑤ 植	⑥ 神

(1) 一字無(   )   (2) 開國功(   )

(3) (   )前行事   (4) (   )物人間

정답

1. (1) 식별   (2) 신체   (3) 신봉   (4) 공신   (5) 식순   (6) 신동
2. (1) 신하 신   (2) 알 식 / 기록할 지   (3) 믿을 신   (4) 법 식
3. (1) 食   (2) 植   (3) 新   (4) 身
4. (1) ③   (2) ④   (3) ①   (4) ⑤

室 집 실

8급

宀 | 6획

사람이 잠자는 침실은 집(宀) 안쪽에 있는(至) 것에서 방, 거처(室)를 의미한다.

- 비 空(빌 공)
- 동 家(집 가) 堂(집 당)
  屋(집 옥) 宅(집 택)
  宇(집 우) 宙(집 주)

읽기한자
客室(객실) : 손님이 거처하게 하거나 응접하는 방
浴室(욕실) : 목욕실

쓰기한자
室長(실장) : 실(室)의 명칭으로 된 기관의 우두머리
室外(실외) : 교실 밖 ↔ 室內(실내)
教室(교실) : 학생들이 공부하는 넓은 방
王室(왕실) : 임금의 집안

활용문
매일매일 教室(교실)청소를 해야 합니다.

 필순 ` ´ 宀 宁 宁 宏 宏 室 室

失 잃을 실

6급

大 | 2획

사람(人)이 큰(大) 실수를 하여 물건을 잃었다(失)는 의미이다.

- 비 矢(화살 시)
  夫(지아비 부)
- 동 敗(패할 패)
- 반 得(얻을 득)

읽기한자
失格(실격) : 자격을 잃음
失望(실망) : 희망을 잃어버림
失敗(실패) : 일을 잘못하여 그르침
過失(과실) : 잘못. 허물
亡失(망실) : 잃어버려서 없어짐

쓰기한자
失禮(실례) : 언행이 예의에 벗어남
失利(실리) : 손해를 봄

활용문
失手(실수)하지 않도록 정신 바짝 차리고 일해라.

 필순 ´ ´ ⺧ 失 失

實 열매 실

5급 II

宀 | 11획

집(宀) 안에 보물(貝)이 가득 채워져 있는(毌) 것에서 가득차다, 정말, 알맹이(實)를 의미한다.

- 동 果(실과 과)
- 반 虛(빌 허)
  空(빌 공)
- 약 実

읽기한자
果實(과실) : 과수에 생기는 열매
實感(실감) : 실제의 느낌
實科(실과) : 실제 업무에 필요한 과목
實力(실력) : 실제의 역량
實行(실행) : 실제로 행함

활용문
이렇게 우리들이 스스로가 상상의 날개를 펴서 實行(실행)해 볼 수 있는 놀이로는 연극이 제일이다.

 필순 ` ´ 宀 宁 宁 宙 審 審 實 實 實 實 實

心 | 마음 | 심

心 | 0획

옛날 사람은 무언가를 생각하는 마음의 활용이 심장에 있다고 생각하여 마음(心)을 나타낸다.

동 情(뜻 정)
반 身(몸 신)
　 體(몸 체)

읽기한자

心性(심성) : 마음과 성품
心情(심정) : 마음과 정
觀心(관심) : 마음의 본성을 관찰하여 밝게 함
都心(도심) : 도회의 중심

쓰기한자

中心(중심) : 가운데
心氣(심기) : 마음으로 느끼는 기분
心事(심사) : 마음에 새기는 일
重心(중심) : 중력의 중심

활용문

아버지의 心氣(심기)가 많이 불편하십니다.

필순

十 | 열 | 십

十 | 0획

1에서 10까지의 전부를 한 자루에 쥔 모양을 본떴다.

읽기한자

十倍(십배) : 열 곱

쓰기한자

十長生(십장생) : 장생불사한다는 열 가지의 물건
十中八九(십중팔구) : 열 가운데 여덟이나 아홉이 됨. 거의 다 됨
十分(십분) : 아주 충분히
十全(십전) : 모두 갖추어져서 결점이 없음

활용문

우리는 농구 경기에서 실력을 十分(십분) 발휘했다.

필순 一 十

兒 | 아이 | 아

儿 | 6획

아이(兒)의 머리(臼)와 다리(儿)의 모양을 합친 글자이다.

동 童(아이 동)
반 長(어른 장)
약 児

읽기한자

兒童(아동) : 어린아이
育兒(육아) : 어린아이를 기름
幸運兒(행운아) : 좋은 운수를 만난 사람

활용문

이 두 연극을 구별하기 위해서 앞의 것을 學校劇(학교극), 뒤의 것을 兒童劇(아동극)이라고 할 수도 있다.

필순 丿 𠂉 𠂊 𦥑 臼 臼 臼 兒

惡

5급 II

악할 **악**
미워할 **오**

心 | 8획

비뚤어진 마음은 보기 싫은(亞) 마음(心)으로 좋지 않다, 나쁘다, 악하다(惡)는 의미이다.

- 비 恩(은혜 은)   悲(슬플 비)
- 동 憎(미울 증)
- 반 善(착할 선)   愛(사랑 애)
- 약 悪

 필순 一 广 广 币 亞 亞 亞 亞 亞 惡 惡 惡

읽기한자
惡談(악담) : 남의 일을 나쁘게 말하는 것
害惡(해악) : 해가 되는 나쁜 일
交惡(교오) : 서로 미워함

활용문

사임당이 마흔여덟이 되던 해, 전부터 앓고 있던 病(병)이 惡化(악화)되어 조용히 눈을 감게 되니, 때는 1551年(년) 5月(월) 17日(일) 새벽이었다.

安

7급 II

편안 **안**

宀 | 3획

집안(宀)에 여인(女)이 있어 집을 지키면 가정이 평화롭다는 데서 편안하다(安)는 의미이다.

- 비 案(책상 안)
- 동 寧(편안 녕)   全(온전 전)
  便(편할 편)   平(평평할 평)

 필순 ` ` 宀 宀 安 安

읽기한자
安着(안착) : 무사히 도착함
奉安(봉안) : 신주(神主)나 화상(畫像)을 받들어 모심

 쓰기한자
安心(안심) : 마음을 편안히 가라앉힘
安全(안전) : 평안하여 위험이 없음
安住(안주) : 자리 잡고 편히 삶
問安(문안) : 웃어른께 안부를 여쭘

활용문

철수는 서울에 계신 부모님께 問安(문안) 편지를 썼다.

案

5급

책상 **안**

木 | 6획

음식을 먹을 때 편한(安) 자세로 먹을 수 있도록 나무(木)로 만든 탁자(案)를 의미한다.

- 비 安(편안 안)

 필순 ` ` 宀 宀 安 安 安 宰 宰 案

읽기한자
案內(안내) : 인도하여 일러줌
案件(안건) : 토의하거나 조사하여야 할 사실
考案(고안) : 어떠한 안(案)을 생각해 냄
改正案(개정안) : 개정할 안건

활용문

승무원의 案內(안내)에 따라 신속히 대피해 주십시오.

1. 다음 한자어(漢字語)의 독음을 쓰세요.

   (1) 實感 (   )   (2) 惡談 (   )

   (3) 失禮 (   )   (4) 育兒 (   )

   (5) 案內 (   )   (6) 便安 (   )

2. 다음 한자(漢字)의 훈(訓)과 음(音)을 쓰세요.

   (1) 惡   (   )

   (2) 兒   (   )

   (3) 實   (   )

   (4) 案   (   )

3. 다음 훈(訓)과 음(音)에 맞는 한자(漢字)를 쓰세요.

   (1) 열 십   (   )

   (2) 집 실   (   )

   (3) 마음 심   (   )

   (4) 잃을 실   (   )

4. 다음(   )에 들어갈 한자(漢字)를 예(例)에서 찾아 그 번호를 쓰세요.

예(例)	① 兒	② 案	③ 惡
	④ 安	⑤ 失	⑥ 實

   (1) (   )童文學   (2) 過(   )相規

   (3) 觀光(   )內   (4) 有名無(   )

정답

1. (1) 실감   (2) 악담   (3) 실례   (4) 육아   (5) 안내   (6) 편안
2. (1) 악할 악 / 미워할 오   (2) 아이 아   (3) 열매 실   (4) 책상 안
3. (1) 十   (2) 室   (3) 心   (4) 失
4. (1) ①   (2) ⑤   (3) ②   (4) ⑥

愛 사랑 애(:)

6급

心 | 9획

님을 빨리 만나고 싶으면(心), 배를 움직여(愛)도 성급해 배가 나아가지 않는다 하여 사랑하다(愛)는 의미이다.

[반] 惡(미워할 오)
　　憎(미워할 증)

읽기한자

愛情(애정) : 사랑하는 마음
敬愛(경애) : 공경하고 사랑함
令愛(영애) : 남의 딸에 대한 경칭
愛唱曲(애창곡) : 즐겨 부르는 곡
熱愛(열애) : 열렬히 사랑함
友愛(우애) : 형제 사이의 사랑

쓰기한자

愛校(애교) : 학교를 사랑함
愛國(애국) : 자기 나라를 사랑함
愛讀(애독) : 즐겨서 읽음
愛社(애사) : 자기가 근무하는 회사를 아끼고 사랑함

활용문

나라에 愛國(애국)하는 마음을 항상 지녀라.

 필순

野 들 야:

6급

里 | 4획

사람이 살고 있는 마을(里)에서 쭉 뻗어간(予) 곳의 풍경에서 넓은 들판(野)이란 의미이다.

[비] 豫(미리 예)
[반] 與(더불 여)

읽기한자

野談(야담) : 야사(野史)의 이야기
野望(야망) : 분에 훨씬 넘치는 희망
野性(야성) : 자연 또는 본능 그대로의 성질
廣野(광야) : 너른 들

쓰기한자

野生(야생) : 동식물이 산이나 들에서 저절로 남
野球(야구) : 공과 글러브, 배트를 가지고 하는 경기

활용문

이 곳은 野生(야생)동물의 낙원이다.

 필순

夜 밤 야:

6급

夕 | 5획

사람(人)들이 집(宀)에서 휴식하는 것은 달(月)이 뜨는 밤(夜)이라는 의미이다.

[비] 液(진 액)
[반] 晝(낮 주)
　　午(낮 오)

읽기한자

夜景(야경) : 밤의 경치
黑夜(흑야) : 어두운 밤

쓰기한자

夜光(야광) : 밤에 빛나는 빛
夜學(야학) : 밤에 공부함
夜行(야행) : 밤에 길을 감
夜戰(야전) : 야간전투
白夜(백야) : 밤에도 어두워지지 않는 현상
晝夜(주야) : 밤낮

활용문

부엉이는 夜行性(야행성) 동물입니다.

 필순

弱 약할 약

6급 II

弓 | 7획

새끼 새가 날개를 펼친 모양을 본떠서 약하다, 어리다(弱)는 의미이다.

비 羽(깃 우)
반 強(강할 강)

<small>읽기 한자</small>
弱化(약화) : 세력이 약해짐

<small>쓰기 한자</small>
弱體(약체) : 약한 몸
強弱(강약) : 강함과 약함

<small>활용문</small>
우리 팀은 弱體(약체)팀으로 분류됐다.

필순 ㄱ ㄱ ㄹ ㄹ ㄹ 弜 弜 弱 弱 弱

藥 약 약

6급 II

++(艸) | 15획

병으로 열이 날 때 먹이면 편해지(樂)는 풀(++)에서 약(藥)을 의미한다.

비 樂(즐길 락)
약 薬

<small>읽기 한자</small>
藥局(약국) : 약사가 약을 판매하는 곳
藥材(약재) : 약을 짓는 재료
藥品(약품) : 약

<small>쓰기 한자</small>
藥果(약과) : 감당하기 어렵지 않은 일, 기름에 지진 과자
藥物(약물) : 약제가 되는 물질
藥水(약수) : 약물
藥草(약초) : 약으로 쓰는 풀

<small>활용문</small>
병원에서 藥物(약물)치료를 받았다.

필순 一 艹 艹 艹 艹 ガ 艻 苔 苔 苗 葤 药 葯 蒅 蕐 蓔 藥 藥 藥

約 맺을 약

5급 II

糸 | 3획

실(糸)을 꾸러미(丶)에 감아(勹) 묶는다(約)는 의미이다.

비 給(줄 급)
　級(등급 급)
동 束(묶을 속)
반 解(풀 해)

<small>읽기 한자</small>
約束(약속) : 장래의 할 일에 관해 상대방과 서로 언약하여 정함
約定(약정) : 일을 약속하여 정함
公約(공약) : 사회에 대한 언약
規約(규약) : 협의에 의해 정함

<small>활용문</small>
1909년 안중근은 동지 10여 명과 함께 獨立運動(독립운동)에 生命(생명)을 바칠 것을 約束(약속)하고 이등박문을 살해하기로 決意(결의)하였다.

필순 ⺀ ⺀ 幺 幺 糸 糸 約 約 約

아

洋

6급

큰바다 양

氵(水) | 6획

양(羊) 몸에 나 있는 털처럼 강(氵)이 갈래갈래 나뉘었다가 흘러가는 넓은 바다(洋)를 의미한다.

비 羊(양 양)
　　注(부을 주)

洋屋(양옥) : 서양식으로 지은 집
輕洋食(경양식) : 간단한 서양식 일품요리

洋式(양식) : 서양식
洋洋(양양) : 바다가 한없이 넓음
洋銀(양은) : 구리·아연·니켈을 합금하여 만든 쇠

東洋人(동양인)들은 서양인들보다 키가 작습니다.

 필순 　丶　丶　氵　氵　氵　汀　泮　洋　洋

陽

6급

볕 양

阝(阜) | 9획

절벽(阝)에 온화한 해(日)가 비추고 있는 것(勿)에서 양지, 양달(陽)을 의미한다.

비 揚(날릴 양)
　　楊(버들 양)
　　場(마당 장)
동 景(볕 경)
반 陰(그늘 음)

陽性(양성) : 적극적인 성질. 활발한 성질
落陽(낙양) : 夕陽(석양)과 동의어

陽氣(양기) : 만물이 움직이거나 또는 살아나려고 하는 기운
夕陽(석양) : 저녁때의 해
陽地(양지) : 볕이 바로 드는 곳

강아지를 陽地(양지)바른 곳에 묻어주세요.

필순 　丨　刂　阝　阝'　阝'　阝'　阝'　阝'　阝'　阝'　陽　陽

養

5급II

기를 양

食 | 6획

양(羊)은 풀을 먹여(食) 기른다(養)는 의미이다.

동 育(기를 육)

養女(양녀) : 수양딸
養成(양성) : 길러 냄
養育(양육) : 부양하여 기름
養子(양자) : 입양에 의해서 자식의 자격을 얻은 사람

신문이 해야 할 일의 하나는 文化發展(문화발전)을 위하고 國民(국민)들의 教養(교양)을 높이는 것이다.

 필순 　丶　丷　丷　产　产　羊　羊　美　美　養　養　養　養　養　養

1. 다음 한자어(漢字語)의 독음을 쓰세요.

(1) 約束 (   )　　(2) 強弱 (   )
(3) 野外 (   )　　(4) 洋式 (   )
(5) 藥局 (   )　　(6) 養育 (   )

2. 다음 한자(漢字)의 훈(訓)과 음(音)을 쓰세요.

(1) 約 　(   )
(2) 藥 　(   )
(3) 養 　(   )
(4) 弱 　(   )

3. 다음 훈(訓)과 음(音)에 맞는 한자(漢字)를 쓰세요.

(1) 밤 야 　(   )
(2) 사랑 애 (   )
(3) 볕 양 　(   )
(4) 들 야 　(   )

4. 다음(　)에 들어갈 한자(漢字)를 예(例)에서 찾아 그 번호를 쓰세요.

| 예(例) | ① 弱 | ② 養 | ③ 夜 |
| | ④ 藥 | ⑤ 約 | ⑥ 洋 |

(1) (　)小國家　　(2) 醫(　)分業
(3) 教(　)科目　　(4) 東(　)醫學

정답

1. (1) 약속　　(2) 강약　　(3) 야외　　(4) 양식　　(5) 약국　　(6) 양육
2. (1) 맺을 약　(2) 약 약　　(3) 기를 양　(4) 약할 약
3. (1) 夜　　(2) 愛　　(3) 陽　　(4) 野
4. (1) ①　　(2) ④　　(3) ②　　(4) ⑥

語 말씀 **어**

言 | 7획

7급

너와 내(吾)가 서로 입으로 말(言)을 나눈다는 것에서 얘기하다, 말(語)을 의미한다.

图 言(말씀 언)
　　談(말씀 담)
　　話(말씀 화)

語法(어법) : 말의 조직에 관한 법칙
語不成說(어불성설) : 말이 조금도 사리에 맞지 않음
語順(어순) : 주어 · 술어 · 목적어 등의 위치 관계
語調(어조) : 말의 가락
敬語(경어) : 공경하는 뜻을 나타내는 말

語氣(어기) : 말하는 솜씨. 말하는 기세. 어투
語文(어문) : 말과 글. 언어와 문장
語中(어중) : 말속　　　　　　　　　語文學(어문학) : 어학과 문학

나는 語文學(어문학)을 전공하고 싶습니다.

 필순 　`　ー　二　言　言　言　言　訂　語　語　語　語　語

魚 고기 **어**

魚 | 0획

5급

물고기의 모습을 본떴다.

田 漁(고기잡을 어)

魚類(어류) : 물고기의 무리
魚物(어물) : 가공하여 말린 해산물
魚族(어족) : 물고기의 종족
北魚(북어) : 마른 명태

銀魚(은어)는 바다빙어과의 민물고기입니다.

 필순 　′　′　″　″　″　甬　甬　魚　魚　魚　魚

漁 고기잡을 **어**

氵(水) | 11획

5급

물(氵) 속에 숨어버린 물고기(魚)를 잡는 것에서 고기잡이, 사냥(漁)을 의미한다.

田 魚(고기 어)

漁夫(어부) : 물고기 잡이를 업으로 하는 사람
出漁(출어) : 물고기를 잡으러 나감
農漁民(농어민) : 농민과 어민
漁船(어선) : 고기잡이를 하는 배

漁夫(어부)들이 고기를 끌어올리느라 여념이 없습니다.

 필순 　`　ゝ　冫　氵　氵　沪　沪　沪　浒　漁　漁　漁　漁　漁

億

5급

억 억

亻(人) | 13획

옛날 사람(人)들이 생각할(意) 수 있는 가장 큰 수가 억(億)이란 의미이다.

비 意(뜻 의)

읽기한자

億萬長者(억만장자) : 몇 억대의 재산을 가진 사람
數億(수억) : 억의 두서너 배가 되는 수

활용문

누구나 한번쯤은 億萬長者(억만장자)가 되는 꿈을 꾼다.

필순 ノ 亻 亻 亻 忤 忤 忤 偮 偮 倍 億 億 億 億

言

6급

말씀 언

言 | 0획

마음(忄)에 있는 바를 입(口)으로 말한다(言)는 의미이다.

동 語(말씀 어)   說(말씀 설)
   談(말씀 담)   話(말씀 화)
반 行(다닐 행)

읽기한자

言約(언약) : 말로 약속함
言爭(언쟁) : 말다툼
言質(언질) : 어떤 일을 약속하는 말의 꼬투리
過言(과언) : 지나친 말
傳言(전언) : 말을 전함

쓰기한자

言動(언동) : 언어와 행동
言文(언문) : 말과 글
言明(언명) : 말로써 의사를 분명히 나타냄

활용문

나는 담배를 피우지 않기로 言約(언약)하였다.

필순 丶 亠 亠 言 言 言 言

業

6급 II

업 업

木 | 9획

북을 올려놓은 받침대를 본떴는데, 받침대를 조각하는 것을 일삼는다 하여 일(業)을 의미한다.

읽기한자

業種(업종) : 영업의 종류
課業(과업) : 꼭 해야 할 일이나 업무
操業(조업) : 작업을 실시함

쓰기한자

業界(업계) : 동일한 산업이나 상업에 종사하고 있는 사람의 세계
業主(업주) : 영업의 책임과 권한을 가진 주인
業體(업체) : 사업이나 기업의 주체

활용문

業種(업종)을 전환할 필요까지는 없을 것 같은데.

필순 丿 丬 丬 业 业 业 业 掌 業 業 業 業 業

然
그럴 연
灬(火) | 8획

7급

불(灬)로 개(犬)고기(肉)를 그을려 태워(然) 먹는 일은 당연(然)하기에 그러하다(然)는 의미이다.

然則(연즉) : 그러면
當然(당연) : 이치로 보아 마땅함
必然(필연) : 그리 되는 수밖에 다른 도리가 없음

✏️ 쓰기한자

然後(연후) : 그러한 뒤
自然(자연) : 꾸밈없이. 산천초목과 같은 자연물
同然(동연) : 똑같이 그러함. 서로 마찬가지임
不然(불연) : 그렇지 아니함

활용문

自然(자연)의 소중함을 알아야 합니다.

필순 `丿 夕 夕 夕 夕 夕 夕 夕 夕 夕 夕 然 然 然 然`

熱
더울 열
灬(火) | 11획

5급

토지(坴)를 잘 갈아 심은 작물이 잘 자라듯이, 불(灬)이 기세좋게(丸) 뜨겁다(熱)는 의미이다.

비 勢(형세 세)
　 藝(재주 예)
반 寒(찰 한)
　 冷(찰 랭)

熱氣(열기) : 뜨거운 기운
熱量(열량) : 열을 에너지의 양으로 나타낸 것
熱望(열망) : 열렬히 바람
熱病(열병) : 열이 몹시 오르고 심하게 앓는 병

활용문

'토요일 밤의 熱氣(열기)'라는 영화를 봤습니다.

 필순 `一 十 土 夫 圥 幸 幸 坴 封 封 刲 執 執 熱 熱 熱`

葉
잎 엽
++(艸) | 9획

5급

나뭇가지(木)에 붙어 떨어지면 또 생겨나는(世) 푸른 잎새에 풀(++)의 잎(葉)이라는 의미이다.

읽기한자

葉書(엽서) : 우편엽서·그림엽서
觀葉植物(관엽식물) : 보고 즐기기 위하여 재배하는 식물
秋風落葉(추풍낙엽) : 가을바람에 흩어져 떨어지는 낙엽
末葉(말엽) : 어떠한 시대의 마지막 시점을 이르는 말

활용문

葉書(엽서)로 보내야 할지, 이메일로 보내야 할지 모르겠습니다.

 필순 `一 十 丗 丗 丗 世 芣 苹 苹 苹 苹 葉 葉`

1. 다음 한자어(漢字語)의 독음을 쓰세요.

(1) 漁夫 (　　　)　　　(2) 億萬 (　　　)
(3) 葉書 (　　　)　　　(4) 魚類 (　　　)
(5) 熱氣 (　　　)　　　(6) 言動 (　　　)

2. 다음 한자(漢字)의 훈(訓)과 음(音)을 쓰세요.

(1) 億 (　　　)
(2) 漁 (　　　)
(3) 葉 (　　　)
(4) 熱 (　　　)

3. 다음 훈(訓)과 음(音)에 맞는 한자(漢字)를 쓰세요.

(1) 말씀 언 (　　　)
(2) 그럴 연 (　　　)
(3) 업 업 (　　　)
(4) 말씀 어 (　　　)

4. 다음(　)에 들어갈 한자(漢字)를 예(例)에서 찾아 그 번호를 쓰세요.

| 예(例) | ① 熱 | ② 漁 | ③ 魚 |
| | ④ 葉 | ⑤ 億 | ⑥ 言 |

(1) 遠洋(　)船　　　(2) 秋風落(　)
(3) 一(　)萬年　　　(4) (　)行一致

정답
1. (1) 어부　(2) 억만　(3) 엽서　(4) 어류　(5) 열기　(6) 언동
2. (1) 억 억　(2) 고기잡을 어　(3) 잎 엽　(4) 더울 열
3. (1) 言　(2) 然　(3) 業　(4) 語
4. (1) ②　(2) ④　(3) ⑤　(4) ⑥

英

꽃부리 **영**

6급

++(艸) | 5획

풀(++)이 성장하여 한복판(央)에 멋있는 꽃이 피는 형상에서 꽃부리(英)라는 의미이다.

[동] 特(특별할 특)

읽기 한자

英雄(영웅) : 지력과 재능이 뛰어나 대업을 성취한 사람
英才(영재) : 탁월한 재주를 지닌 사람

쓰기 한자

英語(영어) : 영국의 언어
英特(영특) : 영걸스럽고 특별함

활용문

나는 수학보다 英語(영어)를 더 잘 합니다.

 필순 ㅡ ㅜ ㅜ ㅗㅜ ㅗㅜ ㅛㅜ ㅛㅜ 英 英

永

길 **영:**

6급

水 | 1획

강물의 흐름이 지류에 합치기도 하면서 흘러내려 바다로 가는 형태에서 길다(永)는 의미이다.

[비] 水(물 수)　　氷(얼음 빙)
[동] 長(긴 장)　　遠(멀 원)
[반] 短(짧을 단)

읽기 한자

永福(영복) : 길이길이 계속되는 복
永宅(영택) : 영구히 사는 주택

쓰기 한자

永生(영생) : 영원토록 삶
永遠(영원) : 한없이 오래 계속 되는 일
永世(영세) : 세월이 오램. 또는 그런 세월이나 세대
永日(영일) : 아침부터 저녁 늦게까지의 하루 종일

활용문

아름다운 추억은 永遠(영원)토록 잊혀지지 않는다.

 필순 ㅅ ㅓ ㅕ 永 永

午

낮 **오:**

7급 II

十 | 2획

열두 시(十二)를 가리키는 시계 바늘 모양으로 정오의 낮(午)을 의미한다.

[비] 牛(소 우)　　年(해 년)
[동] 晝(낮 주)
[반] 夜(밤 야)

읽기 한자

停午(정오) : 한 낮

쓰기 한자

午前(오전) : 밤 0시부터 낮 12시까지의 사이
正午(정오) : 낮의 열두 시
午後(오후) : 정오부터 밤 열두시까지의 시간
子午線(자오선) : 어떤 지점에서 정북과 정남을 통해 천구에 상상으로 그은 선

활용문

오늘 午前(오전)과 午後(오후)동안 아무것도 먹지 못했다.

 필순 ㅣ ㅅ ㅗ 午

五

8급

다섯 오:

二 | 2획

한쪽 손의 손가락을 전부 편 모양을 본떴다.

읽기한자

五福(오복) : 다섯 가지 복

쓰기한자

五感(오감) : 다섯 가지 감각
五目(오목) : 바둑놀이의 하나
五角(오각) : 각이 다섯 개 있는 것
五苦(오고) : 인생의 다섯가지 괴로움

활용문

쉬는 시간에 五目(오목) 한판 두는 게 어때?

필순 一 丆 开 五

屋

5급

집 옥

尸 | 6획

사람(尸)이 찾아오면 머무는(至) 곳, 즉 침식하는 것에서 집, 주거(屋)를 의미한다.

비 居(살 거)
동 家(집 가)   館(집 관)
　 堂(집 당)   室(집 실)
　 宅(집 택)   宇(집 우)
　 宙(집 주)

읽기한자

屋上(옥상) : 지붕의 위
屋外(옥외) : 집의 밖
家屋(가옥) : 사람이 사는 집
社屋(사옥) : 회사의 건물

활용문

屋上(옥상)에 올라 밤하늘의 별을 바라보았습니다.

필순 一 コ 尸 尸 尸 层 层 屋 屋

溫

6급

따뜻할 온

氵(水) | 10획

찬 음식을 쪄서 따뜻하게(昷) 하듯 물(氵)을 데우는 것에서 따뜻하다(溫)는 의미이다.

동 暖(따뜻할 난)
반 冷(찰 랭)   寒(찰 한)
약 温

읽기한자

溫順(온순) : 성질·마음씨가 온화하고 양순함
溫情(온정) : 따뜻한 인정
三寒四溫(삼한사온) : 겨울철에 추운 날씨가 약 3일, 따뜻한 날씨가 4일
　　　　　　　　　가량 계속 되는 기후 현상

쓰기한자

溫氣(온기) : 따뜻한 기운
溫度(온도) : 덥고 찬 정도
溫水(온수) : 따뜻한 물
溫室(온실) : 난방장치를 한 방

활용문

溫水(온수)가 준비됐으니 샤워를 해라.

필순 丶 冫 冫 氵 氵 汀 沪 沪 沪 沪 溫 溫 溫 溫

아

完

5급

완전할 **완**

宀 | 4획

담을 토대(元)를 잘 하여 쌓고 지붕
(宀)을 해 씌운다는 데서 완전하다
(完)는 의미이다.

비 宗(마루 종)
　宅(집 택)
동 全(온전 전)

完決(완결) : 완전히 결정함
完結(완결) : 완전하게 끝을 맺음
完工(완공) : 공사가 끝남
完成(완성) : 완전히 이룸
完全(완전) : 필요한 것이 모두 갖추어져 모자람이나 흠이 없음

활용문

그러나 아이의 귀에는 그 말이 들리지 않는 듯, 흙에 完全(완전)히 홀린 듯
꼼짝도 하지 않았다.

 필순 　丶　丷　宀　宁　户　宁　完

王

8급

임금 **왕**

王(玉) | 0획

하늘과 땅과 인간(三)을 통치하(丨)
는 임금(王)을 의미한다.

비 玉(구슬 옥)
동 君(임금 군)
　帝(임금 제)
　皇(임금 황)
반 臣(신하 신)

읽기한자

王都(왕도) : 제왕이 있는 서울
王位(왕위) : 제왕의 자리

쓰기한자

王家(왕가) : 왕의 집안
王國(왕국) : 왕을 통치자로 하는 나라
王道(왕도) : 왕이 마땅히 지켜야 할 일
王命(왕명) : 임금의 명령

활용문

어학공부에 王道(왕도)는 없습니다.

필순 　一　二　千　王

外

8급

바깥 **외:**

夕 | 2획

저녁(夕)때 거북이 등을 두드려서
점(卜)을 치면 줄금이 바깥쪽에 생
겨 바깥(外)을 의미한다.

반 內(안 내)

읽기한자

外觀(외관) : 겉보기
課外(과외) : 정한 과정 이외에 하는 공부
屋外(옥외) : 집의 밖

쓰기한자

外界(외계) : 바깥 세계
外面(외면) : 보기를 꺼려 얼굴을 돌려 버림
外出(외출) : 밖에 나감
意外(의외) : 뜻밖

활용문

外出(외출) 후에 집에 들어오면 손발을 꼭 씻어야 한다.

 필순 　丿　ク　タ　夕　列　外

1. 다음 한자어(漢字語)의 독음을 쓰세요.

   (1) 完全 (   )   (2) 家屋 (   )
   (3) 英特 (   )   (4) 永遠 (   )
   (5) 正午 (   )   (6) 溫室 (   )

2. 다음 한자(漢字)의 훈(訓)과 음(音)을 쓰세요.

   (1) 屋   (   )
   (2) 英   (   )
   (3) 完   (   )
   (4) 溫   (   )

3. 다음 훈(訓)과 음(音)에 맞는 한자(漢字)를 쓰세요.

   (1) 낮 오   (   )
   (2) 다섯 오 (   )
   (3) 바깥 외 (   )
   (4) 임금 왕 (   )

4. 다음(   )에 들어갈 한자(漢字)를 예(例)에서 찾아 그 번호를 쓰세요.

예(例)	① 英	② 屋	③ 溫
	④ 完	⑤ 外	⑥ 永

   (1) 三寒四(   )   (2) 自己(   )成
   (3) 海(   )旅行   (4) (   )才敎育

   정답
   1. (1) 완전   (2) 가옥   (3) 영특   (4) 영원   (5) 정오   (6) 온실
   2. (1) 집 옥   (2) 꽃부리 영   (3) 완전할 완   (4) 따뜻할 온
   3. (1) 午   (2) 五   (3) 外   (4) 王
   4. (1) ③   (2) ④   (3) ⑤   (4) ①

要

5급 II

요긴할 **요(ː)**

襾 | 3획

여자(女)가 두 손으로 허리(腰)를 잡고 있는 모양을 본 뜬 글자로 중요하다(要)라는 의미이다.

읽기한자

要件(요건) : 중요한 용건
要路(요로) : 가장 긴요한 길
要望(요망) : 구하여 바람
要所(요소) : 중요한 장소

활용문

더 重要(중요)한 일이 있습니다.

 필순 一 一 一 一 一 襾 襾 要 要 要

曜

5급

빛날 **요ː**

日 | 14획

새(隹)가 날아오를 때의 날개(羽)의 아름다움처럼 햇볕(日)이 높이 빛나다(曜)는 의미이다.

읽기한자

曜日(요일) : 일, 월, 화, 수. 목, 금, 토의 각 날을 이르는 말

활용문

지난 日曜日(일요일), 삼촌을 따라 國立(국립) 중앙 박물관에 갔다.

필순 丨 冂 日 日 日ˊ 日ˊ 日ˊ 日ˊˊ 日ˊˊ 日ˊˊ 日ˊˊ 日ˊˊ 日ˊˊ 日ˊˊ 曜 曜 曜

浴

5급

목욕할 **욕**

氵(水) | 7획

옛날은 계곡(谷)사이를 흘러내리는 물(氵)로 씻어 정화한 것에서 맞다, 씻다(浴)는 의미이다.

비 谷(골 곡)
　俗(풍속 속)
동 沐(목욕할 목)

읽기한자

浴室(욕실) : 목욕실
日光浴(일광욕) : 온 몸을 햇빛에 쬐어 건강을 증진시키는 일
入浴(입욕) : 목욕탕에 들어감. 또는 목욕을 함
海水浴(해수욕) : 바닷물에서 헤엄을 치거나 즐기며 놂

활용문

浴室(욕실)바닥이 미끄러우니 조심하세요.

 필순 丶 丶 氵 氵 氵 沙 浴 浴 浴 浴

勇

6급II

날랠 **용**:

力 | 7획

힘(力)이 용솟음(甬) 쳐서 행동이
날래고 용감하다(勇)는 의미이다.

비 男(사내 남)
동 猛(사나울 맹)

 읽기 한자

勇士(용사) : 용맹스러운 사람

쓰기 한자

勇氣(용기) : 씩씩한 의기
勇名(용명) : 용감하고 사납다는 명성

활용문

군인들은 모두 진정한 勇士(용사)입니다.

필순 フ マ マ 丹 丹 丙 面 勇 勇

用

6급II

쓸 **용**:

用 | 0획

무엇인가 물건을 만들 때 산산히
흩어지지 않도록 못을 사용하여 이
용하다(用)는 의미이다.

동 費(쓸 비)

읽기 한자

用件(용건) : 볼일
用具(용구) : 무엇을 하거나 만드는 데 쓰는 기구
用量(용량) : 쓰는 분량

쓰기 한자

用度(용도) : 씀씀이
用語(용어) : 일정한 전문 분야에서 주로 사용하는 말

활용문

이 물건의 用度(용도)를 알려주세요.

필순 ノ 刀 月 月 用

右

7급II

오를
오른(쪽) **우**:

口 | 2획

밥을 먹을 때 음식물을 입(口)으로
나르(ㄏ)는 손의 모습에서 오른쪽
(右)을 의미한다.

비 古(예 고)
　石(돌 석)
반 左(왼 좌)

읽기 한자

右相(우상) : 우의정을 이르는 말

쓰기 한자

右軍(우군) : 부대 또는 대오를 좌우로 나누어 친 진에서 오른쪽에 있는
　　　　　　군사
右記(우기) : 오른쪽에 기록된 것. 본문의 오른쪽에 씀
右面(우면) : 오른쪽 면
右文(우문) : 무(武)보다 문(文)을 숭상함

활용문

左右(좌우)를 살피면서 조심스럽게 접근했다.

필순 ノ ナ ナ 右 右

雨 비 우:
雨 | 0획

5급II

드리워져 있는 구름에서 비(雨)가 내린다는 의미이다.
비 兩(두 량)

雨期(우기) : 일 년 중에서 비가 가장 많이 오는 시기
雨量(우량) : 비가 온 분량
雨天(우천) : 비가 오는 날
雨水(우수) : 빗물, 24절기의 하나

활용문

기상청에서 雨量(우량)을 실시간으로 발표합니다.

필순 一 厂 厅 币 币 雨 雨 雨

友 벗 우:
又 | 2획

5급II

두 사람이 손을 서로 잡고 서로 돕는 것에서 벗(友)을 의미한다.
비 反(돌이킬 반)
동 朋(벗 붕)

읽기한자

友軍(우군) : 자기편의 군대
友愛(우애) : 형제 사이의 사랑
友情(우정) : 벗 사이의 정
交友(교우) : 벗을 사귐

활용문

형제간의 友愛(우애)와 친척간의 화목을 强調(강조)하여 知德(지덕)을 겸한 높은 人格者(인격자)가 되도록 이끌어갔다.

 필순 一 ナ 方 友

牛 소 우
牛 | 0획

5급

소의 머리 모양을 본떴다.
비 午(낮 오)
　年(해 년)

읽기한자

牛黃(우황) : 소의 쓸개에 병적으로 뭉친 물건
牛角(우각) : 쇠뿔

활용문

건강을 위해 牛足(우족)탕을 끓여 드세요.

필순 ノ ト 二 牛

1. 다음 한자어(漢字語)의 독음을 쓰세요.

   (1) 要件 (   )   (2) 勇氣 (   )
   (3) 雨期 (   )   (4) 曜日 (   )
   (5) 友愛 (   )   (6) 浴室 (   )

2. 다음 한자(漢字)의 훈(訓)과 음(音)을 쓰세요.

   (1) 曜 (   )
   (2) 牛 (   )
   (3) 浴 (   )
   (4) 雨 (   )

3. 다음 훈(訓)과 음(音)에 맞는 한자(漢字)를 쓰세요.

   (1) 쓸 용   (   )
   (2) 오른 우   (   )
   (3) 꽃부리 영   (   )
   (4) 날랠 용   (   )

4. 다음(   )에 들어갈 한자(漢字)를 예(例)에서 찾아 그 번호를 쓰세요.

예(例)	① 牛	② 要	③ 用
	④ 右	⑤ 勇	⑥ 曜

   (1) 合格(   )件   (2) 上下左(   )
   (3) (   )氣百倍   (4) 生活(   )品

정답

1. (1) 요건   (2) 용기   (3) 우기   (4) 요일   (5) 우애   (6) 욕실
2. (1) 빛날 요 (2) 소 우   (3) 목욕할 욕 (4) 비 우
3. (1) 用   (2) 右   (3) 英   (4) 勇
4. (1) ②   (2) ④   (3) ⑤   (4) ③

運

6급Ⅱ

옮길 **운:**

辶(辵) | 9획

병사(軍)들이 전차를 끌면서 걸어 가(辶)는 모습에서 나르다(運)는 의 미이다.

- 비 連(이을 련)
- 동 移(옮길 이)
  動(움직일 동)

읽기한자

運河(운하) : 육지를 파서 만든 인공의 수로
吉運(길운) : 좋은 운수

쓰기한자

運動(운동) : 돌아다니며 움직임
運命(운명) : 운수와 명수
運數(운수) : 천명으로 당하는 선악·행·불행의 상
運動場(운동장) : 운동 경기를 하기 위해 여러 가지 설비를 갖춘 광장

활용문

아침 運動(운동)은 건강에 좋습니다.

 필순 ` ´ ￢ ￢ ￢ ﾟ ￢ ﾟ ￢ ﾟ ￢ ﾟ ￢ ﾟ 軍 軍 渾 運 運

雲

5급Ⅱ

구름 **운**

雨 | 4획

비(雨)를 내리게 하는 뭉게뭉게 구 름(云)의 형태에서 구름(雲)을 의미 한다.

- 비 雪(눈 설)

읽기한자

雲集(운집) : 구름처럼 많이 모임
雲海(운해) : 구름이 덮인 바다
白雲(백운) : 색깔이 흰 구름
戰雲(전운) : 전쟁이 벌어지려는 살기를 띤 형세

활용문

많은 사람들이 시청 앞 광장에 雲集(운집)했다.

 필순 ` ´ ￢ ￢ ￢ ﾟ 雨 雨 雪 雪 雪 雲 雲 雲

雄

5급

수컷 **웅**

隹 | 4획

큰(大) 부리(厶)가 있는 새(隹)란 것 에서 수컷(雄)을 의미한다.

- 반 雌(암컷 자)

읽기한자

雄大(웅대) : 웅장하고 규모가 큼
英雄(영웅) : 지혜와 재능이 뛰어나고 용맹하여 보통사람이 하기 어려운
　　　　　　일을 해내는 사람

활용문

그 일이 있은 후 그는 英雄(영웅) 대접을 받았다.

 필순 一 ナ ナ ナ ナ ナ ナ ナ ナ 雄 雄

園
동산 **원**
6급
口 | 10획

밭의 과일(袁)을 품안에 감추려는
듯한 기분으로 울타리(口)를 하여
정원(園)을 의미한다.

🔲 圓(둥글 원)
　　團(둥글 단)

아

읽기한자
園兒(원아) : 유치원에 다니는 아이

쓰기한자
公園(공원) : 일반 사람들의 보건·휴양·유락 등을 위하여 자유로이 놀 수
　　　　　　 있도록 조성된 사회시설
樂園(낙원) : 안락하게 살 수 있는 즐거운 곳
果樹園(과수원) : 과수를 기업적으로 재배하는 곳

활용문
이곳이 바로 地上樂園(지상낙원)이로구나.

필순 丨 冂 冂 冃 門 門 門 門 園 園 園 園 園

遠
멀 **원:**
6급
辶(辵) | 10획

품안에 물건을 넣고(袁) 멀리에 보
내는(辶) 것에서 멀다(遠)는 의미
이다.

🔲 近(가까울 근)
🔲 遠

읽기한자
遠景(원경) : 먼 데서 보는 경치

쓰기한자
遠近(원근) : 멀고 가까움
遠大(원대) : 규모가 큼
遠心力(원심력) : 물체가 원운동을 할 때 구심력에 반대하여 바깥쪽으로
　　　　　　　　 작용하는 힘

활용문
이 그림은 遠近法(원근법)을 잘 살렸습니다.

필순 一 十 土 土 吉 吉 声 声 素 袁 袁 遠 遠 遠

元
으뜸 **원**
5급II
儿 | 2획

사람(儿)의 가장 위(二)에 있는 머
리이며, 머리가 근원이라는 것에서
처음(元)을 의미한다.

🔲 完(완전할 완)

읽기한자
元氣(원기) : 본디 타고난 기운
元來(원래) : 본디
元老(원로) : 연령·덕망·관직이 높은 공신
元利金(원리금) : 원금과 이자를 합친 돈
元金(원금) : 이자를 제외한 원래의 액수

활용문
각 분야의 元老(원로)들이 한 자리에 모였다.

필순 一 二 テ 元

願

원할 원: 5급

頁 | 10획

願望(원망) : 원하고 바람
願書(원서) : 허가를 얻기 위하여 내는 서류
民願(민원) : 국민의 소원이나 청원
所願(소원) : 원함

머리(頁)는 생각의 근원(原)으로서, 그 생각하는 것들이 잘 되기를 바라고 원한다(願)는 의미이다.

동 望(바랄 망)

활용문

願書(원서)접수가 마감됐습니다.

필순 一 丁 丆 匚 匚 匝 盾 盾 原 原 原 原 原 原 厡 願 願 願 願 願

原

언덕 원 5급

厂 | 8획

原價(원가) : 본디 사들일 때의 값
原告(원고) : 소송을 제기하여 재판을 청구한 당사자
原料(원료) : 제조 · 가공의 재료
原理(원리) : 사물의 근본이 되는 법칙
原子(원자) : 물질의 기본적 구성 단위

벼랑(厂)아래의 샘물(泉) 형태로 물이 솟아 흐르는 원천, 일어남(原)을 의미한다.

비 源(근원 원)

활용문

그는 우라늄을 가지고 실험한 結果(결과) 방사능 原子(원자)와 관계가 있으며 원자의 작용으로 電氣(전기)를 띤 알맹이들을 내놓는다는 것을 발견했다.

필순 一 丆 丆 丆 匚 匚 盾 盾 原 原 原

院

집 원 5급

阝(阜) | 7획

院內(원내) : 원(院)자가 붙은 각종 기관의 내부
開院(개원) : 학원 · 병원 등을 처음으로 엶
登院(등원) : 국회의원이 국회에 나감
上院(상원) : 양원제 국회에 있어 하원과 함께 조직된 입법 기관

완전히(完) 집을 둘러쌓은 흙담(阝)에서 유래하여 담장 안의 정원인데 건물(院)을 의미한다.

비 完(완전할 완)
동 家(집 가)
　 堂(집 당)　　室(집 실)
　 屋(집 옥)　　宅(집 택)

활용문

病院(병원)에서 검사를 받아보는 것이 좋을 것입니다.

필순 ㆀ ㆁ 阝 阝 阝 阡 阾 阼 陀 院 院

확·인·학·습 37

1. 다음 한자어(漢字語)의 독음을 쓰세요.

   (1) 雲集 (   )   (2) 所願 (   )
   (3) 原書 (   )   (4) 雄大 (   )
   (5) 元老 (   )   (6) 開院 (   )

2. 다음 한자(漢字)의 훈(訓)과 음(音)을 쓰세요.

   (1) 雄 (   )
   (2) 元 (   )
   (3) 願 (   )
   (4) 院 (   )

3. 다음 훈(訓)과 음(音)에 맞는 한자(漢字)를 쓰세요.

   (1) 옮길 운   (   )
   (2) 동산 원   (   )
   (3) 멀 원   (   )
   (4) 따뜻할 온 (   )

4. 다음(   )에 들어갈 한자(漢字)를 예(例)에서 찾아 그 번호를 쓰세요.

예(例)	① 園	② 元	③ 院
	④ 願	⑤ 雄	⑥ 原

   (1) 戰爭英(   )   (2) 國家(   )首
   (3) 國立公(   )   (4) 平生所(   )

정답

1. (1) 운집   (2) 소원   (3) 원서   (4) 웅대   (5) 원로   (6) 개원
2. (1) 수컷 웅   (2) 으뜸 원   (3) 원할 원   (4) 집 원
3. (1) 運   (2) 園   (3) 遠   (4) 溫
4. (1) ⑤   (2) ②   (3) ①   (4) ④

月

달 월

月 | 0획

8급

산의 저편에서 나오는 초승달의 모습을 본떴다.

- 비 日(날 일)
- 目(눈 목)
- 반 日(날 일)

읽기 한자

月給(월급) : 다달이 받는 정해진 봉급
月令(월령) : 국가의 연간행사를 월별로 구별하여 기록한 표

쓰기 한자

月例(월례) : 매월 행하는 정례(定例)
月食(월식) : 지구가 태양과 달의 사이에 들어가 달의 일부 또는 전부가 지구의 그림자에 가려 안 보이게 되는 현상

활용문

來月(내월)이면 벌써 2년 째 되는 달이다.

필순 丿 几 月 月

偉

클 위

亻(人) | 9획

5급 II

사람(人)들이 둘레에 모여드니(韋) 뛰어난(偉) 사람이란 의미이다.

- 통 大(큰 대)
- 巨(클 거)
- 太(클 태)
- 반 小(작을 소)

읽기 한자

偉大(위대) : 뛰어나고 훌륭함
偉力(위력) : 위대한 힘
偉業(위업) : 위대한 사업이나 업적
偉人(위인) : 위대한 사람

활용문

安重根(안중근) 의사와 같은 偉人(위인)이나 존경하는 인물, 혹은 가난과 어려움 속에서도 희망을 잃지않는 꿋꿋한 少年(소년)의 이야기라도 좋다.

 필순 丿 亻 亻 亻 件 件 倖 倖 偉 偉

位

자리 위

亻(人) | 5획

5급

옛날은 신분(亻)에 의해서 서(立)는 장소가 정해져 있었다는 데서 위치(位)를 의미한다.

- 비 他(다를 타)
- 동 座(자리 좌)
- 席(자리 석)

읽기 한자

位相(위상) : 어떤 사물이 다른 사물과의 관계에서 가지는 위치나 상태
高位(고위) : 높고 귀한 지위
同位(동위) : 같은 위치
方位(방위) : 어떠한 방향의 위치

활용문

지도에는 축적과 方位(방위)가 표시되어 있다.

필순 丿 亻 亻 亻 仁 位 位 位

有

7급

있을 유:

月 | 2획

손(厂)에 고기(月)를 가지고 있다(有)는 의미이다.

- 비 右(오른 우)
- 동 存(있을 존)
    在(있을 재)
- 반 無(없을 무)

 필순 ノナオ有有有

읽기 한자

有給(유급) : 급료가 있음　　　有能(유능) : 재능이 있음
有望(유망) : 희망이 있음
有實樹(유실수) : 유용한 열매를 맺는 나무
有情(유정) : 정이 있음　　　固有(고유) : 본디부터 있음

쓰기 한자

有年(유년) : 농사가 잘된 해
有道(유도) : 덕행이 있음. 올바른 도리를 행하는 일
有力(유력) : 세력이 있음. 목적에 달할 가능성이 많음
有事時(유사시) : 비상한 일이 생겼을 때. 급한 일이 생겼을 때

활용문

이번에는 당선이 有力(유력)할 것입니다.

由

6급

말미암을 유

田 | 0획

나무 가지에 달린 열매의 모양으로, 열매가 나무 가지로 말미암아(由) 달린다는 의미이다.

- 비 田(밭 전)
    申(펼 신)
    甲(갑옷 갑)

 필순 丨冂日由由

읽기 한자

原由(원유) : 원인과 이유를 아울러 이르는 말
因由(인유) : 원인이 비롯됨. 또는 그 유래

쓰기 한자

由來(유래) : 사물의 연유하여 온 바
事由(사유) : 일의 까닭
理由(이유) : 까닭
自由(자유) : 남에게 구속을 받거나 무엇에 얽매이지 않고 제 마음대로 행동함

활용문

왜 그랬는지 理由(이유)나 한 번 들어보자.

油

6급

기름 유

氵(水) | 5획

나무 열매를 짜내 받은 액체(由)로 물(氵)보다 진하고 끈끈한 상태인 것을 기름(油)이라 한다.

- 비 由(말미암을 유)
- 동 脂(기름 지)

필순 `丶丶氵氵沪沪油油`

읽기 한자

給油(급유) : 기관에 가솔린 등을 보급하는 일
原油(원유) : 정제하지 않은 석유
産油國(산유국) : 원유를 생산하는 나라

쓰기 한자

石油(석유) : 천연으로 지하에서 산출되는 가연성 광물성 기름

활용문

注油所(주유소)에 들러 기름을 넣어야 합니다.

育

7급

기를 **육**

月(肉) | 4획

물구나무선 어린이(子)는 약한 아이로 건강하게 하기 위해 고기(肉)를 먹여서 키운다(育)는 의미이다.

- 비 骨(뼈 골)
- 동 養(기를 양)
  飼(기를 사)

읽기한자

育兒(육아) : 어린아이를 기름
養育(양육) : 부양하여 기름

쓰기한자

敎育(교육) : 가르쳐 지식을 주고 기름
事育(사육) : 부모를 섬기고 자식을 기름
生育(생육) : 낳아서 기름. 생물이 자라서 성장함
敎育長(교육장) : 교육청의 우두머리

활용문

예비군 敎育場(교육장)에서도 간간히 사고가 일어난다.

 필순 　丶　亠　去　产　育　育　育

銀

6급

은 **은**

金 | 6획

금(金)에 비교해 조금 값어치가 떨어지는 금속을 가르켜 은, 흰금(銀)을 의미한다.

- 비 根(뿌리 근)

읽기한자

銀河水(은하수) : 수억 이상의 별들이 희미하게 띠 모양의 강처럼 보이는 것

쓰기한자

銀行(은행) : 저축자로부터 예금을 맡아 관리하는 금융기관
水銀(수은) : 상온에서 유일하게 액체상태로 있는 은백색의 금속 원소

활용문

푸른 하늘 銀河水(은하수) 하얀 쪽배에…

필순 　丿　亻　亽　仁　수　수　余　金　釒　釘　鈤　鈤　銀　銀

音

6급Ⅱ

소리 **음**

音 | 0획

해(日)가 뜨면(立) 사람들이 일어나서 소리(音)를 내기 시작한다는 의미이다.

- 비 意(뜻 의)
- 동 聲(소리 성)
- 반 訓(가르칠 훈)

읽기한자

音節(음절) : 소리 마디
鼻音(비음) : 코가 막힌 듯이 내는 소리

쓰기한자

音讀(음독) : 한자를 음으로 읽음
音速(음속) : 소리의 속도

활용문

이 비행기는 音速(음속)의 속도로 비행할 수 있다.

 필순 　丶　亠　亠　立　产　音　音　音　音

1. 다음 한자어(漢字語)의 독음을 쓰세요.

(1) 偉人 (   )   (2) 原油 (   )

(3) 育成 (   )   (4) 音樂 (   )

(5) 銀行 (   )   (6) 方位 (   )

2. 다음 한자(漢字)의 훈(訓)과 음(音)을 쓰세요.

(1) 銀 (   )

(2) 偉 (   )

(3) 油 (   )

(4) 位 (   )

3. 다음 훈(訓)과 음(音)에 맞는 한자(漢字)를 쓰세요.

(1) 있을 유 (   )

(2) 말미암을 유 (   )

(3) 달 월 (   )

(4) 기를 육 (   )

4. 다음(   )에 들어갈 한자(漢字)를 예(例)에서 찾아 그 번호를 쓰세요.

| 예(例) | ① 銀 | ② 油 | ③ 音 |
| | ④ 偉 | ⑤ 育 | ⑥ 位 |

(1) (   )人傳記   (2) 石(   )化學

(3) 家庭敎(   )   (4) 東西方(   )

정답

1. (1) 위인   (2) 원유   (3) 육성   (4) 음악   (5) 은행   (6) 방위
2. (1) 은 은   (2) 클 위   (3) 기름 유   (4) 자리 위
3. (1) 有   (2) 由   (3) 月   (4) 育
4. (1) ④   (2) ②   (3) ⑤   (4) ⑥

飲

6급 II

마실 음(:)

食 | 4획

물이나 국(食)을 큰 입을 벌려서 (欠) 마셔 넘기는 것에서 마시다 (飲)는 의미이다.

비 飯(밥 반)
　 飾(꾸밀 식)

읽기한자

飲料(음료) : 술, 차, 사이다 등 마시는 물건의 총칭
過飲(과음) : 술을 지나치게 마심

쓰기한자

飲食(음식) : 먹고 마시는 물건
米飲(미음) : 입쌀이나 좁쌀에 물을 충분히 붓고 푹 끓여 걸러낸 걸쭉한 음식

활용문

飲料水(음료수)는 더운 여름에 많이 팔립니다.

 필순 `丿 亽 亽 亽 亽 亽 今 倉 倉 倉 飮 飮 飮`

邑

7급

고을 읍

邑 | 0획

인구(口)가 모여 사는 지역(巴)이란 데서 고을(邑)을 의미한다.

비 色(빛 색)
동 郡(고을 군)
　 洞(골 동)

읽기한자

都邑(도읍) : 서울

쓰기한자

邑內(읍내) : 지방 관청이 있던 부락 또는 고을 안
邑里(읍리) : 읍과 촌락을 아울러 이르는 말
邑民(읍민) : 읍내에 사는 사람
邑子(읍자) : 읍내에 살던 유생

활용문

邑長(읍장)은 지방행정구역인 읍의 우두머리를 말한다.

 필순 `丶 冂 口 吕 吕 吊 吊 邑`

意

6급 II

뜻 의:

心 | 9획

마음(心) 속에서 우러나는 소리(音)가 뜻(意)이란 의미이다.

비 章(글 장)
　 音(소리 음)
동 志(뜻 지)　　思(뜻 사)
　 情(뜻 정)

읽기한자

意見(의견) : 마음에 느낀 바. 생각
意思(의사) : 마음먹은 생각

쓰기한자

意圖(의도) : 장차 하려는 계획
同意(동의) : 같은 의미
意外(의외) : 생각 밖
意中(의중) : 마음 속

활용문

그 사람의 意圖(의도)를 모르겠습니다.

 필순 `丶 亠 亠 立 立 产 音 音 音 音 意 意 意`

6급

의원 **의**

酉 | 11획

화살(矢)과 창(殳)에 맞아 움푹 패인 상처(匚)를 술(酉)로 소독하여 고치는 사람에서, '의원, 병 고치다'는 뜻이다.

약 医

읽기한자

醫院(의원) : 병자를 치료하기 위하여 특별한 시설을 한 집
醫藥品(의약품) : 의료에 쓰는 약품

쓰기한자

醫術(의술) : 병을 고치는 기술
名醫(명의) : 병을 잘 고쳐 이름난 의사

활용문

그 의사는 이 동네의 名醫(명의)로 소문이 자자하다.

필순 一 一 丆 丆 丏 丏 医 医 医 殹 殹 殹 殹 殹 翳 翳 醫 醫 醫

6급

옷 **의**

衣 | 0획

의복의 형태에서 옷, 의복(衣)의 의미를 나타냈다.

동 服(옷 복)

읽기한자

衣類(의류) : 옷 등속의 총칭
法衣(법의) : 중이 입는 옷

쓰기한자

衣服(의복) : 옷
白衣(백의) : 흰 옷
衣食住(의식주) : 인간 생활의 세 가지 요소. 옷과 음식과 집

활용문

스님 한 분이 法衣(법의)를 가지런히 입고 나왔다.

필순 丶 一 ナ 亣 亣 衣 衣

8급

두 **이**

二 | 0획

一에 一을 포개서 둘, 다음, 배(二)를 의미한다.

읽기한자

二兵(이병) : 군대 계급. 이등병
無二(무이) : 하나 뿐이고 둘이 없음

쓰기한자

二重(이중) : 두 겹
一口二言(일구이언) : 한 입으로 두 가지 말을 함
二十四時(이십사시) : 하루를 스물넷으로 나누어 각각 이십사방위의 이름
을 붙여 이르는 스물네 시

활용문

그 사람은 二重生活(이중생활)을 하고 있다.

필순 一 二

以 써 이:

5급II

人 | 3획

쟁기를 본뜬 글자로 밭갈 때 쟁기를 가지고 쓰는데서, '쓰다, 가지다'는 뜻이 나왔다.

읽기한자

以實直告(이실직고) : 사실 그대로 고함
以心傳心(이심전심) : 마음과 마음으로 전달됨
自古以來(자고이래) : 예로부터 내려오면서

활용문

지금까지 배운 漢字(한자)는 3百(백) 字(자) 以上(이상)은 된다.

필순 ㅣ ㄴ ㄴ 以 以

耳 귀 이:

5급

耳 | 0획

사람 귀의 모양을 본떴다.

비 目(눈 목)

읽기한자

耳目(이목) : 귀와 눈
耳順(이순) : 나이 예순을 일컫는 말
馬耳東風(마이동풍) : 남의 말을 귀담아 듣지 않고 곧 흘려버림
石耳(석이) : 석이버섯

활용문

그 사람은 耳目口鼻(이목구비)가 뚜렷합니다.

필순 ㅡ ㅜ ㅜ ㅏ 耳 耳

人 사람 인

8급

人 | 0획

사람이 옆을 향한 모양을 본떴다.

비 入(들 입)
반 天(하늘 천)

읽기한자

人格(인격) : 사람의 품격　　　　人性(인성) : 사람의 성품
人選(인선) : 여럿 중에서 적당한 사람을 가려 뽑음
人情(인정) : 남을 동정하는 마음씨　　人種(인종) : 사람의 씨
人質(인질) : 볼모
原始人(원시인) : 원시 시대의 사람
知識人(지식인) : 지식 계급에 속하는 사람

쓰기한자

人氣(인기) : 세상 사람의 좋은 평판　　人才(인재) : 재주가 놀라운 사람
人工(인공) : 사람이 하는 일　　　　人體(인체) : 사람의 몸
人物(인물) : 생김새나 됨됨이로 본 사람
人生(인생) : 사람이 세상을 살아가는 일

활용문

'人體(인체)의 신비'라는 다큐멘터리를 시청했습니다.

필순 ㅣ 人

1. 다음 한자어(漢字語)의 독음을 쓰세요.

(1) 飮食 (   )   (2) 意外 (   )

(3) 所以 (   )   (4) 衣類 (   )

(5) 醫院 (   )   (6) 耳目 (   )

2. 다음 한자(漢字)의 훈(訓)과 음(音)을 쓰세요.

(1) 耳   (   )

(2) 醫   (   )

(3) 以   (   )

(4) 飮   (   )

3. 다음 훈(訓)과 음(音)에 맞는 한자(漢字)를 쓰세요.

(1) 옷 의   (   )

(2) 고을 읍 (   )

(3) 사람 인 (   )

(4) 두 이(   )

4. 다음(   )에 들어갈 한자(漢字)를 예(例)에서 찾아 그 번호를 쓰세요.

예(例)	① 耳	② 意	③ 醫
	④ 衣	⑤ 以	⑥ 飮

(1) 表(   )文字   (2) (   )目口鼻

(3) 交友(   )信   (4) 韓國(   )食

정답

1. (1) 음식   (2) 의외   (3) 소이   (4) 의류   (5) 의원   (6) 이목
2. (1) 귀 이   (2) 의원 의   (3) 써 이   (4) 마실 음
3. (1) 衣   (2) 邑   (3) 人   (4) 二
4. (1) ②   (2) ①   (3) ⑤   (4) ⑥

因 5급

인할 **인**

口 | 3획

어떤 일(口)에 크게(大) 인연(因)이 있다는 의미이다.

비 困(곤할 곤)
반 果(실과 과)

읽기 한자

因果(인과) : 원인과 결과
死因(사인) : 죽게 된 원인
因襲(인습) : 이전부터 전해 내려오는 습관
要因(요인) : 직접 그 원인 또는 조건이 되는 요소
基因(기인) : 근본이 되는 원인
水因性(수인성) : 어떤 병이나 증세 따위가 물이 원인이 되어 생기는 성질

활용문

이번 수해로 인해 水因性(수인성) 전염병이 급속도로 확산됐다.

 필순 丨 冂 冂 円 因 因

一 8급

한 **일**

一 | 0획

막대기 하나(一)를 가로로 놓은 모양이다.

읽기 한자

一擧一動(일거일동) : 사소한 동작
一念(일념) : 한결같은 생각　　　　一說(일설) : 하나의 설
一當百(일당백) : 한 사람이 백 사람을 당해냄
一字無識(일자무식) : 글자를 한자도 모를 정도로 무식함

쓰기 한자

一定(일정) : 하나로 고정되어 변동이 없음
一口二言(일구이언) : 한 입으로 두 가지 말을 함
一方(일방) : 어느 한쪽, 또는 어느 한편
一例(일례) : 하나의 보기, 또는 하나의 실례
同一(동일) : 어떤 것과 비교하여 똑같음

 활용문

一定(일정)금액을 내시면 바로 등록이 됩니다.

 필순 一

日 8급

날 **일**

日 | 0획

해의 모양을 본떴다.

비 曰(가로 왈)
　目(눈 목)
반 月(달 월)

읽기 한자

日課(일과) : 날마다 규칙적으로 하는 일정한 일
日當(일당) : 하루에 얼마씩 정해서 주는 급료
終日(종일) : 하루 낮 동안

쓰기 한자

日氣(일기) : 날씨
日出(일출) : 해가 뜸

 활용문

日課(일과)시간을 잘 지키지 않는 사람이 누구지?

 필순 丨 冂 冂 日

5급 II

맏길 **임(ː)**

イ(人) | 4획

사람(イ)이 중요한 물건을 등져 중요한 직책에 근무(壬)하여 근무, 직책(任)을 의미한다.

- 比 仕(섬길 사)
  件(물건 건)

아

읽기한자

任命(임명) : 관직에 명함
任用(임용) : 직무를 맡겨 등용함
信任(신임) : 믿고 일을 맡기는 일
歷任(역임) : 차례로 여러 벼슬을 지냄

활용문

오늘날 신문은 그 힘이 매우 크기 때문에 반드시 사실만을 올바르게 써야 하는 責任(책임)을 지닌다.

필순 ノ イ イ´ イ二 任 任

7급

들 **입**

入 | 0획

동굴에 들어가는 형태에서 입구에서 들어가다(入)는 의미이다.

- 比 人(사람 인)
- 反 出(날 출)

읽기한자

入選(입선) : 출품한 것 등이 심사에 뽑힘
入養(입양) : 양친과 양자로서 친자 관계를 맺는 법률 행위
入院(입원) : 환자가 병을 고치기 위해 병원에 들어감
加入(가입) : 단체에 들어감
先入見(선입견) : 애초부터 머리 속에 들어가 있는 고정적인 관념 및 견해

쓰기한자

入門(입문) : 어떤 학문에 처음으로 들어감
入住(입주) : 새로 지은 집 등에 들어가 삶
入室(입실) : 방에 들어감
入社(입사) : 회사 따위에 취직하여 들어감

활용문

이 서류에 필요한 사항들을 記入(기입)해 주세요.

필순 ノ 入

7급 II

스스로 **자**

自 | 0획

자기의 코를 가리키면서 나(自)라고 한 것에서 자기(自)를 의미한다.

- 比 白(흰 백)
- 同 己(몸 기)
- 反 他(다를 타)

읽기한자

自決(자결) : 자기의 일을 스스로 해결함
自給自足(자급자족) : 자기의 수요를 자기가 생산하여 충당함
自費(자비) : 자기가 부담하는 비용
自首(자수) : 범인이 자진하여 범죄 사실을 신고함
自責(자책) : 제 자신을 스스로 책망함
自願(자원) : 제 스스로 원함　　自害(자해) : 자기 몸을 해침
自宅(자택) : 자기의 집　　　　自古以來(자고이래) : 예로부터 지금까지

쓰기한자

自白(자백) : 스스로의 죄를 고백함
自問自答(자문자답) : 제가 묻고 제가 답함

활용문

범인이 自白(자백)을 했기 때문에 수사가 빨리 끝났다.

필순 ノ イ 白 白 自 自

子 7급Ⅱ

아들 **자**

子 | 0획

갓난 아기(子)의 모양을 본떴다.

반 女(계집 녀)

父傳子傳(부전자전) : 대대로 아버지가 아들에게 전함
養子(양자) : 입양에 의해서 자식의 자격을 얻은 사람
因子(인자) : 어떤 사물의 관계·조건을 구성하는 낱낱의 요소
種子(종자) : 씨   卓子(탁자) : 물건을 올려 놓는 기구

✏️쓰기한자
子午線(자오선) : 어떤 지점에서 정북과 정남을 통해 천구에 상상으로 그은 선
子孫(자손) : 아들과 손자
弟子(제자) : 스승의 가르침을 받는 사람
孝子(효자) : 부모를 잘 섬기는 아들

활용문
이 집 아들은 孝子(효자)라고 소문이 자자합니다.

필순 ㄱ 了 子

字 7급

글자 **자**

子 | 3획

집에서(宀) 아이(子)가 차례차례 태어나듯이 글자에서 글자가 생겨나므로 문자(字)를 의미한다.

비 子(아들 자)

📖읽기한자
字典(자전) : 한자를 모아 그 뜻을 풀어 놓은 책

✏️쓰기한자
習字(습자) : 글자 쓰기를 익힘
活字(활자) : 활판 인쇄에서 쓰이는 자형
千字文(천자문) : 중국 양나라의 주흥사가 한자 천 자를 모아 지은 책

활용문
방학동안 千字文(천자문)을 열심히 공부하세요.

필순 ` ㆍ 宀 宀 宀 字

者 6급

놈 **자**

耂(老) | 5획

노인(耂)이 젊은 사람에게 말할(白) 때 이 놈(者) 저 놈(者) 한다는 의미이다.

비 孝(효도 효)
老(늙을 로)

약 者

📖읽기한자
加害者(가해자) : 남에게 해를 끼치는 행위를 한 사람
技術者(기술자) : 기술을 가진 사람

✏️쓰기한자
近者(근자) : 요새
記者(기자) : 기사를 집필·편집하는 사람

활용문
이번 사건의 加害者(가해자)를 처벌해야만 합니다.

필순 一 十 土 耂 耂 夫 者 者 者

1. 다음 한자어(漢字語)의 독음을 쓰세요.

   (1) 任命 (   )   (2) 子孫 (   )
   (3) 活字 (   )   (4) 因果 (   )
   (5) 記者 (   )   (6) 自省 (   )

2. 다음 한자(漢字)의 훈(訓)과 음(音)을 쓰세요.

   (1) 因 (   )
   (2) 任 (   )
   (3) 者 (   )
   (4) 字 (   )

3. 다음 훈(訓)과 음(音)에 맞는 한자(漢字)를 쓰세요.

   (1) 날 일   (   )
   (2) 한 일   (   )
   (3) 들 입   (   )
   (4) 아들 자   (   )

4. 다음(   )에 들어갈 한자(漢字)를 예(例)에서 찾아 그 번호를 쓰세요.

예(例)	① 字	② 者	③ 子
	④ 因	⑤ 任	⑥ 日

   (1) 四(   )成語   (2) 善(   )善果
   (3) 作心三(   )   (4) 愛讀(   )

정답

1. (1) 임명   (2) 자손   (3) 활자   (4) 인과   (5) 기자   (6) 자성
2. (1) 인할 인   (2) 맡길 임   (3) 놈 자   (4) 글자 자
3. (1) 日   (2) 一   (3) 入   (4) 子
4. (1) ①   (2) ④   (3) ⑥   (4) ②

6급 II

昨

어제 **작**

日 | 5획

하루 해(日)가 잠깐(乍) 사이에 휙 지나가 버리니 어제(昨)란 의미이다.

비 作(지을 작)
반 今(이제 금)

읽기한자

再昨(재작) : 어제의 전날. 그저께

쓰기한자

昨今(작금) : 어제와 오늘
昨年(작년) : 지난해
昨日(작일) : 어제

활용문

昨今(작금)의 현실이 너무 안타깝습니다.

 필순 ㅣ 冂 日 日 日' 日' 旷 昨 昨 昨

6급 II

作

지을 **작**

亻(人) | 5획

사람(亻)이 나뭇가지를 구부려서 담장을 만들고, 그 안에 집을 만드는(乍) 것에서 만들다(作)라는 의미이다.

비 昨(어제 작)
동 造(지을 조)
　 創(비롯할 창)

읽기한자

作曲(작곡) : 악곡을 창작함
凶作(흉작) : 농작물의 수확이 적음
改作(개작) : 고쳐 다시 지음

쓰기한자

作家(작가) : 예술품의 제작자
作文(작문) : 글을 지음
作動(작동) : 기계의 운동 부분의 움직임

활용문

이 노래의 作曲(작곡)을 누가 했습니까?

필순 ㅣ 亻 亻 亻' 仁 作 作

8급

長

긴 **장(:)**

長 | 0획

지팡이를 짚은 노인의 모습을 본떴다.

동 永(길 영)
반 短(짧을 단)
　 幼(어릴 유)

읽기한자

長技(장기) : 가장 능한 재주
長打(장타) : 야구에서 2루타 이상의 안타
課長(과장) : 관청 · 회사 등의 한 과의 장
局長(국장) : 한 국(局)의 책임자
團長(단장) : 단체의 우두머리

쓰기한자

長短(장단) : 긴 것과 짧은 것
家長(가장) : 집안의 어른
長足(장족) : 빠르게 나아가는 걸음

활용문

長技(장기)자랑 시간이 돌아왔습니다.

 필순 ㅣ 厂 F F E 토 長 長 長

場 마당 장

7급 II

土 | 9획

깃발(勿)위로 높이 해(日)가 떠 오르듯이 높게 흙(土)을 돋운 장소를 빗대 곳, 장소(場)를 의미한다.

비 陽(볕 양)
　腸(창자 장)

읽기 한자

廣場(광장) : 여러 갈랫길이 모이는 곳에 만드는 너른 마당
當場(당장) : 무슨 일이 일어난 바로 그 곳
洗面場(세면장) : 세면 시설을 갖추어 놓은 곳
漁場(어장) : 고기잡이를 하는 곳
停車場(정거장) : 버스나 열차가 멈추어서 승객이나 화물을 싣고 내릴수 있도록 정하여진 곳

쓰기 한자

場內(장내) : 장소의 안. 회장의 내부
場面(장면) : 어떤 사건이 벌어지는 광경이나 경우
登場(등장) : 무슨 일에 어떤 인물이 나타남
場外(장외) : 어떠한 처소의 바깥

활용문

이 장면이 정말로 멋있는 場面(장면)입니다.

필순 一 十 土 圹 圹 圻 圻 坍 塌 場 場 場

章 글 장

6급

立 | 6획

소리와 음(音)을 구별하여, 음악의 끝(十)이라든가 문장의 한 단락, 글(章)을 의미한다.

비 意(뜻 의)
동 文(글월 문)

읽기 한자

序章(서장) : 장으로 구성된 비교적 큰 형식의 예술 작품을 구성하는 한 부분

쓰기 한자

國章(국장) : 국가의 권위를 나타내는 휘장의 총칭
旗章(기장) : 국기 · 군기 · 깃발 · 교기 등의 총칭
文章(문장) : 한 줄거리의 생각이나 느낌을 글자로 기록해 나타낸 것

활용문

文章(문장) 구사 능력이 참 대단하십니다.

필순 ` 丶 亠 亠 立 产 咅 音 音 章 章

才 재주 재

6급 II

扌(手) | 0획

풀이 지면에 싹텄을 때의 형태로 소질, 지혜(才)를 의미한다.

비 寸(마디 촌)
　丈(어른 장)
　木(나무 목)
동 技(재주 기)
　術(재주 술)
　藝(재주 예)

읽기 한자

才能(재능) : 재주와 능력
才量(재량) : 재주와 도량
才質(재질) : 재능이 있는 자질
多才多能(다재다능) : 재주가 많고 능력이 풍부함

쓰기 한자

英才(영재) : 탁월한 재주를 지닌 사람

활용문

英才(영재)교육도 상당히 중요합니다.

필순 一 十 才

在

있을 재ː

土 | 3획

6급

땅(土)이 있으면 어디서나 반드시 식물의 싹(才)이 움트는 데서, '있다'는 의미이다.

- 비 布(베 포)
- 동 有(있을 유)
   存(있을 존)
- 반 無(없을 무)

읽기한자

健在(건재) : 아무 탈 없이 잘 있음

쓰기한자

在京(재경) : 서울에 있음
在野(재야) : 벼슬길에 오르지 않고 민간에 있음
在中(재중) : 속에 들어 있음
在所者(재소자) : 어떤 곳에 있는 사람

활용문

내일 在京(재경) 동문회가 있습니다.

필순 一 ナ ナ 才 存 在

財

재물 재

貝 | 3획

5급Ⅱ

싹을 띤 식물(才)이 크게 되듯이, 값어치가 나가는 돈과 재산(貝), 즉 재물(財)을 의미한다.

읽기한자

財界(재계) : 실업가 및 금융업자의 사회
財團(재단) : 일정한 목적을 위해 결합된 재산의 집단
財物(재물) : 돈이나 그 밖의 온갖 값나가는 물건

활용문

놀부는 아버지가 물려준 많은 財産(재산)을 독차지하고, 동생인 흥부를 빈손으로 내쫓았습니다.

 필순 丨 冂 冂 冃 目 貝 貝 貝 財 財

材

재목 재

木 | 3획

5급Ⅱ

판자나 기둥을 하기 위해 쓰러뜨린 나무(木)는 도움(才)이 된다 하여 재목(材)을 의미한다.

- 비 林(수풀 림)
   村(마을 촌)

읽기한자

材料(재료) : 물건을 만드는 데 드는 원료
教材(교재) : 가르치거나 학습하는 데 쓰이는 재료
人材(인재) : 학식, 능력이 뛰어난 사람
木材(목재) : 건축이나 가구 따위에 쓰는, 나무로 된 재료

활용문

이 教材(교재)는 우리 교수님께서 직접 쓰신 것입니다.

 필순 一 十 十 才 木 材 材

확·인·학·습 41

1. 다음 한자어(漢字語)의 독음을 쓰세요.

   (1) 登場 (   )   (2) 敎材 (   )

   (3) 財物 (   )   (4) 旗章 (   )

   (5) 昨年 (   )   (6) 在野 (   )

2. 다음 한자(漢字)의 훈(訓)과 음(音)을 쓰세요.

   (1) 材   (   )

   (2) 章   (   )

   (3) 財   (   )

   (4) 昨   (   )

3. 다음 훈(訓)과 음(音)에 맞는 한자(漢字)를 쓰세요.

   (1) 긴 장   (   )

   (2) 마당 장 (   )

   (3) 재주 재 (   )

   (4) 지을 작 (   )

4. 다음(   )에 들어갈 한자(漢字)를 예(例)에서 찾아 그 번호를 쓰세요.

예(例)	① 財	② 材	③ 章
	④ 作	⑤ 在	⑥ 昨

   (1) 人命(   )天   (2) (   )心三日

   (3) 木(   )用品   (4) 文(   )作成

정답

1. (1) 등장   (2) 교재   (3) 재물   (4) 기장   (5) 작년   (6) 재야
2. (1) 재목 재   (2) 글 장   (3) 재물 재   (4) 어제 작
3. (1) 長   (2) 場   (3) 才   (4) 作
4. (1) ⑤   (2) ④   (3) ②   (4) ③

災

5급

재앙 **재**

火 | 3획

강물(巛)이 불고 화재(火)로 집을 태우듯 물과 불에 의한 화재, 재난(災)을 의미한다.

동 殃(재앙 앙)

災害(재해) : 재앙으로 인해 받은 피해
水災(수재) : 홍수의 재해
火災(화재) : 불이 나는 재앙
天災地變(천재지변) : 지진, 홍수 따위의 자연 재앙

활용문

이번 火災(화재)로 많은 사람들이 희생됐습니다.

 필순 ` `` ``` ``` ``` 災災 災

再

5급

두 **재:**

冂 | 4획

같은 것을 몇 개나 쌓은 것에서 겹쳐서, 재차(再)를 의미한다.

비 用(쓸 용)

再建(재건) : 무너진 것을 다시 건설함
再考(재고) : 다시 생각함
再生(재생) : 죽게 되었다가 다시 살아남
再會(재회) : 다시 모이거나 만남

활용문

이렇게 해서 完成(완성)된 방송극의 녹음은 주조정실을 통해 再生(재생)되어 송신소로 보내집니다.

 필순 一 厂 厂 厅 再 再

爭

5급

다툴 **쟁**

爫(爪) | 4획

손(爪)과 손(彐)에 갈고리(亅)를 들고 싸운다(爭)는 의미이다.

동 競(다툴 경)
  戰(싸움 전)
  鬪(싸움 투)
반 和(화할 화)
약 争

競爭(경쟁) : 같은 목적에 관하여 서로 겨루어 다툼
分爭(분쟁) : 패로 갈라져 다툼
言爭(언쟁) : 말다툼

활용문

清日戰爭(청일전쟁)에서 日本(일본)에게 敗(패)한 清(청)나라가 '조선에는 江(강)에 다리가 제대로 놓여 있지 않아 대포 등을 이동시킬 수 없어서 일본에게 패했다'고 말한 것이 그것을 잘 증명해 주고 있다.

 필순 ´ ´ ´ ´ ´ ´ 爭 爭 爭 爭

貯

5급

쌓을 저:

貝 | 5획

재물(貝)을 고무래(丁)로 긁어 모아 집(宀)에 쌓는다(貯)는 의미이다.

읽기한자

貯金(저금) : 돈을 모아 둠
貯水(저수) : 물을 모아 둠

활용문

일년 학비를 이미 貯金(저금)한 언니 브로냐가 먼저 소르본으로 갔고, 마냐는 가정교사를 해서 언니에게 돈을 보내고 나머지는 저금했다.

필순 丨 冂 冂 冃 目 目 貝 貝 貯 貯 貯 貯

的

5급 II

과녁 적

白 | 3획

흰(白) 바탕의 과녁(勺) 모양으로 과녁, 목표(的)를 의미한다.

읽기한자

的中(적중) : 목표에 어김없이 들어맞음
目的(목적) : 일을 이루려 하는 목표
心的(심적) : 마음에 관한
量的(양적) : 양으로 많고 적음을 따지는
知的(지적) : 지식 있는

활용문

안중근은 동지 우덕순을 만나 具體的(구체적)인 計劃(계획)을 세웠다.

필순 丿 丬 什 竹 甶 的 的 的

赤

5급

붉을 적

赤 | 0획

큰 화재일 때의 불의 색깔에서 빨갛다(赤)는 의미이다.

동 朱(붉을 주)
　 紅(붉을 홍)

읽기한자

赤旗(적기) : 붉은 기
赤色(적색) : 붉은 빛깔
赤信號(적신호) : 위험신호
赤字(적자) : 1. 붉은 잉크로 교정을 본 글자나 기호
　　　　　　 2. 지출이 수입보다 많아서 생기는 결손액

활용문

지난달의 赤字(적자)를 메우려면 이번 달은 긴축해야 한다.

필순 一 十 土 尹 赤 赤 赤

자

電

7급 II

번개 **전:**

雨 | 5획

비가 내릴 때 일어나는 번개불에서 번개, 전기(電)를 의미한다.

비 雲(구름 운)
　 雪(눈 설)

읽기한자

電流(전류) : 전기의 흐름
電鐵(전철) : 전기 철도　　　　無電(무전) : 무선 전신
節電(절전) : 전기를 아껴 씀　　停電(정전) : 송전이 한때 그침
充電(충전) : 전기를 축적하는 일

쓰기한자

感電(감전) : 전기가 통한 도체에 몸의 일부가 닿아 충격을 받음
電線(전선) : 전기를 통하는 도체로 쓰는 금속선
電光石火(전광석화) : 극히 짧은 시간

활용문

우리 몸 속에도 電氣(전기)가 흐르고 있다.

필순　一 「 广 币 币 雨 雨 雨 雷 雷 雷 電 電

全

7급 II

온전 **전**

入 | 4획

흠이 없는 쪽으로 넣는(入) 구슬 (玉)이니 온전한(全) 구슬이란 의미이다.

비 金(쇠 금)
동 完(완전할 완)

읽기한자

全景(전경) : 전체의 경치
全能(전능) : 어떤 일이든 하지 못하는 것이 없음
全知全能(전지전능) : 무엇이나 다 알고 무엇이나 행하는 신의 능력
不健全(불건전) : 건전하지 못함
完全(완전) : 부족함이 없음

쓰기한자

全力(전력) : 모든 힘
全部(전부) : 사물의 모두
安全(안전) : 평안하여 위험이 없음

활용문

그는 100m 달리기에서 全力(전력)을 다해서 뛰었다.

필순　ノ 入 人 今 全 全

前

7급 II

앞 **전**

刂(刀) | 7획

배에 매어있는 끈을 칼(刂)로 자르고 배(月)가 나아가는 쪽을 뱃머리 즉 앞(前)을 의미한다.

반 後(뒤 후)

읽기한자

前景(전경) : 보는 사람의 앞에 있는 경치
前歷(전력) : 현재에 이르기까지의 행적
前無後無(전무후무) : 전에도 없었고 앞으로도 없음

쓰기한자

前軍(전군) : 전방의 군대. 앞장에 서는 군대
前記(전기) : 앞에 적힌 기록
前年(전년) : 지난 해. 작년
前方(전방) : 중심의 앞쪽
生前(생전) : 살아있는 동안

활용문

前年(전년)에 비해 생산량이 많이 늘었습니다.

필순　丶 丷 丷 广 广 前 前 前 前

1. 다음 한자어(漢字語)의 독음을 쓰세요.

(1) 火災 (   )   (2) 分爭 (   )

(3) 貯金 (   )   (4) 赤色 (   )

(5) 目的 (   )   (6) 再會 (   )

2. 다음 한자(漢字)의 훈(訓)과 음(音)을 쓰세요.

(1) 災   (   )

(2) 貯   (   )

(3) 爭   (   )

(4) 赤   (   )

3. 다음 훈(訓)과 음(音)에 맞는 한자(漢字)를 쓰세요.

(1) 번개 전 (   )

(2) 온전 전 (   )

(3) 앞 전   (   )

(4) 글 장   (   )

4. 다음(   )에 들어갈 한자(漢字)를 예(例)에서 찾아 그 번호를 쓰세요.

예(例)	① 赤	② 貯	③ 電
	④ 再	⑤ 爭	⑥ 災

(1) 全面戰(   )   (2) (   )光石火

(3) (   )活用品   (4) (   )外線

정답

1. (1) 화재   (2) 분쟁   (3) 저금   (4) 적색   (5) 목적   (6) 재회
2. (1) 재앙 재   (2) 쌓을 저   (3) 다툴 쟁   (4) 붉을 적
3. (1) 電   (2) 全   (3) 前   (4) 章
4. (1) ⑤   (2) ③   (3) ④   (4) ①

戰

6급 II

싸움 전:

戈 | 12획

사람마다 한명씩(單) 창(戈)을 들고 있는 데서, '싸우다'는 뜻이다.

- 비 單(홀 단)
- 동 競(다툴 경) 爭(다툴 쟁) 鬪(싸움 투)
- 반 和(화할 화)
- 약 战, 戰

읽기 한자

觀戰(관전) : 전쟁의 실황을 시찰함
冷戰(냉전) : 무기는 쓰지 않으나 전쟁을 방불케 하는 국제간의 심한 대립 항쟁
善戰(선전) : 잘 싸움
熱戰(열전) : 무력에 의한 본래의 전쟁
停戰(정전) : 교전 중 어떤 목적을 위해 한때 서로 교전을 중지함
終戰(종전) : 전쟁이 끝남

쓰기 한자

戰功(전공) : 싸움에서의 공로
戰術(전술) : 전쟁 실시의 방책
戰力(전력) : 싸우는 힘

활용문

김상병은 이번 戰功(전공)으로 진급을 했습니다.

필순 `丶 一 口 口 口口 口口 口口 甲甲 甲甲 冒 冒 單 單 戰 戰 戰`

典

5급 II

법 전:

八 | 6획

종이가 만들어지기 전, 대나무에 쓰여진 것에서 서책, 가르침, 본보기(典)를 의미한다.

- 비 曲(굽을 곡)
- 동 法(법 법) 例(법식 례) 式(법 식)

읽기 한자

古典(고전) : 옛날의 의식이나 법식
法典(법전) : 특정한 사항에 관한 법규를 체계를 세워서 편별로 조직한 성문법규
字典(자전) : 한자를 모아 그 뜻을 풀어 놓은 책

활용문

法典(법전)을 공부해야 사법시험에 합격할 수 있다.

필순 `丨 冂 曰 由 曲 曲 典 典`

傳

5급 II

전할 전

亻(人) | 11획

고지식한 사람(人)은 오로지(專) 자기가 들은 대로만 전한다(傳)는 의미이다.

- 약 伝

읽기 한자

傳來(전래) : 전해 내려옴
傳說(전설) : 예로부터 전해 내려오는 이야기
口傳(구전) : 입으로 전함
父傳子傳(부전자전) : 대대로 아버지가 아들에게 전함

활용문

극본 속에 나오는 인물로 꾸미고 그가 맡은 역을 몸짓과 말로 표현하여 관객에게 직접 感動(감동)을 傳(전)하게 된다.

필순 `丿 亻 亻 亻 仁 伯 伯 俥 俥 傳 傳 傳`

展

펼　전:

尸 | 7획

사람(尸)이 옷(衣)을 입고 누우면 옷이 흐트러지는 것에서 퍼지다, 열리다(展)는 의미이다.

비 屋(집 옥)

展開(전개) : 눈앞에 벌어짐
展望(전망) : 멀리 바라봄
展示(전시) : 물품 따위를 펴서 봄
發展(발전) : 널리 뻗어 나감

활용문

신문이 해야 할 일의 하나는 文化發展(문화발전)을 위하고 國民(국민)들의 教養(교양)을 높이는 것이다.

 필순　⌐ ⌐ 尸 尸 尸 屏 屏 展 展

節

마디　절

竹 | 9획

대나무(竹)가 자라면서(卽) 마디마디로 나뉘어져 있는 것에서 마디, 일단락(節)을 의미한다.

동 寸(마디 촌)
약 節

節度(절도) : 일이나 행동을 똑똑 끊어 맺는 마디
節電(절전) : 전기를 아껴 씀
時節(시절) : 철, 때
調節(조절) : 사물을 정도에 맞추어 잘 고르게 함

활용문

節電(절전)하는 습관을 길러야 합니다.

 필순　ノ ⺊ ⺊ ⺮ ⺮ ⺮ ⺮ ⺮ 节 笁 笁 笁 笁 節 節

切

끊을　절
온통　체

刀 | 2획

칼(刀)로 막대봉(七)을 자르는 것에서 자르다, 새기다(切)는 의미이다.

동 斷(끊을 단)
반 連(이을 련)
　結(맺을 결)

切感(절감) : 절실히 느낌
切實(절실) : 아주 긴요함
親切(친절) : 매우 정답고 고분고분함
一切(일체) : 모든 것, 전부, 완전히
　　　(일절) : 아주, 전혀, 절대로(부인하거나 금지할 때 쓰는 말)

활용문

옷차림도 단정히 하고 格式(격식)에 맞는 바른 말을 쓰며 누구에게나 親切(친절)히 對(대)하여야 하겠습니다.

 필순　一 七 切 切

店 5급II

가게 점:

广 | 5획

점(占)칠 때 여러 것을 얘기 하듯이 집안(广)에 물품을 진열해 파는 가게(店)를 의미한다.

📖 읽기 한자

開店(개점) : 새로 가게를 엶
本店(본점) : 영업의 본거지가 되는 점포
商店(상점) : 물건을 파는 가게
書店(서점) : 책을 파는 가게

📢 활용문

사람들은 市場(시장)이나 商店(상점)에 직접 가지 않아도 신문을 통하여 새로운 商品(상품) 정보를 얻을 수 있다.

 필순 `　一　广　广　广　店　店　店

正 7급II

바를 정(:)

止 | 1획

목표로 한(一) 곳에 정확히 가서 거기서 딱 멈추는(止) 것에서 올바르다(正)는 의미이다.

🔄 反(돌이킬 반)
否(아닐 부)

📖 읽기 한자

正規(정규) : 정식의 규정
正當(정당) : 정상적이고 당연함

✏️ 쓰기 한자

正答(정답) : 옳은 답
正道(정도) : 올바른 길
公正(공정) : 공평하고 올바름
正書(정서) : 글씨를 또박또박 바르게 씀

📢 활용문

글씨를 쓸 때는 正書法(정서법)에 맞게 쓰는 습관이 중요하다.

필순 `一　丁　下　正　正

庭 6급II

뜰 정

广 | 7획

길고 평평하게 만든 정원(廷)이 있는 관청(广)의 건물 사이에 있는 안쪽 정원(庭)을 의미한다.

📖 읽기 한자

庭爭(정쟁) : 조정에서 기탄없이 임금을 간함

✏️ 쓰기 한자

庭球(정구) : 무른 고무공을 상용하여 테니스처럼 경기를 하는 구기 종목
庭園(정원) : 집 안의 뜰
校庭(교정) : 학교의 마당
家庭(가정) : 한 가족이 살림하고 있는 집안

📢 활용문

庭園(정원)이 있는 집으로 이사를 갑니다.

필순 `　一　广　广　广　庄　庄　庭　庭　庭

1. 다음 한자어(漢字語)의 독음을 쓰세요.

   (1) 古典 (   )   (2) 切感 (   )
   (3) 節度 (   )   (4) 口傳 (   )
   (5) 發展 (   )   (6) 書店 (   )

2. 다음 한자(漢字)의 훈(訓)과 음(音)을 쓰세요.

   (1) 傳 (   )
   (2) 切 (   )
   (3) 典 (   )
   (4) 節 (   )

3. 다음 훈(訓)과 음(音)에 맞는 한자(漢字)를 쓰세요.

   (1) 싸움 전 (   )
   (2) 바를 정 (   )
   (3) 뜰 정 (   )
   (4) 있을 재 (   )

4. 다음(   )에 들어갈 한자(漢字)를 예(例)에서 찾아 그 번호를 쓰세요.

예(例)	① 切	② 典	③ 展
	④ 傳	⑤ 節	⑥ 正

   (1) 以心(   )心   (2) 少年時(   )
   (3) (   )示效果   (4) 古(   )美人

정답

1. (1) 고전   (2) 절감   (3) 절도   (4) 구전   (5) 발전   (6) 서점
2. (1) 전할 전   (2) 끊을 절/온통 체   (3) 법 전   (4) 마디 절
3. (1) 戰   (2) 正   (3) 庭   (4) 在
4. (1) ④   (2) ⑤   (3) ③   (4) ②

定

6급

정할 **정:**

宀 | 5획

한 집(宀)에 정착하여 움직이지(疋) 않는 것에서 결정하다, 정하다(定)는 의미이다.

田 宅(집 택)
약 㝎

읽기한자

定價(정가) : 정해진 값
定期的(정기적) : 정해진 시기에 일이 행하여지는
定量(정량) : 일정한 분량
定說(정설) : 일정한 분야에서 옳다고 확정된 설
決定(결정) : 결단하여 정함
約定(약정) : 일을 약속하여 정함

쓰기한자

安定(안정) : 안전하게 자리 잡음
定例(정례) : 일정하게 정하여진 규칙이나 관례

활용문

4월부터 책이 定價(정가)에 판매된다고 합니다.

 필순 ` ` 宀 宀 宁 宇 定 定

情

5급Ⅱ

뜻 **정**

忄(心) | 8획

풀처럼 파랗게(靑) 투명한 물같은 마음(心)이라고 하는 것에서 진심, 정(情)을 의미한다.

田 精(정할 정)
동 意(뜻 의)

읽기한자

感情(감정) : 느끼어 일어나는 심정
物情(물정) : 세상의 형편이나 인심
友情(우정) : 벗 사이의 정
人情(인정) : 남을 동정하는 마음씨

활용문

동네 어른들께는 물론 우리 동무들끼리도 서로 情(정)답게 웃으며 人事(인사)를 나누면 생활은 더욱 밝고 明朗(명랑)해질 것입니다.

 필순 ` ` 忄 忄 忄 忙 忙 忭 情 情 情

停

5급

머무를 **정**

亻(人) | 9획

사람(亻)의 형태와 사람이 머무는 숙소(亭)의 형태에서 머무르다, 멈추다(停)는 의미이다.

동 留(머무를 류)
止(그칠 지)

읽기한자

停年(정년) : 퇴직하도록 정해진 연령
停止(정지) : 움직이고 있던 것이 멈춤
停會(정회) : 회의를 정지함
急停車(급정거) : 급히 세움

활용문

우리 아버지는 작년에 停年(정년)퇴임을 하셨습니다.

 필순 ` 亻 亻 亻 广 广 停 停 停 停 停

弟 8급

아우 제:

弓 | 4획

끈을 위에서 밑으로 빙빙 감듯이 차례차례 태어나는 남동생(弟)을 의미한다.

비 第(차례 제)
반 兄(형 형)

📖읽기한자

首弟子(수제자) : 여러 제자 중 가장 뛰어난 제자

✍쓰기한자

子弟(자제) : 남의 아들의 총칭
親兄弟(친형제) : 같은 부모에게서 난 형제
兄弟(형제) : 형과 아우

활용문

兄弟(형제)끼리 사이좋게 지내야지.

 필순 ` ` ` ` ` ` ` ` 弓 弓 弟 弟

第 6급II

차례 제:

竹 | 5획

대나무(竹)에 풀줄기가 말아 올라간 형태(弟)에서 사물의 순서(第)를 의미한다.

비 弟(아우 제)
동 序(차례 서)
　 秩(차례 질)

📖읽기한자

落第(낙제) : 시험에 떨어짐

✍쓰기한자

第一(제일) : 첫 째
第三者(제삼자) : 일정한 일에 직접 관계가 없는 사람
等第(등제) : 과거 시험에 합격함

활용문

나는 이번 시험에 落第(낙제)할 것 같습니다.

 필순 ` ` ` ` ` ` ` ` ` 笃 笃 第 第

題 6급II

제목 제

頁 | 9획

옛날 머리털을 깎아 이마(頁)가 훤하게(是) 한 후 문신을 한 사례에서 기초해 이마가 제목(題)을 의미한다.

비 類(무리 류)
동 目(눈 목)

📖읽기한자

課題(과제) : 부과된 문제
無題(무제) : 제목이 없음
宿題(숙제) : 학교에서 배운 것의 예습과 복습을 위해 내주는 문제

✍쓰기한자

題名(제명) : 표제의 이름
題目(제목) : 겉장에 쓴 책의 이름
題言(제언) : 서적·화폭 등의 위에 적은 글
題號(제호) : 책 따위의 제목

활용문

이 글에 題目(제목)을 추가해주십시오.

 필순 ` 尸 尸 日 旦 早 早 界 是 是 是 題 題 題 題 題 題

祖

7급

할아비 **조**

示 | 5획

이미(且) 이 세상에 없는 몇 대 이전의 선조를 제사(示)하는 것에서 조상(祖)을 의미한다.

반 孫(손자 손)

읽기한자

鼻祖(비조) : 시조(始祖)
元祖(원조) : 어떤 일을 시작한 사람

쓰기한자

祖國(조국) : 조상 적부터 살던 나라
祖母(조모) : 할머니
祖父(조부) : 할아버지
祖上(조상) : 자기 세대 이전의 모든 세대. 한 갈래의 혈통을 받아오는 할아버지 이상의 어른

활용문

祖國(조국)의 품으로 다시 돌아왔구나.

 필순 ｀ ⼀ ⼆ 礻 礻 礻 利 和 和 祖 祖

朝

6급

아침 **조**

月 | 8획

해가 돋고(卓) 달(月)이 서쪽으로 기울어가며 오는 아침(朝)이란 의미이다.

반 夕(저녁 석)
夜(밤 야)

읽기한자

朝變夕改(조변석개) : 아침저녁으로 뜯어 고침

쓰기한자

朝禮(조례) : 학교 등에서 직원과 학생이 수업하기 전에 모여 행하는 아침 인사
朝野(조야) : 조정과 민간
朝夕(조석) : 아침과 저녁

활용문

朝禮(조례)시간에 떠드는 사람이 누구지?

 필순 ⼀ ⼗ ⼗ 古 古 占 車 卓 軥 朝 朝 朝

調

5급 II

고를 **조**

言 | 8획

말(言)이나 행동이 전체에 두루(周) 전해지도록 하는 것에서 조정하다(調)는 의미이다.

동 和(화할 화)

읽기한자

調練(조련) : 훈련을 거듭하여 쌓음
調和(조화) : 이것저것을 서로 잘 어울리게 함
強調(강조) : 강력히 주장함
順調(순조) : 탈 없이 잘 되어가는 상태
語調(어조) : 말의 가락

활용문

형제간의 우애와 친척간의 화목을 強調(강조)하여 知德(지덕)을 겸한 높은 人格者(인격자)가 되도록 이끌어갔다.

 필순 ｀ ⼀ ⼆ 宀 言 言 言 言 訁 訊 訊 調 調 調 調

1. 다음 한자어(漢字語)의 독음을 쓰세요.

   (1) 朝禮 (   )   (2) 調和 (   )
   (3) 感情 (   )   (4) 題目 (   )
   (5) 定價 (   )   (6) 停年 (   )

2. 다음 한자(漢字)의 훈(訓)과 음(音)을 쓰세요.

   (1) 調 (   )
   (2) 停 (   )
   (3) 情 (   )
   (4) 題 (   )

3. 다음 훈(訓)과 음(音)에 맞는 한자(漢字)를 쓰세요.

   (1) 아우 제 (   )
   (2) 할아비 조 (   )
   (3) 차례 제 (   )
   (4) 정할 정 (   )

4. 다음(   )에 들어갈 한자(漢字)를 예(例)에서 찾아 그 번호를 쓰세요.

예(例)	① 停	② 調	③ 第
	④ 題	⑤ 朝	⑥ 情

   (1) 多(   )多感   (2) 人口(   )查
   (3) 一(   )一夕   (4) 時間問(   )

정답

1. (1) 조례   (2) 조화   (3) 감정   (4) 제목   (5) 정가   (6) 정년
2. (1) 고를 조   (2) 머무를 정   (3) 뜻 정   (4) 제목 제
3. (1) 弟   (2) 祖   (3) 第   (4) 定
4. (1) ⑥   (2) ②   (3) ⑤   (4) ④

操 잡을 조(:)

5급

扌(手) | 13획

나무(木) 위에서 시끄럽게(品) 우는 새를 손(扌)으로 제어하는 것에서 잡다(操)는 의미이다.

읽기한자

操身(조신) : 몸가짐을 조심함
操心(조심) : 실수가 없도록 마음을 삼가서 경계함
操業(조업) : 작업을 실시함
操作(조작) : 사물을 자기에게 편리하게 만들기 위하여 조종함

활용문

문익점은 操心(조심)스럽게 씨를 말려, 그 중에서 잘 여문 것 10개를 골라 붓두껍에 감추었다.

필순 一 十 扌 扌 扩 扩 护 护 护 捏 捏 捏 操 操 操

足 발 족

7급 II

足 | 0획

발전체의 모양을 본떴다.
비 定(정할 정)
반 手(손 수)

읽기한자

充足(충족) : 일정한 분량에 차거나 채움
自給自足(자급자족) : 자기의 수요를 자기가 생산하여 충당함

쓰기한자

發足(발족) : 무슨 일이 시작됨
力不足(역부족) : 힘, 기량 등이 모자람

 활용문

이번 일은 나에게는 力不足(역부족)입니다.

 필순 丨 口 口 甲 甲 足 足

族 겨레 족

6급

方 | 7획

깃발(方)아래 사람(人)들이 화살(矢)을 들고 모인 겨레, 무리(族)를 의미한다.
비 旅(나그네 려)
施(베풀 시)

읽기한자

貴族(귀족) : 귀한 직위에 있어 특권을 가진 사람들
舉族的(거족적) : 온 겨레에 관한
種族(종족) : 조상과 문화가 같은 겨레

쓰기한자

族長(족장) : 일족의 우두머리
家族(가족) : 부부를 기초로 하여 한 가정을 이루는 사람들

활용문

우리 家族(가족)은 모두 10명입니다.

 필순 ` 亠 宁 方 方 方 扩 扩 族 族 族

卒 마칠 졸
十 | 6획

똑같은 옷(衣)을 입은 열(十) 명의 군사(卒)라는 의미이다.
동 兵(병사 병)   終(마칠 종)
반 初(처음 초)
약 卆

5급 II

 읽기한자

卒業(졸업) : 규정된 교과 혹은 교육 과정을 마침
卒兵(졸병) : 직위가 낮은 병사

활용문

설리반 선생은 1886年(년) 여름에 퍼킨스 학원을 卒業(졸업)하고 나서 이듬해 2월까지는 헬렌을 가르칠 充分(충분)한 준비를 하고 3월에 온 것이다.

 필순   ` 宀 宀 宀 宓 宓 宓 卒

種 씨 종(:)
禾 | 9획

5급 II

읽기한자

種類(종류) : 사물의 부문을 나누는 갈래
各種(각종) : 갖가지
變種(변종) : 종류가 바뀜
特種(특종) : 특별한 종류

거둔 벼(禾)를 다음 해에 뿌릴 종자로서 많이(重) 쌓아놓은 것에서 종자, 씨(種)를 의미한다.

활용문

이런 種類(종류)의 시조는 대개 아름다운 자연을 보았을 때, 혹은 따뜻한 人情(인정)을 느꼈을 때의 흥을 노래하고 있습니다.

필순   ノ ニ 千 禾 禾 禾 秆 秆 秆 秆 秆 秆 種 種

 자

終 마칠 종
糸 | 5획

5급

읽기한자

終結(종결) : 완전히 끝남
終日(종일) : 하루 낮 동안
始終(시종) : 처음과 마지막
最終(최종) : 맨 나중

실(糸)을 짜는 일은 겨울(冬)이 되기 전에 끝마쳐(終) 종결짓는다는 의미이다.
동 末(끝 말)   結(맺을 결)
  了(마칠 료)   止(그칠 지)
반 始(비로소 시)
  初(처음 초)

활용문

하루 終日(종일) 일하고 집에 가면 주부로서의 할 일이 또 기다리고 있었다.

 필순   ` ㄴ ㄠ ㅇ ㅇ 糸 糸 終 終 終 終

左

7급Ⅱ

왼 **좌:**

工 | 2획

무언가를 만들 때 가늠자 등을 들고 오른 손을 돕는 손의 형태에서 왼쪽(左)을 의미한다.

비 在(있을 재)
반 右(오른 우)

左相(좌상) : 좌의정을 이르는 말

✏️ 쓰기 한자

左記(좌기) : 세로쓰기에서 본문의 왼편에 적음
左道(좌도) : 자기가 믿는 종교 이외의 종교를 가리키는 말
左方(좌방) : 왼편
左手(좌수) : 왼손
左右(좌우) : 왼쪽과 오른쪽

📝 활용문

左右(좌우)를 잘 살펴서 건너 가세요.

 필순 一 ナ ナ 左 左

罪

5급

허물 **죄:**

罒 | 8획

인간의 도리를 져버린 나쁜(非) 짓으로 법률 망(罒)에 걸려든 사람이기에 죄인(罪)을 의미한다.

동 過(지날 과)

📖 읽기 한자

罪目(죄목) : 범죄 행위의 명목
罪惡(죄악) : 죄가 될 만한 악행
無罪(무죄) : 아무 잘못이나 죄가 없음
罪名(죄명) : 죄의 이름
罪人(죄인) : 죄를 지은 사람

📝 활용문

재판 결과 그는 有罪(유죄)로 판결이 났습니다.

필순 丶 冂 冂 罒 罒 罒 罒 罪 罪 罪 罪 罪 罪

主

7급

임금/
주인 **주**

丶 | 4획

움직이지 않고 타오르는 촛불처럼 중심이 되어있는 사람을 빗대어 주인, 중심(主)을 의미한다.

비 王(임금 왕)
동 王(임금 왕)
반 客(손 객)
　 賓(손 빈)

📖 읽기 한자

主觀(주관) : 자기대로의 생각　　　　主流(주류) : 사상의 주된 경향
主唱(주창) : 앞장 서서 부르짖음
客主(객주) : 상인의 물건을 팔거나 매매를 거간하며, 그 상인의 숙박을 치르는 영업
船主(선주) : 배의 임자　　　　領主(영주) : 영지의 소유주

✏️ 쓰기 한자

主體(주체) : 성질, 상태, 작용의 주(主)
自主(자주) : 남의 보호나 간섭을 받지 않고 독립적으로 행함
地主(지주) : 토지의 소유자

📝 활용문

문제를 自主(자주)적으로 해결하는 것이 좋다.

필순 丶 亠 亠 主 主

확·인·학·습 45

1. 다음 한자어(漢字語)의 독음을 쓰세요.

(1) 卒業 (   )   (2) 特種 (   )

(3) 始終 (   )   (4) 操心 (   )

(5) 罪目 (   )   (6) 貴族 (   )

2. 다음 한자(漢字)의 훈(訓)과 음(音)을 쓰세요.

(1) 罪 (   )

(2) 卒 (   )

(3) 操 (   )

(4) 終 (   )

3. 다음 훈(訓)과 음(音)에 맞는 한자(漢字)를 쓰세요.

(1) 발 족 (   )

(2) 겨레 족 (   )

(3) 주인 주 (   )

(4) 왼 좌 (   )

4. 다음(   )에 들어갈 한자(漢字)를 예(例)에서 찾아 그 번호를 쓰세요.

예(例)	① 種	② 終	③ 罪
	④ 卒	⑤ 操	⑥ 主

(1) 有色人(   )   (2) 體(   )競技

(3) (   )業式場   (4) (   )客一體

정답

1. (1) 졸업   (2) 특종   (3) 시종   (4) 조심   (5) 죄목   (6) 귀족
2. (1) 허물 죄   (2) 마칠 졸   (3) 잡을 조   (4) 마칠 종
3. (1) 足   (2) 族   (3) 主   (4) 左
4. (1) ①   (2) ⑤   (3) ④   (4) ⑥

자

住 살 주:
7급
イ(人) | 5획

타고 있는 불(主)처럼 사람(人)이
한 곳에서 꼼짝 않고 머무는 것에
서 살다(主)는 의미이다.
- 비 主(주인 주)
- 동 居(살 거)

읽기한자
住宅(주택) : 사람들이 들어 사는 집

쓰기한자
住民(주민) : 그 땅에 사는 사람
住所(주소) : 생활의 본거인 장소
安住(안주) : 자리 잡고 편히 삶

활용문
住所(주소)를 정확히 기입해 주세요.

필순 ノ イ イ 亻 亻 亻 住 住

注 부을 주:
6급 II
氵(水) | 5획

물(氵)이 주(主)로 하는 일은 물대
는(注) 일이란 의미이다.
- 비 住(살 주)

읽기한자
傳注(전주) : 책의 주석

쓰기한자
注目(주목) : 눈을 한 곳에 쏟음
注文(주문) : 품종·모양·크기 등을 일러주고 만들어 달라고 맞추거나 보
　　　　　내 달라고 하는 일
注油(주유) : 자동차 등에 휘발유 따위를 주입함
注意(주의) : 마음에 새겨 두어 조심함

활용문
注油所(주유소)에 들러서 기름을 넣어야 되겠습니다.

필순 ＼ ＼ ＼ ＼ ＼ 汀 汁 注 注

晝 낮 주
6급
日 | 7획

해가 뜨고(旦) 학교에 가니 글(書)
공부를 하는 낮(晝)이란 의미이다.
- 비 畫(그림 화)
- 동 午(낮 오)
- 반 夜(밤 야)
- 약 昼

읽기한자
晝間競技(주간경기) : 낮에 하는 경기

쓰기한자
晝間(주간) : 낮
晝夜(주야) : 낮과 밤
白晝(백주) : 대낮
晝夜長川(주야장천) : 밤낮으로 쉬지 아니하고 연달아

활용문
晝間(주간)이든 夜間(야간)이든 신경 쓰지 않습니다.

필순 フ ヲ �ヨ 聿 書 書 書 書 晝 晝

週

5급 II

주일 **주**

辶(辵) | 8획

모두에게 무언가를 두루(周) 알리기 위해 쭉 걸어 돌기(辶)에 한 주(週)를 의미한다.

비 調(고를 조)

📢 읽기한자

週間(주간) : 한 주일 동안
週期(주기) : 한 바퀴를 도는 시기
週末(주말) : 한 주일의 끝
週番(주번) : 한 주간마다 바꾸어 하는 근무

활용문

다음은 學習部(학습부)에서 來週(내주) 계획을 발표해 주시기 바랍니다.

 필순 丿 几 几 用 用 用 周 周 冑 调 调 週

州

5급 II

고을 **주**

巛 | 3획

하천 안에 흙과 모래가 쌓여 섬이 만들어지는 모습에서 토지, 섬, 대륙(州)을 의미한다.

비 川(내 천)
동 郡(고을 군)
邑(고을 읍)
洞(골 동)

📢 읽기한자

州郡(주군) : 주와 군의 뜻으로 지방을 일컬음
州里(주리) : 큰 도시에서 떨어져 있는 시골이나 마을
全州(전주) : 전라북도 중앙부에 있는 시

활용문

우리 부모님 고향은 全州(전주)입니다.

 필순 丶 丿 少 州 州 州

中

8급

가운데 **중**

丨 | 3획

돌아가는 팽이의 중심은 어느 쪽도 기울지 않게 한복판을 지키기에 가운데(中)라는 의미이다.

동 央(가운데 앙)
반 外(바깥 외)

📢 읽기한자

中止(중지) : 중도에서 그만둠
熱中(열중) : 한 가지 일에 정신을 쏟음

✏️ 쓰기한자

命中(명중) : 겨냥한 곳에 바로 맞음
中古(중고) : 약간 낡은 물건
集中(집중) : 한 곳으로 모임

활용문

中古(중고) 텔레비전을 한대 구입했습니다.

필순 丨 冂 口 中

重

7급

무거울 중:

里 | 2획

천(千) 리(里)를 걸으면 발이 무겁다(重)는 의미이다.

[반] 輕(가벼울 경)

읽기한자

重建(중건) : 사찰·왕궁 등을 보수 개축함
重量(중량) : 무게
重任(중임) : 중대한 임무
加重(가중) : 더 무거워짐
貴重(귀중) : 소중히 여김
比重(비중) : 어떤 물질의 밀도를 그와 같은 체적의 4℃의 물의 밀도에 비교한 비

重要(중요) : 귀중함
重責(중책) : 무거운 책임
輕重(경중) : 가벼움과 무거움

쓰기한자

重力(중력) : 지구가 지구 위에 있는 물체를 잡아당기는 힘
重心(중심) : 중력의 중심의 뜻. 무게 중심
重大(중대) : 매우 중요함

활용문

이 현상이 重力(중력)이라는 거야.

필순 ′ 二 二 千 斤 斤 盲 盲 重 重

紙

7급

종이 지

糸 | 4획

섬유질(糸)을 근원, 원료(氏)로 하여 종이(紙)를 생산한다는 의미이다.

읽기한자

紙質(지질) : 종이의 품질

쓰기한자

紙面(지면) : 신문에 글이 쓰인 겉면
紙物(지물) : 온갖 종이의 총칭
休紙(휴지) : 못 쓰게 된 종이
紙上(지상) : 지면. 신문 잡지의 기사면
用紙(용지) : 어떤 일에 쓰는 종이

활용문

공공장소에 休紙(휴지)를 버리면 안 됩니다.

필순 ′ ㄴ 幺 幺 牟 糸 糸 紀 紀 紙

地

7급

따(땅) 지

土 | 3획

뱀은 논밭의 두렁처럼 구불구불 한 것에서 지면(土)과 뱀(也)의 형태에서 땅(地)을 의미한다.

[반] 天(하늘 천)

읽기한자

地位(지위) : 있는 자리
地質(지질) : 지각을 구성하는 암석·지층의 성질
客地(객지) : 자기 고장을 떠나 임시로 있는 곳
景勝地(경승지) : 경치 좋은 곳
基地(기지) : 군대의 보급·수송·통신 등의 기점이 되는 곳
團地(단지) : 주택·공장 등이 집단을 이루고 있는 일정 구역
都會地(도회지) : 사람이 많이 살고 있는 번잡한 곳
要地(요지) : 정치·문화 등의 핵심이 되는 곳
原産地(원산지) : 물건의 생산지

他地(타지) : 타향(他鄉)

局地(국지) : 한정된 일정 지역

任地(임지) : 관원이 부임하는 곳

쓰기한자

地形(지형) : 땅의 생긴 모양
地圖(지도) : 지구 표면의 상태를 축소된 평면에 나타낸 그림

활용문

아시아의 地形的(지형적) 특징에 대해 알아 보도록 하자.

필순 一 十 土 圹 圹 地

확·인·학·습 46

1. 다음 한자어(漢字語)의 독음을 쓰세요.

(1) 週末 (   )   (2) 加重 (   )
(3) 晝夜 (   )   (4) 州郡 (   )
(5) 注油 (   )   (6) 紙面 (   )

2. 다음 한자(漢字)의 훈(訓)과 음(音)을 쓰세요.

(1) 週 (   )
(2) 晝 (   )
(3) 州 (   )
(4) 注 (   )

3. 다음 훈(訓)과 음(音)에 맞는 한자(漢字)를 쓰세요.

(1) 살 주   (   )
(2) 가운데 중 (   )
(3) 무거울 중 (   )
(4) 따 지   (   )

4. 다음(   )에 들어갈 한자(漢字)를 예(例)에서 찾아 그 번호를 쓰세요.

| 예(例) | ① 週 | ② 州 | ③ 晝 |
| | ④ 注 | ⑤ 紙 | ⑥ 重 |

(1) (   )末旅行   (2) 新聞(   )上
(3) (   )大發表   (4) (   )入式敎育

정답

1. (1) 주말   (2) 가중   (3) 주야   (4) 주군   (5) 주유   (6) 지면
2. (1) 주일 주 (2) 낮 주 (3) 고을 주 (4) 부을 주
3. (1) 住   (2) 中   (3) 重   (4) 地
4. (1) ①   (2) ⑤   (3) ⑥   (4) ④

知 알 지

5급Ⅱ

矢 | 3획

화살(矢)처럼 곧바로 날아가 맞추
(口)는 것을 나타내는 글자로 알다
(知)는 의미이다.
- 동 識(알 식)
　認(알 인)
- 반 行(다닐 행)

읽기 한자
知能(지능) : 두뇌의 작용
通知(통지) : 기별하여 알림
知行合一(지행합일) : 지식과 행위가 하나 됨

활용문
형제간의 우애와 친척간의 화목을 強調(강조)하여 知德(지덕)을 겸한 높
은 人格者(인격자)가 되도록 이끌어갔다.

필순 ノ ト ニ チ 矢 矢 知 知 知

止 그칠 지

5급

止 | 0획

발이 한걸음 앞에 나간 상태에서
딱 멈추었다(止)고 하는 것에서 멈
추게 하다(止)는 의미이다.
- 동 停(머무를 정)

읽기 한자
停止(정지) : 하던 일을 중도에 그침
終止(종지) : 끝을 냄
行動擧止(행동거지) : 몸을 움직여 하는 모든 것

활용문
늙은 농부는 하던 일을 中止(중지)하고, 천천히 황 서방 앞으로 다가오더
니, 황 서방의 귀에 대고는 나직이 말했다.

필순 丨 ㅏ 止 止

直 곧을 직

7급Ⅱ

目 | 3획

숨어(ㄴ) 있어도 열(十) 사람의 눈
(目)이 보면 나쁜 짓은 할 수 없기
에 바로(直)라는 의미이다.
- 반 曲(굽을 곡)

읽기 한자
直觀(직관) : 대상을 직접적으로 파악하는 작용
直流(직류) : 곧게 흐르는 흐름
直賣(직매) : 생산자가 중간 상인을 거치지 않고 소비자에게 직접 팖
曲直(곡직) : 사리의 옳고 그름
宿直(숙직) : 직장에서 잠자며 밤을 지킴

쓰기 한자
直立(직립) : 똑바로 섬. 높이 솟아오름
直面(직면) : 어떤 사물에 직접 대면함
正直(정직) : 거짓, 허식이 없이 마음이 바르고 곧음

활용문
直觀的(직관적)으로 그 사실을 알 수 있었다.

필순 一 十 十 广 古 古 直 直 直

質

5급 II

바탕 **질**

貝 | 8획

돈(貝)을 빌린 표시로 도끼(斤) 두 자루를 상대에게 건넨다 하여 약속 표시(質)를 의미한다.

[동] 本(근본 본)
　　 朴(성 박)
[약] 貭

읽기 한자

質問(질문) : 의문, 이유를 캐물음
變質(변질) : 성질이나 물질이 변함
性質(성질) : 사물이 본디부터 가지고 있는 고유한 특성
惡質(악질) : 성질이 모질고 나쁨
體質(체질) : 몸의 성질

활용문

너는 性質(성질)도 급하구나.

필순 `＇ ｒ ｒ ｒ ｒ ｒ ｒ ｒ ｒ ｒ 所 斦 斦 暂 暂 質 質`

集

6급 II

모을 **집**

隹 | 4획

나무(木) 위에 새(隹)가 많이 무리 지어 모여드는 것에서 모이다(集) 는 의미이다.

[동] 會(모일 회)
　　 社(모일 사)
[반] 散(흩을 산)
　　 離(떠날 리)

읽기 한자

集結(집결) : 한 군데로 모임
集約(집약) : 한데 모아서 요약함
雲集(운집) : 구름처럼 많이 모임

쓰기 한자

集計(집계) : 모아서 합계함
集中(집중) : 한 곳으로 모으게 함

활용문

최종 集計(집계)가 조금 있으면 나옵니다.

필순 `ノ イ イ イ イ 作 作 住 隹 隹 隼 隼 集`

着

5급 II

붙을 **착**

目 | 7획

양(羊)털이 자라면 눈(目)에 달라붙어 보이지 않을 정도가 되는 것에서 몸에 붙는다(着)는 의미이다.

[동] 到(이를 도)
[반] 發(필 발)

읽기 한자

着陸(착륙) : 비행기가 육지에 내림
着手(착수) : 일에 손을 대어 시작함
固着(고착) : 굳게 붙음
定着(정착) : 한 곳에 자리 잡아 떠나지 않음
土着(토착) : 대대로 그 땅에서 삶

활용문

9시 30분, 열차가 到着(도착)하자 환영이 대단하였다.

필순 `＇ ヽ ヾ ｙ ヾ ¥ 羊 羊 羊 着 着 着 着`

자

본문학습 215

5급 II

참여할 **참**
석 **삼**

厶 | 9획

머리(参)에 비녀를 꽂고 여러 장식품(厽)을 갖추어 의식에 참가한다(参)는 의미이다.

동 三(석 삼)
약 参

參考(참고) : 살펴서 생각함
參觀(참관) : 어떤 곳에 나아가서 봄
參席(참석) : 자리에 참여함
參戰(참전) : 전쟁에 참가함
古參(고참) : 오래 전부터 한 직장이나 직위에 머물러 있는 일

활용문

살구꽃 1·2·3이 각각 살구나무 뒤에서 고개를 내밀어 參見(참견)한다.

필순 ' ' ' ㄴ ㄷ 厽 厽 产 突 突 参 参

窓

6급 II

창 **창**

穴 | 6획

벽에 창(厶)으로 구멍(穴)을 뚫어 마음(心)이 시원하고 밝도록 창문(窓)을 만든다는 의미이다.

비 密(빽빽할 밀)

鐵窓(철창) : 쇠로 창살을 만든 창문
學窓時節(학창시절) : 학생으로서 학교에서 공부하던 시절

窓口(창구) : 창을 뚫어 놓은 곳
窓門(창문) : 공기나 빛이 들어올 수 있도록 벽에 놓은 작은 문
同窓(동창) : 같은 학교에서 배움
車窓(차창) : 기차나 자동차 따위에 달려있는 창문

활용문

내일 同窓會(동창회)가 있으니 꼭 참석하세요.

필순 ` ` 宀 宀 宀 空 空 突 突 窓 窓

唱

5급

부를 **창:**

口 | 8획

입(口)을 벌리고 모두가 큰 소리로 민요를 부르는(昌) 것에서 노래 부르다(唱)는 의미이다.

동 歌(노래 가)

唱法(창법) : 노래하는 방법
獨唱(독창) : 혼자서 노래를 부름
先唱(선창) : 맨 먼저 부름
再唱(재창) : 다시 노래 부름
愛唱曲(애창곡) : 즐겨 부르는 곡

활용문

우리 4학년은 合唱(합창)을 했다.

필순 丨 冂 冂 口 叮 吘 唱 唱 唱 唱 唱

확·인·학·습 47

1. 다음 한자어(漢字語)의 독음을 쓰세요.

   (1) 停止 (   )   (2) 先唱 (   )

   (3) 參考 (   )   (4) 土着 (   )

   (5) 質問 (   )   (6) 通知 (   )

2. 다음 한자(漢字)의 훈(訓)과 음(音)을 쓰세요.

   (1) 知   (   )

   (2) 參   (   )

   (3) 質   (   )

   (4) 着   (   )

3. 다음 훈(訓)과 음(音)에 맞는 한자(漢字)를 쓰세요.

   (1) 창 창   (   )

   (2) 곧을 직   (   )

   (3) 모을 집   (   )

   (4) 낮 주   (   )

4. 다음(   )에 들어갈 한자(漢字)를 예(例)에서 찾아 그 번호를 쓰세요.

예(例)	① 參	② 知	③ 質
	④ 唱	⑤ 着	⑥ 止

   (1) 聞一(   )十   (2) 萬歲三(   )

   (3) 到(   )時間   (4) (   )考圖書

정답

1. (1) 정지   (2) 선창   (3) 참고   (4) 토착   (5) 질문   (6) 통지
2. (1) 알 지   (2) 참여할 참 / 석 삼   (3) 바탕 질   (4) 붙을 착
3. (1) 窓   (2) 直   (3) 集   (4) 晝
4. (1) ②   (2) ④   (3) ⑤   (4) ①

확인학습 47   217

責 5급 II

꾸짖을 **책**

貝 | 4획

쿡쿡 가시로 찔러(主) 대듯이 돈
(貝)을 돌려주라고 볶아 대는 것에
서 추궁하다(責)는 의미이다.

비 貴(귀할 귀)
동 任(맡을 임)

읽기한자

責望(책망) : 허물을 들어 꾸짖음
責任(책임) : 도맡아 해야 할 임무나 의무
問責(문책) : 잘못을 캐묻고 추궁함
自責(자책) : 제 자신을 스스로 책망함

활용문

오늘날 신문은 그 힘이 매우 크기 때문에 반드시 사실만을 올바르게 써야
하는 責任(책임)을 지닌다.

필순 一 二 主 主 主 青 青 青 青 責 責

川 7급

내 **천**

川(巛) | 0획

양 쪽 기슭 사이를 물이 흐르고 있
는 모양에서 내, 하천(川)을 의미
한다.

동 水(물 수)
반 山(메 산)

읽기한자

河川(하천) : 내와 강

쓰기한자

山川(산천) : 산과 내라는 뜻으로 자연을 일컬음
山川草木(산천초목) : 산과 내, 풀과 나무
晝夜長川(주야장천) : 밤낮으로 쉬지 아니하고 연달아

활용문

우리 고향에는 山川(산천)이 매우 아름답습니다.

필순 丿 丿 川

千 7급

일천 **천**

十 | 1획

사람이 앞으로 나아가는 모습과 十
자를 포개 놓아, 十의 백 배, 百의
열 배의 것을 말한다.

읽기한자

千里馬(천리마) : 하루에 천리를 달릴 만한 썩 좋은 말

쓰기한자

千金(천금) : 많은 돈
千軍(천군) : 많은 군사
千萬多幸(천만다행) : 매우 다행스러움

활용문

이번 홍수에 그만하길 千萬多幸(천만다행)이다.

필순 丿 二 千

天

7급

하늘 **천**

大 | 1획

양손·양발을 벌리고 서있는 사람 (大)의 머리 위에 크게 펼쳐 있는 (一) 하늘(天)을 의미한다.

- 비 夫(지아비 부)
- 반 地(따 지)

天壇(천단) : 하늘에 제사 지내는 단
天馬(천마) : 하늘을 달린다는 상제의 말
天福(천복) : 하늘이 주는 행복
天質(천질) : 타고난 성질
千軍萬馬(천군만마) : 천 명의 군사와 만 마리의 군마라는 뜻

天國(천국) : 하늘 나라   天命(천명) : 타고난 수명
天才(천재) : 선천적으로 타고난 뛰어난 재주를 지닌 사람
天文學(천문학) : 우주의 구조를 연구하는 학문

활용문

형은 天文學(천문학)을 연구하고 있습니다.

필순 一 二 チ 天

鐵

5급

쇠 **철**

金 | 13획

창(戈)을 만드는데 으뜸(王)으로 좋은(吉) 쇠(金)가 철(鐵)이라는 의미이다.

- 동 金(쇠 금)
- 약 鉄

차

鐵工(철공) : 쇠를 다루는 공업
鐵道(철도) : 기차, 전차가 다니도록 깔아 놓은 시설
鐵物(철물) : 쇠로 만든 물건
古鐵(고철) : 오래 되어 못 쓰게 된 쇠붙이

활용문

鐵(철)의 生産(생산)과 철로 된 연모의 사용이 활발했다는 철기 시대의 유물을 진열해 놓은 元三國室(원삼국실)을 살펴본 후 고구려실에 들어섰다.

필순 丿 丿 午 午 牟 牟 金 金 釒 釒 鉾 鐼 鐼 銕 鐼 鐼 鐵 鐵 鐵

靑

8급

푸를 **청**

靑 | 0획

풀잎의 색깔처럼 파랗게 맑은 우물의 물색에서 파랗게(靑) 투명한 색깔을 의미한다.

- 비 淸(맑을 청)
- 동 綠(푸를 록)

靑魚(청어) : 청어과의 바닷물고기

靑春(청춘) : 새싹이 파랗게 돋아나는 봄철. 젊은 나이
靑果(청과) : 신선한 채소, 과일
靑信號(청신호) : 푸른 등이나 기로 통행을 표시하는 교통 신호
靑年(청년) : 신체적, 정신적으로 한창 성장하거나 무르익은 시기에 있는 사람

활용문

그 靑年(청년)은 내 제자입니다.

필순 一 二 キ 主 丰 青 青 青

清

맑을 청

氵(水) | 8획

6급Ⅱ

푸릇푸릇한 풀잎처럼, 파랗게(靑) 맑은 물(氵)의 아름다움에서 맑다(靑)는 의미이다.

동 澹(맑을 담)
　　淑(맑을 숙)
　　晶(맑을 정)

읽기한자

清朗(청랑) : 맑고 명랑함
清州(청주) : 충청북도 중앙에 있는 시

쓰기한자

清明(청명) : 날씨가 맑고 밝음
清江(청강) : 물이 맑은 강

활용문

비온 후에 날씨가 清明(청명)하고 햇살이 더 밝은 이유는?

 필순 丶 丶 氵 氵 氵 氵 沣 沣 清 清 清 清

體

몸 체

骨 | 13획

6급Ⅱ

뼈(骨)를 중심으로 내장과 같이 풍성하게(豊) 붙어서 된 것이 몸(體)이란 의미이다.

비 禮(예도 례)
동 身(몸 신)
반 心(마음 심)
약 体

읽기한자

體格(체격) : 몸의 골격. 근육, 골격, 영양 상태로 나타나는 몸의 외관적 형상의 전체
體位(체위) : 어떤 일을 할 때의 몸의 위치
體質(체질) : 몸의 성질. 몸의 바탕　　客體(객체) : 객지에 있는 몸
團體(단체) : 공동의 목적을 달성하기 위하여 의식적으로 결합한 조직체

쓰기한자

體感(체감) : 몸에 느끼는 감각　　　　體內(체내) : 몸의 안
體面(체면) : 남을 대하는 체제와 면목

활용문

體感(체감) 온도는 거의 영하 30도에 이릅니다.

 필순 丨 冂 冂 冋 冎 骨 骨 骨 骨 骨 骨 骨 骨 體 體 體 體 體 體 體 體 體

草

풀 초

艹(艸) | 6획

7급

해가 아침 일찍(早) 물 위로 나오듯이 빠르게 무성(艹)해지는 모습에서 잡풀(草)을 의미한다.

읽기한자

草案(초안) : 기초가 되는 글발
草原(초원) : 풀이 난 들

쓰기한자

草食(초식) : 식물성의 먹이만 먹음
花草(화초) : 꽃이 피는 풀과 나무
不老草(불로초) : 먹으면 늙지 않는 풀
草綠同色(초록동색) : 이름은 다르나 따지고 보면 한 가지 것이라는 말

활용문

草食(초식) 동물들은 대체적으로 온순하다고 합니다.

 필순 一 十 十 艹 艹 苩 苩 苩 草 草

1. 다음 한자어(漢字語)의 독음을 쓰세요.

   (1) 鐵道 (   )   (2) 淸明 (   )
   (3) 草綠 (   )   (4) 問責 (   )
   (5) 體格 (   )   (6) 天命 (   )

2. 다음 한자(漢字)의 훈(訓)과 음(音)을 쓰세요.

   (1) 責 (   )
   (2) 鐵 (   )
   (3) 淸 (   )
   (4) 體 (   )

3. 다음 훈(訓)과 음(音)에 맞는 한자(漢字)를 쓰세요.

   (1) 내 천   (   )
   (2) 일천 천 (   )
   (3) 푸를 청 (   )
   (4) 하늘 천 (   )

4. 다음(   )에 들어갈 한자(漢字)를 예(例)에서 찾아 그 번호를 쓰세요.

예(例)	① 淸	② 鐵	③ 靑
	④ 川	⑤ 體	⑥ 責

   (1) 一心同(   )   (2) (   )風明月
   (3) 山(   )草木   (4) 二八(   )春

정답

1. (1) 철도   (2) 청명   (3) 초록   (4) 문책   (5) 체격   (6) 천명
2. (1) 꾸짖을 책 (2) 쇠 철 (3) 맑을 청 (4) 몸 체
3. (1) 川   (2) 千   (3) 靑   (4) 天
4. (1) ⑤   (2) ①   (3) ④   (4) ③

初

처음 초

5급

刀 | 5획

칼(刀)로 옷(衤)감을 마르는 일이
옷을 만드는 시작이므로 처음(初)
을 의미한다.

동 始(비로소 시)
반 終(마칠 종)
　 末(끝 말)
　 了(마칠 료)

읽기 한자

初代(초대) : 어떤 계통의 최초의 사람
初面(초면) : 처음으로 대하여 봄
初行(초행) : 처음으로 감
當初(당초) : 일이 생긴 처음
今始初聞(금시초문) : 이제야 비로소 처음으로 들음

활용문

이것이 외나무다리로서 오늘날과 같은 다리의 始初(시초)라고 한다.

필순 초초초초초초 初

寸

마디 촌:

8급

寸 | 0획

손(十) 바닥에서 맥을 짚는 곳(丶)
까지의 거리는 대개 한 치(寸) 전후
라는 의미이다.

비 才(재주 재)
동 節(마디 절)

읽기 한자

寸善(촌선) : 대단치 않은 착한 일
寸鐵(촌철) : 썩 짧은 칼, 창 등의 무기

쓰기 한자

寸數(촌수) : 겨레붙이 사이의 멀고 가까운 정도가 얼마라는 수
寸分(촌분) : 매우 짧은 시간
三寸(삼촌) : 아버지의 형제, 특히 결혼하지 않은 남자형제

활용문

三寸(삼촌)은 사법시험에 합격해서 검사가 됐습니다.

필순 一 寸 寸

村

마을 촌:

7급

木 | 3획

나무(木)가 조금(寸) 자라고 있는
곳에 사람이 모여 산다는 것에서
마을(村)이라는 의미이다.

비 林(수풀 림)
동 里(마을 리)

읽기 한자

村落(촌락) : 촌에 이루어진 부락
漁村(어촌) : 어부들이 모여 사는 마을
無醫村(무의촌) : 의사나 의료시설이 없는 마을

쓰기 한자

山村(산촌) : 산 속에 있는 마을

활용문

農村(농촌)에서 漁村(어촌)으로 이사를 갔습니다.

필순 一 十 才 才 村 村 村

最

5급

가장 최:

日 | 8획

옛날 전쟁의 위험을 무릅쓰고(日) 적의 귀(耳)를 잘라(又) 오는 것은 가장(最) 큰 모험이었다는 의미이다.

읽기한자

最強(최강) : 가장 셈
最高(최고) : 가장 높음
最多(최다) : 가장 많음
最善(최선) : 가장 착하고도 좋음
最近(최근) : 장소나 위치가 가장 가까움

활용문

선죽교는 高麗末(고려말)의 忠信(충신) 정몽주가 새로 朝鮮(조선)을 세우려는 이성계 일파에게 피살되어, 그 때 흘린 피가 돌에 스며들어 지금까지 흔적이 남아 있다는 다리인데, 돌로 만든 다리로는 世界(세계) 最初(최초)라는 평가를 받고 있다.

필순 `丨 冂 冃 日 旦 早 早 昂 昂 最 最`

秋

7급

가을 추

禾 | 4획

벼(禾)가 불(火)빛 같은 태양에 익는 계절이니 가을(秋)이란 의미이다.

반 春(봄 춘)

읽기한자

秋風落葉(추풍낙엽) : 가을바람에 흩어져 떨어지는 낙엽. 낙엽처럼 시들어 우수수 떨어짐을 비유함

쓰기한자

秋冬(추동) : 가을과 겨울
秋山(추산) : 가을철의 산
秋色(추색) : 가을철의 맑은 색

활용문

날씨가 더워졌으니 이제는 秋冬服(추동복)을 넣어야겠습니다.

필순 `ノ 二 千 禾 禾 禾 利 秋 秋`

차

祝

5급

빌 축

示 | 5획

제단(示) 앞에서 축문을 낭독하는 사람(兄)의 모습에서 축복하다, 축하하다(祝)는 의미이다.

읽기한자

祝歌(축가) : 축하하는 뜻으로 부르는 노래
祝願(축원) : 잘 되게 해 달라고 바라며 비는 일
祝電(축전) : 축하하는 뜻으로 치는 전보
自祝(자축) : 제 스스로를 축하함

활용문

祝歌(축가)를 인기가수가 부를지도 모른다.

필순 `ノ 二 亍 亓 示 祀 祀 祀 祝`

春

봄 춘

日 | 5획

7급

따뜻한 햇살(日)에 초목의 새순이 돋아나기 시작하는 계절, 봄(春)을 의미한다.

回 奉(받들 봉)
반 秋(가을 추)

읽기한자

立春大吉(입춘대길) : 입춘을 맞이하여 길운을 기원하는 글

쓰기한자

春秋服(춘추복) : 봄철과 가을철에 입는 옷
春分(춘분) : 이십사절기의 하나로 양력 3월 21일 무렵이다.

활용문

백화점 마다 春秋服(춘추복) 세일이 한창입니다.

 필순 一 二 三 声 夫 夫 春 春 春

出

날 출

凵 | 3획

7급

풀이 여기저기 어우러져 만들어진 모양에서 나오다, 내다(出)는 의미이다.

동 生(날 생)
반 入(들 입)

읽기한자

出馬(출마) : 말을 타고 나감. 선거에 입후보함
出漁(출어) : 물고기를 잡으러 감   出願(출원) : 원서를 내어 놓음
出他(출타) : 집에 있지 아니하고 다른 곳에 나감
出品(출품) : 전람회, 전시회, 품평회, 진열장 같은 곳에 물건을 내어 놓음
流出(유출) : 흘러 나감. 흘러 나옴. 화폐가 외국으로 나감
賣出(매출) : 물건을 내어 팖   選出(선출) : 여럿 가운데서 골라 뽑아 냄

쓰기한자

出發(출발) : 길을 떠나 나감   出世(출세) : 숨었던 사람이 세상에 나옴
出場(출장) : 어떤 장소에 나감   放出(방출) : 한꺼번에 내어 놓음
出身(출신) : 출생당시 가정이 속하여 있던 사회적 신분

활용문

전람회에 신제품을 出品(출품)하였습니다.

 필순 丨 屮 屮 出 出

充

채울 충

儿 | 4획

5급Ⅱ

아이를 낳아 기를(育) 때, 해가 차면 스스로 걸을 수 있는 사람(儿)이 되는 데서, '차다, 가득하다' 는 의미이다.

동 滿(찰 만)

읽기한자

充當(충당) : 모자라는 것을 채워 메움
充分(충분) : 분량이 넉넉하여 모자람이 없음
充實(충실) : 몸이 굳세어서 튼튼함
充足(충족) : 일정한 분량에 차거나 채움

활용문

설리반 선생은 1886년(년) 여름에 퍼킨스 학원을 卒業(졸업)하고 나서 이듬해 2월까지는 헬렌을 가르칠 充分(충분)한 준비를 하고 3월에 온 것이다.

 필순 亠 亠 亡 云 充 充

확·인·학·습 49

1. 다음 한자어(漢字語)의 독음을 쓰세요.

   (1) 最善 (   )   (2) 祝歌 (   )
   (3) 村落 (   )   (4) 初面 (   )
   (5) 充當 (   )   (6) 出發 (   )

2. 다음 한자(漢字)의 훈(訓)과 음(音)을 쓰세요.

   (1) 充　 (   )
   (2) 初　 (   )
   (3) 最　 (   )
   (4) 祝　 (   )

3. 다음 훈(訓)과 음(音)에 맞는 한자(漢字)를 쓰세요.

   (1) 마디 촌 (   )
   (2) 가을 추 (   )
   (3) 봄 춘　 (   )
   (4) 마을 촌 (   )

4. 다음(   )에 들어갈 한자(漢字)를 예(例)에서 찾아 그 번호를 쓰세요.

예(例)	① 出	② 充	③ 春
	④ 最	⑤ 初	⑥ 祝

   (1) 今時(   )聞   (2) (   )發信號
   (3) (   )上方法   (4) 二八靑(   )

정답

1. (1) 최선　　(2) 축가　　(3) 촌락　　(4) 초면　　(5) 충당　　(6) 출발
2. (1) 채울 충　(2) 처음 초　(3) 가장 최　(4) 빌 축
3. (1) 寸　　　(2) 秋　　　(3) 春　　　(4) 村
4. (1) ⑤　　　(2) ①　　　(3) ④　　　(4) ③

致

5급

이를 **치:**

至 │ 4획

손에 도구를 들고(攵) 열심히 일하여 어떤 일의 끝까지 다달아(至) 이룬다(致)는 의미이다.

图 到(이를 도)

📕읽기한자

景致(경치) : 산수 등 자연계의 아름다운 현상
理致(이치) : 사물의 정당한 조리
言行一致(언행일치) : 하는 말과 행동이 같음

활용문

옛날 하늘나라에 살던 仙女(선녀)들이 놀러 내려 왔다가 울릉도 景致(경치)가 너무 아름다워 구경하는데 넋이 빠져 하늘나라로 돌아가는 시간을 놓쳐 버렸다고 한다.

필순 一 厶 广 至 至 至 至 孕 孕 致

則

5급

법칙 **칙**
곧 **즉**

刂(刀) │ 7획

재산과 돈(貝)을 칼(刀)로 나눌 때 법칙(則)에 따라 나눈다는 의미이다.

图 法(법 법)
　規(법 규)

📕읽기한자

校則(교칙) : 학생들이 지켜야 할 학교의 규칙
反則(반칙) : 법칙이나 규정 등에 어그러짐
原則(원칙) : 지켜야 할 근본의 법칙
會則(회칙) : 회의 규칙
規則(규칙) : 여러 사람이 다같이 지키기로 합의한 법칙

활용문

경기 중에 反則(반칙)을 심하게 하는 것은 좋지 않다.

필순 丨 冂 冂 冃 目 貝 貝 貝 則

親

6급

친할 **친**

見 │ 9획

서(立) 있는 나무(木) 옆에서 언제나 눈을 떼지 않고 봐(見)주는 어버이(親)를 의미한다.

🔲 新(새 신)
　視(볼 시)

📕읽기한자

親切(친절) : 남을 대하는 태도가 성의가 있으며 정답고 고분고분함
親舊(친구) : 가깝게 사귀는 벗

✏️쓰기한자

親交(친교) : 친하게 사귀는 교분
親近(친근) : 사귀어 지내는 사이가 매우 가까움

활용문

진정한 親舊(친구) 한 명은 허울 좋은 열 親舊(친구) 부럽지 않다.

필순 丶 亠 亠 立 立 立 辛 辛 辛 亲 亲 郣 郣 親 親 親

七 일곱 **칠**

8급

一 | 1획

다섯 손가락에 두 손가락을 십자형으로 포개서 일곱을 나타냈다.

읽기한자

七情(칠정) : 사람의 일곱 가지 감정

쓰기한자

七夕(칠석) : 음력 칠월 초이렛날의 밤
七大洋(칠대양) : 일곱 개의 큰 바다

활용문

내 생일은 七月(칠월) 七日(칠일)입니다.

필순 一 七

打 칠 **타**

5급

扌(手) | 2획

손(扌)으로 못(丁)을 탕탕 두드려 박는 것에서 두드리다, 치다(打)는 의미이다.

동 擊(칠 격)
  攻(칠 공)

읽기한자

打開(타개) : 얽히고 막힌 일을 잘 처리하여 나아갈 길을 엶
强打(강타) : 강하게 때림. 치명적인 타격을 가함
利害打算(이해타산) : 이해관계를 따져 셈함
打順(타순) : 타격 순서
安打(안타) : 야구에서 수비수의 실책 없이 타자가 한 베이스 이상을 갈
        수 있게 공을 치는 일

활용문

打順(타순)의 변경이 너무 심하면 좋지 않습니다.

필순 一 十 扌 扌 打

他 다를 **타**

5급

亻(人) | 3획

살모사(也)는 사람(人)이 좋아할 수 없는 것으로 밖으로 나가라는 의미에서 밖, 옆, 딴 것(他)을 의미한다.

비 地(따 지)
동 異(다를 이)
반 自(스스로 자)

읽기한자

他國(타국) : 다른 나라
出他(출타) : 집에 있지 아니하고 다른 곳에 나감
他方面(타방면) : 다른 방면

활용문

아버지는 지금 出他(출타)중이십니다.

필순 丿 亻 亻 他 他

卓

높을 탁

十 | 6획

이른 아침(早)에 해가 떠서 하늘 위(上)로 높이 오른다는 데서 뛰어나다(卓)는 의미이다.

[동] 高(높을 고)
　　崇(높을 숭)

5급

읽기한자

卓見(탁견) : 뛰어난 의견이나 미래를 바라보는 눈과 지식
卓子(탁자) : 물건을 올려놓는 기구
食卓(식탁) : 식사용의 탁자

활용문

나는 卓球(탁구)를 아주 잘 칩니다.

 필순 　丶　亠　广　卢　占　卣　卣　卓

炭

숯 탄

火 | 5획

산(山)기슭이나 높은 언덕(厂)에서 숯구이 가마를 만들고 불(火)을 지펴 숯(炭)을 굽는다는 의미이다.

[비] 灰(재 회)

읽기한자

石炭(석탄) : 태고 때의 식물질이 땅속 깊이 묻히어 오랫동안 지압과 지열을 받아 차츰 분해하여 생긴, 타기 쉬운 퇴적암
貯炭(저탄) : 석탄, 숯 따위를 모아서 간수하여 둠

활용문

石炭(석탄)의 사용이 급속도로 줄고 있습니다.

 필순 　丶　屮　山　屵　庐　庐　炭　炭　炭

太

클 태

大 | 1획

큰 대(大) 두 개를 써서 아주 크다(太)는 뜻을 나타냈다.

[비] 大(큰 대)
　　犬(개 견)
[동] 大(큰 대)
　　巨(클 거)
[반] 小(작을 소)

읽기한자

太初(태초) : 천지가 개벽한 처음

쓰기한자

太古(태고) : 아주 오랜 옛날
太半(태반) : 절반이 지남. 보통 3분의 2이상을 가리킴
太祖(태조) : 한 왕조의 첫 대의 임금

활용문

이 동네 사람들 太半(태반)이 그 사실을 모르고 있었다.

 필순 　一　ナ　大　太

1. 다음 한자어(漢字語)의 독음을 쓰세요.

(1) 景致 (   )   (2) 石炭 (   )

(3) 出他 (   )   (4) 校則 (   )

(5) 强打 (   )   (6) 食卓 (   )

2. 다음 한자(漢字)의 훈(訓)과 음(音)을 쓰세요.

(1) 炭 (   )

(2) 他 (   )

(3) 卓 (   )

(4) 則 (   )

3. 다음 훈(訓)과 음(音)에 맞는 한자(漢字)를 쓰세요.

(1) 일곱 칠 (   )

(2) 친할 친 (   )

(3) 날 출 (   )

(4) 몸 체 (   )

4. 다음(   )에 들어갈 한자(漢字)를 예(例)에서 찾아 그 번호를 쓰세요.

예(例)	① 致	② 炭	③ 他
	④ 親	⑤ 則	⑥ 打

(1) 石(   )生産   (2) 格物(   )知

(3) 頭音法(   )   (4) 父子有(   )

정답

1. (1) 경치   (2) 석탄   (3) 출타   (4) 교칙   (5) 강타   (6) 식탁
2. (1) 숯 탄   (2) 다를 타   (3) 높을 탁   (4) 법칙 칙 / 곧 즉
3. (1) 七   (2) 親   (3) 出   (4) 體
4. (1) ②   (2) ①   (3) ⑤   (4) ④

宅 | 집 택 | **5급 II**
宀 | 3획

집(宀)안에 꼼짝 않고 안정을 취하(乇)는 것에서 안정된 집, 주거, 저택(宅)을 의미한다.

비 完(완전할 완)
동 戶(집 호)   室(집 실)
　　堂(집 당)   屋(집 옥)
　　舍(집 사)   家(집 가)

읽기한자

宅地(택지) : 집터
社宅(사택) : 회사가 사원들을 위하여 마련한 집
自宅(자택) : 자기의 집
住宅(주택) : 사람들이 들어 사는 집

활용문

그 분은 마음이 어질지 못하여 훌륭한 선비를 많이 害(해)쳤으니 그 宅(댁)에는 가지 마십시오.

 필순　`　丶　宀　宀　宀　宅

土 | 흙 토 | **8급**
土 | 0획

초목이 새눈을 내미는 것에서 흙(土)을 의미한다.

비 士(선비 사)
동 地(따 지)
　　壞(흙덩이 양)

읽기한자

土質(토질) : 땅의 성질. 흙을 구성하고 있는 물질
土産品(토산품) : 그 지방 특유의 물건
客土(객토) : 딴 곳에서 가져오는 흙

쓰기한자

出土(출토) : 고대의 유물이나 유적이 땅 속에서 나옴
風土(풍토) : 기후와 토지의 상태

활용문

빗살무늬 토기가 出土(출토)된 곳이 어디죠?

 필순　一　十　土

通 | 통할 통 | **6급**
辶(辵) | 7획

판지에 못을 박았(甬)듯이 도로(辶)가 어디까지나 계속되고 있는 것에서 통하다(通)는 의미이다.

비 痛(아플 통)
동 達(통달할 달)
　　徹(통할 철)

읽기한자

通告(통고) : 서면이나 말로 통지하여 알림
通念(통념) : 일반 사회에 널리 통하는 개념
通知(통지) : 기별하여 알림
能通(능통) : 사물에 환히 통달함
變通(변통) : 일의 경우에 따라서 막힘이 없이 잘 처리함
相通(상통) : 서로 막힘 없이 길이 통함
流通(유통) : 막히는 데 없이 널리 통함

쓰기한자

通讀(통독) : 처음부터 끝까지 내리 읽음
通路(통로) : 통하여 다니는 길

활용문

그 학생은 국어책을 通讀(통독)하기 시작했습니다.

 필순　`　`　冖　冂　冎　甬　甬　甬　涌　涌　通　通

特

6급

특별할 **특**

牛 | 6획

관청(寺)에서 특별한 일이 있으면 소(牛)를 잡아 제사를 지낸다는 데서 특별하다(特)는 의미이다.

비 待(기다릴 대)
  持(가질 지)

特産物(특산물) : 그 지방의 특별한 산물
特選(특선) : 특별히 골라 뽑음
特性(특성) : 그것에만 있는 특수한 성질
特約店(특약점) : 제조원이나 판매원과 특별한 편이의 계약을 맺고 거래하는 상점
特種(특종) : 특별한 종류   特許(특허) : 특별히 허락함
獨特(독특) : 특별하게 다름

✏️쓰기한자

特級(특급) : 특별한 등급   特等(특등) : 특별히 뛰어난 등급
特使(특사) : 특별한 임무를 띠고 파견하는 사절

활용문

그 분이 우리나라 特使(특사)로 파견됐습니다.

 필순 ﾉ 一 ｪ 牛 牛 牛 牜 牜 牜 特 特

板

5급

널 **판**

木 | 4획

나무(木)를 얇게 켜서 손으로 밀어도 휘어지도록 한 판자(反)에서 얇은 판자(板)를 의미한다.

비 根(뿌리 근)

📖읽기한자

板本(판본) : 목판으로 인쇄한 책
板書(판서) : 칠판에 분필로 글씨를 씀
板子(판자) : 나무로 된 널조각
板紙(판지) : 두껍고 단단하게 널조각처럼 만든 종이
氷板(빙판) : 얼음이 깔린 길바닥

활용문

문 앞에 세워 놓은 案內板(안내판)을 읽어 보았다.

필순 一 十 才 朾 朾 板 板

타

八

8급

여덟 **팔**

八 | 0획

엄지손가락 둘을 구부린 여덟(八)개의 손가락의 모양을 본떴다.

비 入(들 입)
  人(사람 인)

📖읽기한자

八景(팔경) : 어떤 지역의 여덟 가지의 아름다움

✏️쓰기한자

上八字(상팔자) : 썩 좋은 팔자
十中八九(십중팔구) : 열 가운데 여덟이나 아홉이 그러하다는 뜻
八方美人(팔방미인) : 온갖 방면의 일에 능통한 사람
八等身(팔등신) : 키가 얼굴 길이의 여덟 배가 되는 몸

활용문

그 사람이 한 말은 十中八九(십중팔구)로 맞는다.

필순 ﾉ 八

敗

5급

패할 **패:**

攵(攴) | 7획

재산인 조개(貝)를 두들겨(攵) 맞아 산산이 부서지는 것에서 지다, 돌파당하다, 가능성이 없다(敗)는 의미이다.

동 亡(망할 망)
반 勝(이길 승)

읽기 한자

敗亡(패망) : 싸움에서 져 망함
敗戰(패전) : 전쟁이나 경기 등의 싸움에서 짐
成敗(성패) : 일이 되고 아니됨
失敗(실패) : 일을 잘못하여 그르침

활용문

淸日戰爭(청일전쟁)에서 日本(일본)에게 敗(패)한 淸(청)나라가 '조선에는 江(강)에 다리가 제대로 놓여 있지 않아 대포 등을 이동시킬 수 없어서 일본에게 패했'고 말한 것이 그것을 잘 증명해 주고 있다.

 필순 丨 冂 冃 闩 目 貝 貝 貯 貯 敗 敗

便

7급

편할 **편(:)**
똥오줌 **변**

亻(人) | 7획

사람(人)은 불편한 것을 고쳐서(更) 편해(便)지려고 한다는 의미이다.

동 安(편안 안)

읽기 한자

便法(편법) : 간편하고 손쉬운 방법
宿便(숙변) : 오래묵은 대변

쓰기 한자

便利(편리) : 편하고 이로우며 이용하기가 쉬움
車便(차편) : 차가 오고가고 하는 편
形便(형편) : 일이 되어가는 모양, 경로

활용문

고향에 갈 때 車便(차편)은 기차로 할 예정입니다.

필순 丿 亻 亻 亻 佢 佢 佢 便 便

平

7급 Ⅱ

평평할 **평**

干 | 2획

부초가 물에 떠 있는 모양에서 평평하다, 평지, 평온(平)을 의미한다.

비 年(해 년)
午(낮 오)

읽기 한자

平原(평원) : 넓고 평탄한 들판
平價(평가) : 물건의 값이 싸지도 않고 비싸지도 않은 보통의 값

쓰기 한자

平等(평등) : 차별이 없이 고르고 한결같음
公平(공평) : 어느 한쪽으로 치우치지 않고 똑같이 나눔
和平(화평) : 마음이 기쁘고 평안함

활용문

모든 국민은 법 앞에 平等(평등)하다.

 필순 一 丆 丆 쥬 平

1. 다음 한자어(漢字語)의 독음을 쓰세요.

(1) 住宅 (　　　)　　(2) 便利 (　　　)
(3) 通念 (　　　)　　(4) 敗亡 (　　　)
(5) 特使 (　　　)　　(6) 板紙 (　　　)

2. 다음 한자(漢字)의 훈(訓)과 음(音)을 쓰세요.

(1) 板 (　　　)
(2) 宅 (　　　)
(3) 敗 (　　　)
(4) 特 (　　　)

3. 다음 훈(訓)과 음(音)에 맞는 한자(漢字)를 쓰세요.

(1) 흙 토 (　　　)
(2) 통할 통 (　　　)
(3) 평평할 평 (　　　)
(4) 여덟 팔 (　　　)

4. 다음(　)에 들어갈 한자(漢字)를 예(例)에서 찾아 그 번호를 쓰세요.

| 예(例) | ① 特 | ② 宅 | ③ 便 |
| | ④ 板 | ⑤ 八 | ⑥ 敗 |

(1) (　)家亡身　　(2) (　)用作物
(3) 國民住(　)　　(4) (　)道江山

정답

1. (1) 주택　　(2) 편리　　(3) 통념　　(4) 패망　　(5) 특사　　(6) 판지
2. (1) 널 판　　(2) 집 택　　(3) 패할 패　　(4) 특별할 특
3. (1) 土　　(2) 通　　(3) 平　　(4) 八
4. (1) ⑥　　(2) ①　　(3) ②　　(4) ⑤

表 겉 표
6급II

衣 | 3획

털(毛-土) 옷(衣)을 겉(表)에 입고 밖으로 나타난다(表)는 의미이다.

- 비 衣(옷 의)
- 반 裏(속 리)

表決(표결) : 투표로 결정함
表示(표시) : 겉으로 드러내 보임
表情(표정) : 마음 속에 있는 감정, 정서의 심리 상태를 밖으로 드러낸 것
無表情(무표정) : 표정이 없음
情表(정표) : 간곡한 정을 나타내기 위하여 물품을 줌

✏️쓰기한자

表記(표기) : 겉으로 표시하여 기록함
表出(표출) : 겉으로 나타내거나 나타남

활용문

어디에 表示(표시)를 해 놓은 건지 모르겠습니다.

 필순 一 = 扌 主 丰 丰 耒 表 表

品 물건 품
5급II

口 | 6획

입(口)이 셋으로 많은 사람을 의미하고, 그 의미가 넓어져서 많은 물건, 물품(品)을 의미한다.

- 통 物(물건 물)
  件(물건 건)

📖읽기한자

品切(품절) : 물건이 생산되지 않아 없음
部品(부품) : 기계 따위의 어떤 부분에 쓰이는 물건
特産品(특산품) : 어느 지방에서 특별히 생산하는 물품
生必品(생필품) : 생활에 꼭 필요한 물건

활용문

그 선생님은 자신은 자신이 作品(작품)을 쓰고 배역은 부잣집 아이는 가난한 집 아이로, 가난한 집 아이는 부잣집 아이로 그 환경을 바꿔서 역을 맡겼다.

  필순 丨 口 口 口 口 品 品 品 品

風 바람 풍
6급II

風 | 0획

보통(凡) 벌레(虫)들은 햇볕보다 바람(風)을 싫어한다는 의미이다.

📖읽기한자

風景(풍경) : 경치
馬耳東風(마이동풍) : 남의 말을 듣지 않고 흘려버림을 이르는 말

✏️쓰기한자

風力(풍력) : 바람의 세기
風物(풍물) : 농악에 쓰이는 악기들을 일컬음
風速(풍속) : 바람이 부는 속도
風車(풍차) : 바람의 힘을 기계적인 힘으로 바꾸는 장치

활용문

風車(풍차)는 風力(풍력)의 힘으로 움직인다.

 필순 丿 几 凡 凡 凨 凨 風 風 風

必 반드시 **필**

心 | 1획

5급 II

삐뚤어진(丿) 마음(心)은 반드시 (必) 고칠 필요(必)가 있다는 의미이다.

비 心(마음 심)

必勝(필승) : 반드시 이김
期必(기필) : 꼭 이루어지기를 기약함
必讀書(필독서) : 반드시 읽어야 하는 책
必要惡(필요악) : 좋지 않은 일이지만 어쩔 수 없이 필요한 일
生必品(생필품) : 생활에 꼭 필요한 물건

활용문

학교극은 극장이 따로 必要(필요) 없다.

필순 ` ソ 必 必 必

筆 붓 **필**

竹 | 6획

5급 II

붓대(聿)로는 옛날부터 대나무(竹)를 사용했는데, 그 붓을 손에 든 형태에서 붓(筆)을 의미한다.

읽기 한자

筆記(필기) : 글씨를 씀
代筆(대필) : 대신하여 글씨를 씀
名筆(명필) : 글씨를 썩 잘 쓰는 사람
惡筆(악필) : 아주 서투른 글씨
親筆(친필) : 손수 쓴 글씨

활용문

親筆(친필)로 '獨立(독립) 自由(자유)'라고 쓴 太極旗(태극기)를 꺼내어 펼쳤다.

필순 ノ ⺀ ⺀ ⺮ ⺮ ⺮ 竺 竺 笁 笋 笔 筆

下 아래 **하:**

一 | 2획

7급 II

가로선을 한 줄 긋고, 그 아래에 표시를 한 형태로 아래(下)를 의미한다.

반 上(윗 상)

읽기 한자

貴下(귀하) : 상대방을 존중하여 이름을 대신 부르는 말
下落(하락) : 값이나 등급 따위가 떨어짐
下都給(하도급) : 맡은 일을 다른 사람에게 전부나 일부를 맡기는 일
下流(하류) : 하천의 아랫쪽 ↔ 上流(상류)
下宿(하숙) : 일정한 값을 내고 먹고 자고 하는 일
下品(하품) : 낮은 품위　　　　　格下(격하) : 격을 내림
都下(도하) : 서울 지방 또는 서울 안

쓰기 한자

下校(하교) : 공부를 끝내고 학교에서 집으로 돌아옴
下命(하명) : 명령. 명령을 내림
下車(하차) : 차에서 내림　　　　　下向(하향) : 아래로 향함

활용문

어린이들은 下車(하차)할 때 특히 조심해야 합니다.

필순 一 丁 下

夏 　　[7급]
여름 하:
夊 | 7획

천천히 걸어도(夊) 머리(頁)에 땀이 나는 여름(夏)이라는 의미이다.

반 冬(겨울 동)

읽기한자
夏節期(하절기) : 여름철

쓰기한자
夏服(하복) : 여름에 입는 옷
立夏(입하) : 여름이 시작되는 시기

활용문
夏節期(하절기)에 감기가 잘 걸리는 사람도 많습니다.

필순　一 丆 丆 丆 百 百 百 頁 夏 夏

河 　　[5급]
물 하
氵(水) | 5획

물(氵)의 흐름이 보기에 좋다(可)는 데서 강(河)이란 의미이다.

동 江(강 강)
　 川(내 천)
　 水(물 수)
반 山(메 산)

읽기한자
河口(하구) : 강물이 바다로 흘러드는 어귀
氷河(빙하) : 거대한 얼음덩이가 흘러 다니는 강물
運河(운하) : 육지를 파서 강을 내고 배가 다니게 한 수로

활용문
아득한 옛날 우리 祖上(조상)들은 좁은 계곡이나 작은 河川(하천)을 건널 때는, 영화에서 보는 타잔처럼, 등나무나 칡덩굴 등에 매달려서 건너뛰었다.

필순　丶 丶 氵 氵 沪 沪 河 河

學 　　[8급]
배울 학
子 | 13획

아이들(子)이 서당(宀)에서 두 손으로, 책을 잡고(臼) 스승을 본받으며(爻) 글을 배운다는 데서, '배우다'는 의미이다.

반 教(가르칠 교)　訓(가르칠 훈)
　 問(물을 문)
약 学

읽기한자
學費(학비) : 학업에 드는 비용
學用品(학용품) : 배울 때 사용되는 물건
學歷(학력) : 배운 것에 대한 이력
學說(학설) : 학문상에 주장하는 의견
學識(학식) : 학문의 식견　　　　學則(학칙) : 학교의 규칙
學院(학원) : 학교. 일정한 자격을 갖추지 못한 학교
學位(학위) : 어떤 부분의 학술에 능통한 사람에게 주는 칭호

쓰기한자
學問(학문) : 배워서 닦은 지식의 총체
學業(학업) : 공부하여 학문을 닦는 일

활용문
學生(학생)은 學業(학업)에 충실해야 합니다.

필순　丶 丨 丨 臼 臼 臼 臼 臼 臼 學 學 學 學 學

확·인·학·습 52

1. 다음 한자어(漢字語)의 독음을 쓰세요.

   (1) 部品 (   )   (2) 運河 (   )
   (3) 表記 (   )   (4) 必勝 (   )
   (5) 代筆 (   )   (6) 風景 (   )

2. 다음 한자(漢字)의 훈(訓)과 음(音)을 쓰세요.

   (1) 筆   (   )
   (2) 品   (   )
   (3) 必   (   )
   (4) 河   (   )

3. 다음 훈(訓)과 음(音)에 맞는 한자(漢字)를 쓰세요.

   (1) 아래 하 (   )
   (2) 여름 하 (   )
   (3) 배울 학 (   )
   (4) 겉 표   (   )

4. 다음(   )에 들어갈 한자(漢字)를 예(例)에서 찾아 그 번호를 쓰세요.

예(例)	① 河	② 風	③ 必
	④ 下	⑤ 筆	⑥ 品

   (1) 大書特(   )   (2) 百年(   )清
   (3) 馬耳東(   )   (4) (   )質向上

정답

1. (1) 부품   (2) 운하   (3) 표기   (4) 필승   (5) 대필   (6) 풍경
2. (1) 붓 필   (2) 물건 품   (3) 반드시 필   (4) 물 하
3. (1) 下   (2) 夏   (3) 學   (4) 表
4. (1) ⑤   (2) ①   (3) ②   (4) ⑥

韓

8급

한국/
나라 **한(ː)**

韋 | 8획

해가 돋는(卓) 동방의 위대한(韋)
나라인 한국(韓)이란 의미이다.

韓半島(한반도) : 한민족이 사는 땅

韓服(한복) : 우리나라 고유의 의복
韓食(한식) : 우리나라의 음식
來韓(내한) : 외국인이 우리나라에 들어옴

저는 설날에 입을 韓服(한복)이 없습니다.

 필순　一 十 十 古 古 古 直 卓 卓' 卓" 卓'' 卓'' 韓 韓 韓 韓 韓

漢

7급Ⅱ

한수/
한나라 **한ː**

氵(水) | 11획

원래 큰 불로 태운 밭의 흙인데 메
마른 하천의 의미가 되고, 후에 중
국의 나라이름이 되었다.

惡漢(악한) : 몹시 나쁜 짓을 하는 사람

漢江(한강) : 서울의 중심을 흐르는 강
門外漢(문외한) : 전문적 지식이나 조예가 없는 사람

나는 이 분야에서는 門外漢(문외한)입니다.

 필순　丶 丶 氵 汁 汁 汁 汁 汁 渄 渄 漢 漢

寒

5급

찰 **한**

宀 | 9획

겨울(冬)이 되면 움집(宀)지면이 얼
어 풀을 깔고(甘) 그 위에서 자기
때문에 춥다(寒)는 의미이다.

동 冷(찰 랭)
반 溫(따뜻할 온)
　熱(더울 열)
　暖(따뜻할 난)

寒氣(한기) : 추운 기운. 추위
寒流(한류) : 찬물의 흐름
寒害(한해) : 심한 추위로 농작물이 입는 해
三寒四溫(삼한사온) : 겨울철에 3일은 춥고 4일은 따뜻한 기후 현상

寒氣(한기)가 느껴지는 것을 보니 문이 열려 있는 것 같습니다.

 필순　丶 丶 宀 宀 宀 宝 宙 宝 宝 寒 寒 寒

合 합할 **합**

6급

口 | 3획

사람(人)들이 모여(一)들어서 대화 (口)하는 것에서 얘기하는 것이 맞다(合)는 의미이다.

비 今(이제 금)　令(하여금 령)
동 集(모을 집)
반 分(나눌 분)　別(나눌 별)
　區(구분할 구)

읽기 한자

合格(합격) : 격식에 맞음. 시험에 붙음
合流(합류) : 물이 합하여 흐름
合法(합법) : 법령 또는 법식에 맞음
合宿(합숙) : 여러 사람이 한 곳에서 같이 잠
合唱(합창) : 두 사람 이상이 노래를 부름
結合(결합) : 둘 이상이 관계를 맺고 하나로 합침
競合(경합) : 서로 버티어 힘이나 실력을 겨룸
談合(담합) : 서로 의논함

쓰기 한자

合線(합선) : 양전기와 음전기가 어떤 원인으로 한데 붙는 일
合計(합계) : 합하여 계산함
合金(합금) : 두 가지 이상의 다른 금속이 융해 혼합하여 된 금속

활용문

이번 대학입시에는 꼭 合格(합격)할 것입니다.

필순 ノ 人 人 合 合 合

海 바다 **해:**

7급Ⅱ

氵(水) | 7획

강물(氵)은 매양(每) 바다(海)로 통한다는 의미이다.

비 每(매양 매)
동 洋(큰바다 양)
반 陸(뭍 륙)

읽기 한자

海水浴(해수욕) : 바닷물에 목욕하는 일
海流(해류) : 일정한 방향으로 흐르는 바닷물

쓰기 한자

公海(공해) : 세계 각국이 공동으로 쓰는 바다
人山人海(인산인해) : 많이 모인 사람들

활용문

휴가철이 되면 동해 바다는 人山人海(인사인해)를 이룬다.

필순 氵 氵 氵 氵 氵 汇 海 海 海 海

害 해할 **해:**

5급Ⅱ

宀 | 7획

저쪽의 집(宀)은 이렇다 저렇다(丰)라고 소문(口)을 내는 것에서 손상하다(害)는 의미이다.

반 利(이로울 리)

읽기 한자

害惡(해악) : 해가 되는 나쁜 일
加害(가해) : 남에게 해를 끼침
病害(병해) : 병으로 말미암은 피해
水害(수해) : 큰 물 때문에 받는 해
有害(유해) : 해로움이 있음

활용문

그 분은 마음이 어질지 못하여 훌륭한 선비를 많이 害(해)쳤으니 그 宅(댁)에는 가지 마십시오.

필순 丶 丶 宀 宀 宀 宁 害 害 害 害

6급II

幸 다행 행:

干 | 5획

토지(土)와 양(羊) 따위의 가축이 많으면 다행하다(幸)는 의미이다.

동 福(복 복)

읽기한자
幸福(행복) : 좋은 운수
幸運兒(행운아) : 좋은 운수를 만난 사람

쓰기한자
不幸(불행) : 운수가 언짢음
千萬多幸(천만다행) : 아주 다행함

활용문
너를 만난 것은 정말 幸運(행운)이야.

필순 一 十 土 土 去 去 去 幸

6급

行 다닐 행(:)

行 | 0획

십자로(十)의 모양에서 유래되어 사람이 걷는 곳이므로 가다(行)는 의미이다.

비 往(갈 왕)

읽기한자
擧行(거행) : 명령에 따라 시행함
流行(유행) : 세상에 널리 퍼져 행하여짐
行樂客(행락객) : 즐겁게 노는 사람들
行實(행실) : 몸가짐과 태도
決行(결행) : 결단하여 실행함   行商(행상) : 도붓 장수
善行(선행) : 착한 행실   品行(품행) : 품성과 행실

쓰기한자
行動(행동) : 몸을 움직여 동작함   行先地(행선지) : 가는 목적지
發行(발행) : 도서를 출판하여 세상에 폄

활용문
이 학습서를 언제 發行(발행)했습니까?

필순 ´ ㇒ 彳 彳 行 行

6급

向 향할 향:

口 | 3획

창은 남과 북, 동과 서로 같이 마주서서 만드는 것에서 향하다, 대하다(向)는 의미이다.

비 同(한가지 동)

읽기한자
內向性(내향성) : 정신 발동이 항상 주관에 치우치는 기질
性向(성향) : 성질상의 경향

쓰기한자
向上(향상) : 위로 향하여 나아가는 일
方向(방향) : 향하는 곳
向後(향후) : 이 다음
意向(의향) : 무엇을 하려는 생각
風向(풍향) : 바람이 불어오는 방향

활용문
그 사람의 意向(의향)을 물어봐야 하지 않습니까?

필순 ´ ㇒ 冂 冋 向 向

1. 다음 한자어(漢字語)의 독음을 쓰세요.

(1) 寒氣 (　　　)　　　(2) 和合 (　　　)
(3) 不幸 (　　　)　　　(4) 加害 (　　　)
(5) 發行 (　　　)　　　(6) 意向 (　　　)

2. 다음 한자(漢字)의 훈(訓)과 음(音)을 쓰세요.

(1) 害 (　　　)
(2) 寒 (　　　)
(3) 行 (　　　)
(4) 幸 (　　　)

3. 다음 훈(訓)과 음(音)에 맞는 한자(漢字)를 쓰세요.

(1) 한국 한 (　　　)
(2) 바다 해 (　　　)
(3) 한수 한 (　　　)
(4) 향할 향 (　　　)

4. 다음(　)에 들어갈 한자(漢字)를 예(例)에서 찾아 그 번호를 쓰세요.

| 예(例) | ① 寒 | ② 海 | ③ 和 |
| | ④ 行 | ⑤ 害 | ⑥ 幸 |

(1) 三(　)四溫　　　(2) 千萬多(　)
(3) 人山人(　)　　　(4) (　)方不明

하

정답

1. (1) 한기　　(2) 화합　　(3) 불행　　(4) 가해　　(5) 발행　　(6) 의향
2. (1) 해할 해　(2) 찰 한　　(3) 다닐 행　(4) 다행 행
3. (1) 韓　　　(2) 海　　　(3) 漢　　　(4) 向
4. (1) ①　　　(2) ⑥　　　(3) ②　　　(4) ④

許

5급

허락할 **허**

言 | 4획

상대의 말(言)을 잘 듣고 일정한 범위(午)안에서 허락한다(許)는 의미이다.

[동] 諾(허락할 낙)

읽기한자

許可(허가) : 어떤 일에 조건을 붙여서 허락하는 일
許多(허다) : 몹시 많음
特許(특허) : 특별히 허가함
無許可(무허가) : 허가가 없음

활용문

이 발명품으로 特許(특허)를 받았습니다.

필순 ` 二 三 言 言 言 言 許 許 許

現

6급 II

나타날 **현**

王(玉) | 7획

옥(玉)을 갈고 닦으면 아름다운 빛깔이 드러난다(見)는 데서, '나타나다'는 의미이다.

[비] 規(법 규)
視(볼 시)
[반] 消(사라질 소)

읽기한자

現實(현실) : 지금 사실로 나타나 있는 그 일이나 물건
再現(재현) : 다시 나타남
具現(구현) : 구체적인 모습으로 뚜렷하게 나타남

쓰기한자

現代(현대) : 오늘날의 시대

활용문

그런 일은 現實(현실)적으로 불가능합니다.

필순 ` 二 Ŧ 王 玎 玎 玎 玏 珼 現 現

兄

8급

형 **형**

儿 | 3획

먼저 태어나 걸음마(儿)를 하고 어린 사람에게 말(口)로 지시를 하여 윗사람(兄)을 의미한다.

[반] 弟(아우 제)

읽기한자

貴兄(귀형) : 주로 편지 글에서, 상대편을 친근하게 높여 이르는 이인칭 대명사

쓰기한자

兄夫(형부) : 언니의 남편
老兄(노형) : 남자 어른이 여남은 살 더 먹은 비슷한 지위의 남자를 높여 이르는 말
親兄弟(친형제) : 한 부모에게서 난 형제

활용문

兄夫(형부)가 용돈을 많이 주셨습니다.

필순 ` 丷 口 口 尸 兄

形

6급 II

모양 **형**

彡 | 4획

아름다운 선으로 그린 테두리의 모양에서 모양, 형태(形)를 의미한다.

비 刑(형벌 형)
동 樣(모양 양)
　 態(모습 태)

📖읽기한자

形局(형국) : 형세와 국면
形質(형질) : 형태와 성질. 생긴 모양과 그 바탕
變形(변형) : 모양이나 형태가 달라지게 함
原形(원형) : 본디의 모양

✏️쓰기한자

形式(형식) : 격식
形色(형색) : 몸매와 얼굴의 생김새
形成(형성) : 어떠한 모양을 이룸
形形色色(형형색색) : 형상과 종류의 가지가지

활용문

비오는 날이면 거리는 形形色色(형형색색)의 우산들로 가득찬다.

 필순 一 二 干 开 开 形 形

號

6급

이름 **호(:)**

虍 | 7획

호랑이(虎)의 울음소리처럼 입을 크게 가로 세로로(号) 움직여 부르짖는다(號)는 의미이다.

동 名(이름 명)
약 号

📖읽기한자

赤信號(적신호) : 위험 신호
號令(호령) : 지휘하여 명령함
商號(상호) : 상인이 영업상 자기를 나타내는데 쓰는 이름

✏️쓰기한자

口號(구호) : 주장을 나타내는 간결한 말
記號(기호) : 어떤 뜻을 나타내기 위하여 쓰이는 부호의 총칭
番號(번호) : 차례를 나타내는 호수

활용문

이런 증세는 건강의 赤信號(적신호)입니다.

필순 �乛 ⼝ ⼝ 号 号⺈ 号⺈ 號⺈ 號⺈ 號⺈ 號 號 號

湖

5급

호수 **호**

氵(水) | 9획

물(氵)이 예(古)부터 머물러 있는 곳에 달(月) 그림자가 비치니 호수(湖)라는 의미이다.

📖읽기한자

湖南(호남) : 전라남·북도를 일컫는 말
湖水(호수) : 육지가 우묵하게 패고 물이 괸 곳
江湖(강호) : 강과 호수

활용문

湖南(호남)지방 사람들은 단합력이 있는 편입니다.

필순 ⼀ 丶 ⼂ 氵 汁 汁 沽 活 活 油 湖 湖 湖

하

火 | 불 화(:) | 8급
火 | 0획

불이 타고 있는 모양을 본떴다.

[반] 水(물 수)
　　河(물 하)

읽기한자
火兵(화병) : 적진에 몰래 들어가서 불을 지르는 군사
火宅(화택) : 화재가 난 집

쓰기한자
火急(화급) : 매우 급함
發火(발화) : 불이 일어남
放火(방화) : 불을 지름
失火(실화) : 잘못하여 불을 냄
活火山(활화산) : 화산이 진행되고 있는 산

활용문
放火(방화)행위는 확실히 근절되어야 합니다.

 필순 　丶 丶丶 少 火

話 | 말씀 화 | 7급Ⅱ
言 | 6획

혀(舌)와 입술을 사용하여 마음의 생각을 얘기(言)해 전하는 것에서 말하다(話)는 의미이다.

[비] 活(살 활)
[동] 談(말씀 담)　　言(말씀 언)
　　語(말씀 어)　　說(말씀 설)
　　辯(말씀 변)　　辭(말씀 사)

읽기한자
話法(화법) : 문장이나 담화에서 타인의 말을 재현하는 방법
談話(담화) : 이야기　　　　　　　史話(사화) : 역사 이야기
說話(설화) : 전승되어 오는 신화, 전설 등의 이야기
實話(실화) : 실지로 있었던 사실의 이야기

쓰기한자
話頭(화두) : 이야기의 말머리
訓話(훈화) : 교훈이나 훈시하는 말
話術(화술) : 이야기하는 재주　　　　　話者(화자) : 말하는 이
對話(대화) : 마주 대하여 이야기함
會話(회화) : 서로 만나서 이야기함

활용문
교장선생님의 訓話(훈화)가 있을 것입니다.

 필순 　丶 一 二 二 言 言 言 言 訁 訁 訐 話 話

花 | 꽃 화 | 7급
++(艸) | 4획

풀(++)의 모습이 변하는(化) 것에서 꽃(花)을 의미한다.

[비] 化(될 화)

읽기한자
落花(낙화) : 꽃이 떨어짐

쓰기한자
花園(화원) : 꽃을 심은 동산
開花(개화) : 꽃이 핌
花草(화초) : 꽃이 피는 풀이나 나무

활용문
아버지는 花草(화초)에 물을 주고 계십니다.

 필순 　一 一 十 十 艹 艹 艻 花 花

1. 다음 한자어(漢字語)의 독음을 쓰세요.

(1) 江湖 (   )   (2) 現代 (   )

(3) 形式 (   )   (4) 童話 (   )

(5) 記號 (   )   (6) 許可 (   )

2. 다음 한자(漢字)의 훈(訓)과 음(音)을 쓰세요.

(1) 號 (   )

(2) 許 (   )

(3) 湖 (   )

(4) 現 (   )

3. 다음 훈(訓)과 음(音)에 맞는 한자(漢字)를 쓰세요.

(1) 형 형 (   )

(2) 불 화 (   )

(3) 꽃 화 (   )

(4) 말씀 화 (   )

4. 다음(   )에 들어갈 한자(漢字)를 예(例)에서 찾아 그 번호를 쓰세요.

예(例)	① 號	② 許	③ 形
	④ 兄	⑤ 現	⑥ 湖

(1) 交通信(   )   (2) 古典(   )式

(3) 父母(   )弟   (4) (   )代文學

하

정답

1. (1) 강호   (2) 현대   (3) 형식   (4) 동화   (5) 기호   (6) 허가
2. (1) 이름 호   (2) 허락 허   (3) 호수 호   (4) 나타날 현
3. (1) 兄   (2) 火   (3) 花   (4) 話
4. (1) ①   (2) ③   (3) ④   (4) ⑤

和 화할 화
6급II
口 | 5획

벼(禾)가 잘 익어 기뻐 말(口)하고 있는 것에서 온화하다, 부드럽다(和)는 의미이다.

- 비 私(사사 사)　利(이할 리)
- 동 平(평평할 평)
- 반 競(다툴 경)　爭(다툴 쟁)
  戰(싸움 전)

읽기한자
調和(조화) : 이것과 저것이 서로 고르게 잘 어울림
和約(화약) : 화목하게 지내자는 약속

쓰기한자
和色(화색) : 얼굴에 드러난 환한 빛
和親(화친) : 서로 의좋게 지내는 정분
和平(화평) : 마음이 기쁘고 평안함

활용문
직원들 간의 不和(불화)는 회사의 미래를 어둡게 하는 요인입니다.

필순 ′ ` ′ 二 千 禾 禾 禾 和 和 和

畫 그림 화: / 그을 획
6급
田 | 7획

붓(聿)으로 도화지(一)에 그림(田)을 그린다(畫)는 의미이다.

- 비 書(글 서)
  晝(낮 주)
- 동 圖(그림 도)
- 약 画

읽기한자
畫法(화법) : 그림을 그리는 방법
原畫(원화) : 복사물이 아닌 본디의 그림

쓰기한자
畫家(화가) : 그림 그리는 것을 전문으로 하는 사람
名畫(명화) : 썩 잘된 그림이나 영화
油畫(유화) : 기름을 사용하여 그리는 화법

활용문
이것은 유명한 畫家(화가)의 그림입니다.

필순 ′ � ヲ ㅋ ㅋ 肀 聿 書 書 書 畫 畫 畫

化 될 화(:)
5급II
匕 | 2획

사람(亻)이 거꾸로(匕) 서 있는 형태에서 바뀌다, 둔갑하다(化)라는 의미이다.

- 비 北(북녘 북)
  比(견줄 비)

읽기한자
強化(강화) : 더 튼튼하고 강하게 함
同化(동화) : 같은 성질로 변함
消化(소화) : 섭취한 음식을 분해하여 영양분을 흡수하는 작용
文化(문화) : 문명이 발달하여 생활이 편리하게 되는 일
美化(미화) : 아름답게 꾸밈

활용문
다음은 美化部(미화부)에서 발표해 주십시오.

필순 ノ 亻 亻 化

患

5급

근심 **환:**

心 | 7획

꼬챙이(串)로 심장(心)을 쑤신다는
데서 근심, 병(患)이란 의미이다.

비 忠(충성 충)
동 病(병 병)
　　疾(병 질)

읽기한자

患部(환부) : 질환의 부분
患者(환자) : 병을 앓는 사람
病患(병환) : 병을 높여 이르는 말
外患(외환) : 외적의 침범으로 인한 근심이나 재앙
後患(후환) : 뒷날의 걱정과 근심

활용문

하루에 세 번 患部(환부)에 직접 약을 바르십시오.

 필순 丶 丷 口 口 吕 串 串 患 患 患

活

7급Ⅱ

살 **활**

氵(水) | 6획

혀(舌)를 정신없이 놀리며 먹듯이
활발히 움직이는 물(氵)의 형상에
서 살다(活)라는 의미이다.

비 話(말씀 화)
동 生(날 생)
반 死(죽을 사)

읽기한자

活魚(활어) : 살아 있는 물고기

쓰기한자

活動(활동) : 기운차게 움직임
活路(활로) : 고난을 헤치고 살아 나갈 수 있는 길
活用(활용) : 이리 저리 잘 응용함
生活(생활) : 생명을 가지고 활동함
自活(자활) : 제 힘으로 살아감

활용문

生活(생활)이 많이 어려워서 이럴 수 밖에 없습니다.

필순 丶 丶 氵 氵 氵 汗 汗 汗 活 活

黃

6급

누를 **황**

黃 | 0획

밭(田)은 모두 한 가지로(共) 누렇
게(黃) 익었다는 의미이다.

읽기한자

黃牛(황우) : 누른 빛깔의 소
黃人種(황인종) : 살갗이 누르거나 검은 빛이고 머리털이 검은 인종
黃金萬能(황금만능) : 돈만 있으면 만사가 뜻대로 될 수 있다는 말

활용문

한국인은 黃人種(황인종)입니다.

 하

 필순 一 十 艹 艹 芇 芇 芇 昔 黃 黃 黃 黃

會

6급 II

모일 **회**:

日 | 9획

사람의 얼굴에 눈, 코, 입 따위가 모인 모양을 본뜬 글자로, '모이다'는 의미이다.

동 集(모일 집)
　　社(모일 사)
약 会

읽기 한자

停會(정회) : 회의를 일시 정지함 　　會期(회기) : 회의하는 시기
會談(회담) : 한자리에 모여서 이야기함
會費(회비) : 회의에 필요한 비용 　　會則(회칙) : 회의 규칙
都會地(도회지) : 사람이 많이 살고 있는 번잡한 곳
再會(재회) : 다시 만남
會見(회견) : 서로 만나 봄

쓰기 한자

開會(개회) : 회의나 회합을 시작함
面會(면회) : 직접 얼굴을 맞대고 만나봄

활용문

퇴근 후에 會食(회식)이 있으니 많이 참석해주세요.

필순 ノ 入 人 人 合 合 合 合 合 合 會 會 會

孝

7급 II

효도 **효**:

子 | 4획

자식(子)이 나이든 부모(耂)를 등에 진 형태에서 효도하다(孝)라는 의미이다.

비 老(늙을 로)
　　者(놈 자)

읽기 한자

孝敬(효경) : 부모를 잘 섬기고 공경함
孝德(효덕) : 부모를 잘 섬기는 덕
孝順(효순) : 효성이 있어 부모에게 순종함
孝養(효양) : 부모에게 효도로써 봉양함

쓰기 한자

孝女(효녀) : 효성이나 효행이 있는 딸
孝道(효도) : 부모를 잘 섬기는 도리
孝心(효심) : 효성이 있는 마음
孝子(효자) : 부모를 잘 섬기는 아들

활용문

이 집 아들은 孝心(효심)이 지극하기로 소문이 났습니다.

필순 一 + 土 耂 耂 孝 孝

效

5급 II

본받을 **효**:

攵(攴) | 6획

착한 사람과 사귀어(交) 그 행실을 본받도록 타이르고 회초리질한다(攵)는 데서, 본받다의 의미이다.

비 敎(가르칠 교)
　　救(구할 구)
약 効

읽기 한자

效果(효과) : 효력이 나타나는 결과
發效(발효) : 효과가 발생함
實效(실효) : 실제의 효과. 확실한 효험
時效(시효) : 어떤 효력이 유지되는 일정한 기간

활용문

이것이 연극이 우리에게 주는 敎育的(교육적) 效果(효과)다.

필순 丶 亠 六 亠 交 交 効 効 効 效

확·인·학·습 55

1. 다음 한자어(漢字語)의 독음을 쓰세요.

   (1) 患者 (   )   (2) 效果 (   )

   (3) 黃牛 (   )   (4) 消化 (   )

   (5) 油畫 (   )   (6) 會見 (   )

2. 다음 한자(漢字)의 훈(訓)과 음(音)을 쓰세요.

   (1) 化 (   )

   (2) 效 (   )

   (3) 患 (   )

   (4) 黃 (   )

3. 다음 훈(訓)과 음(音)에 맞는 한자(漢字)를 쓰세요.

   (1) 화할 화 (   )

   (2) 살 활 (   )

   (3) 효도 효 (   )

   (4) 그림 화 (   )

4. 다음(   )에 들어갈 한자(漢字)를 예(例)에서 찾아 그 번호를 쓰세요.

예(例)	① 效	② 孝	③ 畫
	④ 化	⑤ 患	⑥ 活

   (1) 敬老(   )親   (2) 人物(   )家

   (3) 生(   )方式   (4) (   )學作用

정답

1. (1) 환자   (2) 효과   (3) 황우   (4) 소화   (5) 유화   (6) 회견
2. (1) 될 화   (2) 본받을 효 (3) 근심 환   (4) 누를 황
3. (1) 和   (2) 活   (3) 孝   (4) 畫
4. (1) ②   (2) ③   (3) ⑥   (4) ④

하

後

7급Ⅱ

뒤 후:

彳 | 6획

길(彳)을 걷는데 어린아이(幺)는 걸음이 느려(夂) 뒤진다(後)는 의미이다.

반 前(앞 전)
　先(먼저 선)

落後(낙후) : 뒤떨어짐　　　　　最後(최후) : 맨 마지막
後見(후견) : 배후에서 감독, 보좌하는 일
後期(후기) : 뒤의 기간
後任(후임) : 전임자(前任者)에 이어 맡은 임무
後患(후환) : 뒷날의 걱정과 근심
以後(이후) : 일정한 때로부터의 뒤
前無後無(전무후무) : 전에도 없었고 앞으로도 없음

事後(사후) : 일이 지난 뒤
直後(직후) : 바로 뒤. 그 후 곧

식사 直後(직후)에는 운동을 삼가해 주세요.

필순 丿 彳 彳 彳 彳 彳 彳 彳 後

訓

6급

가르칠 훈:

言 | 3획

하천(川)의 형태를 따라 물이 순조롭게 흐르듯이, 말(言)을 따르게 하다(訓)는 의미이다.

동 敎(가르칠 교)
반 學(배울 학)

訓練(훈련) : 가르쳐서 어떤 일에 익숙하게 함
訓示(훈시) : 가르치어 보임
訓令(훈령) : 훈시하여 명령함

訓讀(훈독) : 한자의 뜻을 새기어 읽음
訓放(훈방) : 법을 가볍게 어긴 사람을 훈계하여 놓아주는 일
敎訓(교훈) : 가르쳐 이끌어 줌

혹독한 訓練(훈련)에 많이 지쳤습니다.

필순 丶 亠 亖 亖 言 言 言 訂 訓 訓

休

7급

쉴 휴

人 | 4획

사람(亻)이 큰 나무(木) 아래에서 잠시 쉬는 것에서 쉬다(休)는 의미이다.

비 林(수풀 림)
동 息(쉴 식)

休養(휴양) : 편안히 쉬면서 몸과 마음을 건강하게 보전함
開店休業(개점휴업) : 가게의 문을 열려있으나 휴업한 것이나 다름이 없는 상태
無休(무휴) : 쉬지 않음. 휴일이 없음
休止(휴지) : 쉬어서 그침

休校(휴교) : 어떠한 사정에 의하여 학교의 과업을 한때 쉼
休民(휴민) : 백성을 편안하게 함
休日(휴일) : 일을 중지하고 노는 날
休電(휴전) : 송전을 일시 중단함

오늘이 休校(휴교)일이라는 것을 지금 알았습니다.

필순 丿 亻 亻 亻 什 休 休

凶 흉할 **흉**

5급 II

凵 | 2획

함정(凵)에 빠지면(乂) 죽게 되므로 흉하다(凶)는 의미이다.

반 吉(길할 길)

읽기한자

凶家(흉가) : 드는 사람마다 흉한 일을 당하는 불길한 집
凶計(흉계) : 음흉한 꾀
凶作(흉작) : 농작물의 수확이 썩 적음
凶惡無道(흉악무도) : 성질이 거칠고 사나우며 의(義)를 생각하는 마음이 없음

활용문

이 곳은 凶家(흉가)가 된지 오래입니다.

필순 ノ 乂 凵 凶

黑 검을 **흑**

5급

黑 | 0획

불(灬)을 피우면 나오는 그을음으로 굴뚝(里)이 까맣게 되는 것에서 검다(黑)는 의미이다.

반 白(흰 백)
약 黑

읽기한자

黑心(흑심) : 음흉하고 부정한 욕심이 많은 마음
黑板(흑판) : 검정, 초록 등의 칠을 하여 분필로 글씨를 쓰게 만든 널조각으로 된 교구(敎具)

활용문

오늘날 서울의 송파동·서빙고동·동빙고동·黑石洞(흑석동)·양평동·주성동 등은 조선시대의 重要(중요)한 나루터였다.

필순 丨 冂 冂 冂 四 罒 甲 里 里 黑 黑 黑

하

1. 다음 한자어(漢字語)의 독음을 쓰세요.

(1) 落後 (　　　)　　　　(2) 休校 (　　　)

(3) 凶計 (　　　)　　　　(4) 訓放 (　　　)

(5) 黑板 (　　　)　　　　(6) 訓練 (　　　)

2. 다음 한자(漢字)의 훈(訓)과 음(音)을 쓰세요.

(1) 訓 (　　　)　　　　(2) 凶 (　　　)

(3) 黑 (　　　)　　　　(4) 休 (　　　)

3. 다음 훈(訓)과 음(音)에 맞는 한자(漢字)를 쓰세요.

(1) 뒤 후　　(　　　)　　(2) 쉴 휴 (　　　)

(3) 가르칠 훈 (　　　)　　(4) 모일 회 (　　　)

4. 다음(　)에 들어갈 한자(漢字)를 예(例)에서 찾아 그 번호를 쓰세요.

예(例)	① 凶	② 休	③ 黑
	④ 訓	⑤ 後	

(1) 前無(　)無　　　　(2) (　)惡無道

(3) (　)白畫面　　　　(4) (　)民正音

정답

1. (1) 낙후　　(2) 휴교　　(3) 흉계　　(4) 훈방　　(5) 흑판　　(6) 훈련

2. (1) 가르칠 훈　(2) 흉할 흉　(3) 검을 흑　(4) 쉴 휴

3. (1) 後　　(2) 休　　(3) 訓　　(4) 會

4. (1) ⑤　　(2) ①　　(3) ③　　(4) ④

漢字

(사) 한국어문회 주관 / 한국한자능력검정회 시행

부록 I

사자성어(四字成語)
반의자(反義字)·반대어(反對語)
유의자(類義字)·유의어(類義語)
동음이의어(同音異義語)
약자(略字)

사자성어(四字成語)

한자	음독	급수	뜻풀이
家内工業	7II 7II 7II 6II (가내공업)	6II	집 안에서 단순한 기술과 도구로써 작은 규모로 생산하는 수공업
家庭教育	7II 6II 8 7 (가정교육)	6II	가정의 일상생활 가운데 집안 어른들이 자녀들에게 주는 영향이나 가르침
各人各色	6II 8 6II 7 (각인각색)	6II	사람마다 각기 다름
各自圖生	6II 7II 6II 8 (각자도생)	6II	제각기 살아 나갈 방법을 꾀함
格物致知	5II 7II 5 5II (격물치지)	5	사물의 이치를 연구하여 자기의 지식을 확고하게 함
見物生心	5II 7II 8 7 (견물생심)	5II	물건을 보면 그 물건을 가지고 싶은 생각이 듦
決死反對	5II 6 6II 6II (결사반대)	5II	죽기를 각오하고 있는 힘을 다하여 반대함
敬老孝親	5II 7 7II 6 (경로효친)	5II	어른을 공경하고 부모에게 효도함
敬天愛人	5II 7 6 8 (경천애인)	5II	하늘을 공경하고 사람을 사랑함
高等動物	6II 6II 7II 7II (고등동물)	6II	복잡한 체제를 갖춘 동물
高速道路	6II 6 7II 6 (고속도로)	6	차의 빠른 통행을 위하여 만든 차전용의 도로
公明正大	6II 6II 7II 8 (공명정대)	6II	하는 일이나 행동이 사사로움이 없이 떳떳하고 바름
過失相規	5II 6 5II 5 (과실상규)	5	나쁜 행실을 하지 못하도록 서로 규제함
交通信號	6 6 6II 6 (교통신호)	6	교차로나 횡단보도, 건널목 따위에서 사람이나 차량이 질서 있게 길을 가도록 하는 기호나 등화(燈火)
教學相長	8 8 5II 8 (교학상장)	5II	남을 가르치는 일과 스승에게서 배우는 일이 서로 도와서 자기의 학문을 길러 줌
九死一生	8 6 8 8 (구사일생)	6	여러 차례 죽을 고비를 넘기고 살아남
國民年金	8 8 8 8 (국민연금)	8	일정 기간 또는 죽을 때까지 해마다 지급되는 일정액의 돈
今始初聞	6II 6II 5 6II (금시초문)	5	이제야 비로소 처음으로 들음
落木寒天	5 8 5 7 (낙목한천)	5	낙엽 진 나무와 차가운 하늘, 곧 추운 겨울철
落花流水	5 7 5II 8 (낙화유수)	5	꽃과 흐르는 물, 가는 봄의 경치, 남녀 사이에 서로 그리는 정이 있다는 비유로도 쓰임
南男北女	8 7II 8 8 (남남북녀)	7II	우리나라에서 남자는 남쪽 지방 사람이 잘나고 여자는 북쪽 지방 사람이 고움을 이르는 말

男女老少	7II 8 7 7 (남녀노소)	7	남자와 여자, 늙은이와 젊은이란 뜻으로, 모든 사람을 이르는 말
男女有別	7II 8 7 6 (남녀유별)	6	남자와 여자 사이에 분별이 있어야 함을 이르는 말
男中一色	7II 8 8 7 (남중일색)	7	남자의 얼굴이 썩 뛰어나게 잘생김
能小能大	5II 8 5II 8 (능소능대)	5II	작은 일에도 능하고 큰일에도 능하다는 데서 모든 일에 두루 능함을 이름
多才多能	6 6II 6 5II (다재다능)	5II	재능이 많다는 말
多情多感	6 5II 6 6 (다정다감)	5II	감수성이 예민하고 느끼는 바가 많음
代代孫孫	6II 6II 6 6 (대대손손)	6	오래도록 내려오는 여러 대
大同團結	8 7 5II 5II (대동단결)	5II	여러 집단이나 사람이 어떤 목적을 이루려고 크게 한 덩어리로 뭉침
大明天地	8 6II 7 7 (대명천지)	6II	아주 환하게 밝은 세상
大書特筆	8 6II 6 5II (대서특필)	5II	신문 따위의 출판물에서 어떤 기사에 큰 비중을 두어 다룸을 이르는 말
大韓民國	8 8 8 8 (대한민국)	8	우리나라의 국호(나라이름)
同苦同樂	7 6 7 6 (동고동락)	6	같이 고생하고 같이 즐김, 괴로움과 즐거움을 함께 함
東問西答	8 7 8 7II (동문서답)	7	묻는 말에 전혀 딴 말을 함
同生共死	7 8 6 6II (동생공사)	6	서로 같이 살고 같이 죽음
東西古今	8 8 6 6II (동서고금)	6	동양과 서양, 옛날과 지금을 통틀어 이르는 말
東西南北	8 8 8 8 (동서남북)	8	동쪽, 서쪽, 남쪽, 북쪽이라는 뜻으로, 모든 방향을 이르는 말
同姓同本	7 7II 7 6 (동성동본)	6	성과 본관이 모두 같음
同時多發	7 7II 6 6II (동시다발)	6	연이어 일이 발생함
同化作用	7 5II 6II 6II (동화작용)	5II	외부에서 섭취한 에너지원을 자체의 고유한 성분으로 변화시키는 일
馬耳東風	5 5 8 6II (마이동풍)	5	남의 말을 귀담아 듣지 않고 흘려버림
萬古不變	8 6 7II 5II (만고불변)	5II	오랜 세월을 두고 변하지 않음
萬國信號	8 8 6II 6 (만국신호)	6	배 사이 또는 배와 육지 사이의 연락을 위하여 국제적으로 쓰는 신호
萬里長天	8 7 8 7 (만리장천)	7	아득히 높고 먼 하늘

名山大川	7ǁ 8 8 7 (명산대천)	7	이름난 산과 큰 내
無男獨女	5 7ǁ 5ǁ 8 (무남독녀)	5	아들이 없는 집안의 외동딸
聞一知十	6ǁ 8 5ǁ 8 (문일지십)	5ǁ	하나를 들으면 열을 앎
門前成市	8 7ǁ 6ǁ 7ǁ (문전성시)	6ǁ	찾아오는 사람이 많음
百年大計	7 8 8 6ǁ (백년대계)	6ǁ	먼 뒷날까지 걸친 큰 계획
百年河清	7 8 5 6ǁ (백년하청)	5	아무리 오래 기다려도 어떤 일이 이루어지기 어려움을 이름
百萬大軍	7 8 8 8 (백만대군)	7	아주 많은 병사로 조직된 군대를 이르는 말
百萬長者	7 8 8 6 (백만장자)	6	재산이 매우 많은 사람 또는 아주 큰 부자
白面書生	8 7 6ǁ 8 (백면서생)	6ǁ	글만 읽고 세상물정을 하나도 모르는 사람
百發百中	7 6ǁ 7 8 (백발백중)	6ǁ	백 번 쏘아 백 번 맞힌다는 뜻으로, 총이나 활 따위를 쏠 때마다 겨눈 곳에 다 맞음을 이르는 말
白衣民族	8 6 8 6 (백의민족)	6	흰옷을 입은 민족이라는 뜻으로, '한민족' 을 이르는 말
百戰百勝	7 6ǁ 7 6 (백전백승)	6	싸우는 때마다 모조리 이김
別有天地	6 7 7 7 (별유천지)	6	별세계, 딴 세상
奉仕活動	5ǁ 5ǁ 7ǁ 7ǁ (봉사활동)	5ǁ	국가나 사회 또는 남을 위하여 자신을 돌보지 아니하고 힘을 바쳐 애씀
不老長生	7ǁ 7 8 8 (불로장생)	7	늙지 아니하고 오래 삶
不立文字	7ǁ 7ǁ 7 7 (불립문자)	7	불도의 깨달음은 마음에서 마음으로 전하는 것이므로 말이나 글에 의지하지 않는다는 말
父母兄弟	8 8 8 8 (부모형제)	8	아버지·어머니·형·아우라는 뜻으로, 가족을 이르는 말
不問可知	7ǁ 7 5 5ǁ (불문가지)	5	묻지 않아도 알 수 있음
不問曲直	7ǁ 7 5 7ǁ (불문곡직)	5	옳고 그른 것을 묻지 않고 다짜고짜로
不遠千里	7ǁ 6 7 7 (불원천리)	6	천리를 멀다 여기지 아니함
父子有親	8 7ǁ 7 6 (부자유친)	6	아버지와 아들 사이의 도리는 친애에 있음을 이름
父傳子傳	8 5ǁ 7ǁ 5ǁ (부전자전)	5ǁ	아버지가 아들에게 대대로 전함
北窓三友	8 6ǁ 8 5ǁ (북창삼우)	5ǁ	거문고, 술, 시를 아울러 이르는 말

氷山一角	5 8 8 6II (빙산일각)	5	아주 많은 것 중에 조그마한 부분
思考方式	5 5 7II 6 (사고방식)	5	어떤 문제에 대해 생각하고 궁리하는 방법이나 태도
士農工商	5II 7II 7II 5II (사농공상)	5II	예전에 백성을 나누던 네 가지 계급. 선비, 농부, 공장(工匠), 상인을 이르던 말
四面春風	8 7 7 6II (사면춘풍)	6II	누구에게나 좋게 대하는 일
四方八方	8 7II 8 7II (사방팔방)	7II	여기 저기 모든 방향이나 방면
事事件件	7II 7II 5 5 (사사건건)	5	해당되는 모든 일 또는 온갖 사건
事實無根	7II 5II 5 6 (사실무근)	5	근거가 없음. 또는 터무니없음
事親以孝	7II 6 5II 7II (사친이효)	5II	어버이를 섬기기를 효도로써 함을 이름
四海兄弟	8 7II 8 8 (사해형제)	7II	온 세상 사람이 모두 형제와 같다는 뜻으로, 친밀함을 이르는 말
山戰水戰	8 6II 8 6II (산전수전)	6II	세상의 온갖 고생과 어려움을 다 겪었음을 이르는 말
山川草木	8 7 7 8 (산천초목)	7	산과 내와 풀과 나무, 곧 자연을 이르는 말
三三五五	8 8 8 8 (삼삼오오)	8	서너 사람 또는 대여섯 사람이 떼를 지어 다니거나 무슨 일을 함
三十六計	8 8 8 6II (삼십육계)	6II	서른여섯 가지의 꾀. 많은 모계를 이름
三位一體	8 5 8 6II (삼위일체)	5	세 가지의 것이 하나의 목적을 위하여 통합되는 일
三寒四溫	8 5 8 6 (삼한사온)	5	7일을 주기로 사흘 동안 춥고 나흘 동안 따뜻함
上下左右	7II 7II 7II 7II (상하좌우)	7II	위 · 아래 · 왼쪽 · 오른쪽을 이르는 말로, 모든 방향을 이름
生年月日	8 8 8 8 (생년월일)	8	태어난 해와 달과 날
生老病死	8 7 6 6 (생로병사)	6	사람이 나고 늙고 병들고 죽는 네 가지 고통
生面不知	8 7 7II 5II (생면부지)	5II	서로 한 번도 만난 적이 없어서 전혀 알지 못하는 사람
生死苦樂	8 6 6 6II (생사고락)	6	삶과 죽음, 괴로움과 즐거움을 통틀어 이르는 말
善男善女	5 7II 5 8 (선남선녀)	5	성품이 착한 남자와 여자란 뜻으로, 착하고 어진 사람들을 이르는 말
善因善果	5 5 5 6II (선인선과)	5	선업을 쌓으면 반드시 좋은 과보가 따름
世界平和	7II 6II 7II 6II (세계평화)	6II	전 세계가 평온하고 화목함

世上萬事	7Ⅱ7Ⅱ 8 7Ⅱ (세상만사)	7Ⅱ	세상에서 일어나는 온갖 일
速戰速決	6 6Ⅱ 6 5Ⅱ (속전속결)	5Ⅱ	싸움을 오래 끌지 아니하고 빨리 몰아쳐 이기고 짐을 결정함
時間問題	7Ⅱ7Ⅱ 7 6Ⅱ (시간문제)	6Ⅱ	이미 결과가 뻔하여 조만간 저절로 해결될 문제
市民社會	7Ⅱ 8 6Ⅱ6Ⅱ (시민사회)	6Ⅱ	신분적으로 구속에 지배되지 않으며, 자유롭고 평등한 개인의 이성적 결합으로 이루어진 사회
新聞記者	6Ⅱ6Ⅱ7Ⅱ 6 (신문기자)	6	신문에 실을 자료를 수집, 취재, 집필, 편집하는 사람
十年知己	8 8 5Ⅱ5Ⅱ (십년지기)	5Ⅱ	오래전부터 친히 사귀어 잘 아는 사람
十中八九	8 8 8 8 (십중팔구)	8	열이면 그 가운데 여덟이나 아홉은 그러함
安分知足	7Ⅱ6Ⅱ 5Ⅱ 7Ⅱ (안분지족)	5Ⅱ	제 분수를 지키고 만족할 줄을 앎
安心立命	7Ⅱ 7 7Ⅱ7Ⅱ (안심입명)	7	하찮은 일에 흔들리지 않는 경지
愛國愛族	6 8 6 6 (애국애족)	6	나라와 민족을 아낌
野生動物	6 8 7Ⅱ7Ⅱ (야생동물)	6	산이나 들에서 저절로 나서 자라는 동물
良藥苦口	5Ⅱ6Ⅱ 6 7 (양약고구)	5Ⅱ	좋은 약은 입에 쓰나 병에 이롭다는 뜻으로 충언(忠言)은 귀에 거슬리나 자신에게 이로움을 이르는 말
語不成說	7 7Ⅱ6Ⅱ5Ⅱ (어불성설)	5Ⅱ	말이 조금도 이치에 맞지 않음을 말함
言文一致	6 7 8 5 (언문일치)	5	실제로 쓰는 말과 그 말을 적은 글이 일치함
言行一致	6 6 8 5 (언행일치)	5Ⅱ	말과 행동이 서로 같음
年中行事	8 8 6 7Ⅱ (연중행사)	6	해마다 일정한 시기를 정하여 놓고 하는 행사
英才敎育	6 6Ⅱ 8 7 (영재교육)	6	천재아의 재능을 훌륭하게 발전시키기 위한 특수교육
樂山樂水	6Ⅱ 8 6Ⅱ 8 (요산요수)	6Ⅱ	산과 물을 좋아한다는 것으로 즉 자연을 좋아함
勇氣百倍	6Ⅱ7Ⅱ 7 5 (용기백배)	5	격려나 응원 따위에 자극을 받아 힘이나 용기를 더 냄
雨順風調	5Ⅱ5Ⅱ6Ⅱ5Ⅱ (우순풍조)	5Ⅱ	비가 오고 바람이 부는 것이 때와 분량이 알맞음
月下老人	8 7Ⅱ 7 8 (월하노인)	7	부부의 인연을 맺어 준다는 전설상의 늙은이
有口無言	7 7 5 6 (유구무언)	5	입은 있으나 말이 없다는 뜻으로, 변명할 말이 없거나 변명을 하지 못함을 이름
有名無實	7 7Ⅱ 5 5Ⅱ (유명무실)	5	명목만 있고 실상은 없음

한자	독음	급수	뜻
耳目口鼻	5 6 7 5 (이목구비)	5	귀·눈·입·코를 아울러 이르는 말
以實直告	5Ⅱ 5Ⅱ 7 5Ⅱ (이실직고)	5Ⅱ	사실 그대로 고함
以心傳心	5Ⅱ 7 5Ⅱ 7 (이심전심)	5Ⅱ	마음에서 마음으로 뜻을 전함
二八靑春	8 8 8 7 (이팔청춘)	7	16세 무렵의 꽃다운 청춘
人命在天	8 7 6 7 (인명재천)	6	사람의 목숨은 하늘에 달려 있다는 말
人事不省	8 7Ⅱ 7Ⅱ 6Ⅱ (인사불성)	6Ⅱ	제 몸에 벌어지는 일을 모를 만큼 정신을 잃은 상태
人山人海	8 8 8 7Ⅱ (인산인해)	7Ⅱ	사람이 수없이 많이 모인 상태를 이르는 말
人相着衣	8 5Ⅱ 5Ⅱ 6 (인상착의)	5Ⅱ	사람의 생김새와 옷차림
人海戰術	8 7Ⅱ 6Ⅱ 6Ⅱ (인해전술)	6Ⅱ	우수한 화기보다 다수의 병력을 투입하여 적을 압도하는 전술
一口二言	8 7 8 6 (일구이언)	6	한 입으로 두 말을 한다는 뜻으로, 한 가지 일에 대하여 말을 이랬다저랬다 함을 이르는 말
一問一答	8 7 8 7Ⅱ (일문일답)	7	한 번 물음에 대하여 한 번 대답함
一心同體	8 7 7 6Ⅱ (일심동체)	6Ⅱ	한마음 한 몸이라는 뜻으로, 서로 굳게 결합함을 이르는 말
一日三省	8 8 8 6Ⅱ (일일삼성)	6Ⅱ	하루에 세 가지 일로 자신을 되돌아보고 살핌
一日三秋	8 8 8 7 (일일삼추)	7	하루가 삼 년처럼 길게 느껴짐
一字無識	8 7 5 5Ⅱ (일자무식)	5	글자를 한 자도 모를 정도로 무식함
一長一短	8 8 8 6Ⅱ (일장일단)	6Ⅱ	일면의 장점과 다른 일면의 단점을 통틀어 이르는 말
一朝一夕	8 6 8 7 (일조일석)	6	하루 아침과 하루 저녁이란 뜻으로, 짧은 시일을 이르는 말
自古以來	7Ⅱ 6 5Ⅱ 7 (자고이래)	5Ⅱ	예로부터 지금까지의 과정
自給自足	7Ⅱ 5 7Ⅱ 7Ⅱ (자급자족)	5	필요한 물자를 스스로 생산하여 충당함
自問自答	7Ⅱ 7 7Ⅱ 7Ⅱ (자문자답)	7	스스로 묻고 스스로 대답함
自生植物	7Ⅱ 8 7 7Ⅱ (자생식물)	7	산이나 들, 강이나 바다에서 저절로 나는 식물
子孫萬代	7Ⅱ 6 8 6Ⅱ (자손만대)	6	오래도록 내려오는 여러 대
自手成家	7Ⅱ 7Ⅱ 6Ⅱ 7Ⅱ (자수성가)	6Ⅱ	물려받은 재산이 없이 자기 혼자의 힘으로 집안을 일으키고 재산을 모음
自由自在	7Ⅱ 6 7Ⅱ 6 (자유자재)	6	거침없이 자기 마음대로 할 수 있음

作心三日	6ll 7 8 8 (작심삼일)	6ll	한 번 결심한 것이 사흘을 가지 않음
電光石火	7ll 6ll 6 8 (전광석화)	6	몹시 짧은 시간
前無後無	7ll 5 7ll 5 (전무후무)	5	전에도 없었고 후에도 없음
全心全力	7ll 7 7ll 7ll (전심전력)	7	온 마음과 온 힘
戰爭英雄	6ll 5 6 5 (전쟁영웅)	5	전쟁에 뛰어나고 용맹하여 보통 사람이 하기 어려운 일을 해내는 사람
全知全能	7ll 5ll 7ll 5ll (전지전능)	5ll	어떠한 사물이라도 잘 알고, 모든 일을 다 수행할 수 있는 신불 (神佛)의 능력
朝變夕改	6 5ll 7 5 (조변석개)	5	아침저녁으로 뜯어 고침 곧 일을 자주 뜯어고침
主客一體	7 5ll 8 6ll (주객일체)	5ll	주인과 손이 한 몸이라는 데서, 나와 나 밖의 대상이 하나가 됨을 말함
晝夜長川	6 6 8 7 (주야장천)	6	밤낮으로 쉬지 아니하고 연달아
知過必改	5ll 5ll 5ll 5 (지과필개)	5	자신이 한 일의 잘못을 알면 반드시 고쳐야 함
地上天國	7 7ll 7 8 (지상천국)	7	이 세상에서 이룩되는 다시없이 자유롭고 풍족하며 행복한 사회
知行合一	5ll 6 6 8 (지행합일)	5ll	지식과 행동이 서로 맞음
千萬多幸	7 8 6 6ll (천만다행)	6	아주 다행함
天災地變	7 5 7 5ll (천재지변)	5	지진, 홍수, 태풍 따위의 자연현상으로 인한 재앙
天下第一	7 7ll 6ll 8 (천하제일)	6ll	세상에 견줄 만한 것이 없이 최고임
靑山流水	8 8 5ll 8 (청산유수)	5ll	푸른 산에 맑은 물이라는 뜻으로, 막힘없이 썩 잘하는 말을 비유적으로 이르는 말
靑天白日	8 7 8 8 (청천백일)	7	하늘이 맑게 갠 대낮
淸風明月	6ll 6ll 6ll 8 (청풍명월)	6ll	맑은 바람과 밝은 달
草綠同色	7 6 7 7 (초록동색)	6	이름은 다르나 따지고 보면 한 가지 것이라는 말
草食動物	7 7ll 7ll 7ll (초식동물)	7	풀을 주로 먹고 사는 동물
秋風落葉	7 6ll 5 5 (추풍낙엽)	5	가을바람에 흩어져 떨어지는 낙엽. 세력 같은 것이 일순간에 실추됨을 비유함
春夏秋冬	7 7 7 7 (춘하추동)	7	봄·여름·가을·겨울의 네 계절

土木工事	8 8 7Ⅱ7Ⅱ (토목공사)	7Ⅱ	땅과 하천 따위를 고쳐 만드는 공사
特別活動	6 6 7Ⅱ7Ⅱ (특별활동)	6	학교 교육 과정에서 교과 학습 이외의 교육 활동
八道江山	8 7Ⅱ7Ⅱ 8 (팔도강산)	7Ⅱ	팔도의 강산이라는 뜻으로, 우리나라 전체의 강산을 이르는 말
八方美人	8 7Ⅱ6 8 (팔방미인)	6	어느 모로 보나 아름다운 사람이란 뜻으로, 여러 방면에 능통한 사람
敗家亡身	5 7Ⅱ5 6Ⅱ (패가망신)	5	집안의 재산을 다 써 없애고 몸을 망침
下等動物	7Ⅱ6Ⅱ7Ⅱ7Ⅱ (하등동물)	6Ⅱ	진화 정도가 낮아 몸의 구조가 단순한 원시적인 동물
行方不明	6 7Ⅱ7Ⅱ6Ⅱ (행방불명)	6	간 곳이나 방향을 모름
形形色色	6Ⅱ6Ⅱ7 7 (형형색색)	6Ⅱ	상과 빛깔 따위가 서로 다른 여러 가지
花朝月夕	7 6 8 7 (화조월석)	6	꽃피는 아침과 달뜨는 저녁. 경치가 썩 좋은 때를 일컫는 말임
訓民正音	6 8 7Ⅱ6Ⅱ (훈민정음)	6	백성을 가르치는 바른 소리라는 뜻으로, 1443년에 세종이 창제한 우리나라 글자를 이르는 말
凶惡無道	5Ⅱ5Ⅱ 5 7Ⅱ (흉악무도)	5	성질이 거칠고 사나우며 도의심이 없음

반의(反義) 한자(漢字) 결합어

江山	(강산)	7Ⅱ	–	8		東西	(동서)	8	–	8
強弱	(강약)	6	–	6Ⅱ		登落	(등락)	7	–	5
去來	(거래)	5	–	7		賣買	(매매)	5	–	5
輕重	(경중)	5	–	7		母子	(모자)	8	–	7Ⅱ
古今	(고금)	6	–	6Ⅱ		問答	(문답)	7	–	7Ⅱ
苦樂	(고락)	6	–	6Ⅱ		物心	(물심)	7Ⅱ	–	7
高下	(고하)	6Ⅱ	–	7Ⅱ		發着	(발착)	6Ⅱ	–	5Ⅱ
曲直	(곡직)	5	–	7Ⅱ		本末	(본말)	6	–	5
功過	(공과)	6Ⅱ	–	5Ⅱ		父母	(부모)	8	–	8
功罪	(공죄)	6Ⅱ	–	5		父子	(부자)	8	–	7Ⅱ
敎習	(교습)	8	–	6		分合	(분합)	6Ⅱ	–	6
敎學	(교학)	8	–	8		氷炭	(빙탄)	5	–	5
吉凶	(길흉)	5	–	5Ⅱ		士民	(사민)	5Ⅱ	–	8
南北	(남북)	8	–	8		死活	(사활)	6	–	7Ⅱ
男女	(남녀)	7Ⅱ	–	8		上下	(상하)	7Ⅱ	–	7Ⅱ
內外	(내외)	7Ⅱ	–	8		生死	(생사)	8	–	6
冷熱	(냉열)	5	–	5		先後	(선후)	8	–	7Ⅱ
勞使	(노사)	5Ⅱ	–	6		善惡	(선악)	5	–	5Ⅱ
老少	(노소)	7	–	7		成敗	(성패)	6Ⅱ	–	5
多少	(다소)	6	–	7		手足	(수족)	7Ⅱ	–	7Ⅱ
當落	(당락)	5Ⅱ	–	5		水陸	(수륙)	8	–	5Ⅱ
大小	(대소)	8	–	8		水火	(수화)	8	–	8
都農	(도농)	5	–	7Ⅱ		勝敗	(승패)	6	–	5
動止	(동지)	7Ⅱ	–	5		始末	(시말)	6Ⅱ	–	5

始終	(시종)	6Ⅱ	–	5	前後	(전후)	7Ⅱ	–	7Ⅱ
新舊	(신구)	6Ⅱ	–	5Ⅱ	正反	(정반)	7Ⅱ	–	6Ⅱ
臣民	(신민)	5Ⅱ	–	8	朝夕	(조석)	6	–	7
心身	(심신)	7	–	6Ⅱ	朝野	(조야)	6	–	6
愛惡	(애오)	6	–	5Ⅱ	祖孫	(조손)	7	–	6
言文	(언문)	6	–	7	左右	(좌우)	7Ⅱ	–	7Ⅱ
言行	(언행)	6	–	6	主客	(주객)	7	–	5Ⅱ
溫冷	(온랭)	6	–	5	晝夜	(주야)	6	–	6
遠近	(원근)	6	–	6	中外	(중외)	8	–	8
有無	(유무)	7	–	5	知行	(지행)	5Ⅱ	–	6
陸海	(육해)	5Ⅱ	–	7Ⅱ	天地	(천지)	7	–	7
利害	(이해)	6Ⅱ	–	5Ⅱ	春秋	(춘추)	7	–	7
因果	(인과)	5	–	6Ⅱ	出入	(출입)	7	–	7
日月	(일월)	8	–	8	夏冬	(하동)	7	–	7
入出	(입출)	7	–	7	寒溫	(한온)	5	–	6
子女	(자녀)	7Ⅱ	–	8	兄弟	(형제)	8	–	8
自他	(자타)	7Ⅱ	–	5	和戰	(화전)	6Ⅱ	–	6Ⅱ
昨今	(작금)	6Ⅱ	–	6Ⅱ	黑白	(흑백)	5	–	8
長短	(장단)	8	–	6Ⅱ					

반대어(反對語) - 뜻이 반대되는 한자어(漢字語)

自動	(자동)	↔	手動	(수동)	7Ⅱ 7Ⅱ	↔	7Ⅱ 7Ⅱ
正午	(정오)	↔	子正	(자정)	7Ⅱ 7Ⅱ	↔	7Ⅱ 7Ⅱ
文語	(문어)	↔	口語	(구어)	7 7	↔	7 7
入金	(입금)	↔	出金	(출금)	7 8	↔	7 8
不運	(불운)	↔	幸運	(행운)	7Ⅱ 6Ⅱ	↔	6Ⅱ 6Ⅱ
母音	(모음)	↔	子音	(자음)	8 6Ⅱ	↔	7Ⅱ 6Ⅱ
部分	(부분)	↔	全體	(전체)	6Ⅱ 6Ⅱ	↔	7Ⅱ 6Ⅱ
立體	(입체)	↔	平面	(평면)	7Ⅱ 6Ⅱ	↔	7Ⅱ 7
死後	(사후)	↔	生前	(생전)	6 7Ⅱ	↔	8 7Ⅱ
不幸	(불행)	↔	幸福	(행복)	7Ⅱ 6Ⅱ	↔	6Ⅱ 5Ⅱ
不法	(불법)	↔	合法	(합법)	7Ⅱ 5Ⅱ	↔	6 5Ⅱ
固定	(고정)	↔	流動	(유동)	5 6	↔	5Ⅱ 7Ⅱ
原因	(원인)	↔	結果	(결과)	5 5	↔	5Ⅱ 6Ⅱ
勝利	(승리)	↔	敗北	(패배)	6 6Ⅱ	↔	5 8
感情	(감정)	↔	理性	(이성)	6 5Ⅱ	↔	6Ⅱ 5Ⅱ
成功	(성공)	↔	失敗	(실패)	6Ⅱ 6Ⅱ	↔	6 5
惡意	(악의)	↔	善意	(선의)	5Ⅱ 6Ⅱ	↔	5 6Ⅱ
正當	(정당)	↔	不當	(부당)	7Ⅱ 5Ⅱ	↔	7Ⅱ 5Ⅱ
溫情	(온정)	↔	冷情	(냉정)	6 5Ⅱ	↔	5 5Ⅱ
不實	(부실)	↔	充實	(충실)	7Ⅱ 5Ⅱ	↔	5Ⅱ 5Ⅱ
對話	(대화)	↔	獨白	(독백)	6Ⅱ 7Ⅱ	↔	5Ⅱ 8
多元	(다원)	↔	一元	(일원)	6 5Ⅱ	↔	8 5Ⅱ
消費	(소비)	↔	生産	(생산)	6Ⅱ 5	↔	8 5Ⅱ
實質	(실질)	↔	形式	(형식)	5Ⅱ 5Ⅱ	↔	6Ⅱ 6
放心	(방심)	↔	操心	(조심)	6Ⅱ 7	↔	5 7
可變性	(가변성)	↔	不變性	(불변성)	5 5Ⅱ 5Ⅱ	↔	7Ⅱ 5Ⅱ 5Ⅱ
感情的	(감정적)	↔	理性的	(이성적)	6 5Ⅱ 5Ⅱ	↔	6Ⅱ 5Ⅱ 5Ⅱ
男學生	(남학생)	↔	女學生	(여학생)	7Ⅱ 8 8	↔	8 8 8

内國人	(내국인)	↔	外國人	(외국인)	7Ⅱ88	↔	888
女學校	(여학교)	↔	男學校	(남학교)	888	↔	7Ⅱ88
多數者	(다수자)	↔	少數者	(소수자)	676	↔	776
大家族	(대가족)	↔	小家族	(소가족)	87Ⅱ6	↔	87Ⅱ6
同意語	(동의어)	↔	反意語	(반의어)	76Ⅱ7	↔	6Ⅱ6Ⅱ7
落選者	(낙선자)	↔	當選者	(당선자)	556	↔	5Ⅱ56
理性的	(이성적)	↔	感情的	(감정적)	6Ⅱ5Ⅱ5Ⅱ	↔	65Ⅱ5Ⅱ
本校生	(본교생)	↔	他校生	(타교생)	688	↔	588
上級生	(상급생)	↔	下級生	(하급생)	7Ⅱ68	↔	7Ⅱ68
小區分	(소구분)	↔	大區分	(대구분)	866Ⅱ	↔	866Ⅱ
夜學生	(야학생)	↔	晝學生	(주학생)	688	↔	688
午前班	(오전반)	↔	午後班	(오후반)	7Ⅱ7Ⅱ6Ⅱ	↔	7Ⅱ7Ⅱ6Ⅱ
外三寸	(외삼촌)	↔	親三寸	(친삼촌)	888	↔	688
願賣人	(원매인)	↔	願買人	(원매인)	558	↔	558
有産者	(유산자)	↔	無産者	(무산자)	75Ⅱ6	↔	55Ⅱ6
前半部	(전반부)	↔	後半部	(후반부)	7Ⅱ6Ⅱ6Ⅱ	↔	7Ⅱ6Ⅱ6Ⅱ
出發地	(출발지)	↔	到着地	(도착지)	76Ⅱ7	↔	5Ⅱ5Ⅱ7
親孫女	(친손녀)	↔	外孫女	(외손녀)	668	↔	868
下半身	(하반신)	↔	上半身	(상반신)	7Ⅱ6Ⅱ6Ⅱ	↔	7Ⅱ6Ⅱ6Ⅱ
合法化	(합법화)	↔	不法化	(불법화)	65Ⅱ5Ⅱ	↔	7Ⅱ5Ⅱ5Ⅱ
後半戰	(후반전)	↔	前半戰	(전반전)	7Ⅱ6Ⅱ6Ⅱ	↔	7Ⅱ6Ⅱ6Ⅱ
後任者	(후임자)	↔	前任者	(전임자)	7Ⅱ5Ⅱ6	↔	7Ⅱ5Ⅱ6
强大國家	(강대국가)	↔	弱小國家	(약소국가)	6887Ⅱ	↔	6Ⅱ887Ⅱ
古今同然	(고금동연)	↔	古今不同	(고금부동)	66Ⅱ77	↔	66Ⅱ7Ⅱ7
吉則大凶	(길즉대흉)	↔	凶則大吉	(흉즉대길)	5585Ⅱ	↔	5Ⅱ585
賣出操作	(매출조작)	↔	買入操作	(매입조작)	5756Ⅱ	↔	5756Ⅱ
生年月日	(생년월일)	↔	卒年月日	(졸년월일)	8888	↔	5Ⅱ888
晝短夜長	(주단야장)	↔	晝長夜短	(주장야단)	66Ⅱ68	↔	6866Ⅱ

유의(類義) 한자(漢字) 결합어

家屋	(가옥)	7Ⅱ	–	5	光明	(광명)	6Ⅱ	–	6Ⅱ
家宅	(가택)	7Ⅱ	–	5Ⅱ	教訓	(교훈)	8	–	6
歌曲	(가곡)	7	–	5	區別	(구별)	6	–	6
歌樂	(가악)	7	–	6Ⅱ	區分	(구분)	6	–	6Ⅱ
歌唱	(가창)	7	–	5	軍兵	(군병)	8	–	5Ⅱ
江河	(강하)	7Ⅱ	–	5	軍士	(군사)	8	–	5Ⅱ
強健	(강건)	6	–	5	郡邑	(군읍)	6	–	7
強固	(강고)	6	–	5	貴重	(귀중)	5	–	7
舉動	(거동)	5	–	7Ⅱ	規格	(규격)	5	–	5Ⅱ
建立	(건립)	5	–	7Ⅱ	規例	(규례)	5	–	6
格式	(격식)	5Ⅱ	–	6	規則	(규칙)	5	–	5
結束	(결속)	5Ⅱ	–	5Ⅱ	根本	(근본)	6	–	6
京都	(경도)	6	–	5	急速	(급속)	6Ⅱ	–	6
競爭	(경쟁)	5	–	5	技術	(기술)	5	–	6Ⅱ
計算	(계산)	6Ⅱ	–	7	記識	(기지)	7Ⅱ	–	5Ⅱ
計數	(계수)	6Ⅱ	–	7	年歲	(연세)	8	–	5Ⅱ
告白	(고백)	5Ⅱ	–	8	談話	(담화)	5	–	7Ⅱ
告示	(고시)	5Ⅱ	–	5	到着	(도착)	5Ⅱ	–	5Ⅱ
共同	(공동)	6Ⅱ	–	7	圖畫	(도화)	6Ⅱ	–	6
工作	(공작)	7Ⅱ	–	6Ⅱ	度量	(탁량)	6	–	5
果實	(과실)	6Ⅱ	–	5Ⅱ	道路	(도로)	7Ⅱ	–	6
科目	(과목)	6Ⅱ	–	6	道理	(도리)	7Ⅱ	–	6Ⅱ
過去	(과거)	5Ⅱ	–	5	都市	(도시)	5	–	7Ⅱ
過失	(과실)	5Ⅱ	–	6	都邑	(도읍)	5	–	7

同等	(동등)	7	–	6Ⅱ		法規	(법규)	5Ⅱ	–	5
同一	(동일)	7	–	8		法度	(법도)	5Ⅱ	–	6
洞里	(동리)	7	–	7		法例	(법례)	5Ⅱ	–	6
洞通	(통통)	7	–	6		法式	(법식)	5Ⅱ	–	6
等級	(등급)	6Ⅱ	–	6		法典	(법전)	5Ⅱ	–	5Ⅱ
旅客	(여객)	5Ⅱ	–	5Ⅱ		法則	(법칙)	5Ⅱ	–	5
練習	(연습)	5Ⅱ	–	6		變改	(변개)	5Ⅱ	–	5
例規	(예규)	6	–	5		變化	(변화)	5Ⅱ	–	5Ⅱ
例法	(예법)	6	–	5Ⅱ		兵士	(병사)	5Ⅱ	–	5Ⅱ
例式	(예식)	6	–	6		兵卒	(병졸)	5Ⅱ	–	5Ⅱ
料度	(요탁)	5	–	6		病患	(병환)	6	–	5
料量	(요량)	5	–	5		奉仕	(봉사)	5Ⅱ	–	5Ⅱ
陸地	(육지)	5Ⅱ	–	7		部類	(부류)	6Ⅱ	–	5Ⅱ
名號	(명호)	7Ⅱ	–	6		分別	(분별)	6Ⅱ	–	6
命令	(명령)	7	–	5		費用	(비용)	5	–	6Ⅱ
明朗	(명랑)	6Ⅱ	–	5Ⅱ		事業	(사업)	7Ⅱ	–	6Ⅱ
明白	(명백)	6Ⅱ	–	8		使令	(사령)	6	–	5
文書	(문서)	7	–	6Ⅱ		士兵	(사병)	5Ⅱ	–	5Ⅱ
文章	(문장)	7	–	6		思考	(사고)	5	–	5
物件	(물건)	7Ⅱ	–	5		思念	(사념)	5	–	5Ⅱ
物品	(물품)	7Ⅱ	–	5Ⅱ		社會	(사회)	6Ⅱ	–	6Ⅱ
發展	(발전)	6Ⅱ	–	5Ⅱ		算數	(산수)	7	–	7
方道	(방도)	7Ⅱ	–	7Ⅱ		商量	(상량)	5Ⅱ	–	5
方正	(방정)	7Ⅱ	–	7Ⅱ		生産	(생산)	8	–	5Ⅱ

生活	(생활)	8	–	7Ⅱ	運動	(운동)	6Ⅱ	–	7Ⅱ
善良	(선량)	5	–	5Ⅱ	願望	(원망)	5	–	5Ⅱ
選別	(선별)	5	–	6	偉大	(위대)	5Ⅱ	–	8
說話	(설화)	5Ⅱ	–	7Ⅱ	意思	(의사)	6Ⅱ	–	5
性心	(성심)	5Ⅱ	–	7	衣服	(의복)	6	–	6
世界	(세계)	7Ⅱ	–	6Ⅱ	自己	(자기)	7Ⅱ	–	5Ⅱ
世代	(세대)	7Ⅱ	–	6Ⅱ	典例	(전례)	5Ⅱ	–	6
樹林	(수림)	6	–	7	典法	(전법)	5Ⅱ	–	5Ⅱ
樹木	(수목)	6	–	8	戰爭	(전쟁)	6Ⅱ	–	5
始初	(시초)	6Ⅱ	–	5	停住	(정주)	5	–	7
時期	(시기)	7Ⅱ	–	5	停止	(정지)	5	–	5
身體	(신체)	6Ⅱ	–	6Ⅱ	情意	(정의)	5Ⅱ	–	6Ⅱ
失敗	(실패)	6	–	5	正直	(정직)	7Ⅱ	–	7Ⅱ
實果	(실과)	5Ⅱ	–	6Ⅱ	第宅	(제택)	6Ⅱ	–	5Ⅱ
心性	(심성)	7	–	5Ⅱ	題目	(제목)	6Ⅱ	–	6
兒童	(아동)	5Ⅱ	–	6Ⅱ	調和	(조화)	5Ⅱ	–	6Ⅱ
安全	(안전)	7Ⅱ	–	7Ⅱ	卒兵	(졸병)	5Ⅱ	–	5Ⅱ
約束	(약속)	5Ⅱ	–	5Ⅱ	終結	(종결)	5	–	5Ⅱ
養育	(양육)	5Ⅱ	–	7	終末	(종말)	5	–	5
言說	(언설)	6	–	5Ⅱ	終止	(종지)	5	–	5
言語	(언어)	6	–	7	罪過	(죄과)	5	–	5Ⅱ
永遠	(영원)	6	–	6	州郡	(주군)	5Ⅱ	–	6
英特	(영특)	6	–	6	知識	(지식)	5Ⅱ	–	5Ⅱ
完全	(완전)	5	–	7Ⅱ	質朴	(질박)	5Ⅱ	–	6

質正	(질정)	5Ⅱ	–	7Ⅱ	平等	(평등)	7Ⅱ	–	6Ⅱ
集團	(집단)	6Ⅱ	–	5Ⅱ	平安	(평안)	7Ⅱ	–	7Ⅱ
集會	(집회)	6Ⅱ	–	6Ⅱ	平和	(평화)	7Ⅱ	–	6Ⅱ
唱歌	(창가)	5	–	7	河川	(하천)	5	–	7
責任	(책임)	5Ⅱ	–	5Ⅱ	學習	(학습)	8	–	6
青綠	(청록)	8	–	6	寒冷	(한랭)	5	–	5
寸節	(촌절)	8	–	5Ⅱ	海洋	(해양)	7Ⅱ	–	6
村落	(촌락)	7	–	5	行動	(행동)	6	–	7Ⅱ
村里	(촌리)	7	–	7	許可	(허가)	5	–	5
出生	(출생)	7	–	8	形式	(형식)	6Ⅱ	–	6
土地	(토지)	8	–	7	和平	(화평)	6Ⅱ	–	7Ⅱ
敗亡	(패망)	5	–	5	會社	(회사)	6Ⅱ	–	6Ⅱ
敗北	(패배)	5	–	8	凶惡	(흉악)	5Ⅱ	–	5Ⅱ
便安	(편안)	7	–	7Ⅱ					

家産	(가산)	–	家財	(가재)	7Ⅱ 5Ⅱ	–	7Ⅱ 5Ⅱ
家族	(가족)	–	食口	(식구)	7Ⅱ 6	–	7Ⅱ 7
家風	(가풍)	–	門風	(문풍)	7Ⅱ 6Ⅱ	–	8 6Ⅱ
家訓	(가훈)	–	家敎	(가교)	7Ⅱ 6	–	7Ⅱ 8
各別	(각별)	–	特別	(특별)	6Ⅱ 6	–	6 6
各地	(각지)	–	各所	(각소)	6Ⅱ 7	–	6Ⅱ 7
開國	(개국)	–	建國	(건국)	6 8	–	5 8
改良	(개량)	–	改善	(개선)	5 5Ⅱ	–	5 5
擧國	(거국)	–	全國	(전국)	5 8	–	7Ⅱ 8
共感	(공감)	–	同感	(동감)	6Ⅱ 6	–	7 6
校內	(교내)	–	學內	(학내)	8 7Ⅱ	–	8 7Ⅱ
內子	(내자)	–	室人	(실인)	7Ⅱ 7Ⅱ	–	8 8
念願	(염원)	–	所望	(소망)	5Ⅱ 5	–	7 5Ⅱ
大河	(대하)	–	長江	(장강)	8 5	–	8 7Ⅱ
童女	(동녀)	–	少女	(소녀)	6Ⅱ 8	–	7 8
同窓	(동창)	–	同門	(동문)	7 6Ⅱ	–	7 8
來歷	(내력)	–	由來	(유래)	7 5Ⅱ	–	6 7
萬代	(만대)	–	萬世	(만세)	8 6Ⅱ	–	8 7Ⅱ
名目	(명목)	–	名色	(명색)	7Ⅱ 6	–	7Ⅱ 7
名勝	(명승)	–	景勝	(경승)	7Ⅱ 6	–	5 6
無事	(무사)	–	安全	(안전)	5 7Ⅱ	–	7Ⅱ 7Ⅱ
文面	(문면)	–	書面	(서면)	7 7	–	6Ⅱ 7
民心	(민심)	–	人心	(인심)	8 7	–	8 7
本國	(본국)	–	自國	(자국)	6 8	–	7Ⅱ 8

部門	(부문)	–	分野	(분야)	6Ⅱ 8	–	6Ⅱ 6
鼻祖	(비조)	–	始祖	(시조)	5 7	–	6Ⅱ 7
上古	(상고)	–	太古	(태고)	7Ⅱ 6	–	6 6
商品	(상품)	–	物件	(물건)	5Ⅱ 5Ⅱ	–	7Ⅱ 5
生育	(생육)	–	生長	(생장)	8 7	–	8 8
生長	(생장)	–	生育	(생육)	8 8	–	8 7
先主	(선주)	–	先王	(선왕)	8 7	–	8 8
性格	(성격)	–	氣質	(기질)	5Ⅱ 5Ⅱ	–	7Ⅱ 5Ⅱ
世界	(세계)	–	世上	(세상)	7Ⅱ 6Ⅱ	–	7Ⅱ 7Ⅱ
歲初	(세초)	–	年頭	(연두)	5Ⅱ 5	–	8 6
首領	(수령)	–	頭目	(두목)	5Ⅱ 5	–	6 6
水魚	(수어)	–	知己	(지기)	8 5	–	5Ⅱ 5Ⅱ
勝景	(승경)	–	名勝	(명승)	6 5	–	7Ⅱ 6
始終	(시종)	–	本末	(본말)	6Ⅱ 5	–	6 5
植木	(식목)	–	植樹	(식수)	7 8	–	7 6
野合	(야합)	–	內通	(내통)	6 6	–	7Ⅱ 6
育成	(육성)	–	養成	(양성)	7 6Ⅱ	–	5Ⅱ 6Ⅱ
意圖	(의도)	–	意向	(의향)	6Ⅱ 6Ⅱ	–	6Ⅱ 6
人山	(인산)	–	人海	(인해)	8 8	–	8 7Ⅱ
入選	(입선)	–	當選	(당선)	7 5	–	5Ⅱ 5
自然	(자연)	–	天然	(천연)	7Ⅱ 7	–	7 7
戰術	(전술)	–	兵法	(병법)	6Ⅱ 6Ⅱ	–	5Ⅱ 5Ⅱ
知音	(지음)	–	心友	(심우)	5Ⅱ 6Ⅱ	–	7 5Ⅱ
草家	(초가)	–	草堂	(초당)	7 7Ⅱ	–	7 6Ⅱ

親筆	(친필)	–	自筆	(자필)	6 5 II	–	7 II 5 II
特別	(특별)	–	各別	(각별)	6 6	–	6 II 6
品名	(품명)	–	物名	(물명)	5 II 7 II	–	7 II 7 II
學内	(학내)	–	校内	(교내)	8 7 II	–	8 7 II
合計	(합계)	–	合算	(합산)	6 6 II	–	6 7
活用	(활용)	–	利用	(이용)	7 II 6 II	–	6 II 6 II
教育家	(교육가)	–	教育者	(교육자)	8 7 7 II	–	8 7 6
今世上	(금세상)	–	今世界	(금세계)	6 II 7 II 7 II	–	6 II 7 II 6 II
到着順	(도착순)	–	先着順	(선착순)	5 II 5 II 5 II	–	8 5 II 5 II
同期生	(동기생)	–	同窓生	(동창생)	7 5 8	–	7 6 II 8
門下生	(문하생)	–	門下人	(문하인)	8 7 II 8	–	8 7 II 8
半休日	(반휴일)	–	半空日	(반공일)	6 II 7 8	–	6 II 7 II 8
發明家	(발명가)	–	發明者	(발명자)	6 II 6 II 7 II	–	6 II 6 II 6
別天地	(별천지)	–	別世界	(별세계)	6 7 7	–	6 7 II 6 II
本土種	(본토종)	–	在來種	(재래종)	6 8 5 II	–	6 7 5 II
不老草	(불로초)	–	不死藥	(불사약)	7 II 7 7	–	7 II 6 6
事業家	(사업가)	–	事業者	(사업자)	7 II 6 II 7 II	–	7 II 6 II 6
所有人	(소유인)	–	所有者	(소유자)	7 7 8	–	7 7 6
宿命觀	(숙명관)	–	運命觀	(운명관)	5 II 7 5 II	–	6 II 7 5 II
勝戰國	(승전국)	–	戰勝國	(전승국)	6 6 II 8	–	6 II 6 8
愛國心	(애국심)	–	祖國愛	(조국애)	6 8 7	–	7 8 6
集會所	(집회소)	–	集會場	(집회장)	6 II 6 II 7	–	6 II 6 II 7 II
千萬年	(천만년)	–	千萬代	(천만대)	7 8 8	–	7 8 6 II
通告文	(통고문)	–	通知書	(통지서)	6 5 II 7	–	6 5 II 6 II

九死一生 (구사일생)	–	十生九死 (십생구사)	8688	–	8886
代代孫孫 (대대손손)	–	子子孫孫 (자자손손)	6Ⅱ6Ⅱ66	–	7Ⅱ7Ⅱ66
東問西答 (동문서답)	–	問東答西 (문동답서)	8787Ⅱ	–	787Ⅱ8
不老長生 (불로장생)	–	長生不死 (장생불사)	7Ⅱ788	–	887Ⅱ6
西方國家 (서방국가)	–	西方世界 (서방세계)	87Ⅱ87Ⅱ	–	87Ⅱ7Ⅱ6Ⅱ
屋內競技 (옥내경기)	–	室內競技 (실내경기)	57Ⅱ55	–	87Ⅱ55
一定不變 (일정불변)	–	固定不變 (고정불변)	867Ⅱ5Ⅱ	–	567Ⅱ5Ⅱ
花朝月夕 (화조월석)	–	朝花月夕 (조화월석)	7687	–	6787

동음이의어(同音異義語) - 소리는 같고 뜻은 다른 한자어(漢字語)

加工	(가공)	5 7Ⅱ	반제품 등을 가지고 새로운 제품을 만듦.
歌工	(가공)	7 7Ⅱ	궁중의 제사나 잔치 때에 노래를 부르던 사람.
家具	(가구)	7Ⅱ 5Ⅱ	집안 살림에 쓰는 기구.
家口	(가구)	7Ⅱ 7	집안 식구.
加法	(가법)	5 5Ⅱ	덧셈법.
家法	(가법)	7Ⅱ 5Ⅱ	한 집안의 법도.
加算	(가산)	5 7	더하여 셈함.
家産	(가산)	7Ⅱ 5Ⅱ	한 집안의 재산.
加數	(가수)	5 7	돈이나 물품의 수를 늘림.
歌手	(가수)	7 7Ⅱ	노래 부르는 것이 직업인 사람.
可信	(가신)	5 6Ⅱ	믿을만함.
家信	(가신)	7Ⅱ 6Ⅱ	자기 집에서 온 편지나 소식.
家神	(가신)	7Ⅱ 6Ⅱ	집안의 운수를 좌우하는 신.
家臣	(가신)	7Ⅱ 5Ⅱ	권력자 가문에 들어가 그들을 섬기던 사람.
可用	(가용)	5 6Ⅱ	사용할 수 있음.
家用	(가용)	7Ⅱ 6Ⅱ	집안 살림에 드는 비용.
家人	(가인)	7Ⅱ 8	집안 사람.
歌人	(가인)	7 8	노래를 잘 부르거나 잘 짓는 사람.
家風	(가풍)	7Ⅱ 6Ⅱ	한집안에 풍습이나 범절.
歌風	(가풍)	7 6Ⅱ	시 또는 노래 따위에서 풍기는 분위기.
各地	(각지)	6Ⅱ 7	각 지방.
各紙	(각지)	6Ⅱ 7	각각의 신문.
江神	(강신)	7Ⅱ 6Ⅱ	강을 지키는 신.
強臣	(강신)	6 5Ⅱ	권력이 강한 신하.

江風	(강풍)	7Ⅱ 6Ⅱ	강바람.
強風	(강풍)	6 6Ⅱ	센 바람.
改名	(개명)	5 7Ⅱ	이름을 고침.
改命	(개명)	5 7	명령을 고침.
開明	(개명)	6 6Ⅱ	지혜가 계발되고 문화가 발달함.
改書	(개서)	5 6Ⅱ	새로 고쳐 씀.
開書	(개서)	6 6Ⅱ	편지의 겉봉을 뜯음.
改善	(개선)	5 5	나쁜 것 따위를 고쳐 더 좋게 만듦.
改選	(개선)	5 5	의원 등을 새로 선출함.
開展	(개전)	6 5Ⅱ	진보하고 발전함.
開戰	(개전)	6 6Ⅱ	전쟁을 시작함.
改定	(개정)	5 6	이미 정하였던 것을 고쳐 다시 정함.
改正	(개정)	5 7Ⅱ	주로 문서의 내용 따위를 고쳐 바르게 함.
改化	(개화)	5 5Ⅱ	나쁜 것을 고쳐 착한 것을 좇음.
開化	(개화)	6 5Ⅱ	사람의 지혜가 열려 새로운 사상, 문물, 제도 따위를 가지게 됨.
開花	(개화)	6 7	풀이나 나무의 꽃이 핌.
客思	(객사)	5Ⅱ 5	객지에서 느끼는 생각.
客死	(객사)	5Ⅱ 6	객지에서 죽음.
決死	(결사)	5Ⅱ 6	죽기를 각오하고 있는 힘을 다할 것을 결심함.
結社	(결사)	5Ⅱ 6Ⅱ	여러 사람이 공동의 목적을 이루기 위하여 조직한 단체.
景氣	(경기)	5 7Ⅱ	호황이나 불황 따위의 경제 활동 상태.
競技	(경기)	5 5	일정한 규칙 아래 재주를 겨룸.
敬服	(경복)	5Ⅱ 6	존경하여 복종하거나 감복함.
景福	(경복)	5 5Ⅱ	크나큰 복.

輕服	(경복)	5 6	가벼운 복장.
古家	(고가)	6 7Ⅱ	지은 지 오래된 집.
古歌	(고가)	6 7	옛 노래나 옛 가사.
高價	(고가)	6Ⅱ 5Ⅱ	비싼 가격.
高歌	(고가)	6Ⅱ 7	노래를 큰 소리로 부름.
古代	(고대)	6 6Ⅱ	옛 시대.
苦待	(고대)	6 6	몹시 기다림.
高大	(고대)	6Ⅱ 8	높고 큼.
古道	(고도)	6 7Ⅱ	옛 길.
古都	(고도)	6 5	옛 도읍.
高度	(고도)	6Ⅱ 6	평균 해수면 따위를 0으로 하여 측정한 대상 물체의 높이.
古老	(고로)	6 7	경험이 많고 옛일을 잘 알고 있는 늙은이.
告老	(고로)	5Ⅱ 7	벼슬하던 사람이 늙어서 벼슬을 그만두기를 청함.
苦勞	(고로)	6 5Ⅱ	괴로움과 수고로움.
古名	(고명)	6 7Ⅱ	옛 이름.
高名	(고명)	6Ⅱ 7Ⅱ	남의 이름을 높여 이르는 말.
高明	(고명)	6Ⅱ 6Ⅱ	고상하고 현명함.
古木	(고목)	6 8	오래된 나무.
高木	(고목)	6Ⅱ 8	높이 자란 나무.
古文	(고문)	6 7	옛 글.
告文	(고문)	5Ⅱ 7	고하는 글.
高文	(고문)	6Ⅱ 7	내용이 알차고 문장이 빼어난 글.
高門	(고문)	6Ⅱ 8	부귀하고 지체가 높은 이름난 집안.
古米	(고미)	6 6	묵은쌀.

高美	(고미)	6Ⅱ 6	고상하고 아름다움.
古事	(고사)	6 7Ⅱ	옛일.
古史	(고사)	6 5Ⅱ	옛날 역사.
考査	(고사)	5 5	자세히 생각하고 조사함.
高士	(고사)	6Ⅱ 5Ⅱ	인격이 높고 성품이 깨끗한 선비.
古時	(고시)	6 7Ⅱ	옛 시절이나 때.
告示	(고시)	5Ⅱ 5	행정 기관이 일반 국민들에게 글로 써서 게시하여 널리 알림.
古式	(고식)	6 6	옛날의 법도와 양식.
高識	(고식)	6Ⅱ 5Ⅱ	높은 학식.
古言	(고언)	6 6	옛말.
苦言	(고언)	6 6	듣기에는 거슬리나 도움이 되는 말.
古音	(고음)	6 6Ⅱ	옛날에 쓰던 한자 음.
高音	(고음)	6Ⅱ 6Ⅱ	높은 소리.
古典	(고전)	6 5Ⅱ	옛날의 서적이나 작품.
苦戰	(고전)	6 6Ⅱ	전쟁이나 운동 경기 따위에서, 몹시 힘들고 어렵게 싸움.
高操	(고조)	6Ⅱ 5	높은 지조.
高祖	(고조)	6Ⅱ 7	고조할아버지.
高調	(고조)	6Ⅱ 5Ⅱ	높은 가락.
告知	(고지)	5Ⅱ 5Ⅱ	게시나 글을 통하여 알림.
高地	(고지)	6Ⅱ 7	평지보다 아주 높은 땅.
曲木	(곡목)	5 8	굽은 나무.
曲目	(곡목)	5 6	연주할 곡명을 적어 놓은 목록.
功過	(공과)	6Ⅱ 5Ⅱ	공로와 허물.
工科	(공과)	7Ⅱ 6Ⅱ	대학에서, 공업 생산에 필요한 과학 기술을 전공하는 학과.

工期	(공기)	7Ⅱ 5	공사하는 기간.
空氣	(공기)	7Ⅱ 7Ⅱ	산소 등 지구를 둘러싼 대기의 기체.
公同	(공동)	6Ⅱ 7	공중(公衆)이 함께 하거나 서로 관계됨.
共同	(공동)	6Ⅱ 7	둘 이상의 사람이나 단체가 함께 함.
空洞	(공동)	7Ⅱ 7	아무것도 없이 텅 비어 있는 굴.
公路	(공로)	6Ⅱ 6	많은 사람과 차가 다니는 큰길.
功勞	(공로)	6Ⅱ 5Ⅱ	어떤 목적을 이루는 데 들인 노력과 수고.
公利	(공리)	6Ⅱ 6Ⅱ	공공의 이익.
公理	(공리)	6Ⅱ 6Ⅱ	사회에서 두루 통하는 진리나 도리.
功利	(공리)	6Ⅱ 6Ⅱ	공명과 이욕.
功名	(공명)	6Ⅱ 7Ⅱ	공을 세워서 드러낸 이름.
空名	(공명)	7Ⅱ 7Ⅱ	실제에 맞지 않는 부풀린 명성.
公法	(공법)	6Ⅱ 5Ⅱ	국가나 공공 단체 상호간의 관계나 이들과 개인의 관계를 규정하는 법률.
工法	(공법)	7Ⅱ 5Ⅱ	공사하는 방법.
工夫	(공부)	7Ⅱ 7	학문이나 기술을 배우고 익힘.
工部	(공부)	7Ⅱ 6Ⅱ	고려 시대 관아인 육부(六部)의 하나.
公事	(공사)	6Ⅱ 7Ⅱ	공공의 일.
公使	(공사)	6Ⅱ 6	국가를 대표하여 파견되는 외교 사절.
公社	(공사)	6Ⅱ 6Ⅱ	국가적 사업을 수행하기 위하여 설립된 공공 기업체.
工事	(공사)	7Ⅱ 7Ⅱ	토목이나 건축 따위의 일.
公席	(공석)	6Ⅱ 6	공적인 모임의 자리.
空席	(공석)	7Ⅱ 6	비어 있는 자리.
公約	(공약)	6Ⅱ 5Ⅱ	선거 등에서 어떤 일을 실행하기로 한 약속.
空約	(공약)	7Ⅱ 5Ⅱ	헛되게 약속함.

功業	(공업)	6Ⅱ 6Ⅱ	큰 공로가 있는 사업.
工業	(공업)	7Ⅱ 6Ⅱ	원료를 가공하여 유용한 물자를 만드는 산업.
公用	(공용)	6Ⅱ 6Ⅱ	공공의 목적으로 씀.
共用	(공용)	6Ⅱ 6Ⅱ	함께 씀.
公有	(공유)	6Ⅱ 7	국가나 지방 자치 단체의 소유.
共有	(공유)	6Ⅱ 7	두 사람 이상이 한 물건을 공동으로 소유함.
公知	(공지)	6Ⅱ 5Ⅱ	세상에 널리 알림.
共知	(공지)	6Ⅱ 5Ⅱ	여러 사람이 다 앎.
空地	(공지)	7Ⅱ 7	집이나 밭 따위가 없는 비어 있는 땅.
公害	(공해)	6Ⅱ 5Ⅱ	산업의 발달에 따라 사람이나 생물이 입게 되는 여러 가지 피해.
公海	(공해)	6Ⅱ 7Ⅱ	모든 나라가 공통으로 사용할 수 있는 바다.
果實	(과실)	6Ⅱ 5Ⅱ	과일.
過失	(과실)	5Ⅱ 6	잘못이나 허물.
科長	(과장)	6Ⅱ 8	대학이나 병원 따위에서, 한 과(科)의 운영을 책임지는 직책.
課長	(과장)	5Ⅱ 8	관청이나 회사 따위에서, 한 과(課)의 업무나 직원을 감독하는 직책.
教壇	(교단)	8 5	교실에서 교사가 강의할 때 올라서는 단.
校壇	(교단)	8 5	학교의 운동장에 무대처럼 만들어 놓은 단.
教示	(교시)	8 5	가르쳐서 보임.
校時	(교시)	8 7Ⅱ	학교의 수업 시간을 세는 단위.
交友	(교우)	6 5Ⅱ	벗을 사귐.
教友	(교우)	8 5Ⅱ	같은 종교를 믿는 벗.
校友	(교우)	8 5Ⅱ	같은 학교를 다니는 벗.
教正	(교정)	8 7Ⅱ	가르쳐서 바르게 함.
校庭	(교정)	8 6Ⅱ	학교의 마당이나 운동장.

教訓	(교훈)	8 6	앞으로의 행동이나 생활에 지침이 될 만한 가르침.
校訓	(교훈)	8 6	학교의 이념이나 목표를 간명하게 나타낸 표어.
救命	(구명)	5 7	사람의 목숨을 구함.
舊名	(구명)	5Ⅱ 7Ⅱ	예전에 부르던 이름.
區民	(구민)	6 8	한 구에 사는 사람.
救民	(구민)	5 8	어려움에 처해 있는 백성을 구제함.
舊情	(구정)	5Ⅱ 5Ⅱ	옛 정.
舊正	(구정)	5Ⅱ 7Ⅱ	설을 신정(新正)에 상대하여 이르는 말.
國家	(국가)	8 7Ⅱ	영토와 통치 조직을 가지고 있는 사회 집단.
國歌	(국가)	8 7	나라를 상징하는 노래.
國交	(국교)	8 6	나라와 나라 사이에 맺는 사귐.
國教	(국교)	8 8	국가에서 법으로 정하여 온 국민이 믿도록 하는 종교.
國基	(국기)	8 5Ⅱ	나라를 이루거나 유지해 나가는 기초.
國技	(국기)	8 5	나라에서 전통적으로 즐겨 내려오는 대표적인 운동이나 기예.
國旗	(국기)	8 7	나라를 상징하는 기.
國道	(국도)	8 7Ⅱ	나라에서 직접 관리하는 도로.
國都	(국도)	8 5	수도. 서울.
國父	(국부)	8 8	나라의 아버지.
局部	(국부)	5Ⅱ 6Ⅱ	전체의 어느 한 부분.
國事	(국사)	8 7Ⅱ	나라에 관한 일.
國史	(국사)	8 5Ⅱ	나라의 역사.
國士	(국사)	8 5Ⅱ	나라를 대표할만한 뛰어난 선비.
軍旗	(군기)	8 7	군대의 각 단위 부대를 상징하는 기.
軍氣	(군기)	8 7Ⅱ	군대의 사기.

軍民	(군민)	8 8	군인과 민간인.
郡民	(군민)	6 8	그 군(君)에 사는 사람.
軍事	(군사)	8 7Ⅱ	전쟁 따위와 같은 군에 관한 일.
軍史	(군사)	8 5Ⅱ	군대의 역사.
軍士	(군사)	8 5Ⅱ	예전에, 군인이나 군대를 이르던 말.
郡史	(군사)	6 5Ⅱ	군의 역사.
貴中	(귀중)	5 8	편지나 물품 따위를 받을 단체나 기관의 이름 아래에 쓰는 높임말.
貴重	(귀중)	5 7	귀하고 중요함.
貴地	(귀지)	5 7	상대편이 사는 곳을 높여 이르는 말.
貴紙	(귀지)	5 7	상대편이 소속된 기관에서 발간하는 신문을 높여 이르는 말.
根因	(근인)	6 5	근본이 되는 원인.
近因	(근인)	6 5	연관성이 가까운 직접적인 원인.
近寸	(근촌)	6 8	가까운 촌수.
近村	(근촌)	6 7	가까운 마을.
級數	(급수)	6 7	기술 따위를 우열에 따라 매긴 등급.
給水	(급수)	5 8	음료수 따위의 물을 공급함.
級友	(급우)	6 5Ⅱ	같은 학급에서 함께 공부하는 친구.
給油	(급유)	5 6	자동차 따위에 연료를 보급함.
基壇	(기단)	5Ⅱ 5	건축물의 터보다 한 층 높게 쌓은 단.
氣團	(기단)	7Ⅱ 5Ⅱ	거의 같은 성질을 가진 공기 덩어리.
氣力	(기력)	7Ⅱ 7Ⅱ	사람의 몸으로 활동할 수 있는 정신과 육체의 힘.
汽力	(기력)	5 7Ⅱ	증기의 힘.
技士	(기사)	5 5Ⅱ	기술 등을 지닌 사람.
記事	(기사)	7Ⅱ 7Ⅱ	사실을 적은 글.

基數	(기수)	5Ⅱ 7	수를 나타내는 데 기초가 되는 수.
旗手	(기수)	7 7Ⅱ	행사 때 대열의 앞에 서서 기를 드는 일을 맡은 사람.
記識	(기지)	7Ⅱ 5Ⅱ	기록함.
基地	(기지)	5Ⅱ 7	군대, 탐험대 따위의 활동의 기점이 되는 근거지.
內事	(내사)	7Ⅱ 7Ⅱ	내부에 관한 일.
內査	(내사)	7Ⅱ 5	겉으로 드러나지 아니하게 몰래 조사함.
內信	(내신)	7Ⅱ 6Ⅱ	나라 안의 소식.
內臣	(내신)	7Ⅱ 5Ⅱ	나라 안의 신하.
內室	(내실)	7Ⅱ 8	안방.
內實	(내실)	7Ⅱ 5Ⅱ	내부의 일을 알차게 처리함.
內意	(내의)	7Ⅱ 6Ⅱ	마음에 품은 뜻.
內衣	(내의)	7Ⅱ 6	속옷.
老夫	(노부)	7 7	늙은 남자.
老父	(노부)	7 8	늙은 아버지.
老相	(노상)	7 5Ⅱ	늙은 재상.
路上	(노상)	6 7Ⅱ	길바닥.
團旗	(단기)	5Ⅱ 7	단(團)의 이름이 붙은 단체나 모임의 상징이 되는 기.
短期	(단기)	6Ⅱ 5	짧은 기간.
短信	(단신)	6Ⅱ 6Ⅱ	짤막하게 전하는 뉴스.
短身	(단신)	6Ⅱ 6Ⅱ	작은 키의 몸.
代價	(대가)	6Ⅱ 5Ⅱ	일을 하고 그에 대한 값으로 받는 보수.
大家	(대가)	8 7Ⅱ	전문 분야에서 뛰어나 권위를 인정받는 사람.
大界	(대계)	8 6Ⅱ	큰 세계.
大計	(대계)	8 6Ⅱ	큰 계획.

大功	(대공)	8 6Ⅱ	큰 공적.
對空	(대공)	6Ⅱ 7Ⅱ	지상에서 공중의 목표물을 상대함.
大國	(대국)	8 8	국력이 강하거나 국토가 넓은 나라.
對局	(대국)	6Ⅱ 5Ⅱ	바둑이나 장기를 마주 대하여 둠.
大道	(대도)	8 7Ⅱ	큰길. 사람이 마땅히 지켜야 할 큰 도리.
大都	(대도)	8 5	대도시.
大同	(대동)	8 7	큰 세력이 합동함.
大東	(대동)	8 8	동방의 큰 나라. 우리나라.
大望	(대망)	8 5Ⅱ	큰 희망.
待望	(대망)	6 5Ⅱ	기다리고 바람.
大事	(대사)	8 7Ⅱ	큰일.
大使	(대사)	8 6	나라를 대표하여 다른 나라에 파견되어 외교를 맡아보는 최고 직급.
大商	(대상)	8 5Ⅱ	장사를 크게 하는 상인.
大賞	(대상)	8 5	여러 가지 상 가운데 가장 큰 상.
代身	(대신)	6Ⅱ 6Ⅱ	어떤 대상과 자리를 바꾸어서 구실을 하게 됨.
大臣	(대신)	8 5Ⅱ	군주 국가에서 장관을 이르는 말.
大罪	(대죄)	8 5	큰 죄.
待罪	(대죄)	6 5	죄인이 처벌을 기다림.
代筆	(대필)	6Ⅱ 5Ⅱ	남을 대신하여 글씨나 글을 씀.
大筆	(대필)	8 5Ⅱ	큰 붓.
大害	(대해)	8 5Ⅱ	큰 피해.
大海	(대해)	8 7Ⅱ	넓고 큰 바다.
度量	(도량)	6 5	사물을 너그럽게 용납하여 처리할 수 있는 넓은 마음과 깊은 생각.
道場	(도량)	7Ⅱ 7Ⅱ	도를 얻으려고 수행하는 곳.

부록 I

都買	(도매)	5 5	물건을 낱개로 사지 않고 모개로 삼.
都賣	(도매)	5 5	물건을 낱개로 팔지 않고 모개로 팖.
島民	(도민)	5 8	섬사람.
道民	(도민)	7Ⅱ 8	그 도(道)에 사는 사람.
圖上	(도상)	6Ⅱ 7Ⅱ	지도나 도면의 위.
道上	(도상)	7Ⅱ 7Ⅱ	길 위. 어떤 일이 진행되는 과정.
圖示	(도시)	6Ⅱ 5	그림이나 도표로 그려 보임.
都市	(도시)	5 7Ⅱ	일정한 지역의 중심이 되는, 사람이 많이 사는 지역.
圖章	(도장)	6Ⅱ 6	이름을 뿔 따위에 새겨 문서에 찍도록 만든 물건.
道場	(도장)	7Ⅱ 7Ⅱ	무예를 닦는 곳.
獨子	(독자)	5Ⅱ 7Ⅱ	외아들.
獨自	(독자)	5Ⅱ 7Ⅱ	남에게 기대지 아니하는 자기 한 몸.
讀者	(독자)	6Ⅱ 6	책, 신문, 잡지 따위의 글을 읽는 사람.
同價	(동가)	7 5Ⅱ	같은 값.
同家	(동가)	7 7Ⅱ	같은 집.
冬期	(동기)	7 5	겨울철.
同期	(동기)	7 5	같은 시기.
同氣	(동기)	7 7Ⅱ	형제와 자매, 남매를 통틀어 이르는 말.
同門	(동문)	7 8	같은 학교에서 수학하였거나 같은 스승에게서 배운 사람.
東門	(동문)	8 8	동쪽에 있는 문.
動産	(동산)	7Ⅱ 5Ⅱ	옮길 수 있는 재산.
東山	(동산)	8 8	동쪽에 있는 산.
同姓	(동성)	7 7Ⅱ	같은 성(姓).
同性	(동성)	7 5Ⅱ	같은 성질.

同窓	(동창)	7 6 Ⅱ	한 학교에서 공부를 한 사이.
東窓	(동창)	8 6 Ⅱ	동쪽으로 난 창.
動向	(동향)	7 Ⅱ 6	사람들의 사고, 일의 형세 따위가 움직여 가는 방향.
東向	(동향)	8 6	동쪽으로 향함.
同化	(동화)	7 5 Ⅱ	성질, 사상 따위가 다르던 것이 서로 같게 됨.
同和	(동화)	7 6 Ⅱ	같이 화합함.
童話	(동화)	6 Ⅱ 7 Ⅱ	어린이를 위하여 지은 이야기.
萬世	(만세)	8 7 Ⅱ	아주 오랜 세대.
萬歲	(만세)	8 5 Ⅱ	영원히 삶.
名聞	(명문)	7 Ⅱ 6 Ⅱ	세상에 나 있는 좋은 소문.
名門	(명문)	7 Ⅱ 8	이름 있는 집안.
名手	(명수)	7 Ⅱ 7 Ⅱ	기능이나 기술 따위에서 소질과 솜씨가 뛰어난 사람.
名數	(명수)	7 Ⅱ 7	인원수.
名花	(명화)	7 Ⅱ 7	아름답기로 이름난 꽃.
名畫	(명화)	7 Ⅱ 6	아주 잘 그린 유명한 그림.
無信	(무신)	5 6 Ⅱ	신의가 없음.
無神	(무신)	5 6 Ⅱ	신(神)을 믿지 않거나 신이 없다고 생각함.
文名	(문명)	7 7 Ⅱ	글을 잘하여 세상에 알려진 이름.
文明	(문명)	7 6 Ⅱ	인류가 이룩한 물질적, 기술적 발전.
文臣	(문신)	7 5 Ⅱ	문관(文官)인 신하.
文身	(문신)	7 6 Ⅱ	살갗을 바늘로 찔러 먹물 따위로 글씨, 그림, 무늬 따위를 새김.
問安	(문안)	7 7 Ⅱ	웃어른께 안부를 여쭘.
文案	(문안)	7 5	문서나 문장의 초안.
美文	(미문)	6 7	아름다운 글귀.

美聞	(미문)	6 6Ⅱ	좋은 일과 관련된 소문.
半價	(반가)	6Ⅱ 5Ⅱ	반값.
班家	(반가)	6Ⅱ 7Ⅱ	양반의 집안.
半旗	(반기)	6Ⅱ 7	조의를 표하기 위하여 깃봉에서 기의 한 폭만큼 내려서 다는 국기.
反旗	(반기)	6Ⅱ 7	반란을 일으킨 무리가 그 표시로 드는 기.
半信	(반신)	6Ⅱ 6Ⅱ	아주 믿지는 아니하고 반 정도만 믿음.
半身	(반신)	6Ⅱ 6Ⅱ	온몸의 절반.
發兵	(발병)	6Ⅱ 5Ⅱ	전쟁을 하기 위하여 군사를 일으킴.
發病	(발병)	6Ⅱ 6	병이 남.
發展	(발전)	6Ⅱ 5Ⅱ	더 낫고 좋은 상태나 더 높은 단계로 나아감.
發電	(발전)	6Ⅱ 7Ⅱ	전기를 일으킴.
百果	(백과)	7 6Ⅱ	온갖 과일.
百科	(백과)	7 6Ⅱ	학문의 모든 분과.
兵力	(병력)	5Ⅱ 7Ⅱ	군대의 힘.
病歷	(병력)	6 5Ⅱ	지금까지 앓은 병의 종류.
兵士	(병사)	5Ⅱ 5Ⅱ	군사(軍士).
病死	(병사)	6 6	병으로 죽음.
本船	(본선)	6 5	딸려 있는 작은 배를 거느리는 큰 배.
本選	(본선)	6 5	대회 따위에서, 우승자를 결정하기 위한 최종 선발.
不動	(부동)	7Ⅱ 7Ⅱ	물건이나 몸이 움직이지 아니함.
不同	(부동)	7Ⅱ 7	서로 같지 않음.
部數	(부수)	6Ⅱ 7	신문 따위의 출판물을 세는 단위인 부(部)의 수효.
部首	(부수)	6Ⅱ 5Ⅱ	한자 자전에서 글자를 찾는 길잡이 역할을 하는 공통되는 글자의 한 부분.
部族	(부족)	6Ⅱ 6	조상, 종교 등이 같은 지역적 생활 공동체.

不足	(부족)	7Ⅱ 7Ⅱ	모자람.
不遠	(불원)	7Ⅱ 6	거리가 멀지 않음.
不願	(불원)	7Ⅱ 5	원하지 않음.
四角	(사각)	8 6Ⅱ	네 개의 각.
死角	(사각)	6 6Ⅱ	어느 각도에서도 보이지 아니하는 범위.
思考	(사고)	5 5	생각하고 궁리함.
社告	(사고)	6Ⅱ 5Ⅱ	회사에서 내는 광고.
史記	(사기)	5Ⅱ 7Ⅱ	역사적 사실을 기록한 책.
士氣	(사기)	5Ⅱ 7Ⅱ	의욕이나 자신감 따위로 충만하여 굽힐 줄 모르는 기세.
仕路	(사로)	5Ⅱ 6	벼슬길.
死路	(사로)	6 6	죽음의 길.
史料	(사료)	5Ⅱ 5	역사 연구의 재료.
思料	(사료)	5 5	깊이 생각하여 헤아림.
使命	(사명)	6 7	맡겨진 임무.
社名	(사명)	6Ⅱ 7Ⅱ	회사의 이름.
使臣	(사신)	6 5Ⅱ	임금이나 국가의 명령을 받고 외국에 사절로 가는 신하.
四神	(사신)	8 6Ⅱ	네 방향을 맡은 신. 청룡, 백호, 주작, 현무로 상징됨.
事實	(사실)	7Ⅱ 5Ⅱ	실제로 있었던 일이나 현재에 있는 일.
史實	(사실)	5Ⅱ 5Ⅱ	역사에 실제로 있는 사실(事實).
使者	(사자)	6 6	명령이나 부탁을 받고 심부름하는 사람.
死者	(사자)	6 6	죽은 사람.
事典	(사전)	7Ⅱ 5Ⅱ	여러 가지 사항을 모아 해설을 붙인 책.
事前	(사전)	7Ⅱ 7Ⅱ	일이 일어나기 전.
史前	(사전)	5Ⅱ 7Ⅱ	역사 이전 시대.

事情	(사정)	7Ⅱ 5Ⅱ	일의 형편이나 까닭.
査定	(사정)	5 6	조사하거나 심사하여 결정함.
事後	(사후)	7Ⅱ 7Ⅱ	일이 끝난 뒤.
死後	(사후)	6 7Ⅱ	죽고 난 그 이후.
山水	(산수)	8 8	산과 물. 경치.
算數	(산수)	7 7	수의 성질 셈법 따위를 가르치는 학과목.
山戰	(산전)	8 6Ⅱ	산악에서의 싸움.
産前	(산전)	5Ⅱ 7Ⅱ	아이를 낳기 바로 전.
山地	(산지)	8 7	들이 적고 산이 많은 지대.
産地	(산지)	5Ⅱ 7	생산되어 나오는 곳.
産出	(산출)	5Ⅱ 7	물건을 생산하여 내거나 인물사상 따위를 냄.
算出	(산출)	7 7	계산하여 냄.
三南	(삼남)	8 8	충청도, 전라도, 경상도 세 지방을 통틀어 이르는 말.
三男	(삼남)	8 7Ⅱ	셋째 아들.
上古	(상고)	7Ⅱ 6	아주 오랜 옛날.
上告	(상고)	7Ⅱ 5Ⅱ	윗사람에게 알림.
上級	(상급)	7Ⅱ 6	보다 높은 등급이나 계급.
賞給	(상급)	5 5	상으로 줌. 또는 그런 돈이나 물건.
上氣	(상기)	7Ⅱ 7Ⅱ	흥분이나 부끄러움으로 얼굴이 붉어짐.
上記	(상기)	7Ⅱ 7Ⅱ	글에서 위나 앞쪽에 어떤 내용을 적음.
商利	(상리)	5Ⅱ 6Ⅱ	장사하여 얻는 이익.
商理	(상리)	5Ⅱ 6Ⅱ	장사하는 도리나 이치.
上面	(상면)	7Ⅱ 7	윗면.
相面	(상면)	5Ⅱ 7	서로 만나서 얼굴을 마주 봄.

上半	(상반)	7Ⅱ 6Ⅱ	절반으로 나눈 것의 위쪽.
相半	(상반)	5Ⅱ 6Ⅱ	서로 절반씩 어슷비슷함.
相反	(상반)	5Ⅱ 6Ⅱ	서로 반대되거나 어긋남.
商事	(상사)	5Ⅱ 7Ⅱ	상업에 관한 모든 일.
相思	(상사)	5Ⅱ 5	상대방을 생각하고 그리워함.
上船	(상선)	7Ⅱ 5	배에 올라탐.
商船	(상선)	5Ⅱ 5	삯을 받고 사람이나 짐을 나르는 데에 쓰는 배.
相傳	(상전)	5Ⅱ 5Ⅱ	대대로 이어져 전함.
相戰	(상전)	5Ⅱ 6Ⅱ	서로 싸우거나 말다툼함.
上品	(상품)	7Ⅱ 5Ⅱ	질이 좋은 물품.
商品	(상품)	5Ⅱ 5Ⅱ	사고 파는 물품.
賞品	(상품)	5 5Ⅱ	상으로 주는 물품.
序記	(서기)	5 7Ⅱ	머리말.
書記	(서기)	6Ⅱ 7Ⅱ	단체나 회의에서 문서나 기록 따위를 맡아보는 사람.
書道	(서도)	6Ⅱ 7Ⅱ	글씨를 쓰는 방법.
西道	(서도)	8 7Ⅱ	황해도와 평안도를 통틀어 이르는 말.
船車	(선거)	5 7Ⅱ	배와 수레.
選擧	(선거)	5 5	일정한 조직이나 집단이 대표자나 임원을 뽑는 일.
線圖	(선도)	6Ⅱ 6Ⅱ	선으로 나타낸 그림.
鮮度	(선도)	5Ⅱ 6	생선이나 야채 따위의 신선한 정도.
先夫	(선부)	8 7	죽은 남편.
先父	(선부)	8 8	돌아가신 아버지.
船夫	(선부)	5 7	뱃사공.
線上	(선상)	6Ⅱ 7Ⅱ	선(線)의 위.

船上	(선상)	5 7Ⅱ	배의 위.
先手	(선수)	8 7Ⅱ	남이 하기 전에 앞질러 하는 행동.
船首	(선수)	5 5Ⅱ	이물.
選手	(선수)	5 7Ⅱ	운동 경기 따위에서, 대표로 뽑힌 사람.
仙藥	(선약)	5Ⅱ 6Ⅱ	효험이 썩 좋은 약.
先約	(선약)	8 5Ⅱ	먼저 약속함.
先用	(선용)	8 6Ⅱ	선금으로 미리 꾸어 씀.
善用	(선용)	5 6Ⅱ	좋은 일에 씀.
選用	(선용)	5 6Ⅱ	여럿 가운데서 골라 씀.
仙人	(선인)	5Ⅱ 8	신선.
先人	(선인)	8 8	앞선 시대의 사람.
善人	(선인)	5 8	선량한 사람.
先住	(선주)	8 7	이전부터 살고 있음.
船主	(선주)	5 7	배의 주인.
先行	(선행)	8 6	어떠한 것보다 앞서 가거나 앞에 있음.
善行	(선행)	5 6	착하고 어진 행실.
說話	(설화)	5Ⅱ 7Ⅱ	각 민족 사이에 전승되어 오는 신화, 전설, 민담 따위를 통틀어 이르는 말.
雪花	(설화)	6Ⅱ 7	눈송이.
歲首	(세수)	5Ⅱ 5Ⅱ	한 해의 처음.
洗手	(세수)	5Ⅱ 7Ⅱ	손이나 얼굴을 씻음.
小女	(소녀)	8 8	키나 몸집이 작은 계집아이.
少女	(소녀)	7 8	아직 완전히 성숙하지 아니한 어린 계집아이.
小門	(소문)	8 8	작은 문.
所聞	(소문)	7 6Ⅱ	사람들 입에 오르내려 전하여 들리는 말.

小市	(소시)	8 7Ⅱ	자그마한 도시.
少時	(소시)	7 7Ⅱ	젊었을 때.
小臣	(소신)	8 5Ⅱ	신하가 임금을 상대하여 자기를 낮추어 이르던 말.
所信	(소신)	7 6Ⅱ	믿고 있는 바.
小失	(소실)	8 6	작은 손실.
消失	(소실)	6Ⅱ 6	사라져 없어짐.
手技	(수기)	7Ⅱ 5	손재주.
手旗	(수기)	7Ⅱ 7	손에 쥐는 작은 기.
手記	(수기)	7Ⅱ 7Ⅱ	자기의 생활이나 체험을 직접 쓴 기록.
水道	(수도)	8 7Ⅱ	물길. 상수도나 하수도.
首都	(수도)	5Ⅱ 5	한 나라의 중앙 정부가 있는 도시.
數量	(수량)	7 5	수효와 분량.
水量	(수량)	8 5	물의 분량.
數理	(수리)	7 6Ⅱ	수학의 이론.
水利	(수리)	8 6Ⅱ	물을 이용하는 일.
水上	(수상)	8 7Ⅱ	물 위. 흐르는 물의 상류.
首相	(수상)	5Ⅱ 5Ⅱ	내각의 우두머리.
水石	(수석)	8 6	물과 돌.
首席	(수석)	5Ⅱ 6	등급이나 직위 따위에서 맨 윗자리.
水位	(수위)	8 5	물의 높이.
首位	(수위)	5Ⅱ 5	첫째가는 자리.
數種	(수종)	7 5Ⅱ	몇 가지의 종류.
樹種	(수종)	6 5Ⅱ	나무의 종류.
手中	(수중)	7Ⅱ 8	손의 안.

水中	(수중)	8 8	물속.
手話	(수화)	7Ⅱ 7Ⅱ	몸짓이나 손짓으로 표현하는 의사 전달 방법.
水火	(수화)	8 8	물과 불.
順利	(순리)	5Ⅱ 6Ⅱ	이익을 좇음.
順理	(순리)	5Ⅱ 6Ⅱ	도리나 이치에 순종함.
市價	(시가)	7Ⅱ 5Ⅱ	시장에서 상품이 매매되는 가격.
時價	(시가)	7Ⅱ 5Ⅱ	일정한 시기의 물건 값.
始球	(시구)	6Ⅱ 6Ⅱ	경기 시작을 상징적으로 알리기 위하여 처음으로 공을 던지거나 치는 일.
市區	(시구)	7Ⅱ 6	행정 단위인 시와 구.
始祖	(시조)	6Ⅱ 7	한 겨레나 가계의 맨 처음이 되는 조상.
時調	(시조)	7Ⅱ 5Ⅱ	고려 말엽부터 발달하여 온 우리나라 고유의 정형시.
式事	(식사)	6 7Ⅱ	의식의 행사.
食事	(식사)	7Ⅱ 7Ⅱ	끼니로 음식을 먹음.
植樹	(식수)	7 6	나무를 심음.
食水	(식수)	7Ⅱ 8	먹는 물.
識字	(식자)	5Ⅱ 7	글이나 글자를 앎.
識者	(식자)	5Ⅱ 6	학식이 있는 사람.
式前	(식전)	6 7Ⅱ	식을 거행하기 전.
食前	(식전)	7Ⅱ 7Ⅱ	식사하기 전.
新國	(신국)	6Ⅱ 8	새로 건설된 나라.
神國	(신국)	6Ⅱ 8	신이 지배하고 통치하는 나라.
神技	(신기)	6Ⅱ 5	매우 뛰어난 기술이나 재주.
神氣	(신기)	6Ⅱ 7Ⅱ	신비롭고 불가사의한 기운.
信力	(신력)	6Ⅱ 7Ⅱ	신앙이나 신념의 힘.

神力	(신력)	6Ⅱ 7Ⅱ	신의 힘.
神明	(신명)	6Ⅱ 6Ⅱ	천지(天地)의 신령.
身命	(신명)	6Ⅱ 7	몸과 목숨을 아울러 이르는 말.
新物	(신물)	6Ⅱ 7Ⅱ	새로운 물건.
神物	(신물)	6Ⅱ 7Ⅱ	신령스럽고 기묘한 물건.
新兵	(신병)	6Ⅱ 5Ⅱ	새로 입대한 병사.
神兵	(신병)	6Ⅱ 5Ⅱ	신이 보낸 군사. 강한 군사를 비유적으로 이르는 말.
身病	(신병)	6Ⅱ 6	몸에 생긴 병.
新鮮	(신선)	6Ⅱ 5Ⅱ	새롭고 산뜻함.
神仙	(신선)	6Ⅱ 5Ⅱ	도(道)를 닦아서 자연과 벗하며 산다는 상상 속의 존재.
新說	(신설)	6Ⅱ 5Ⅱ	새로운 학설이나 견해.
新雪	(신설)	6Ⅱ 6Ⅱ	새로 내려 쌓인 눈.
新人	(신인)	6Ⅱ 8	어떤 분야에 새로 등장한 사람.
神人	(신인)	6Ⅱ 8	신과 같이 신령하고 숭고한 사람.
信任	(신임)	6Ⅱ 5Ⅱ	믿고 일을 맡김.
新任	(신임)	6Ⅱ 5Ⅱ	새로 임명됨.
失期	(실기)	6 5	시기를 놓침.
實技	(실기)	5Ⅱ 5	실제의 기능이나 기술.
實記	(실기)	5Ⅱ 7Ⅱ	실제의 사실을 있는 그대로 적은 기록.
失禮	(실례)	6 6	말이나 행동이 예의에 벗어남.
實例	(실례)	5Ⅱ 6	실제의 보기.
實利	(실리)	5Ⅱ 6Ⅱ	실제로 얻는 이익.
實理	(실리)	5Ⅱ 6Ⅱ	실제의 이치나 도리.
失名	(실명)	6 7Ⅱ	이름이 전하지 아니하여 알 길이 없음.

失明	(실명)	6 6Ⅱ	시력을 잃어 앞을 못 보게 됨.
實名	(실명)	5Ⅱ 7Ⅱ	실제의 이름.
實事	(실사)	5Ⅱ 7Ⅱ	사실로 있는 일.
實査	(실사)	5Ⅱ 5	실제를 조사하거나 검사함.
失手	(실수)	6 7Ⅱ	조심하지 아니하여 잘못함.
實數	(실수)	5Ⅱ 7	실제의 수효.
失業	(실업)	6 6Ⅱ	생업을 잃음.
實業	(실업)	5Ⅱ 6Ⅱ	농업 따위의 생산 경제에 관한 사업.
失意	(실의)	6 6Ⅱ	뜻이나 의욕을 잃음.
實意	(실의)	5Ⅱ 6Ⅱ	진실한 마음.
失傳	(실전)	6 5Ⅱ	고적 따위에 관련되어 전하여 오던 사실을 알 수 없게 됨.
實戰	(실전)	5Ⅱ 6Ⅱ	실제의 싸움.
失地	(실지)	6 7	빼앗겨 잃어버린 땅.
實地	(실지)	5Ⅱ 7	실제의 처지나 경우.
樂士	(악사)	6Ⅱ 5Ⅱ	악기로 음악을 연주하는 사람.
惡事	(악사)	5Ⅱ 7Ⅱ	악한 일.
惡手	(악수)	5Ⅱ 7Ⅱ	바둑이나 장기에서 잘못 두는 나쁜 수.
惡水	(악수)	5Ⅱ 8	수질이 나쁜 물.
樂人	(악인)	6Ⅱ 8	음악하는 사람.
惡人	(악인)	5Ⅱ 8	악한 사람.
夜戰	(야전)	6 6Ⅱ	야간 전투.
野戰	(야전)	6 6Ⅱ	산이나 들 따위의 야외에서 벌이는 전투.
弱國	(약국)	6Ⅱ 8	힘이 약한 나라.
藥局	(약국)	6Ⅱ 5Ⅱ	약사가 약을 조제하거나 파는 곳.

約數	(약수)	5Ⅱ 7	어떤 수나 식을 나머지 없이 나눌 수 있는 수.
藥水	(약수)	6Ⅱ 8	약효가 있는 샘물.
陽氣	(양기)	6 7Ⅱ	햇볕의 따뜻한 기운.
養氣	(양기)	5Ⅱ 7Ⅱ	심신의 기력이나 원기를 기름.
洋女	(양녀)	6 8	서양 여자.
養女	(양녀)	5Ⅱ 8	수양딸.
良識	(양식)	5Ⅱ 5Ⅱ	뛰어난 식견이나 건전한 판단.
洋式	(양식)	6 6	서양식.
洋食	(양식)	6 7Ⅱ	서양식 음식.
良人	(양인)	5Ⅱ 8	어질고 착한 사람.
洋人	(양인)	6 8	서양인.
量子	(양자)	5 7Ⅱ	더 이상 나눌 수 없는 에너지의 최소량의 단위.
養子	(양자)	5Ⅱ 7Ⅱ	아들 없는 집에서 대를 잇기 위하여 데려다 기르는 남자 아이.
良知	(양지)	5Ⅱ 5Ⅱ	사람이 나면서부터 가지고 있는 지능.
量地	(양지)	5 7	땅을 측량함.
陽地	(양지)	6 7	볕이 바로 드는 곳.
女人	(여인)	8 8	어른이 된 여자.
旅人	(여인)	5Ⅱ 8	나그네.
力士	(역사)	7Ⅱ 5Ⅱ	뛰어나게 힘이 센 사람.
歷史	(역사)	5Ⅱ 5Ⅱ	인류 사회의 변천과 흥망의 기록.
力戰	(역전)	7Ⅱ 6Ⅱ	온 힘을 다하여 싸움.
歷戰	(역전)	5Ⅱ 6Ⅱ	이곳저곳에서 많은 전쟁을 겪음.
王道	(왕도)	8 7Ⅱ	임금으로서 마땅히 지켜야 할 도리.
王都	(왕도)	8 5	왕궁이 있는 도시.

要人	(요인)	5Ⅱ 8	중요한 자리에 있는 사람.
要因	(요인)	5Ⅱ 5	사물이나 사건이 성립되는 까닭.
勇兵	(용병)	6Ⅱ 5Ⅱ	용감한 군사.
用兵	(용병)	6Ⅱ 5Ⅱ	군사를 부림.
用地	(용지)	6Ⅱ 7	어떤 일에 쓰기 위한 토지.
用紙	(용지)	6Ⅱ 7	어떤 일에 쓰는 종이.
元老	(원로)	5Ⅱ 7	한 가지 일에 오래 종사하여 경험과 공로가 많은 사람.
遠路	(원로)	6 6	먼 길.
元利	(원리)	5Ⅱ 6Ⅱ	원금과 이자를 통틀어 이르는 말.
原理	(원리)	5 6Ⅱ	사물의 근본이 되는 이치.
原書	(원서)	5 6Ⅱ	베끼거나 번역한 책에 대하여 그 본디의 책.
願書	(원서)	5 6Ⅱ	지원하거나 청원하는 내용을 적은 서류.
流水	(유수)	5Ⅱ 8	흐르는 물.
有數	(유수)	7 7	손꼽을 만큼 두드러지거나 훌륭함.
有信	(유신)	7 6Ⅱ	신의가 있음.
有神	(유신)	7 6Ⅱ	신을 믿거나 신이 존재한다고 믿음.
二男	(이남)	8 7Ⅱ	둘째 아들.
以南	(이남)	5Ⅱ 8	기준으로 삼는 곳에서부터 그 남쪽.
人事	(인사)	8 7Ⅱ	마주 대하거나 헤어질 때에 예를 표함.
人士	(인사)	8 5Ⅱ	사회적 지위가 높거나 사회적 활동이 많은 사람.
人才	(인재)	8 6Ⅱ	재주가 뛰어나게 놀라운 사람.
人材	(인재)	8 5Ⅱ	학식이나 능력이 뛰어난 사람.
一技	(일기)	8 5	한 가지 재주.
日氣	(일기)	8 7Ⅱ	날씨.

日記	(일기)	8 7Ⅱ	날마다 그날그날 겪은 일이나 생각, 느낌 따위를 적는 개인의 기록.
一時	(일시)	8 7Ⅱ	한때.
日時	(일시)	8 7Ⅱ	날짜와 시간을 아울러 이르는 말.
一身	(일신)	8 6Ⅱ	자기 한 몸.
日新	(일신)	8 6Ⅱ	날마다 새로워짐.
一字	(일자)	8 7	한 글자.
日子	(일자)	8 7Ⅱ	날짜.
一戰	(일전)	8 6Ⅱ	한바탕 싸움.
日前	(일전)	8 7Ⅱ	며칠 전.
一切	(일체)	8 5Ⅱ	모든 것.
一體	(일체)	8 6Ⅱ	한 몸이나 한 덩어리.
林地	(임지)	7 7	나무가 많이 자라고 있는 땅.
任地	(임지)	5Ⅱ 7	임무를 받아 근무하는 곳.
立國	(입국)	7Ⅱ 8	국력을 길러 나라를 번영하게 함.
入國	(입국)	7 8	자기 나라 또는 남의 나라 안으로 들어감.
入手	(입수)	7 7Ⅱ	손에 넣음.
入水	(입수)	7 8	물에 들어감.
立身	(입신)	7Ⅱ 6Ⅱ	세상에서 떳떳한 자리를 차지하고 지위를 확고하게 세움.
入神	(입신)	7 6Ⅱ	기술 따위가 매우 뛰어나 신과 같은 경지에 이름.
入園	(입원)	7 6	유치원 따위의 '원(園)' 이라는 이름이 붙은 곳에 들어감.
入院	(입원)	7 5	환자가 병을 고치기 위하여 병원에 들어가 머무는 것.
立場	(입장)	7Ⅱ 7Ⅱ	당면하고 있는 상황.
入場	(입장)	7 7Ⅱ	장내(場內)로 들어가는 것.
自信	(자신)	7Ⅱ 6Ⅱ	어떤 일을 해낼 수 있다고 스스로 굳게 믿음.

自身	(자신)	7Ⅱ 6Ⅱ	자기 또는 자기의 몸.
長技	(장기)	8 5	가장 잘하는 재주.
長期	(장기)	8 5	오랜 기간.
全景	(전경)	7Ⅱ 5	한눈에 바라보이는 전체의 경치.
前景	(전경)	7Ⅱ 5	앞쪽에 보이는 경치.
前功	(전공)	7Ⅱ 6Ⅱ	이전에 세운 공로나 공적.
戰功	(전공)	6Ⅱ 6Ⅱ	전투에서 세운 공로.
全課	(전과)	7Ⅱ 5Ⅱ	모든 과.
前科	(전과)	7Ⅱ 6Ⅱ	이전에 죄를 범하여 받은 형벌의 전력.
前過	(전과)	7Ⅱ 5Ⅱ	이전에 저지른 잘못이나 죄.
戰果	(전과)	6Ⅱ 6Ⅱ	전투나 경기 따위에서 올린 성과.
傳記	(전기)	5Ⅱ 7Ⅱ	한 사람의 일생 동안의 행적을 적은 기록.
全期	(전기)	7Ⅱ 5	모든 기간.
前期	(전기)	7Ⅱ 5	일정 기간을 몇 개로 나눈 첫 시기.
戰記	(전기)	6Ⅱ 7Ⅱ	전쟁이나 전투에 대하여 쓴 기록이나 글.
電氣	(전기)	7Ⅱ 7Ⅱ	전자나 이온들의 움직임 때문에 생기는 에너지의 한 형태.
傳道	(전도)	5Ⅱ 7Ⅱ	도리를 세상에 널리 알림.
全圖	(전도)	7Ⅱ 6Ⅱ	전체를 그린 그림이나 지도.
全島	(전도)	7Ⅱ 5	한 섬 전체.
全道	(전도)	7Ⅱ 7Ⅱ	한 도의 전체.
全力	(전력)	7Ⅱ 7Ⅱ	모든 힘.
前歷	(전력)	7Ⅱ 5Ⅱ	과거의 경력.
戰力	(전력)	6Ⅱ 7Ⅱ	전투나 경기 따위를 할 수 있는 능력.
電力	(전력)	7Ⅱ 7Ⅱ	전류가 단위 시간에 사용되는 양.

典禮	(전례)	5Ⅱ 6	왕실이나 나라에서 경사나 상사가 났을 때 행하는 의식.
前例	(전례)	7Ⅱ 6	이전부터 있었던 사례.
全面	(전면)	7Ⅱ 7	모든 면.
前面	(전면)	7Ⅱ 7	앞면.
傳聞	(전문)	5Ⅱ 6Ⅱ	다른 사람을 통하여 전하여 들음.
全文	(전문)	7Ⅱ 7	어떤 글에서 한 부분도 빠지거나 빼지 아니한 전체.
前文	(전문)	7Ⅱ 7	한 편의 글에서 앞부분에 해당하는 글.
全史	(전사)	7Ⅱ 5Ⅱ	모든 분야를 다 포괄하는 전체의 역사.
前事	(전사)	7Ⅱ 7Ⅱ	앞서 있었던 일.
前史	(전사)	7Ⅱ 5Ⅱ	이전의 역사.
戰史	(전사)	6Ⅱ 5Ⅱ	전쟁의 역사.
戰士	(전사)	6Ⅱ 5Ⅱ	전투하는 군사.
戰死	(전사)	6Ⅱ 6	싸움터에서 싸우다가 죽음.
前線	(전선)	7Ⅱ 6Ⅱ	직접 뛰어든 일정한 활동 분야.
戰線	(전선)	6Ⅱ 6Ⅱ	전투가 벌어지는 지역을 가상적으로 연결한 선.
戰船	(전선)	6Ⅱ 5	전투에 쓰는 배.
電線	(전선)	7Ⅱ 6Ⅱ	전류가 흐르는 선.
全勝	(전승)	7Ⅱ 6	모두 이김.
戰勝	(전승)	6Ⅱ 6	전쟁이나 경기 따위에서 싸워 이김.
展示	(전시)	5Ⅱ 5	여러 가지 물품을 한 곳에 벌여 놓고 보임.
戰時	(전시)	6Ⅱ 7Ⅱ	전쟁이 벌어진 때.
全身	(전신)	7Ⅱ 6Ⅱ	온몸.
前身	(전신)	7Ⅱ 6Ⅱ	신분, 단체, 회사 따위의 바뀌기 전의 본체.
電信	(전신)	7Ⅱ 6Ⅱ	문자나 숫자를 전기 신호로 바꾸어 전파나 전류로 보내는 통신.

全日	(전일)	7Ⅱ 8	하루 종일.
前日	(전일)	7Ⅱ 8	전날.
戰火	(전화)	6Ⅱ 8	전쟁.
電話	(전화)	7Ⅱ 7Ⅱ	전화기를 이용하여 말을 주고받음.
前後	(전후)	7Ⅱ 7Ⅱ	앞뒤.
戰後	(전후)	6Ⅱ 7Ⅱ	전쟁이 끝난 뒤.
定價	(정가)	6 5Ⅱ	상품에 매긴 값.
情歌	(정가)	5Ⅱ 7	사랑을 읊은 노래.
定期	(정기)	6 5	기한이나 기간이 일정하게 정하여져 있는 것.
正氣	(정기)	7Ⅱ 7Ⅱ	지극히 크고 바르고 공명한 천지의 원기(元氣). 바른 기풍.
定都	(정도)	6 5	도읍을 정함.
正道	(정도)	7Ⅱ 7Ⅱ	올바른 길.
定立	(정립)	6 7Ⅱ	정하여 세움.
正立	(정립)	7Ⅱ 7Ⅱ	바로 세움.
情事	(정사)	5Ⅱ 7Ⅱ	남녀 사이의 사랑에 관한 일.
正史	(정사)	7Ⅱ 5Ⅱ	정확한 사실의 역사.
定食	(정식)	6 7Ⅱ	식당에서 일정한 값을 정하여 놓고 파는 일정한 음식.
正式	(정식)	7Ⅱ 6	정당한 격식이나 의식.
停戰	(정전)	5 6Ⅱ	교전 중에 있는 쌍방이 합의에 따라 일시적으로 전투를 중단하는 일.
停電	(정전)	5 7Ⅱ	오던 전기가 끊어짐.
弟子	(제자)	8 7Ⅱ	스승으로부터 가르침을 받거나 받은 사람.
題字	(제자)	6Ⅱ 7	서적의 머리나 족자, 비석 따위에 쓴 글자.
晝間	(주간)	6 7Ⅱ	먼동이 터서 해가 지기 전까지의 동안.
週間	(주간)	5Ⅱ 7Ⅱ	월요일부터 일요일까지 한 주일 동안.

中心	(중심)	8 7	사물의 한가운데.
重心	(중심)	7 7	무게 중심.
地區	(지구)	7 6	일정한 기준에 따라 여럿으로 나눈 땅의 한 구획.
地球	(지구)	7 6Ⅱ	태양에서 세 번째로 가까운 행성. 인류가 사는 천체.
地氣	(지기)	7 7Ⅱ	토양 속의 공기.
知己	(지기)	5Ⅱ 5Ⅱ	자기를 알아주는 벗, 친한 벗.
地力	(지력)	7 7Ⅱ	농작물을 길러 낼 수 있는 땅의 힘.
知力	(지력)	5Ⅱ 7Ⅱ	지식의 힘.
地利	(지리)	7 6Ⅱ	땅의 형세에 따라 얻는 이로움.
地理	(지리)	7 6Ⅱ	어떤 곳의 지형이나 길 따위의 형편.
地面	(지면)	7 7	땅바닥.
紙面	(지면)	7 7	종이의 겉면. 기사나 글이 실리는 인쇄물의 면.
地上	(지상)	7 7Ⅱ	땅의 위. 이 세상.
紙上	(지상)	7 7Ⅱ	종이의 위. 신문의 지면.
地質	(지질)	7 5Ⅱ	땅의 성질 또는 상태.
紙質	(지질)	7 5Ⅱ	종이의 품질.
天意	(천의)	7 6Ⅱ	하늘의 뜻.
天衣	(천의)	7 6	천인(天人)이나 선녀의 옷.
天醫	(천의)	7 6	의술이 능하고 덕망이 높은 의사.
天才	(천재)	7 6Ⅱ	선천적으로 타고난, 남보다 훨씬 뛰어난 재주를 가진 사람.
天災	(천재)	7 5	자연의 변화로 일어나는 재앙.
淸算	(청산)	6Ⅱ 7	서로 간에 채무 · 채권 관계를 셈하여 깨끗이 해결함.
靑山	(청산)	8 8	풀과 나무가 무성한 푸른 산.
淸川	(청천)	6Ⅱ 7	맑은 물이 흐르는 강.

青天	(청천)	8 7	푸른 하늘.
初期	(초기)	5 5	일정한 기간의 처음이 되는 때.
草記	(초기)	7 7Ⅱ	초고로 쓴 기록.
初名	(초명)	5 7Ⅱ	처음에 붙인 이름. 아이 때의 이름.
草名	(초명)	7 7Ⅱ	풀이름.
最古	(최고)	5 6	가장 오래됨.
最高	(최고)	5 6Ⅱ	가장 높음.
最先	(최선)	5 8	가장 먼저함.
最善	(최선)	5 5	가장 좋고 훌륭함.
最小	(최소)	5 8	수나 정도 따위가 가장 작음.
最少	(최소)	5 7	양 따위가 가장 적음.
祝典	(축전)	5 5Ⅱ	축하하는 뜻으로 행하는 의식이나 행사.
祝電	(축전)	5 7Ⅱ	축하하는 뜻을 나타내기 위하여 보내는 전보.
出典	(출전)	7 5Ⅱ	인용한 글이나 고사(故事), 성어(成語) 따위의 출처가 되는 서적.
出戰	(출전)	7 6Ⅱ	싸우러 나감.
致仕	(치사)	5 5Ⅱ	나이가 많아 벼슬을 사양하고 물러남.
致死	(치사)	5 6	죽음에 이르게 함.
親交	(친교)	6 6	친밀하게 사귐.
親敎	(친교)	6 8	부모의 가르침.
他力	(타력)	5 7Ⅱ	남의 힘.
打力	(타력)	5 7Ⅱ	야구 등에서 때려 치는 힘.
他山	(타산)	5 8	다른 산.
打算	(타산)	5 7	자신에게 도움이 되는지를 따져 헤아림.
他者	(타자)	5 6	자기 외의 사람이나 다른 것.

打字	(타자)	5 7	문서 작성 도구의 글쇠를 눌러 글자를 찍음.
他地	(타지)	5 7	다른 지방이나 지역.
他紙	(타지)	5 7	다른 신문.
洞觀	(통관)	7 5Ⅱ	꿰뚫어 환히 살핌.
通關	(통관)	6 5Ⅱ	관세법의 규정에 따라, 화물 수출입의 허가를 받고 세관을 통과하는 일.
特技	(특기)	6 5	남이 가지지 못한 특별한 재주.
特記	(특기)	6 7Ⅱ	특별히 다루어 기록함.
必死	(필사)	5Ⅱ 6	반드시 죽음. 죽을 힘을 다함.
筆寫	(필사)	5Ⅱ 5	베끼어 씀.
下流	(하류)	7Ⅱ 5Ⅱ	하천의 아래쪽.
河流	(하류)	5 5Ⅱ	강의 흐름.
下船	(하선)	7Ⅱ 5	배에서 내림.
河船	(하선)	5 5	하천을 오고가는 배.
下手	(하수)	7Ⅱ 7Ⅱ	낮은 재주나 솜씨를 가진 사람.
下水	(하수)	7Ⅱ 8	빗물이나 집, 공장 등에서 쓰고 버리는 더러운 물.
河水	(하수)	5 8	강물이나 냇물.
下意	(하의)	7Ⅱ 6Ⅱ	아랫사람의 뜻.
下衣	(하의)	7Ⅱ 6	몸의 아랫도리에 입는 옷.
學力	(학력)	8 7Ⅱ	교육을 통하여 얻은 지식이나 기술 따위의 능력.
學歷	(학력)	8 5Ⅱ	학교를 다닌 경력.
韓式	(한식)	8 6	우리나라 고유의 양식.
韓食	(한식)	8 7Ⅱ	우리나라 고유의 음식이나 식사.
漢語	(한어)	7Ⅱ 7	중국 한족(漢族)이 쓰는 언어.
韓語	(한어)	8 7	한국어.

寒雨	(한우)	5 5Ⅱ	찬비. 겨울에 내리는 비.
韓牛	(한우)	8 5	우리나라 재래종 소의 한 품종.
合兵	(합병)	6 5Ⅱ	둘 이상의 부대를 합쳐서 한 부대로 편성함.
合病	(합병)	6 6	하나의 질병에 그와 관련이 있는 다른 병이 겹쳐서 생김.
現今	(현금)	6Ⅱ 6Ⅱ	바로 지금.
現金	(현금)	6Ⅱ 8	정부나 중앙은행에서 발행하는 지폐나 주화.
花壇	(화단)	7 5	꽃을 심기 위하여 흙을 한층 높게 하여 꾸며 놓은 꽃밭.
畫壇	(화단)	6 5	화가들의 사회.
和約	(화약)	6Ⅱ 5Ⅱ	화목하게 지내자는 약속.
火藥	(화약)	8 6Ⅱ	열 따위의 자극으로 분해 반응 등을 일으켜 폭발 작용을 하는 화합물.
火災	(화재)	8 5	불이 나는 재앙.
畫材	(화재)	6 5Ⅱ	그림으로 그릴 만한 대상이나 소재.
話題	(화제)	7Ⅱ 6Ⅱ	이야기의 제목.
畫題	(화제)	6 6Ⅱ	그림의 제목.
會場	(회장)	6Ⅱ 7Ⅱ	모임을 가지는 곳.
會長	(회장)	6Ⅱ 8	모임을 대표하고 모임의 일을 총괄하는 사람.
後期	(후기)	7Ⅱ 5	일정 기간을 둘이나 셋으로 나누었을 때의 맨 뒤 기간.
後記	(후기)	7Ⅱ 7Ⅱ	본문 끝에 덧붙여 기록함. 뒷날의 기록.
後聞	(후문)	7Ⅱ 6Ⅱ	어떤 일에 관한 뒷말.
後門	(후문)	7Ⅱ 8	뒷문.
休戰	(휴전)	7 6Ⅱ	교전국이 서로 합의하여, 전쟁을 얼마 동안 멈추는 일.
休電	(휴전)	7 7Ⅱ	전기 공급을 일시적으로 중단함.
休止	(휴지)	7 5	하던 것을 멈추고 쉼.
休紙	(휴지)	7 7	쓸모없는 종이.

약자(略字)

基本字	級	略字	基本字	級	略字	基本字	級	略字
價	5Ⅱ	価	萬	8	万	質	5Ⅱ	盾
舉	5	挙,舉	賣	5	売	參	5Ⅱ	参
輕	5	軽	發	6Ⅱ	発	鐵	5	鉄
觀	5Ⅱ	覌,观,観	變	5Ⅱ	変	體	6Ⅱ	体
關	5Ⅱ	関	寫	5	写,写,寫	學	8	学
廣	5Ⅱ	広	船	5	舩	號	6	号
區	6	区	歲	5Ⅱ	岁,歳	畫	6	画
舊	5Ⅱ	旧	數	7	数	會	6Ⅱ	会
國	8	国	實	5Ⅱ	実	效	5Ⅱ	効
氣	7Ⅱ	気	兒	5Ⅱ	児	黑	5	黒
團	5Ⅱ	団	惡	5	悪			
當	5Ⅱ	当	藥	6Ⅱ	薬			
對	6Ⅱ	対	溫	6	温			
德	5Ⅱ	德	遠	6	遠			
圖	6Ⅱ	図	醫	6	医			
獨	5Ⅱ	独	者	6	者			
讀	6Ⅱ	読	爭	5	争			
樂	6Ⅱ	楽	傳	5Ⅱ	伝			
來	7	来	戰	6Ⅱ	战,戦			
兩	4Ⅱ	両	節	5Ⅱ	節			
練	5Ⅱ	練	定	6	㝎			
禮	6	礼	卒	5Ⅱ	卆			
勞	5Ⅱ	労	晝	6	昼			

格物致知

격물치지

사물의 이치를 연구하여 자기의 지식을 확고하게 함

(사) 한국어문회 주관 / 한국한자능력검정회 시행

漢字

부록 II

최근 기출 & 실전문제

최근 기출 & 실전문제 정답

제102회 5급 기출문제 (2023. 08. 26 시행)

㈜한국어문회 주관 · 한국한자능력검정회 시행

◐ 다음 밑줄 친 漢字語의 讀音을 쓰세요. (1~35)

(1) 서쪽 해변에는 많은 休養 시설들이 밀집해 있다.

(2) 조선의 새 都邑인 한양은 정치, 경제, 문화의 중심지가 되었다.

(3) 식사 요금에는 10퍼센트의 세금이 加算된다.

(4) 나무를 실은 馬車가 고개를 넘어가고 있다.

(5) 별똥별을 보고 所願을 빌면 이루어진다는 말이 있다.

(6) 우리는 그 문제에 대해서는 決死 반대이다.

(7) 학자는 曲學으로 세상에 아부해서는 안 된다.

(8) 감기에 걸린 동생은 惡寒과 고열에 시달렸다.

(9) 우리 학교는 다음 주에 기말 考査를 치른다.

(10) 농부들이 인터넷을 통해 소비자와 직접 去來하는 일이 잦다.

(11) 단풍이 붉게 물든 설악산의 風景은 정말 아름다웠다.

(12) 박물관에는 많은 고대 유물들이 展示되어 있다.

(13) 경찰의 수사로 事件의 전모가 밝혀졌다.

(14) 규칙을 잘 지켜야만 흥미진진한 競技를 펼칠 수 있다.

(15) 관청에서 건물을 짓도록 許可를 내주었다.

(16) 그는 다양한 경험을 통해 見聞을 넓혀 갔다.

(17) 화재로 불탄 숭례문이 새롭게 再建되었다.

(18) 무채색에는 백색과 黑色이 있다.

(19) 환경 보호에 대한 각계각층의 <u>關心</u>이 필요하다.

(20) 내년에 국회의원을 뽑는 <u>選擧</u>가 있다.

(21) 석가의 탄신을 <u>記念</u>하는 연등이 거리를 수놓았다.

(22) 글을 이해하려면 <u>筆者</u>의 생각을 먼저 이해하여야 한다.

(23) 정부는 사회의 제도를 더 좋게 <u>改善</u>하기 위해 노력한다.

(24) 사용 기간이 지난 쿠폰은 <u>無效</u>라 쓸 수가 없다.

(25) 만난 지 얼마 되지 않아서 그는 나의 <u>知己</u>가 되었다.

(26) <u>課外</u> 비용이 대다수 학부모에게 적지 않은 부담을 주고 있다.

(27) 철수는 우리 반의 대표자로 회의에 <u>參席</u>했다.

(28) 생선이 <u>新鮮</u>해야 매운탕 국물이 맛이 난다.

(29) 그는 생각보다 싼 <u>價格</u>에 그 물건을 구입했다.

(30) 활주로 사정 때문에 <u>着陸</u>이 한 시간이나 지연되었다.

(31) 우리 농산물과 수입 농산물은 눈으로도 쉽게 <u>識別</u>된다.

(32) 두 아들은 재능 있고 <u>健實</u>한 젊은이로 성장했다.

(33) <u>客地</u>도 오래 정들면 고향과 같아지는 법이다.

(34) 그는 이번 일에 대한 <u>責任</u>을 지고 회장직에서 물러났다.

(35) 천주교에서는 자신의 죄를 용서받기 위해 신부 앞에서 <u>告白</u>을 한다.

다음 漢字의 訓과 音을 쓰세요. (36~58)

(36) 朗	(37) 末	(38) 充
(39) 因	(40) 卒	(41) 雄
(42) 旅	(43) 宅	(44) 患

(45) 約　　(46) 漁　　(47) 必

(48) 料　　(49) 落　　(50) 鼻

(51) 團　　(52) 宿　　(53) 案

(54) 歷　　(55) 葉　　(56) 束

(57) 最　　(58) 舊

➲ 다음 訓과 흡을 가진 漢字를 쓰세요. (59~63)

(59) 약할 약

(60) 강할 강

(61) 곧을 직

(62) 줄 선

(63) 따뜻할 온

➲ 다음 漢字의 약자(略字: 획수를 줄인 漢字)를 쓰세요. (64~66)

(64) 對

(65) 氣

(66) 發

➲ 다음 (　) 안에 뜻이 반대(또는 상대)되는 漢字를 쓰세요. (67~69)

(67) 輕 ↔ (　)

(68) (　) ↔ 少

(69) (　) ↔ 今

다음 漢字와 뜻이 같거나 비슷한 漢字를 〈보기〉에서 찾아 그 번호를 쓰세요. (70~72)

[예]
| ① 本 | ② 勇 | ③ 期 | ④ 領 |
| ⑤ 用 | ⑥ 口 | ⑦ 面 | ⑧ 令 |

(70) 根   (71) 命   (72) 費

다음 제시한 漢字語와 뜻에 맞는 同音語를 〈보기〉에서 찾아 그 번호를 쓰세요. (73~75)

[예]
| ① 固定 | ② 敗北 | ③ 不在 |
| ④ 弟子 | ⑤ 獨島 | ⑥ 道場 |

(73) 題字 – (   ) : 스승으로부터 가르침을 받거나 받은 사람.
(74) 圖章 – (   ) : 무예를 닦는 곳.
(75) 部材 – (   ) : 그곳에 있지 아니함.

다음 뜻에 맞는 漢字語를 〈보기〉에서 찾아 그 번호를 쓰세요. (76~78)

[예]
① 便安	② 注目	③ 合意
④ 賣買	⑤ 吉凶	⑥ 功過
⑦ 親近	⑧ 空中	⑨ 急流

(76) 공로와 과실.

(77) 운이 좋고 나쁨

(78) 물건을 팔고 사는 일.

➡️ 다음 뜻을 가진 성어가 되도록 ( ) 안에 들어갈 적절한 漢字語를 〈보기〉에서 찾아 그 번호를 쓰세요. (79~82)

[예]	① 一致	② 貴人	③ 規則	④ 門前
	⑤ 百年	⑥ 石火	⑦ 炭氷	⑧ 分量

(79) 電光( ) : 번갯불과 부싯돌의 불. 매우 짧은 시간.

(80) 言行( ) : 말과 행동이 서로 같음.

(81) ( )大計 : 먼 앞날까지 미리 내다보고 세우는 크고 중요한 계획.

(82) ( )成市 : 집 문 앞이 시장을 이루다시피 함.

➡️ 다음 문장의 밑줄 친 漢字語를 漢字로 쓰세요. (83~97)

(83) 그는 은행에서 번호표를 뽑고 차례를 기다렸다.

(84) 한쪽 말만 듣고 상황을 판단하는 것은 공평하지 못하다.

(85) 대자연의 아름다움을 그린 다큐멘터리는 언제 보아도 감동적이다.

(86) 김치는 한국의 대표적인 음식이다.

(87) 고구려의 미술은 웅장한 기풍을 지니고 있다.

(88) 이 문제는 여러 각도에서 다시 검토할 필요가 있다.

(89) 모두 각자 맡은 역할을 충실하게 해냈다.

(90) 그 가수는 노래도 잘 하지만 효심도 지극했다.

(91) 이 박사는 현재 한의원을 <u>개업</u> 중이다.

(92) 우리나라의 눈부신 성장에 <u>세계</u>가 깜짝 놀랐다.

(93) 우리 마을과 건넛마을은 저수지를 <u>공유</u>하고 있다.

(94) 선생은 이름만 들어도 알 수 있는 <u>고명</u>한 한학자이시다.

(95) 우리 회사는 <u>남녀</u> 차별을 두지 않는다.

(96) 우리 <u>가족</u>은 화목을 가장 중요한 덕목으로 여긴다.

(97) 고등어의 등은 <u>청록</u>색 바탕에 검은 줄무늬가 있는 것이 특징이다.

다음 漢字에서 진하게 표시한 획은 몇 번째 쓰는지 〈보기〉에서 찾아 그 번호를 쓰세요. (98~100)

[예]

| ① 첫 번째 | ② 두 번째 | ③ 세 번째 | ④ 네 번째 |
| ⑤ 다섯 번째 | ⑥ 여섯 번째 | ⑦ 일곱 번째 | ⑧ 여덟 번째 |

(98) 雨

(99) 赤

(100) 每

제103회 5급 기출문제 (2023. 11. 11 시행)

㈜한국어문회 주관 · 한국한자능력검정회 시행

🔶 다음 밑줄 친 漢字語의 讀音을 쓰세요. (1~35)

(1) 許可를 받은 약사만이 약을 조제할 수 있다.

(2) 나는 간단한 학용품을 학교 賣店에서 구입한다.

(3) 현대에는 醫術이 발달하여 웬만한 병은 다 고칠 수 있다.

(4) 봄바람에 落花하는 벚꽃잎이 마치 휘날리는 눈송이 같다.

(5) 아무리 작은 일이라도 맡은 일에는 最善을 다해야 한다.

(6) 윤 대령은 상관의 命令을 따르지 않았다는 혐의로 체포되었다.

(7) 박물관 공사는 當初 예정보다 늦어지고 있다

(8) 식기를 끓는 물로 加熱하여 소독하였다.

(9) 어린이들도 반장을 選擧할 때면 어른들 못지 않게 진지하다.

(10) 그 작가는 어젯밤 자택에서 노환으로 別世했다.

(11) 신도시에는 고층 建物들이 즐비하게 서 있었다.

(12) 화물 운송에서 철도가 차지하는 比重이 상당히 높다.

(13) 산 정상에서 내려다본 景致가 그림같이 아름답다.

(14) 汽車가 황금 들녘을 가로질러 내달렸다.

(15) 지구 온난화로 인한 자연 災害가 갈수록 빈번해지고 있다.

(16) 오늘 기온은 例年에 비해 대략 5도 정도 높다.

(17) 삼각주는 주로 河川의 하류 지역에 발달한다.

(18) 이순신 장군은 兵船 12척으로 왜적을 대파했다.

(19) 고집이 센 그의 <u>決心</u>은 조금도 흔들리지 않았다.

(20) 풍랑이 그치자 어부들은 <u>出漁</u>를 서둘렀다.

(21) 수업 시간에 <u>筆記</u>한 노트를 영수에게 빌려 주었다.

(22) 콩에는 <u>良質</u>의 단백질이 들어 있어 다이어트 식품으로 효과적이다.

(23) 이번 주에는 미술관에서 판화를 <u>展示</u>하였다.

(24) 성 안에는 아군의 <u>勝戰</u>을 알리는 북소리가 울려퍼졌다.

(25) 삼촌은 하모니카 하나로도 웬만한 <u>樂曲</u>을 다 연주했다.

(26) 엄마는 음식물 쓰레기를 줄이는 <u>要領</u>을 가르쳐 주셨다.

(27) 흘러가는 <u>歲月</u>은 아무도 붙잡을 수 없다.

(28) 도량이 넓은 장군은 부하들로부터 두터운 <u>信望</u>을 얻었다.

(29) 수입 쇠고기보다 <u>韓牛</u>가 훨씬 담백한 맛이 난다.

(30) 추석 무렵이면 시장엔 온갖 <u>果實</u>들로 넘쳐난다.

(31) 얼마 전에 이사 온 친구는 아직 이 곳 <u>事情</u>에 어둡다.

(32) 추석 명절에 일가친척들이 모여 <u>德談</u>을 나누었다.

(33) 역대 전적만 보더라도 그들은 우리의 <u>相對</u>가 되지 않는다.

(34) 할머니께서는 어제 사온 강아지에 <u>愛着</u>이 가시는 모양이다.

(35) 감기에 걸렸다면 <u>充分</u>히 쉬는 게 좋다.

 다음 漢字의 訓과 音을 쓰세요. (36~58)

(36) 技   (37) 祝   (38) 院

(39) 停   (40) 唱   (41) 考

(42) 冷   (43) 序   (44) 貯

(45) 給   (46) 案   (47) 鼻

(48) 曜   (49) 吉   (50) 貴

(51) 原   (52) 買   (53) 黑

(54) 耳   (55) 亡   (56) 億

(57) 規   (58) 查

◯ 다음 訓과 음을 가진 漢字를 쓰세요. (59~63)

(59) 자리 석

(60) 길 영

(61) 특별할 특

(62) 가까울 근

(63) 꽃부리 영

◯ 다음 漢字의 약자(略字: 획수를 줄인 漢字)를 쓰세요. (64~66)

(64) 禮

(65) 晝

(66) 號

◯ 다음 漢字와 뜻이 반대(또는 상대)되는 漢字를 써넣어 단어를 만드세요. (67~69)

(67) ( ) ↔ 終

(68) ( ) ↔ 止

(69) 寒 ↔ ( )

다음 漢字와 뜻이 같거나 비슷한 漢字를 〈보기〉에서 찾아 그 번호를 쓰세요.
(70~72)

[예]
| ① 敗 | ② 競 | ③ 板 | ④ 都 |
| ⑤ 馬 | ⑥ 救 | ⑦ 島 | ⑧ 件 |

(70) 品   (71) 京   (72) 爭

다음 제시한 漢字語와 뜻에 맞는 同音語를 〈보기〉에서 찾아 그 번호를
쓰세요. (73~75)

[예]
| ① 弱者 | ② 調節 | ③ 藥水 |
| ④ 打球 | ⑤ 操身 | ⑥ 炭火 |

(73) 約數 – (   ) : 약효가 있는 샘물.

(74) 朝臣 – (   ) : 몸가짐을 조심함.

(75) 他區 – (   ) : 공을 치는 일.

다음 뜻에 맞는 漢字語를 〈보기〉에서 찾아 그 번호를 쓰세요. (76~78)

[예]
① 雄才	② 消費	③ 鐵橋
④ 登壇	⑤ 健兒	⑥ 小葉
⑦ 再活	⑧ 順位	⑨ 度量

(76) 작은 잎.

(77) 쇠로 놓은 다리.

(78) 건강하고 씩씩한 사나이.

➡ 다음 뜻을 가진 성어가 되도록 ( ) 안에 들어갈 적절한 漢字語를 〈보기〉에서
찾아 그 번호를 쓰세요. (79~82)

[예]	① 必改	② 固形	③ 主客	④ 期待
	⑤ 學則	⑥ 屋外	⑦ 凶惡	⑧ 書生

(79) 白面( ) : 한갓 글만 읽고 세상일에는 전혀 경험이 없는 사람.

(80) 知過( ) : 허물임을 알면 반드시 고침.

(81) ( )無道 : 성질이 거칠고 사나우며 도의심이 없음.

(82) ( )一體 : 주인과 손님이 하나가 됨.

➡ 다음 문장의 밑줄 친 漢字語를 漢字로 쓰세요. (83~97)

(83) 수학 문제를 푼 후 계산이 맞는지 검산해 보았다.

(84) 선생님은 우리들에게 희망과 용기를 심어 주셨다.

(85) 할아버지는 아침마다 공원을 한 바퀴씩 산책하신다.

(86) 나는 많은 차량이 통행하는 출퇴근 시간에는 대중교통을 이용한다.

(87) 이 제품은 고열에 잘 견디는 특수 합금으로 만들었다.

(88) 내리막에 커브가 심한 이 곳은 교통 사고 다발지역이다.

(89) 솔솔 불어오는 남풍에서 봄내음이 느껴진다.

(90) 그는 다음 번 휴게소에서 자동차에 주유해야겠다고 생각했다.

(91) 젖은 손으로 전기 코드를 만지면 감전될 우려가 있다.

(92) 제사는 조상과 후손을 이어주는 구실을 하기도 한다.

(93) 영희와 철수는 서로의 의견을 공유하였다.

(94) 지금은 부재중이라 전화를 받을 수 없습니다.

(95) 동양과 서양은 생활 패턴이 서로 다른 점이 많다.

(96) 개구리는 먹이를 잡을 때 혀를 사용한다.

(97) 그는 대통령에게 이번 결정은 잘못이라고 직언하였다.

➡ 다음 漢字에서 진하게 표시한 획은 몇 번째 쓰는지 〈보기〉에서 찾아 그 번호를 쓰세요. (98~100)

[예]
① 첫 번째	② 두 번째	③ 세 번째	④ 네 번째
⑤ 다섯 번째	⑥ 여섯 번째	⑦ 일곱 번째	⑧ 여덟 번째
⑨ 아홉 번째	⑩ 열 번째	⑪ 열한 번째	⑫ 열두 번째

(98) 旅

(99) 料

(100) 束

제104회 5급 기출문제 (2024. 02. 24 시행)

㈜한국어문회 주관 · 한국한자능력검정회 시행

▶ 다음 밑줄 친 漢字語의 讀音을 쓰세요. (1~35)

○ (1)地圖에서 실제 거리를 줄인 정도를 축척이라 한다.

○ 지키지 못할 약속을 하기보다 (2)當場의 거절이 낫다. 〈생활의 길잡이 4〉

○ 인생 최고의 날은 자기의 (3)使命을 발견한 날이다.

○ 꿈은 (4)敗北할 때 끝나는 것이 아니라 포기할 때 끝난다.

○ 자유를 택한 한국은 10대 무역대국으로 (5)發展하였고 독재에 속은 북한은 세계 최빈국이 되었다.

○ 군인은 실전과 같은 (6)訓練을 해야 전투에서 피를 흘리지 않는다.

○ 띠씨름은 과거에 많이 행하여진 경기 (7)方式입니다. 〈국어 읽기 4〉

○ (8)領土와 국민과 주권은 국가를 구성하는 3대 요소이다.

○ 작은 일에 (9)最善을 다하는 사람은 반드시 성공하게 되어 있다.

○ (10)患者가 고통스러워도 범사에 감사하는 밀과 태도를 가지면 몸의 회복 (11)速度도 빠르다고 한다.

○ 입춘이 지나 (12)雨水, 경칩이 되면 대동강 물도 풀려 봄이 가깝다.

○ 6.25 (13)事變 때 학도병들은 나라의 부름을 받고 목숨을 바쳤다.

○ 좋은 (14)親舊를 많이 사귀려면 잘 들어주는 경청하는 사람이 되라.

○ 이어도 종합 (15)海洋 과학 기지는 암초 위에 만들어졌다. 〈사회과부도 4〉

○ 교만한 사람은 적이 많지만 겸손한 사람은 적이 적으니 겸손이야말로 인생 (16)勝利의 최고 덕목이다.

○ 군인, 교사, 판사 등 직업인은 각자의 사회적 (17)責任이 무겁다.

○ 누구든지 으뜸이 되고자 하는 자는 남을 섬기는 자가 되어야 한다는 것이 만고불변의 (18)法則이다.

○ 인간은 삶의 (19)目的을 발견하게 되면 자기를 (20)所重히 여기고 부모께 효도하게 된다.

○ 해방 (21)以後 북한은 사유 (22)財産을 인정하지 않는 사회주의 경제 체제를 유지하고 있다. ⟨도덕 4⟩

○ 인간이나 국가나 대화가 막히면 싸우고 (23)戰爭을 시작하므로 소통과 평화의 (24)對話가 중요하다.

○ 많은 사람들이 함께 (25)幸福하게 생활하기 위해서는 지켜야 할 (26)約束들이 있습니다. ⟨도덕 4⟩

○ (27)都市와 촌락은 인구, 산업, (28)交通이나 (29)文化 시설 등에서 차이가 나며 생활 모습도 다릅니다. ⟨사회 4⟩

○ (30)火災의 (31)原因으로는 건조한 날씨에 등산객이 버린 담배꽁초나 등산객의 취사 행위, 주변 (32)家屋의 누전 등이 제시되고 있다. ⟨과학 6⟩

○ (33)選擧에 참여하여 투표를 할 수 있으며, (34)新聞이나 텔레비전을 통해 자신의 (35)意見을 직접 제시할 수 있다. ⟨사회 6⟩

◗ 다음 漢字의 訓과 音을 쓰세요. (36~58)

(36)	牛	(37)	太	(38)	養
(39)	永	(40)	調	(41)	基
(42)	赤	(43)	熱	(44)	比
(45)	說	(46)	筆	(47)	冷

(48) 馬	(49) 寫	(50) 黑
(51) 賣	(52) 氷	(53) 改
(54) 祝	(55) 元	(56) 到
(57) 唱	(58) 打	

⊙ 다음 訓과 音을 가진 漢字를 쓰세요. (59~63)

(59) 짧을 단

(60) 사랑 애

(61) 노래 가

(62) 앞 전

(63) 화할 화

⊙ 다음 漢字의 약자(略字: 획수를 줄인 漢字)를 쓰세요. (64~66)

(64) 醫

(65) 畫

(66) 號

⊙ 다음 漢字와 뜻이 반대(또는 상대)되는 漢字를 써넣어 단어를 만드세요. (67~69)

(67) ( ) ↔ 弱

(68) ( ) ↔ 樂

(69) 遠 ↔ ( )

다음 漢字와 뜻이 같거나 비슷한 漢字를 〈보기〉에서 찾아 그 번호를 쓰세요. (70~72)

[예]
① 考	② 初	③ 中	④ 停
⑤ 終	⑥ 示	⑦ 作	⑧ 觀

(70) 告   (71) 始   (72) 止

다음 제시한 漢字語와 뜻에 맞는 同音語를 〈보기〉에서 찾아 그 번호를 쓰세요. (73~75)

[예]
① 過失	② 科室	③ 病死
④ 動心	⑤ 兵事	⑥ 童心

(73) 同心 - (   ) : 어린아이의 마음.

(74) 果實 - (   ) : 잘못이나 허물.

(75) 兵士 - (   ) : 병으로 죽음.

다음 뜻에 맞는 漢字語를 〈보기〉에서 찾아 그 번호를 쓰세요. (76~78)

[예]
① 會談	② 品切	③ 加算
④ 出世	⑤ 登壇	⑥ 商業
⑦ 害惡	⑧ 鐵工	⑨ 入團

(76) 연단, 교단, 문단 등에 오름.

(77) 해가 되는 나쁜 일.

(78) 물건이 다 팔리고 없음.

⬇ 다음 뜻을 가진 성어가 되도록 ( ) 안에 들어갈 적절한 漢字語를 〈보기〉에서 찾아 그 번호를 쓰세요. (79~82)

| [예] | ① 長生 | ② 知行 | ③ 小葉 | ④ 河淸 |
| | ⑤ 言行 | ⑥ 落葉 | ⑦ 衣服 | ⑧ 着衣 |

(79) 秋風( ) : 가을바람에 떨어지는 낙엽.

(80) ( )合一 : 지식과 행동이 서로 맞음.

(81) 人相( ) : 사람의 생김새와 옷차림.

(82) 百年( ) : 아무리 오랜 시일이 지나도 어떤 일이 이루어지기 어려움.

⬇ 다음 문장의 밑줄 친 漢字語를 漢字로 쓰세요. (83~97)

(83) 씨앗을 퍼트리는 방법은 식물마다 다릅니다. 〈국어 읽기 3〉

(84) 다문화시대에는 다른 민족을 얕보는 태도를 버려야 한다.

(85) 날마다 자기 전에 일기를 쓰며 하루를 반성합니다.

(86) 선생님께서는 자신의 의견을 내일까지 서면으로 제출하라고 하셨다.

(87) 우리나라 과학의 미래 꿈나무인 영재를 많이 길러야 한다.

(88) 부모께 효도하고, 형제끼리 우애 있는 가정이 복된 가정이다.

(89) 현장 체험 학습을 많이 늘려 학생들이 생각하게 해야 한다.

(90) 청춘의 특권은 꿈을 갖고 도전하는 것이다.

(91) <u>감전</u> 사고는 낡은 전기 시설에서 나므로 주의해야 한다.

(92) 청소년 비만을 예방하려면 실외 <u>체육</u> 활동을 늘려야 한다.

(93) 자유 민주사회는 기회의 <u>평등</u>을 보장하여야 한다.

(94) 우리는 <u>정직</u>한 사람이 되기 위해 힘써야 한다. 〈생활의 길잡이 4〉

(95) 사회 정의를 바로 세우려면 시민 각자의 <u>용기</u>가 필요하다.

(96) 말의 <u>신용</u>을 한 번 잃으면 신뢰를 회복하기 쉽지 않다.

(97) <u>농촌</u>이 살기 좋아야 도시도 좋아지는 법이다.

 다음 漢字에서 진하게 표시한 획은 몇 번째 쓰는지 〈보기〉에서 찾아 그 번호를 쓰세요. (98~100)

[예]	① 첫 번째	② 두 번째	③ 세 번째	④ 네 번째
	⑤ 다섯 번째	⑥ 여섯 번째	⑦ 일곱 번째	⑧ 여덟 번째
	⑨ 아홉 번째	⑩ 열 번째	⑪ 열한 번째	⑫ 열두 번째

(98) 奉

(99) 雄

(100) 健

제105회 5급 기출문제 (2024. 05. 25 시행)

㈜한국어문회 주관 · 한국한자능력검정회 시행

▶ 다음 밑줄 친 漢字語의 讀音을 쓰세요. (1~35)

(1) 그는 만담으로 사람을 웃기는 <u>特技</u>를 가졌다.

(2) 나는 오늘 읽은 동화의 줄거리를 <u>要約</u>해 보았다.

(3) 건물을 지으려면 먼저 용지를 <u>買入</u>해야 한다.

(4) 예전에는 상대의 얼굴도 모르고 결혼하는 일이 <u>許多</u>했다고 한다.

(5) 우리 집 <u>花壇</u>에 탐스러운 모란꽃이 흐드러지게 피었다.

(6) 과연 이 방법이 문제 해결의 최선일까 <u>再考</u>해 보았다.

(7) 그는 조선 시대 백자의 은은한 <u>色感</u>을 좋아하였다.

(8) 이 책의 <u>筆者</u>가 누구인지는 밝혀진 바가 없다.

(9) 신인 투수의 <u>球速</u>은 변화가 심해 받아치기가 어렵다.

(10) 우리는 심부름 갈 사람을 제비뽑기로 <u>決定</u>했다.

(11) 이 사건은 역사상 <u>類例</u>를 찾기 힘든 사건이다.

(12) 영수는 자신과 <u>無關</u>한 일에도 종종 나서는 경우가 있다.

(13) 그는 체질을 <u>改善</u>하기 위해 식단을 바꾸었다.

(14) 몸에 꼭 끼이는 청바지를 입었더니 <u>擧動</u>이 불편하다.

(15) 포장이 되지 않은 울퉁불퉁한 <u>路面</u> 위를 트럭 한 대가 덜컹덜컹 지나갔다.

(16) 소나무는 한반도 전체에 분포하는 <u>樹種</u>이다.

(17) 그들의 실력은 서로 <u>比等</u>해서 우열을 가리기가 어렵다.

(18) 나는 이모 결혼식 때 <u>祝歌</u>를 부르기로 했다.

(19) 다른 사람을 원망하기 以前에 먼저 자신을 반성해 보는 것이 옳다

(20) 비가 와서 모든 屋外 행사가 취소되었다.

(21) 그 환자는 오랜 病苦로 얼굴이 창백하고 어두웠다.

(22) 우리나라는 大陸과 해양으로 진출하는 데 유리한 반도국이다.

(23) 그는 體熱이 높아서 한겨울에도 반팔 셔츠를 입는다.

(24) 이 계약서의 原本은 반드시 잘 보관하여야 한다.

(25) 모내기 하는 농부들이 흥겨운 曲調로 노래를 불렀다.

(26) 그녀는 미모와 德性을 두루 겸비한 재원이었다.

(27) 시청 앞 廣場에서는 다양한 문화 행사가 열린다.

(28) 상인들은 늘 수지 打算에 민감하다.

(29) 동해의 일출 光景은 참으로 장관이었다.

(30) 대통령은 국민의 직접 선거를 통해 選出된다.

(31) 음악실에서 들리는 여학생들의 合唱 소리가 아름다웠다.

(32) 健全한 젊은이들이 있는 사회의 미래는 희망차다.

(33) 운무에 휩싸인 백두산의 모습은 더할 나위 없이 可觀이었다.

(34) 親族에 관한 호칭은 가계도를 그려서 설명하는 것이 쉽다.

(35) 올해의 석유 수입 物量은 작년에 비해 세 배나 증가하였다.

○ 다음 漢字의 訓과 音을 쓰세요. (36~58)

(36) 思	(37) 雄	(38) 湖
(39) 賣	(40) 料	(41) 初
(42) 浴	(43) 因	(44) 炭
(45) 卓	(46) 去	(47) 寫

(48) 鐵   (49) 漁   (50) 査

(51) 則   (52) 加   (53) 費

(54) 末   (55) 操   (56) 致

(57) 貯   (58) 曜

⬤ 다음 訓과 音을 가진 漢字를 쓰세요. (59~63)

(59) 서울 경

(60) 손자 손

(61) 고을 군

(62) 짧을 단

(63) 모일 회

⬤ 다음 漢字의 약자(略字: 획수를 줄인 漢字)를 쓰세요. (64~66)

(64) 畫

(65) 醫

(66) 區

⬤ 다음 漢字와 뜻이 반대(또는 상대)되는 漢字를 써넣어 단어를 만드세요.
(67~69)

(67) 寒 ↔ ( )

(68) ( ) ↔ 惡

(69) ( ) ↔ 輕

다음 漢字와 뜻이 같거나 비슷한 漢字를 〈보기〉에서 찾아 그 번호를 쓰세요.
(70~72)

[예]
① 停 　　② 件 　　③ 序 　　④ 爭
⑤ 救 　　⑥ 止 　　⑦ 立 　　⑧ 罪

(70)　建 　　　　　(71)　競 　　　　　(72)　品

다음 제시한 漢字語와 뜻에 맞는 同音語를 〈보기〉에서 찾아 그 번호를 쓰세요. (73~75)

[예]
① 來週 　　② 共在 　　③ 公正
④ 知力 　　⑤ 直結 　　⑥ 勞農

(73)　空庭 – (　) : 공평하고 올바름.
(74)　地歷 – (　) : 지식의 힘.
(75)　內住 – (　) : 이 주의 바로 다음 주.

다음 뜻에 맞는 漢字語를 〈보기〉에서 찾아 그 번호를 쓰세요. (76~78)

[예]
① 領洗 　　② 客談 　　③ 石橋
④ 都心 　　⑤ 船形 　　⑥ 急冷
⑦ 島民 　　⑧ 汽水 　　⑨ 鼻祖

(76)　급속히 얼리거나 식힘.

(77) 돌로 만든 다리.

(78) 배의 모양.

➡ 다음 뜻을 가진 성어가 되도록 ( ) 안에 들어갈 적절한 漢字語를 〈보기〉에서 찾아 그 번호를 쓰세요. (79~82)

| [예] | ① 河馬 | ② 圖生 | ③ 最強 | ④ 過失 |
| | ⑤ 災患 | ⑥ 耳順 | ⑦ 落葉 | ⑧ 氷山 |

(79) 各自( ) : 저마다 스스로 삶의 계획을 꾸려감.

(80) 秋風( ) : 가을바람에 떨어지는 나뭇잎.

(81) ( )一角 : 빙산의 뿔.

(82) ( )相規 : 잘못을 저지르지 않도록 서로 규제함.

➡ 다음 문장의 밑줄 친 漢字語를 漢字로 쓰세요. (83~97)

(83) 아이는 횡단보도에서 신호를 기다리며 서 있었다.

(84) 친구들은 눈이 큰 철수의 별명을 왕눈이라 지었다.

(85) 이번 운동회에서는 청군이 백군에게 승리하였다.

(86) 모두들 우승컵의 향방에 관심이 쏠려 있다.

(87) 영희는 이번 시험에 합격하려고 쉬지도 않고 주야로 공부했다.

(88) 집 앞에 큰 약국이 개업했다.

(89) 소금과 황토를 이용하면 옷을 염색할 수 있다.

(90) 두 사람은 단지 집이 가깝다는 이유 하나만으로 친구가 되었다.

(91) 전화 <u>통화</u>는 용건만 간단히 하는 것이 좋다.

(92) 어제 일어난 교통 사고에 관한 기사가 <u>신문</u>에 보도되었다.

(93) 이번 군사 <u>작전</u>은 비밀리에 감행되었다.

(94) 너무 낡아서 너널너덜해진 책의 <u>표지</u>를 새로 제본하였다.

(95) 청소년은 진취적인 기상과 담대한 <u>용기</u>를 가져야 한다.

(96) 그는 네 살에 벌써 천자문을 뗀 <u>신동</u>으로 소문나 있었다.

(97) 그들 부부는 <u>조석</u>으로 부모님께 문안 인사를 드렸다.

 다음 漢字에서 진하게 표시한 획은 몇 번째 쓰는지 〈보기〉에서 찾아 그 번호를 쓰세요. (98~100)

[예]

① 첫 번째　　② 두 번째　　③ 세 번째　　④ 네 번째
⑤ 다섯 번째　⑥ 여섯 번째　⑦ 일곱 번째

(98) 赤

(99) 必

(100) 臣

제106회 5급 기출문제 (2024. 08. 24 시행)

(社)한국어문회 주관 · 한국한자능력검정회 시행

➡ 다음 밑줄 친 漢字語의 讀音을 쓰세요. (1~35)

(1) 최치원은 가야산에서 神仙이 되었다고 전한다.

(2) 그는 商船을 타고 중국으로 건너갔다.

(3) 차가 힘차게 언덕을 올라가려면 加速 페달을 밟아야 한다.

(4) 이름 모를 曲調가 사람의 마음을 울리는구나.

(5) 법 앞에서는 누구도 例外가 없는 법이다.

(6) 장난꾸러기 惡童이 어느새 어엿한 청년이 되어 있었다.

(7) 풍년으로 村落마다 웃음꽃이 피었다.

(8) 이제는 産兒 제한이 아니라 출산 권장을 할 때이다.

(9) 기념일을 맞아 참석자들이 정원에 植樹를 하였다.

(10) 去來를 꼼꼼히 적어둔 것이 장사에 큰 도움이 되었다.

(11) 저녁이면 屋上에 모여서 즐겁게 이야기를 나누었다.

(12) 일을 마친 그 사람은 다시 書生으로 돌아갔다.

(13) 그녀는 어떤 曜日도 다 좋다고 하였다.

(14) 사무실 안은 긴장감으로 冷冷한 기운이 감돌았다.

(15) 이번 旅行은 같이 간 사람들 덕분에 즐거운 시간이었다.

(16) 郡民이 힘을 합쳐서 이룩한 값진 성과였다.

(17) 質的인 변화를 위해서는 그만한 노력이 필요하다.

(18) 두 사람의 실력이 뛰어나서 輕重을 가리기가 어려웠다.

(19) 올해는 醫院으로 유독 사람들이 많이 몰리고 있다.

(20) 자유에는 늘 <u>責任</u>이 따르기 마련이다.

(21) 올림픽 <u>球技</u> 종목에서 금메달을 따기를 희망한다.

(22) <u>特活</u> 시간에는 저마다 하고 싶은 것을 선택할 수 있다.

(23) <u>洗面</u>을 하고 나니 몸도 마음도 개운함을 느낀다.

(24) 그녀는 누구보다 <u>奉仕</u>에 열심히 임했다.

(25) 그는 힘든 훈련에도 쉽게 지치지 않는 <u>強健</u>한 체력을 지녔다.

(26) 건전한 가정 경제를 위해서는 <u>消費</u>를 적절하게 해야 한다.

(27) 전문가가 작품에서 <u>變改</u>된 부분이 있는지 살펴보고 있다.

(28) 귀빈들이 모두 <u>參席</u>해서 자리를 빛내주었다.

(29) <u>品格</u> 있는 대화란 바로 이런 것이구나 하고 감탄하였다.

(30) 우리의 만남은 우연이 아니라 <u>必然</u>이었다.

(31) 김삿갓은 <u>過客</u>으로 평생을 산 사람이다.

(32) 드디어 <u>宿願</u> 사업을 추진하기로 하였다.

(33) <u>最後</u>에 웃는 자가 진짜 웃는 자이다.

(34) 봄이 되자 <u>期約</u>이나 한 듯이 제비가 돌아왔다.

(35) <u>熱情</u>이 있으면 무슨 일이든지 할 수가 있다.

⬗ 다음 漢字의 訓과 音을 쓰세요. (36~58)

(36) 善		(37) 患		(38) 寫	
(39) 獨		(40) 板		(41) 領	
(42) 景		(43) 湖		(44) 給	
(45) 談		(46) 序		(47) 固	

(48) 原   (49) 河   (50) 災

(51) 示   (52) 勞   (53) 赤

(54) 炭   (55) 貯   (56) 許

(57) 唱   (58) 案

▶ 다음 訓과 음을 가진 漢字를 쓰세요. (59~63)

(59) 농사 농

(60) 노래 가

(61) 아침 조

(62) 번개 전

(63) 볕 양

▶ 다음 漢字의 약자(略字: 획수를 줄인 漢字)를 쓰세요. (64~66)

(64) 體

(65) 發

(66) 對

▶ 다음 漢字와 뜻이 반대(또는 상대)되는 漢字를 써넣어 단어를 만드세요. (67~69)

(67) 遠 ↔ ( )

(68) ( ) ↔ 冬

(69) 長 ↔ ( )

○ 다음 漢字와 뜻이 같거나 비슷한 漢字를 〈보기〉에서 찾아 그 번호를 쓰세요.
(70~72)

[예]
| ① 位 | ② 競 | ③ 偉 | ④ 服 |
| ⑤ 件 | ⑥ 壇 | ⑦ 養 | ⑧ 團 |

(70) 衣   (71) 物   (72) 爭

○ 다음 제시한 漢字語와 뜻에 맞는 同音語를 〈보기〉에서 찾아 그 번호를
쓰세요. (73~75)

[예]
| ① 圖章 | ② 廣告 | ③ 實戰 |
| ④ 高操 | ⑤ 擧止 | ⑥ 考査 |

(73) 失傳 - (   ) : 실제의 싸움.
(74) 古史 - (   ) : 자세히 생각하고 조사함.
(75) 道場 - (   ) : 이름이나 글자를 새겨 문서에 찍는 물건.

○ 다음 뜻에 맞는 漢字語를 〈보기〉에서 찾아 그 번호를 쓰세요. (76~78)

[예]
① 鼻祖	② 比等	③ 當局
④ 急救	⑤ 各自	⑥ 因果
⑦ 財界	⑧ 規則	⑨ 貴族

(76) 비교해 보건대 서로 비슷비슷함.

(77) 급히 구원함.

(78) 실업가 및 금융업자의 사회.

다음 뜻을 가진 성어가 되도록 ( ) 안에 들어갈 적절한 漢字語를 〈보기〉에서 찾아 그 번호를 쓰세요. (79~82)

[예]
| ① 歲時 | ② 馬耳 | ③ 可知 | ④ 春秋 |
| ⑤ 初聞 | ⑥ 信號 | ⑦ 苦樂 | ⑧ 敬老 |

(79) 不問( ) : 묻지 않아도 알 수 있음.

(80) 今始( ) : 이제야 비로소 처음 들음.

(81) ( )東風 : 남의 말을 귀담아듣지 않고 흘려버림.

(82) ( )孝親 : 어른을 공경하고 부모에게 효도함.

다음 문장의 밑줄 친 漢字語를 漢字로 쓰세요. (83~97)

(83) 그는 조상의 가업을 잇기 위해 고향으로 돌아왔다.

(84) 한자 교육은 영재 교육으로서 효과가 있다고 한다.

(85) 학교 담장을 청색으로 칠하니 산뜻하게 보기가 좋다.

(86) 인류는 전쟁보다는 평화를 원한다.

(87) 요즘은 맛집이 유행이어서 줄을 서는 식당이 한둘이 아니다.

(88) 지구 온난화로 여름이 빨리 와서 벌써 기온이 높다.

(89) 지하철 노선을 신설하여 각 구간마다 공사가 한창이다.

(90) 수험생의 부담을 줄이기 위해 시험 과목을 줄였다.

(91) 실패는 <u>성공</u>의 어머니라는 말은 많은 이에게 용기를 준다.

(92) 카드 사용이 일상이 되어 <u>현금</u> 사용이 크게 줄었다.

(93) 할머니는 늘 <u>자손</u>이 많은 것을 복이라고 하셨다.

(94) 인공지능은 인간이 잘 <u>이용</u>할 때 도움이 된다.

(95) <u>만년설</u>은 원래 만 년 동안 녹지 않는 눈이란 뜻이다.

(96) 응급 <u>수술</u>이 잘 되어서 금방 회복할 수 있다고 한다.

(97) 만세 운동으로 온 <u>읍내</u>가 들썩였다.

다음 漢字에서 진하게 표시한 획은 몇 번째 쓰는지 〈보기〉에서 찾아 그 번호를 쓰세요. (98~100)

[예]
① 첫 번째   ② 두 번째   ③ 세 번째   ④ 네 번째
⑤ 다섯 번째   ⑥ 여섯 번째   ⑦ 일곱 번째

(98) 車

(99) 氷

(100) 地

제107회 5급 기출문제 (2024. 11. 09 시행)

漢字能力檢定試驗

㈜한국어문회 주관 · 한국한자능력검정회 시행

➡ 다음 밑줄 친 漢字語의 讀音을 쓰세요. (1~35)

(1) 극장 게시판에 자세한 공연 계획이 <u>別表</u>로 안내되어 있었다.

(2) 할머니는 이 마을에 <u>口傳</u>으로 내려오는 이야기를 해주셨다.

(3) 풍랑주의보가 내리자 조업하던 <u>船團</u>은 항구로 대피하였다.

(4) 항구로 돌아온 어부들은 <u>漁具</u>들을 손질하기 바빴다.

(5) 대통령은 신중을 기해 신임 검찰 총장을 <u>選任</u>하였다.

(6) 주례사가 끝나고 신부 친구들의 <u>祝歌</u>가 시작되었다.

(7) 이번 발표작 중에서는 <u>格調</u> 높은 시들이 많았다.

(8) 육군 본부에서 전군에 비상사태를 <u>發令</u>했다.

(9) 폭우로 선로가 끊어지는 바람에 기차 운행이 <u>停止</u>되었다.

(10) 이 약은 통증을 없애는 데에 탁월한 <u>效力</u>이 있다.

(11) 정월 대보름날 동네 아낙들은 달맞이를 하며 <u>所願</u>을 빌었다.

(12) 고고학자들이 그 고분의 <u>來歷</u>을 밝혀 주는 지석을 발견했다.

(13) 우리는 발언 <u>順序</u>를 정해 차근차근 토론을 풀어나갔다.

(14) 아빠는 이번 달 <u>月給</u>을 받았다며 통닭을 사오셨다.

(15) 그 어떤 <u>醫術</u>도 영원한 젊음을 보장해 주지는 못한다.

(16) 막내는 엄마가 사주신 곰인형에 대한 <u>愛着</u>이 무척 강했다.

(17) 철수는 <u>最近</u>까지만 해도 아파서 병원에 누워 있었다.

(18) 이세돌과 알파고의 바둑 <u>對局</u>은 세계적인 관심사였다.

(19) 내가 본 두 사람은 원래부터 <u>親面</u>이 투터운 사이 같았다.

(20) 明太는 한류성 어종이라 남해에서는 좀처럼 잡히지 않는다.

(21) 그는 왕좌를 차지할 黑心을 품고 계략을 꾸몄다.

(22) 정부는 중소기업 육성 方案을 마련 중이다.

(23) 오늘은 날씨가 화창해 野外 나들이하기에 안성맞춤이다.

(24) 그녀는 미국 드라마를 보면서 獨學으로 영어 회화 실력을 늘려 나갔다.

(25) 어느덧 바닷바람에는 초겨울의 冷氣가 묻어 있었다.

(26) 이제까지 쓴 일기장의 分量은 한 박스 남짓 되었다.

(27) 이장님은 경운기는 물론 트랙터도 능수능란하게 操作했다.

(28) 강원도가 자랑하는 關東팔경은 경치가 아름답기로 유명하다.

(29) 경찰은 폐수를 무단으로 방류하는 惡德 업체를 적발하였다.

(30) 선의의 競爭 관계는 서로에게 좋은 영향을 미치기도 한다.

(31) 교장 선생님은 평생을 敎壇에 몸담아 오신 분이시다.

(32) 최근 지자체들은 지역의 강점을 살리는 特化 산업을 육성하기 시작했다.

(33) 어떠한 유혹에도 鐵石같은 그의 의지는 흔들리지 않았다.

(34) 우리나라는 조선 시대 末期부터 근대화가 시작되었다.

(35) 이 스케이트장은 氷質이 좋아 피켜 선수들이 많이 사용한다.

◯ 다음 漢字의 訓과 音을 쓰세요. (36~58)

(36) 領	(37) 固	(38) 比
(39) 鮮	(40) 位	(41) 陸
(42) 救	(43) 致	(44) 罪
(45) 流	(46) 必	(47) 牛

(48) 典   (49) 炭   (50) 景

(51) 能   (52) 浴   (53) 産

(54) 朗   (55) 雄   (56) 建

(57) 馬   (58) 寫

▶ 다음 訓과 音을 가진 漢字를 쓰세요. (59~63)

(59) 푸를 록

(60) 길 영

(61) 옷 복

(62) 차례 번

(63) 법도 도 | 헤아릴 탁

▶ 다음 漢字의 약자(略字: 획수를 줄인 漢字)를 쓰세요. (64~66)

(64) 畫

(65) 區

(66) 禮

▶ 다음 漢字와 뜻이 반대(또는 상대)되는 漢字를 써넣어 단어를 만드세요. (67~69)

(67) 都 ↔ ( )

(68) 輕 ↔ ( )

(69) 因 ↔ ( )

다음 漢字와 뜻이 같거나 비슷한 漢字를 〈보기〉에서 찾아 그 번호를 쓰세요. (70~72)

[예]
| ① 結 | ② 良 | ③ 汽 | ④ 鼻 |
| ⑤ 再 | ⑥ 件 | ⑦ 曜 | ⑧ 話 |

(70) 終　　　　　　(71) 善　　　　　　(72) 談

다음 제시한 漢字語와 뜻에 맞는 同音語를 〈보기〉에서 찾아 그 번호를 쓰세요. (73~75)

[예]
| ① 思考 | ② 號數 | ③ 死苦 |
| ④ 平和 | ⑤ 花園 | ⑥ 打算 |

(73) 他山 - (　　) : 자신에게 도움이 되는지를 따져 헤아림.
(74) 湖水 - (　　) : 차례로 매겨진 번호의 수효.
(75) 社告 - (　　) : 생각하고 궁리함.

다음 뜻에 맞는 漢字語를 〈보기〉에서 찾아 그 번호를 쓰세요. (76~78)

[예]
① 初春	② 黃色	③ 樂勝
④ 村路	⑤ 向上	⑥ 急速
⑦ 倍加	⑧ 夜業	⑨ 放熱

(76) 봄의 초기. 이른봄.

(77) 갑절 또는 몇 배로 늘어남.

(78) 열을 내보내거나 내뿜는 일.

⬭ 다음 뜻을 가진 성어가 되도록 ( ) 안에 들어갈 적절한 漢字語를 〈보기〉에서 찾아 그 번호를 쓰세요. (79~82)

[예]	① 強弱	② 合線	③ 書畫	④ 不問
	⑤ 亡身	⑥ 人頭	⑦ 落木	⑧ 相規

(79) 敗家( ) : 집안의 재산을 다 써 없애고 몸을 망침.

(80) 過失( ) : 잘못을 저지르지 않도록 서로 규제함.

(81) ( )曲直 : 옳고 그름을 따지지 아니함.

(82) ( )寒天 : 나뭇잎이 다 떨어진 겨울의 춥고 쓸쓸한 계절.

⬭ 다음 문장의 밑줄 친 漢字語를 漢字로 쓰세요. (83~97)

(83) 해마다 이맘때면 이 지역에는 오징어 어장이 형성되었다.

(84) 그 책은 읽을 때마다 매번 새로운 감동을 주었다.

(85) 예절의 근본정신은 상대방의 인격을 존중하는 것이다.

(86) 원양 어선은 거친 바다를 수개월씩 항해하며 고기를 잡는다.

(87) 올해는 날씨가 좋아 전례 없는 풍작이 예상된다.

(88) 정부는 정책을 수립하기 위해 각계의 의견을 수렴하였다.

(89) 그는 먹성이 좋아서 아무 음식이나 잘 먹었다.

(90) 외국에서는 도장 대신에 주로 사인이 통용된다.

(91) 이 넓은 항구는 수만 톤 급의 배가 <u>자유</u>로이 드나들 수 있다.

(92) 이번 대회에서는 <u>작년</u>보다 신기록이 더 많이 나왔다.

(93) 책을 읽기 전에 머리말을 보면 저자의 <u>의도</u>를 짐작할 수 있다.

(94) 이번에 전시된 유물은 국민에게 처음 <u>공개</u>된 것이다.

(95) 드넓은 공원의 잔디밭은 <u>소풍</u> 나온 사람들로 가득차 있었다.

(96) 겨울 감기를 예방하려면 <u>체온</u> 유지를 잘 해야 한다.

(97) 영희는 매달 은행에 <u>예금</u>을 했다.

● 다음 漢字에서 진하게 표시한 획은 몇 번째 쓰는지 〈보기〉에서 찾아 그 번호를 쓰세요. (98~100)

[예]			
① 첫 번째	② 두 번째	③ 세 번째	④ 네 번째
⑤ 다섯 번째	⑥ 여섯 번째	⑦ 일곱 번째	⑧ 여덟 번째
⑨ 아홉 번째	⑩ 열 번째	⑪ 열한 번째	⑫ 열두 번째
⑬ 열세 번째			

(98) 島

(99) 葉

(100) 赤

제1회 5급 실전문제

(社)한국어문회 주관 · 한국한자능력검정회 시행

➡ 다음 밑줄 친 漢字語의 讀音을 쓰세요. (1~35)

[예]

讀音 → 독음

(1) 우리 家庭은 화목하다.
(2) 설날에 韓服을 입었다.
(3) 보고서를 完成하였다.
(4) 이 자동차는 高價이다.
(5) 철수는 勇氣 있는 학생이다.
(6) 고려청자는 貴重한 문화재이다.
(7) 수영 訓練을 하였다.
(8) 일이 생길 可能성이 있습니다.
(9) 육상대회에 參加하였다.
(10) 자를 가지고 角度를 쟀다.
(11) 우리 학교의 歷史가 오래되었다.
(12) 그녀의 노래는 感情이 매우 풍부하다.
(13) 綠色의 물감을 칠하였다.
(14) 아름다운 江山을 보호하여야 한다.
(15) 열차가 出發하였다.
(16) 전혀 不便하지 않습니다.
(17) 勝敗에 따라 희비가 엇갈렸다.
(18) 어린이가 馬車를 몰고 있었다.
(19) 장학 제도를 改善하였다.
(20) 事件의 발생 원인을 조사하였다.
(21) 기념관을 建立하였다.
(22) 그는 健全한 사고를 하고 있다.
(23) 그것은 正當한 행위이다.
(24) 육군은 舊式 대포를 교체하였다.
(25) 회의에서 급식제도에 대한 問答이 있었다.
(26) 그곳에 오래된 板子집이 있었다.

(27) 이 지역에서는 石油가 나온다.
(28) 우승 소식이 新聞에 실렸다.
(29) 공연장에 順序대로 입장하였다.
(30) 우리에게 觀光객이 길을 물었다.
(31) 風景이 매우 아름다운 곳이다.
(32) 감기로 病院에 다녀왔다.
(33) 환기를 위해 窓門을 열었다.
(34) 그에게는 競爭 상대가 없었다.
(35) 언어 敎育이 중요하다.

다음 漢字의 訓과 音을 쓰세요. (36~59)

[예]

字 → 글자 자

(36)	去	(37)	內	(38)	念	(39)	同
(40)	堂	(41)	藥	(42)	對	(43)	島
(44)	老	(45)	賣	(46)	半	(47)	永
(48)	氷	(49)	白	(50)	習	(51)	束
(52)	東	(53)	昨	(54)	意	(55)	停
(56)	雲	(57)	充	(58)	凶	(59)	最

다음 밑줄 친 漢字語를 漢字로 쓰세요. (60~74)

[예]

한자 → 漢字

(60) 그의 솜씨는 입신의 경지에 이르렀다.
(61) 거기 주소가 어떻게 되나요?
(62) 한국 전쟁에서 장렬히 전사한 그 분.
(63) 언어는 인간만이 가지고 있다.
(64) 독서는 마음의 양식을 저장하는 것이다.
(65) 국군의 날은 10월 1일이다.
(66) 심한 동상으로 인해 그는 수족을 모두 절단해야 했다.
(67) 요즘이야말로 자연 보호의 중요성이 절실하게 느껴진다.
(68) 그 영화는 연소자 관람 불가야.

(69) 아무리 세상이 각박하다 해도 희망은 버리지 말자.
(70) 그 다음 사람 번호는 몇 번이지?
(71) 겨울에는 날씨가 추워서 운동을 게을리하기 쉽다.
(72) 어린 시절에 미술에 대한 관심을 가지는 것도 중요하다.
(73) 현재도 중요하지만, 미래에 대한 계획도 필요하다.
(74) 아름다운 음악은 인간을 풍요롭게 만든다.

▶ 다음 訓과 音에 맞는 漢字를 쓰세요. (75~78)

[예]	글자 자 → 字

(75) 그림 도   (76) 쓸 고

(77) 아우 제   (78) 눈 설

▶ 다음 漢字와 뜻이 상대 또는 반대되는 漢字를 쓰세요. (79~81)

[예]	男 ↔ (女)

(79) 强 ↔ ( )   (80) 大 ↔ ( )

(81) ( ) ↔ 夜

▶ 다음 ( )에 들어갈 漢字를 〈例〉에서 찾아 그 번호를 써서 漢字語를 만드세요. (82~85)

[예]	① 鼻	② 兵	③ 費	④ 夏	⑤ 體
	⑥ 德	⑦ 作	⑧ 仕	⑨ 宅	⑩ 規

(82) 耳目口( )   (83) ( )心三日

(84) 春( )秋冬   (85) 奉( )生活

다음 漢字의 진하게 표시한 획은 몇 번째 쓰는지 〈例〉에서 찾아 그 번호를 쓰세요. (86~88)

(86) 建

(87) 能

(88) 島

다음 漢子와 뜻이 같거나 뜻이 비슷한 漢字를 〈例〉에서 찾아 그 번호를 쓰세요. (89~91)

[예]
① 望   ② 面   ③ 要   ④ 別   ⑤ 始
⑥ 路   ⑦ 間   ⑧ 明   ⑨ 基   ⑩ 社

(89) 願   (90) 初   (91) 朗

◐ 다음 漢字와 음은 같은데 뜻이 다른 漢字를 〈例〉에서 골라 그 번호를 쓰세요. (92~94)

① 歌	② 童	③ 校
④ 陽	⑤ 赤	⑥ 文
⑦ 村	⑧ 海	⑨ 席

(92)　橋　　　　　　　　　　　(93)　洋

(94)　的

◐ 다음 뜻에 맞는 漢字語를 〈例〉에서 찾아 그 번호를 쓰세요. (95~97)

① 合唱	② 卒業	③ 使用
④ 節約	⑤ 課題	⑥ 計算

(95)　처리하거나 해결해야 할 문제

(96)　함부로 쓰지 아니하고 꼭 필요한 데에만 써서 아낌

(97)　학생이 규정에 따라 소정의 교과 과정을 마침

◐ 다음 漢字의 약자(획수를 줄인 漢字)를 쓰세요. (98~100)

(98)　畫　　　　　　　　　　(99)　禮

(100) 學

제2회 5급 실전문제

漢字能力檢定試驗

(社)한국어문회 주관 · 한국한자능력검정회 시행

➡ 다음 밑줄 친 漢字語의 讀音을 쓰세요. (1~35)

[예]

讀音 → 독음

(1) 형과 과학 책을 사러 書店에 갔다.
(2) 그 대회에서 銀賞을 받았다.
(3) 그 선수는 失敗를 딛고 재기하였다.
(4) 합격하여 宿願을 이루었다.
(5) 이 문제는 再考해 보아야 한다.
(6) 이동 速度가 빨랐다.
(7) 10년간의 變化가 엄청나다.
(8) 기차가 철교를 通過하고 있었다.
(9) 그는 野球에 재능이 있다.
(10) 두 사람의 앞날을 祝福하였다.
(11) 이 산에는 여러 種類의 새가 산다.
(12) 안개로 물체를 識別할 수 없었다.
(13) 권한에는 責任이 따른다.
(14) 과학자가 되기를 熱望하였다.
(15) 그 동안의 罪惡을 씻어내야 한다.
(16) 獨特한 문양의 옷이었다.
(17) 매우 평화로운 時節이었다.
(18) 고구려 歷史를 배웠다.
(19) 臣下는 임금을 알현하였다.
(20) 모두 團結하여 어려움을 극복하였다.
(21) 이 지역에서는 牛馬를 모두 키운다.
(22) 이것이 最善의 방책이다.
(23) 상정된 案件을 처리하였다.
(24) 그는 성격이 매우 明朗 하다.
(25) 학생들의 미술 展示회가 열렸다.

(26) 오래된 작은 醫院이 있었다.
(27) 생필품 價格이 모두 올랐다.
(28) 週末에 고향에 다녀왔다.
(29) 그녀는 性質이 매우 유순하다.
(30) 간호사는 患者를 잘 돌보았다.
(31) 두 사람은 氷炭의 관계이었다.
(32) 삼촌은 養魚사업을 하신다.
(33) 장군은 민족의 英雄이 되었다.
(34) 여행에 앞서 救急약을 준비하였다.
(35) 아름다운 景致에 넋을 잃었다.

◆ 다음 漢字의 訓과 音을 쓰세요. (36~59)

[예]	字 → 글자 자

(36) 觀	(37) 雲	(38) 德	(39) 漁
(40) 筆	(41) 鼻	(42) 要	(43) 畫
(44) 災	(45) 勇	(46) 洗	(47) 效
(48) 卓	(49) 曲	(50) 給	(51) 打
(52) 廣	(53) 位	(54) 操	(55) 序
(56) 信	(57) 品	(58) 買	(59) 規

◆ 다음 밑줄 친 漢字語를 漢字로 쓰세요. (60~74)

[예]	한자 → 漢字

(60) 형과 아우를 형제라고 합니다.
(61) 남녀 노소가 다 모였습니다.
(62) 나는 매일 일찍 일어납니다.
(63) 아침과 저녁을 조석이라고 합니다.
(64) 봄과 가을을 춘추라고 합니다.
(65) 날마다 봉사 활동을 합니다.
(66) 나는 산천과 초목을 사랑합니다.

(67) 우리 <u>민족</u>은 단군의 자손입니다.

(68) 불 끄는 <u>소화기</u>를 준비합니다.

(69) <u>자연</u>이 아름답습니다.

(70) 우리 <u>학교</u>는 산 밑에 있습니다.

(71) <u>대문</u>을 늘 열어 놓습니다.

(72) 차가 동쪽 <u>방향</u>으로 달립니다.

(73) 하늘과 땅을 <u>천지</u>라고 합니다.

(74) 숙제를 하고나니 <u>안심</u>이 됩니다.

⚫ 다음 訓과 音에 맞는 漢字를 쓰세요. (75~78)

[예]	글자 자 → 字

(75) 맑을 청   (76) 등급 급

(77) 옮길 운   (78) 열 개

⚫ 다음 漢字와 뜻이 상대 또는 반대가 되는 漢字를 쓰세요. (79~81)

[예]	男 ↔ (女)

(79) (　) ↔ 害   (80) (　) ↔ 客

(81) (　) ↔ 後

⚫ 다음 (　)에 들어 갈 漢字를 〈例〉에서 골라 그 번호를 써서 漢字語를 만드세요. (82~85)

[예]	① 可	② 理	③ 命	④ 有	⑤ 章
	⑥ 奉	⑦ 和	⑧ 財	⑨ 則	⑩ 勞

(82) 作戰(　)令   (83) 世界平(　)

(84) (　)口無言   (85) 多數(　)決

◐ 다음 漢字의 진하게 표시한 획은 몇 번째 쓰는지 〈例〉에서 찾아 그 번호를
쓰세요. (86~88)

[예]	① 첫 번째	② 두 번째	③ 세 번째
	④ 네 번째	⑤ 다섯 번째	⑥ 여섯 번째
	⑦ 일곱 번째	⑧ 여덟 번째	⑨ 아홉 번째

(86)

(87)

(88)

◐ 다음 漢字와 뜻이 같거나 뜻이 비슷한 한자를 〈例〉에서 골라 그 번호를
쓰세요. (89~91)

[예]	① 課	② 話	③ 電
	④ 始	⑤ 充	⑥ 年

(89) 談   (90) 初

(91) 歲

다음 漢字語와 音은 같은데 뜻이 다른 漢字語를 例에서 골라 그 번호를 쓰세요. (92~94)

[예]
| ① 競技 | ② 死期 | ③ 植樹 |
| ④ 船首 | ⑤ 事實 | ⑥ 傳記 |

(92) 社旗   (93) 選手

(94) 輕氣

다음 뜻에 맞는 漢字語를 〈例〉에서 골라 그 번호를 쓰세요. (95~97)

[예]
| ① 生産 | ② 建立 | ③ 舊情 |
| ④ 古屋 | ⑤ 溫情 | ⑥ 高家 |

(95) 따뜻한 인정

(96) 오래 되어 낡은 집

(97) 만들어 세워 놓음

다음 漢字의 약자(획수를 줄인 漢字)를 쓰세요. (98~100)

[예]
號 → 号

(98) 對   (99) 發

(100) 體

제102회 5급 기출문제 답안지

■ 사단법인 한국어문회 • 한국한자능력검정회 　　　2023. 08. 26. (토) 　　　501 ■

수험번호 ☐☐☐-☐☐-☐☐☐☐　　　성명 ☐☐☐☐☐

생년월일 ☐☐☐☐☐☐　　※ 유성 싸인펜, 붉은색 필기구 사용 불가.

※ 답안지는 컴퓨터로 처리되므로 구기거나 더럽히지 마시고, 정답 칸 안에만 쓰십시오.
　 글씨가 채점란으로 들어오면 오답처리가 됩니다.

제102회 전국한자능력검정시험 5급 답안지(1)

번호	정답	1검	2검	번호	정답	1검	2검	번호	정답	1검	2검
1	휴양			17	재건			33	객지		
2	도읍			18	흑색			34	책임		
3	가산			19	관심			35	고백		
4	마차			20	선거			36	밝을 랑		
5	소원			21	기념			37	끝 말		
6	결사			22	필자			38	채울 충		
7	곡학			23	개선			39	인할 인		
8	오한			24	무효			40	마칠 졸		
9	고사			25	지기			41	수컷 웅		
10	거래			26	과외			42	나그네 려		
11	풍경			27	참석			43	집 택/댁		
12	전시			28	신선			44	근심 환		
13	사건			29	가격			45	맺을 약		
14	경기			30	착륙			46	고기잡을 어		
15	허가			31	식별			47	반드시 필		
16	견문			32	건실			48	헤아릴 료		

감독위원	채점위원(1)		채점위원(2)		채점위원(3)	
(서명)	(득점)	(서명)	(득점)	(서명)	(득점)	(서명)

※ 본 답안지는 컴퓨터로 처리되므로 구겨지거나 더럽혀지지 않도록 조심하시고 글씨를 칸 안에 또박또박 쓰십시오.

제102회 전국한자능력검정시험 5급 답안지(2)

번호	정답	1검	2검	번호	정답	1검	2검	번호	정답	1검	2검
49	떨어질 락			67	重			85	感動		
50	코 비			68	多			86	代表		
51	둥글 단			69	昨/古			87	美術		
52	잘 숙 | 별자리 수			70	① 本			88	角度		
53	책상 안			71	⑧ 令			89	各自		
54	지날 력			72	⑤ 用			90	歌手		
55	잎 엽			73	④ 弟子			91	開業		
56	묶을 속			74	⑥ 道場			92	世界		
57	가장 최			75	③ 不在			93	共有		
58	예 구			76	⑥ 功過			94	高名		
59	弱			77	⑤ 吉凶			95	男女		
60	強			78	④ 賣買			96	家族		
61	直			79	⑥ 石火			97	青綠		
62	線			80	① 一致			98	③		
63	溫			81	⑤ 百年			99	④		
64	対			82	④ 門前			100	⑥		
65	気			83	番號						
66	発			84	公平						

부록
II

제103회 5급 기출문제 답안지

■ 사단법인 한국어문회 • 한국한자능력검정회　　　　　2023. 11. 11. (토)　　　　5 0 1 ■

수험번호 □□□-□□-□□□□　　　　　　　　　성명 □□□□□
생년월일 □□□□□□　　※ 유성 싸인펜, 붉은색 필기구 사용 불가.

※ 답안지는 컴퓨터로 처리되므로 구기거나 더럽히지 마시고, 정답 칸 안에만 쓰십시오.
　글씨가 채점란으로 들어오면 오답처리가 됩니다.

제103회 전국한자능력검정시험 5급 답안지(1)

번호	정답	1검	2검	번호	정답	1검	2검	번호	정답	1검	2검
1	허가			17	하천			33	상대		
2	매점			18	병선			34	애착		
3	의술			19	결심			35	충분		
4	낙화			20	출어			36	재주 기		
5	최선			21	필기			37	빌 축		
6	명령			22	양질			38	집 원		
7	당초			23	전시			39	머무를 정		
8	가열			24	승전			40	부를 창		
9	선거			25	악곡			41	생각할 고		
10	별세			26	요령			42	찰 랭		
11	건물			27	세월			43	차례 서		
12	비중			28	신망			44	쌓을 저		
13	경치			29	한우			45	줄 급		
14	기차			30	과실			46	책상 안		
15	재해			31	사정			47	코 비		
16	예년			32	덕담			48	빛날 요		

감독위원	채점위원(1)		채점위원(2)		채점위원(3)	
(서명)	(득점)	(서명)	(득점)	(서명)	(득점)	(서명)

※ 본 답안지는 컴퓨터로 처리되므로 구겨지거나 더럽혀지지 않도록 조심하시고 글씨를 칸 안에 또박또박 쓰십시오.

제103회 전국한자능력검정시험 5급 답안지(2)

번호	정답	1검	2검	번호	정답	1검	2검	번호	정답	1검	2검
	답안란	채점란			답안란	채점란			답안란	채점란	
49	길할 길			67	始			85	公園		
50	귀할 귀			68	動			86	通行		
51	언덕 원			69	溫			87	合金		
52	살 매			70	⑧ 件			88	多發		
53	검을 흑			71	④ 都			89	南風		
54	귀 이			72	② 競			90	注油		
55	망할 망			73	③ 藥水			91	感電		
56	억[數字] 억			74	⑤ 操身			92	後孫		
57	법 규			75	④ 打球			93	共有		
58	조사할 사			76	⑥ 小葉			94	不在		
59	席			77	③ 鐵橋			95	西洋		
60	永			78	⑤ 健兒			96	使用		
61	特			79	⑧ 書生			97	直言		
62	近			80	① 必改			98	⑨		
63	英			81	⑦ 凶惡			99	⑧		
64	礼			82	③ 主客			100	⑤		
65	晝			83	計算						
66	号			84	勇氣						

제104회 5급 기출문제 답안지

■ 사단법인 한국어문회 • 한국한자능력검정회   2024. 02. 24. (토)   ⑤⓪① ■

수험번호 ☐☐☐－☐☐－☐☐☐☐   성명 ☐☐☐☐☐

생년월일 ☐☐☐☐☐☐   ※ 유성 싸인펜, 붉은색 필기구 사용 불가.

※ 답안지는 컴퓨터로 처리되므로 구기거나 더럽히지 마시고, 정답 칸 안에만 쓰십시오.
글씨가 채점란으로 들어오면 오답처리가 됩니다.

제104회 전국한자능력검정시험 5급 답안지(1)

번호	정답	1검	2검	번호	정답	1검	2검	번호	정답	1검	2검
1	지도			17	책임			33	선거		
2	당장			18	법칙			34	신문		
3	사명			19	목적			35	의견		
4	패배			20	소중			36	소 우		
5	발전			21	이후			37	클 태		
6	훈련			22	재산			38	기를 양		
7	방식			23	전쟁			39	길 영		
8	영토			24	대화			40	고를 조		
9	최선			25	행복			41	터 기		
10	환자			26	약속			42	북을 적		
11	속도			27	도시			43	더울 열		
12	우수			28	교통			44	견줄 비		
13	사변			29	문화			45	말씀 설		
14	친구			30	화재			46	붓 필		
15	해양			31	원인			47	찰 랭		
16	승리			32	가옥			48	말 마		

감독위원	채점위원(1)		채점위원(2)		채점위원(3)	
(서명)	(득점)	(서명)	(득점)	(서명)	(득점)	(서명)

※ 본 답안지는 컴퓨터로 처리되므로 구겨지거나 더렵혀지지 않도록 조심하시고 글씨를 칸 안에 또박또박 쓰십시오.

제104회 전국한자능력검정시험 5급 답안지(2)

번호	정답	1검	2검	번호	정답	1검	2검	번호	정답	1검	2검
49	베낄 사			67	強			85	反省		
50	검을 흑			68	苦			86	書面		
51	팔 매			69	近			87	英才		
52	얼음 빙			70	⑥			88	兄弟		
53	고칠 개			71	②			89	學習		
54	빌 축			72	④			90	靑春		
55	으뜸 원			73	⑥			91	感電		
56	이를 도			74	①			92	體育		
57	부를 창			75	③			93	平等		
58	칠 타			76	⑤			94	正直		
59	短			77	⑦			95	勇氣		
60	愛			78	②			96	信用		
61	歌			79	⑥			97	農村		
62	前			80	②			98	⑧		
63	和			81	⑧			99	⑪		
64	医			82	④			100	⑪		
65	画			83	植物						
66	号			84	民族						

제105회 5급 기출문제 답안지

■ 사단법인 한국어문회 · 한국한자능력검정회　　　　2024. 05. 25. (토)　　　5 0 1 ■

수험번호 ☐☐☐-☐☐-☐☐☐☐　　　　성명 ☐☐☐☐☐

생년월일 ☐☐☐☐☐☐　　※ 유성 싸인펜, 붉은색 필기구 사용 불가.

※ 답안지는 컴퓨터로 처리되므로 구기거나 더럽히지 마시고, 정답 칸 안에만 쓰십시오.
　　글씨가 채점란으로 들어오면 오답처리가 됩니다.

제105회 전국한자능력검정시험 5급 답안지(1)

번호	정답	1검	2검	번호	정답	1검	2검	번호	정답	1검	2검
1	특기			17	비등			33	가관		
2	요약			18	축가			34	친족		
3	매입			19	이전			35	물량		
4	허다			20	옥외			36	생각 사		
5	화단			21	병고			37	수컷 웅		
6	재고			22	대륙			38	호수 호		
7	색감			23	체열			39	팔 매		
8	필자			24	원본			40	헤아릴 료		
9	구속			25	곡조			41	처음 초		
10	결정			26	덕성			42	목욕할 욕		
11	유례			27	광장			43	인할 인		
12	무관			28	타산			44	숯 탄		
13	개선			29	광경			45	높을 탁		
14	거동			30	선출			46	갈 거		
15	노면			31	합창			47	베낄 사		
16	수종			32	건전			48	쇠 철		

감독위원	채점위원(1)		채점위원(2)		채점위원(3)	
(서명)	(득점)	(서명)	(득점)	(서명)	(득점)	(서명)

※ 본 답안지는 컴퓨터로 처리되므로 구겨지거나 더럽혀지지 않도록 조심하시고 글씨를 칸 안에 또박또박 쓰십시오.

제105회 전국한자능력검정시험 5급 답안지(2)

번호	정답	1검	2검	번호	정답	1검	2검	번호	정답	1검	2검
	답안란	채점란			답안란	채점란			답안란	채점란	
49	고기잡을 어			67	溫			85	勝利		
50	조사할 사			68	愛/善			86	向方		
51	법칙 칙			69	重			87	晝夜		
52	더할 가			70	⑦ 立			88	開業		
53	쓸 비			71	④ 爭			89	黃土		
54	끝 말			72	② 件			90	理由		
55	잡을 조			73	③ 公正			91	通話		
56	이를 치			74	④ 知力			92	新聞		
57	쌓을 저			75	① 來週			93	作戰		
58	빛날 요			76	⑥ 急冷			94	表紙		
59	京			77	③ 石橋			95	勇氣		
60	孫			78	⑤ 船形			96	神童		
61	郡			79	② 圖生			97	朝夕		
62	短			80	⑦ 落葉			98	⑥		
63	會			81	⑧ 氷山			99	④		
64	画			82	④ 過失			100	⑤		
65	医			83	信號						
66	区			84	別名						

제106회 5급 기출문제 답안지

■ 사단법인 한국어문회 • 한국한자능력검정회　　　　　2024. 08. 24. (토)　　　　501 ■

수험번호 □□□-□□-□□□□　　　　　　　성명 □□□□□

생년월일 □□□□□□　　※ 유성 싸인펜, 붉은색 필기구 사용 불가.

※ 답안지는 컴퓨터로 처리되므로 구기거나 더럽히지 마시고, 정답 칸 안에만 쓰십시오.
　글씨가 채점란으로 들어오면 오답처리가 됩니다.

제106회 전국한자능력검정시험 5급 답안지(1)

번호	정답	1검	2검	번호	정답	1검	2검	번호	정답	1검	2검
1	신선			17	질적			33	최후		
2	상선			18	경중			34	기약		
3	가속			19	의원			35	열정		
4	곡조			20	책임			36	착할 선		
5	예외			21	구기			37	근심 환		
6	악동			22	특활			38	베낄 사		
7	촌락			23	세면			39	홀로 독		
8	산아			24	봉사			40	널 판		
9	식수			25	강건			41	거느릴 령		
10	거래			26	소비			42	볕 경		
11	옥상			27	변개			43	호수 호		
12	서생			28	참석			44	줄 급		
13	요일			29	품격			45	말씀 담		
14	냉랭			30	필연			46	차례 서		
15	여행			31	과객			47	굳을 고		
16	군민			32	숙원			48	언덕 원		

감독위원	채점위원(1)		채점위원(2)		채점위원(3)	
(서명)	(득점)	(서명)	(득점)	(서명)	(득점)	(서명)

※ 본 답안지는 컴퓨터로 처리되므로 구겨지거나 더렵혀지지 않도록 조심하시고 글씨를 칸 안에 또박또박 쓰십시오.

제106회 전국한자능력검정시험 5급 답안지(2)

번호	정답	1검	2검	번호	정답	1검	2검	번호	정답	1검	2검
49	물 하			67	近			85	靑色		
50	재앙 재			68	夏			86	平和		
51	보일 시			69	短			87	食堂		
52	일할 로			70	④			88	氣溫		
53	붉을 적			71	⑤			89	區間		
54	숯 탄			72	②			90	科目		
55	쌓을 저			73	③			91	成功		
56	허락할 허			74	⑥			92	現金		
57	부를 창			75	①			93	子孫		
58	책상 안			76	②			94	利用		
59	農			77	④			95	萬年		
60	歌			78	⑦			96	手術		
61	朝			79	③			97	邑內		
62	電			80	⑤			98	⑦		
63	陽			81	②			99	②		
64	体			82	⑧			100	④		
65	発			83	家業						
66	対			84	英才						

제107회 5급 기출문제 답안지

■ 사단법인 한국어문회 • 한국한자능력검정회   2024. 11. 09. (토)   5 0 1 ■

수험번호 □□□-□□-□□□□   성명 □□□□□

생년월일 □□□□□□   ※ 유성 싸인펜, 붉은색 필기구 사용 불가.

※ 답안지는 컴퓨터로 처리되므로 구기거나 더럽히지 마시고, 정답 칸 안에만 쓰십시오.
  글씨가 채점란으로 들어오면 오답처리가 됩니다.

제107회 전국한자능력검정시험 5급 답안지(1)

번호	정답	1검	2검	번호	정답	1검	2검	번호	정답	1검	2검
1	별표			17	최근			33	철석		
2	구전			18	대국			34	말기		
3	선단			19	친면			35	빙질		
4	어구			20	명태			36	거느릴 령		
5	선임			21	흑심			37	굳을 고		
6	축가			22	방안			38	견줄 비		
7	격조			23	야외			39	고울 선		
8	발령			24	독학			40	자리 위		
9	정지			25	냉기			41	뭍 륙		
10	효력			26	분량			42	구원할 구		
11	소원			27	조작			43	이를 치		
12	내력			28	관동			44	허물 죄		
13	순서			29	악덕			45	흐를 류		
14	월급			30	경쟁			46	반드시 필		
15	의술			31	교단			47	소 우		
16	애착			32	특화			48	법 전		

감독위원	채점위원(1)		채점위원(2)		채점위원(3)	
(서명)	(득점)	(서명)	(득점)	(서명)	(득점)	(서명)

※ 본 답안지는 컴퓨터로 처리되므로 구겨지거나 더럽혀지지 않도록 조심하시고 글씨를 칸 안에 또박또박 쓰십시오.

제107회 전국한자능력검정시험 5급 답안지(2)

번호	정답	1검	2검	번호	정답	1검	2검	번호	정답	1검	2검
	답안란	채점란			답안란	채점란			답안란	채점란	
49	숯 탄			67	農			85	根本		
50	볕 경			68	重			86	遠洋		
51	능할 능			69	果			87	前例		
52	목욕할 욕			70	①			88	樹立		
53	낳을 산			71	②			89	飮食		
54	밝을 랑			72	⑧			90	通用		
55	수컷 웅			73	⑥			91	自由		
56	세울 건			74	②			92	昨年		
57	말 마			75	①			93	意圖		
58	베낄 사			76	①			94	公開		
59	綠			77	⑦			95	消(逍)風		
60	永			78	⑨			96	體溫		
61	服			79	⑤			97	銀行		
62	番			80	⑧			98	⑧		
63	度			81	④			99	⑨		
64	晝			82	⑦			100	⑥		
65	区			83	形成						
66	礼			84	感動						

부록 Ⅱ

제1회 5급 실전문제 답안지

■ 사단법인 한국어문회 • 한국한자능력검정회 501 ■

수험번호 □□□-□□-□□□□ 성명 □□□□□

생년월일 □□□□□□ ※ 유성 싸인펜, 붉은색 필기구 사용 불가.

※ 답안지는 컴퓨터로 처리되므로 구기거나 더럽히지 마시고, 정답 칸 안에만 쓰십시오.
　글씨가 채점란으로 들어오면 오답처리가 됩니다.

제1회 전국한자능력검정시험 5급 실전문제 답안지(1)

번호	정답	1검	2검	번호	정답	1검	2검	번호	정답	1검	2검
1	가정			17	승패			33	창문		
2	한복			18	마차			34	경쟁		
3	완성			19	개선			35	교육		
4	고가			20	사건			36	갈 거		
5	용기			21	건립			37	안 내		
6	귀중			22	건선			38	생각 념		
7	훈련			23	정당			39	한가지 동		
8	가능			24	구식			40	집 당		
9	참가			25	문답			41	약 약		
10	각도			26	판자			42	대할 대		
11	역사			27	석유			43	섬 도		
12	감정			28	신문			44	늙을 로		
13	녹색			29	순서			45	팔 매		
14	강산			30	관광			46	반 반		
15	출발			31	풍경			47	길 영		
16	불편			32	병원			48	얼음 빙		

감독위원	채점위원(1)		채점위원(2)		채점위원(3)	
(서명)	(득점)	(서명)	(득점)	(서명)	(득점)	(서명)

※ 본 답안지는 컴퓨터로 처리되므로 구겨지거나 더럽혀지지 않도록 조심하시고 글씨를 칸 안에 또박또박 쓰십시오.

제1회 전국한자능력검정시험 5급 실전문제 답안지(2)

번호	정답	1검	2검	번호	정답	1검	2검	번호	정답	1검	2검
49	흰 백			67	自然			85	⑧		
50	익힐 습			68	年少者			86	⑨		
51	묶을 속			69	世上			87	⑦		
52	동녘 동			70	番號			88	⑥		
53	어제 작			71	運動			89	①		
54	뜻 의			72	美術			90	⑤		
55	머무를 정			73	現在			91	⑧		
56	구름 운			74	音樂			92	③		
57	채울 충			75	圖			93	④		
58	흥할 흥			76	苦			94	⑤		
59	가장 최			77	弟			95	⑤		
60	入神			78	雪			96	④		
61	住所			79	弱			97	②		
62	戰死			80	小			98	画		
63	言語			81	晝			99	礼		
64	讀書			82	①			100	学		
65	國軍			83	⑦						
66	手足			84	④						

제2회 5급 실전문제 답안지

■ 사단법인 한국어문회 · 한국한자능력검정회　　　　　　　　　501 ■

수험번호 □□□－□□－□□□□　　　　성명 □□□□□

생년월일 □□□□□□　　※ 유성 싸인펜, 붉은색 필기구 사용 불가.

※ 답안지는 컴퓨터로 처리되므로 구기거나 더럽히지 마시고, 정답 칸 안에만 쓰십시오.
글씨가 채점란으로 들어오면 오답처리가 됩니다.

제2회 전국한자능력검정시험 5급 실전문제 답안지(1)

번호	정답	1검	2검	번호	정답	1검	2검	번호	정답	1검	2검
	답안란	채점란			답안란	채점란			답안란	채점란	
1	서점			17	시절			33	영웅		
2	은상			18	역사			34	구급		
3	실패			19	신하			35	경치		
4	숙원			20	단결			36	볼 관		
5	재고			21	우마			37	구름 운		
6	속도			22	최선			38	큰 덕		
7	변화			23	안건			39	고기잡을 어		
8	통과			24	명랑			40	붓 필		
9	야구			25	전시			41	코 비		
10	축복			26	의원			42	요긴할 요		
11	종류			27	가격			43	낮 주		
12	식별			28	주말			44	재앙 재		
13	책임			29	성질			45	날랠 용		
14	열망			30	환자			46	씻을 세		
15	죄악			31	빙탄			47	본받을 효		
16	독특			32	양어			48	높을 탁		

감독위원	채점위원(1)		채점위원(2)		채점위원(3)	
(서명)	(득점)	(서명)	(득점)	(서명)	(득점)	(서명)

※ 본 답안지는 컴퓨터로 처리되므로 구겨지거나 더렵혀지지 않도록 조심하시고 글씨를 칸 안에 또박또박 쓰십시오.

제2회 전국한자능력검정시험 5급 실전문제 답안지(2)

번호	정답	1검	2검	번호	정답	1검	2검	번호	정답	1검	2검
	답안란	채점란			답안란	채점란			답안란	채점란	
49	굽을 곡			67	民族			85	①		
50	줄 급			68	消火			86	③		
51	칠 타			69	自然			87	④		
52	넓을 광			70	學校			88	⑧		
53	자리 위			71	大門			89	②		
54	잡을 조			72	方向			90	④		
55	차례 서			73	天地			91	⑥		
56	믿을 신			74	安心			92	②		
57	물건 품			75	清			93	④		
58	살 매			76	級			94	①		
59	법 규			77	運			95	⑤		
60	兄弟			78	開			96	④		
61	老少			79	利			97	②		
62	每日			80	主			98	対		
63	朝夕			81	前			99	発		
64	春秋			82	③			100	体		
65	活動			83	⑦						
66	草木			84	④						

能小能大 능소능대

작은 일에도 능하고 큰일에도 능하다는 데서 모든 일에 두루 능함을 이름

MEMO

落木寒天 낙목한천

낙엽 진 나무와 차가운 하늘, 곧 추운 겨울철

MEMO

敬老孝親

경로효친
어른을 공경하고 부모에게 효도함

저자 남기탁(南基卓)

약력 한국어문교육연구회 편찬위원장

사단법인 한국어문회 이사

한국한자능력검정회 회장

강원대학교 인문대학 국어국문학과 교수

한자능력검정시험 5급

초판발행 2004년 3월 20일
20판발행 2025년 7월 10일

발행인 한국어문교육연구회
발행처 한국어문교육연구회
주소 서울시 서초구 서초 1동 교대벤처타워 401호
전화 1566-1400
등록번호 제22-1555호
ISBN 979-11-91238-78-5 13700

정가 21,000원

공|급|처   T.02-332-1275, 1276 | F.02-332-1274
푸른하늘   www.skymiru.co.kr

	8	9	10	11	12	13	14	15	16
감독위원 (서명)									
(득점)									
채점위원 (1) (서명)	24	25	26	27	28	29	30	31	32
(득점)									
채점위원 (2) (서명)	40	41	42	43	44	45	46	47	48
(득점)									
채점위원 (3) (서명)									
(득점)									

※ 뒷면으로 이어짐

■

사단법인 한국어문회 · 한국한자능력검정회　　　20 . ( ). ( )　　　5 0 1

제 회 전국한자능력검정시험 5급 답안지(1) (시험시간 50분)

번호	답안란 정답	답안란 답	채점란 1검	채점란 2검
1				
2				
3				
4				
5				
6				

번호	답안란 정답	답안란 답	채점란 1검	채점란 2검
17				
18				
19				
20				
21				
22				

번호	답안란 정답	답안란 답	채점란 1검	채점란 2검
33				
34				
35				
36				
37				
38				

■